U0663617

则》第 188 条规定，向人民法院请求保护民事权利的诉讼时效期间为 3 年，法律另有规定的除外。由此可见，普通诉讼时效期间为 3 年。

2. 特别诉讼时效

指由民事基本法或特别法就某些民事法律关系规定的短于或长于普通诉讼时效期间的特殊时效。《民法总则》第 136 条规定了下列民事法律关系的特别诉讼时效期间为 1 年：（1）身体受到伤害要求赔偿的；（2）出售质量不合格的商品未声明的；（3）延付或拒付租金的；（4）寄存财物被丢失或者损毁的。例外情况下，特别诉讼时效会长于普通诉讼时效。例如，我国《合同法》第 129 条规定，因国际货物买卖合同和技术进出口合同发生纠纷，要求保护权利的诉讼时效期间为 4 年。

3. 权利最长保护期限

根据《民法通则》第 188 条的规定，诉讼时效期间自权利人知道或者应当知道权利受到损害以及义务人之日起计算。法律另有规定的，依照其规定。但是自权利受到损害之日起超过二十年的，人民法院不予保护；有特殊情况的，人民法院可以根据权利人的申请决定延长。

（四）诉讼时效期间的起算

普通诉讼时效和特别诉讼时效的起算，也即诉讼时效期间的开始，它是从权利人知道或应当知道其权利受到侵害之日起开始计算，即从权利人能行使请求权之日开始算起。在下列情况下，诉讼时效期间的计算方法是：

（1）附延缓条件的债权。从条件成就之时开始计算，但如果还定有履行期限，则从履行期限届满之时开始计算。

（2）附始期的债权。从始期到来之时开始计算，但如果还定有履行期限，则从履行期限届满之时开始计算。

（3）未定履行期限的债权，从权利成立之时开始计算。

（4）定有履行期限的债权，从履行期限届满之时开始计算。

（5）人身损害赔偿的诉讼时效，伤害明显的，从受伤害之日起计算；伤害当时未曾发现，后经检查确诊并能证明是由侵害引起的，从伤势确诊之日起算。

（五）诉讼时效期间的中止、中断和延长

1. 诉讼时效的中止

诉讼时效的中止是指在时效进行中，因一定法定事由的出现，阻碍权利人提起诉讼，法律规定暂时终止诉讼时效期间的计算，待阻碍诉讼时效的法定事由消失后，诉讼时效继续进行，继续计算。根据《民法总则》第 194 条的规定，在诉讼时效期间的最后六个月内，因下列障碍，不能行使请求权的，诉讼时效中止：（1）不可抗力；（2）无民事行为能力人或者限制民事行为能力人没有法定代理人，或者法定代理人死亡、丧失民事行为能力、丧失代理权；（3）继承开始后未确定继承人或者遗产管理人；（4）权利人被义务人或者其他人控制；（5）其他导致权利人不能行使请求权的障碍。自中止时效的原因消除之日起满六个月，诉讼时效期间届满。

2. 诉讼时效的中断

诉讼时效的中断是指在时效进行中，因一定法定事由的发生，阻碍时效的进行，致使以前经过的诉讼时效期间归于无效，待中断事由消除后，其诉讼时效期间重新计算。根据

《民法总则》第 195 条的规定，有下列情形之一的，诉讼时效中断：（1）权利人向义务人提出履行请求；（2）义务人同意履行义务；（3）权利人提起诉讼或者申请仲裁；（4）与提起诉讼或者申请仲裁具有同等效力的其他情形。诉讼时效中断，从中断、有关程序终结时起，诉讼时效期间重新计算。

3. 诉讼时效期间的延长

诉讼时效的延长，指在诉讼时效期间届满以后，权利人因有正当理由，向人民法院提出请求的，人民法院可以把法定时效期间予以延长。普通诉讼时效、特别诉讼时效和 20 年的最长诉讼时效都适用关于延长的规定。

五、代理关系

（一）代理的概念

代理是指代理人在代理权限内，为被代理人的利益独立与第三人为民事行为，该行为的法律效果由被代理人承担的一种法律制度。代理有广义与狭义之分。狭义代理，指直接代理，又称显名代理，代理人以被代理人名义进行民事活动。

（二）代理的种类

1. 委托代理

委托代理又称意定代理，是指基于被代理人的委托授权而发生的代理。委托代理是最常见、最广泛适用的一种代理形式。委托授权行为是委托代理产生的直接根据。委托授权书应当载明代理人的姓名或名称、代理事项、权限和期间，并由授权人签名或盖章。委托授权书授权不明的，被代理人应当向第三人承担民事责任，代理人负连带责任。

2. 法定代理

法定代理是指根据法律的直接规定而发生的代理关系。法定代理主要适用于被代理人为无民事行为能力人或限制民事行为能力人的情况。在法定代理中，代理人与被代理人之间一般都存在血缘关系、婚姻关系或组织关系等。

3. 指定代理

指定代理，指基于法院或有关机关的指定行为而发生的代理关系。例如，在没有委托代理人和法定代理人的情况下，人民法院、未成年人父母的所在单位或精神病人的所在单位、未成年人或精神病人住所地的居民委员会或村民委员会有权为无民事行为能力人或限制民事行为能力人指定代理人。

（三）代理权的行使

代理权是代理制度的核心内容，是指代理人基于被代理人的意思表示或法律的直接规定或相关的指定，能够以被代理人的名义为意思表示或受领意思表示，其法律效果归于被代理人的资格。

1. 代理人的义务

（1）代理人应在代理权限范围内行使代理权，不得无权、越权代理。（2）不得实施违法行为。代理人知道被委托代理的事项违法仍然进行代理活动的，或者被代理人知道代理人的代理行为违法不表示反对的，由代理人和被代理人负连带责任。（3）代理人应积极行使代理权，尽勤勉和谨慎的义务。（4）要为被代理人的利益实施代理行为。（5）代理人应亲自行使代理权，不得任意转托他人代理。（6）代理人应尽到报告义务和保密义务。

代理人未尽到职责，给被代理人造成损害的，代理人应承担民事赔偿责任。

2. 代理权行使的限制

滥用代理权，是指代理人行使代理权时，违背代理权的设定宗旨和代理行为的基本准则，有损被代理人利益的活动。滥用代理权的主要类型包括：（1）自己代理。指代理人在代理权限内与自己为民事行为。自己代理并不必然导致行为无效，如果事先得到同意或事后得到追认，法律也承认其效力。（2）同时代理。指一人同时担任双方的代理人为民事行为。同时代理双方并不必然导致行为无效，如果双方代理人同意或追认，法律也承认其效力。（3）代理人的懈怠行为。指代理人不尽勤勉义务致使被代理人利益受损的行为。（4）代理人与第三人恶意串通损害被代理人利益的行为。在此情况下，由代理人和第三人对被代理人负连带责任。

（四）无权代理与表见代理

1. 无权代理

无权代理是指代理人不具有代理权而实施代理行为。无权代理包括狭义和广义的无权代理。狭义的无权代理是指行为人既没有代理权，也没有令第三人相信其有代理权的事实或理由，而以本人名义所为的代理。广义的无权代理除包括狭义的无权代理之外，还包括表见代理。无权代理行为属于效力未定的民事行为；基于意思自治原则，在无权代理不违反强行法的前提下，由当事人自主选择发生何种法律效果。

2. 表见代理

表见代理，是指被代理人的行为足以使诚信第三人相信无权代理人具有代理权，基于此项信赖而与无权代理人交易，由此产生的法律效果由法律强制被代理人承担的代理。《民法总则》第172条规定，行为人没有代理权、超越代理权或者代理权终止后，仍然实施代理行为，相对人有理由相信行为人有代理权的，代理行为有效。但相同的规定见于《合同法》第49条："行为人没有代理权，超越代理权或者代理权终止后以被代理人名义订立合同，相对人有理由相信行为人有代理权的，该代理行为有效。"该条文的立法目的是维护交易安全，保护善意第三人的利益。表见代理对本人产生有权代理的效力，本人不得以无权代理抗辩。表见代理对相对人来说，可自由选择主张表见代理或主张无权代理。

（五）代理权的终止

1. 委托代理关系的消灭

（1）代理期间届满或者代理事务完成。

（2）被代理人取消委托或代理人辞去委托。

（3）代理人死亡。代理人死亡必然会引起委托代理关系的消灭，被代理人死亡则未必终结委托代理关系。根据《民法总则》第174条的规定，被代理人死亡后，有下列情形之一的，委托代理人实施的代理行为有效：代理人不知道并且不应当知道被代理人死亡；被代理人的继承人予以承认；授权中明确代理权在代理事务完成时终止；被代理人死亡前已经实施，为了被代理人的继承人的利益继续代理。

（4）代理人丧失民事行为能力。

（5）作为被代理人或代理人的法人终止。

2. 法定代理、指定代理关系的消灭

（1）被代理人取得或恢复民事行为能力。

（2）被代理人死亡或代理人死亡或代理人丧失民事行为能力。

（3）指定代理的法院或指定机关取消指定。

（4）其他原因，如取消监护人资格、解除收养关系等。

六、物权

物权，是指权利人依法对特定的物享有直接支配和排他的权利，包括所有权、用益物权和担保物权。物权是财产的归属利用关系，是静态的财产关系；债权是财产的流转关系，是动态的财产关系。物权是和债权相对应的民事权利，物权和债权构成了市场经济社会最基本的财产权利，二者关系密切。

（一）所有权

1. 所有权的概念

所有权是所有人依法对自己财产所享有的占有、使用、收益和处分的权利。所有权是物权中最重要也最完全的一种权利，具体内容包括占有、使用、收益、处分四项权能。

2. 所有权的种类

（1）国家所有权

国家所有权是社会主义全民所有制在法律上的表现。国有财产由国务院代表国家行使所有权；法律另有规定的，依照其规定。《物权法》第41条规定，法律规定专属于国家所有的不动产和动产，任何单位和个人不能取得所有权。根据《物权法》第46条至第52条的规定，国家所有权的客体包括：城市土地、矿藏、水流、海域；无线电频谱资源；国防资产；野生动植物资源。另外，森林、山岭、草原、荒地、滩涂等自然资源，属于国家所有，但法律规定属于集体所有的除外。法律规定属于国家所有的农村和城市郊区的土地及铁路、公路、电力设施、电信设施和油气管道等基础设施，属于国家所有。法律规定属于国家所有的文物，属于国家所有。这些财产有的只能作国家所有权的客体，不能成为集体组织或公民个人所有权的客体。可见，国家所有权的客体具有广泛性。故任何财产都可以成为国家所有权的客体，但不一定能够成为集体组织和公民个人所有权的客体。

（2）集体组织所有权

劳动群众集体所有权是指劳动群众集体组织占有、使用、收益和处分其财产的权利。劳动群众集体组织所有权的客体可以是法律规定的国家专有财产以外的其他任何财产。《物权法》规定，集体所有的土地和森林、山岭、草原、荒地、滩涂等，依照下列规定行使所有权：属于村农民集体所有的，由村集体经济组织或者村民委员会代表集体行使所有权；分别属于村内两个以上农民集体所有的，由村内各该集体经济组织或者村民小组代表集体行使所有权；属于乡镇农民集体所有的，由乡镇集体经济组织代表集体行使所有权。另外，根据《物权法》的规定，集体经济组织或者村民委员会的负责人做出的决定侵害集体成员合法权益的，该集体成员可以请求人民法院予以撤销。

（3）自然人所有权

自然人所有权是自然人依法享有的占有、使用、收益和处分其生产资料和生活资料的权利。根据《民法通则》第75条的规定，自然人的个人财产包括自然人的合法收入、房屋、储蓄、生活用品、文物、图书资料、林木、牲畜和法律允许自然人所有的生产资料以及其他合法财产。另外，《物权法》规定，法人和社会团体依法所有的不动产和动产，受法律保护。

3. 所有权的取得

（1）所有权的原始取得

原始取得，是指根据法律规定，最初取得财产的所有权或不依赖于原所有人的意志而取得财产的所有权。原始取得的方式有主要包括以下内容。

①先占。

②拾得遗失物。拾得遗失物，应当返还权利人。拾得人与权利人之间法律关系的处理规则是：拾得遗失物，应当返还权利人。拾得人应当及时通知权利人领取，或者送交公安等有关部门。拾得人在返还拾得物时，可以要求支付必要费用，但不得要求支付报酬。但遗失人发出悬赏广告，愿意支付一定报酬的，不得反悔。有关部门收到遗失物，知道权利人的，应当及时通知其领取；不知道权利人的，应当及时发布招领公告。自有关部门发出招领公告之日起 6 个月内无人认领的，遗失物归国家所有。拾得人在遗失物送交有关部门前，有关部门在遗失物被领取前，应当妥善保管遗失物。因故意或者重大过失致使遗失物毁损、灭失的，应当承担民事责任。拾得人拒不返还遗失物，按侵权行为处理；拾得人不得要求支付必要费用，也无权请求权利人按照承诺履行义务。

③发现埋藏物。拾得漂流物、发现埋藏物或者隐藏物的，同样适用关于遗失物的规则。埋藏物，指埋藏于他物之中的动产。埋藏物分为两种：第一，所有人明确的埋藏物，这种物在发现以后，其所有权仍属于原所有人。具体规则适用拾得遗失物的有关规定。第二，所有人不明确的埋藏物，归国家所有。

④添附。添附是指民事主体把不同所有人的财产或劳动成果合并在一起，如果恢复原状在事实上不可能或者在经济上不合理，则形成另一种新形态的财产。添附主要有混合、附合和加工三种方式。

⑤善意取得。所谓善意取得，是指动产占有人或者不动产的名义登记人将动产或者不动产不法转让给受让人，受让人以合理的价格善意取得财产，受让人可依法取得该财产所有权的法律制度。

（2）所有权的继受取得

继受取得，又称传来取得，是指通过某种法律事实从原所有人那里取得对某项财产的所有权。继受取得的原因，包括法律行为取得和法律行为以外的事实取得两大类。具体方式包括合同、继承遗产和接受遗赠等。

4. 所有权的消灭

所有权的消灭是指因为某种法律事实的出现，而使财产所有人丧失了所有权。导致所有权消灭的原因，大致包括：

（1）所有权客体灭失。所有权客体灭失是指作为所有权客体的财产因为各种原因不复存在。如因自然灾害、生活消费、生产消耗等事实或行为引起的所有权客体的灭失。

（2）所有权主体消灭。所有权主体消灭是指因为所有人主体资格的丧失，导致其所享有的所有权的灭失。如公民自然死亡或被宣告死亡，法人被撤销或解散，原享有的所有权依法律程序被转移给他人从而归于消灭。

（3）依法转让。如公民或法人通过买卖、赠予等合法方式将其财产出卖、赠予给他人，使得原所有权发生移转。

（4）所有权被抛弃。如丢弃某项财物，导致其不再享有对被弃财产的所有权。

（5）依法强制消灭。国家依照法律规定，为了社会公共利益的需要，采用征收或国有化等强制措施，有偿或无偿地迫使所有权人转移原享有的所有权。如国家依法征收某项财产。

（二）用益物权

《物权法》第117条规定，用益物权人对他人所有的不动产或者动产，依照法律规定享有占有、使用和收益的权利。用益物权包括：土地承包经营权，建设用地使用权，宅基地使用权，地役权以及准物权（具体包括海域使用权、探矿权、采矿权、取水权和使用水域、滩涂从事养殖、捕捞的权利）。

1. 土地承包经营权

（1）土地承包经营权的概念

土地承包经营权是指自然人、法人或者其他组织因从事耕作、种植或其他农业生产经营项目而基于承包合同对集体所有或集体使用的国家所有的农业用地所享有的占有、使用、收益的权利。

（2）土地承包经营权的取得

①通过签订承包经营合同而原始取得。这种取得承包经营的方式，需要当事人以书面合同的形式为之。土地承包经营权从承包经营合同生效之日起成立。②因转让行为继受取得。土地承包经营权可以转让、互换，受让人可以取得土地承包经营权，从转让、互换合同生效时起受让人取得承包经营权。登记不是土地承包经营权转让的成立要件，但是，当事人未进行变更登记的不得对抗善意第三人。③继承。承包经营权可以继承，被继承人死亡的，其继承人根据继承法可以取得其承包经营权。④因法院强制执行等其他原因而取得承包经营权。

（3）土地承包经营权的流转

土地承包经营权人依照农村土地承包法的规定，有权将土地承包经营权采取转包、互换、转让等方式流转。流转的期限不得超过承包期的剩余期限。未经依法批准，不得将承包地用于非农建设。通过招标、拍卖、公开协商等方式承包荒地等农村土地，依照农村土地承包法等法律和国务院的有关规定，其土地承包经营权可以转让、入股、抵押或者以其他方式流转。

土地承包经营权自土地承包经营权合同生效时设立。县级以上地方人民政府应当向土地承包经营权人发放土地承包经营权证、林权证、草原使用权证，并登记造册，确认土地承包经营权。土地承包经营权人将土地承包经营权互换、转让，当事人要求登记的，应当向县级以上地方人民政府申请土地承包经营权变更登记；未经登记，不得对抗善意第三人。

2. 建设用地使用权

（1）建设用地使用权的概念

建设用地使用权是因营造建筑物或其他工作物而对国家所有的非农业用地进行占有、使用、收益的用益物权。

（2）建设用地使用权的取得

建设用地使用权作为一种用益物权，则用益物权的一般取得原因（如转让、继承等），自然也适用于建设用地使用权。建设用地使用权取的初次取得有如下两种方式：

①划拨。土地划拨，是土地使用人只需按照一定程序提出申请，经主管机关批准即可

取得土地使用权，而不必向土地所有人交付租金及其他费用。严格限制以划拨方式设立建设用地使用权。采取划拨方式的，应当遵守法律、行政法规关于土地用途的规定。《土地管理法》第 54 条规定，建设单位使用国有土地，应当以出让等有偿使用方式取得；但是，下列建设用地，经县级以上人民政府依法批准，可以以划拨方式取得：国家机关用地和军事用地；城市基础设施用地和公益事业用地；国家重点扶持的能源、交通、水利等基础设施用地；法律、行政法规规定的其他用地。

②出让。土地使用权出让是国家以土地所有人身份将土地使用权在一定期限内让与土地使用者，并由土地使用者向国家支付土地使用权出让金的行为。土地使用权出让主要有三种方式，即协议、招标和拍卖。《物权法》第 137 条第 2 款规定，工业、商业、旅游、娱乐和商品住宅等经营性用地以及同一土地有两个以上意向用地者的，应当采取招标、拍卖等公开竞价的方式出让。采取招标、拍卖、协议等出让方式设立建设用地使用权的，当事人应当采取书面形式订立建设用地使用权出让合同。建设用地使用权从登记时设立。

（3）建设用地使用权的期限

①以划拨方式取得的建设用地使用权没有期限的限制。②以出让方式取得的建设用地使用权有最高期限的限制。其最高期限为：居住用地 70 年；商业、旅游、娱乐用地 40 年；教育、科技、文化、卫生、体育用地 50 年；综合或者其他用地 50 年；工业用地 50 年。每一块土地的实际使用年限，在最高年限内，由出让方和受让方双方商定。③期限届满时的续期。住宅建设用地使用权期间届满的，自动续期。非住宅建设用地使用权期间届满后的续期，依照法律规定办理。该土地上的房屋及其他不动产的归属，有约定的，按照约定；没有约定或者约定不明确的，依照法律、行政法规的规定办理。

3. 宅基地使用权

宅基地使用权是指农民集体成员对于农民集体所有的土地以建设自用住宅为目的而享有的占有、使用和收益的排他性权利。宅基地使用权的所属主体特定。特定的宅基地仅限于本集体经济组织内部的成员享有使用权。宅基地使用权的客体是本集体所有的非农业用地。宅基地使用权的内容是依法建造、保有个人住宅、庭院而对土地的占有、使用和收益的权利。宅基地使用权须经合法手续取得。农村居民取得宅基地使用权，必须有完备合法的手续。城镇居民建造房屋需要宅基地的，须向所在地的土地管理部门申请，经批准后方能取得。

《物权法》第 153 条规定：宅基地使用权的取得、行使和转让，适用土地管理法等法律和国家的有关规定。到目前为止我国《土地管理法》仍然是禁止宅基地使用权进行转让的。

4. 地役权

所谓地役权是指为了利用自己土地的便利而对他人的土地进行一定程度的利用或者对他人行使土地权利进行限制的权利。其中，需要利用他人之土地的土地被称之为需役地，为需役地提供便利之被利用土地被称之为供役地。在我国，地役权主要是建立在他人拥有用益物权的土地之上的。作为需役地的权利人可以是土地所有人，也可以是对土地拥有用益物权的人；在我国，主要是对土地拥有用益物权的人。

（三）担保物权

担保物权，是指为确保债权的实现而设定的，以直接取得或者支配特定财产的交换价值为内容的权利。我国担保物权包括抵押权、质权、留置权。

1. 抵押权

（1）抵押权的概念

抵押权是指债权人对于债务人或者第三人不移转占有而提供担保的财产，在债务人不履行债务或者发生当事人约定的实现抵押权的情形，债权人有权就该财产优先受偿，依法享有的就担保的财产变价并优先受偿的权利。

（2）抵押权的设定

抵押权的设定应当由双方当事人签订抵押合同。抵押合同应当采用书面形式。抵押当事人包括抵押人和抵押权人。

（3）抵押物

抵押物又称为抵押财产，它是抵押权的标的物，是指抵押人用以设定抵押权的财产。《物权法》第180条规定了可用以抵押的财产范围：①建筑物和其他土地附着物；②建设用地使用权；③以招标、拍卖、公开协商等方式取得的荒地等土地承包经营权；④生产设备、原材料、半成品、产品，此类动产既可以作为一般的动产抵押的标的物，还可以作为浮动抵押的标的物；⑤正在建造的建筑物、船舶、航空器；⑥交通运输工具；⑦法律、行政法规未禁止抵押的其他财产。另外，法律还特别规定，抵押人可以将前述七项内容的财产一并抵押。

《物权法》和《担保法》不仅规定了可用于抵押的财产，而且还规定了不得用于抵押的财产。根据《物权法》第184条的规定，下列财产不得抵押：①土地所有权；②耕地、宅基地、自留地、自留山等集体所有的土地使用权，但是法律规定可以抵押的除外；③学校、幼儿园、医院等以公益为目的的事业单位、社会团体的教育设施、医疗卫生设施和其他社会公益设施；④所有权、使用权不明或者有争议的财产；⑤依法被查封、扣押、监管的财产，但是已经设定抵押的财产被采取查封、扣押等财产保全或者执行措施的，不影响抵押权的效力；⑥法律、行政法规规定不得抵押的其他财产，如依法定程序确认为违法、违章的建筑物。

（4）抵押权的登记

①登记是抵押权的成立条件。《物权法》规定，如果以建筑物和其他土地附着物，建设用地使用权，以招标、拍卖、公开协商等方式取得的荒地等土地承包经营权，正在建造的建筑物这四类财产设定抵押的，应当办理抵押物登记；抵押权自登记之日起设立。

②登记具有对抗善意第三人的效力。当事人以《物权法》第180条规定的生产设备、原材料、半成品、产品，正在建造的船舶、航空器，交通运输工具设定抵押，或者以《物权法》第181条规定的动产设定抵押，抵押权自抵押合同生效时设立。未经登记，不得对抗善意第三人。因此，对这些财产是否进行抵押登记，完全由当事人决定。只是如果没有登记，不能对抗善意第三人。

（5）抵押权的实现

《物权法》规定，债务人不履行到期债务或者发生当事人约定的实现抵押权的情形，抵押权人可以与抵押人协议以抵押财产折价或者以拍卖、变卖该抵押财产所得的价款优先受偿。如果同一财产向两个以上债权人抵押的，拍卖、变卖抵押物所得的价款按照以下规定清偿：抵押权已登记的，按照登记的先后顺序清偿；顺序相同的，按照债权比例清偿。

抵押权已登记的先于未登记的受偿。抵押权均未登记的，按照债权比例清偿。抵押权人应当在主债权诉讼时效期间行使抵押权；未行使的，人民法院不予保护。

2. 质权

（1）质权的概念

质权是指债权人为了担保债权的实现就债务人或第三人移交占有动产或权利，于债务人不履行债务时所享有的优先受偿的权利。

（2）动产质权概念和设立

动产质权，是以动产作为标的物的担保。《物权法》第 208 条规定：为担保债务的履行，债务人或者第三人将其动产出质给债权人占有的，债务人不履行到期债务或者发生当事人约定的实现质权的情形，债权人有权就该动产优先受偿。出质人和质权人应当以书面形式订立质押合同。

（3）动产质权的效力

对于出质人而言，动产出质后，出质人仍享有质物的所有权，但其处分权受到限制。根据《物权法》第 214 条的规定，质权人在质权存续期间，未经出质人同意，擅自使用、处分质押财产，给出质人造成损害的，应当承担赔偿责任。债务履行期届满，出质人请求质权人及时行使权利，而质权人怠于行使权利致使质物价格下跌的，由此造成的损失，质权人应当承担赔偿责任。

（4）权利质权

权利质权指以可转让的权利为标的物的质权。权利质权的标的为权利，但不是任何权利都可以为权利质权的标的。根据《物权法》第 223 条的规定，可以作为权利质权的权利有：①汇票、支票、本票；②债券、存款单；③仓单、提单；④可以转让的基金份额、股权；⑤可以转让的注册商标专用权、专利权、著作权等知识产权中的财产权；⑥应收账款；⑦法律、行政法规规定可以出质的其他财产权利。

3. 留置权

（1）留置权的概念

留置权是指债务人不履行到期债务，债权人可以留置已经合法占有的债务人的动产，并有权就该动产优先受偿的权利。留置权属于法定的担保物权。

（2）留置权的成立

留置权作为法定的担保物权必须符合法定的条件才能成立。留置权的成立条件是：①债权人合法占有债务人的动产。债权人合法占有债务人的动产是留置权成立的最基本的要件。留置权的标的，除了留置物本身以外，还包括从物、孳息和代位物。②占有的动产与债权属于同一法律关系。占有的动产与债权有牵连关系是指已合法占有的物是债权发生的原因。如保管费请求权的发生，与保管的标的物之间存在牵连关系。《物权法》规定，债权人留置的动产，应当与债权属于同一法律关系，但企业之间留置的除外。③债权已届清偿期且债务人未按规定履行义务。只有在债权已届清偿期，债务人仍不能履行义务时，债权人才可以留置债务人的动产。

（3）留置权的效力

对于留置权人而言，留置权人负有妥善保管留置财产的义务；因保管不善致使留置财产毁损、灭失的，应当承担赔偿责任。留置权人有权收取留置财产的孳息，收取的孳息应当先充抵收取孳息的费用。留置权人与债务人应当约定留置财产后的债务履行期间；没有约定或者约定不明确的，留置权人应当给债务人两个月以上履行债务的期间，但鲜活易腐等不易保管的动产除外。债务人逾期未履行的，留置权人可以与债务人协议以留置财产折价，也可以就拍卖、变卖留置财产所得的价款优先受偿。留置财产折价或者变卖的，应当参照市场价格。

（四）物权的变动

物权的变动，是物权的产生、变更和消灭的总称。从权利主体方面观察，即物权的取得、变更和丧失。

1. 物权的变动的公示与公信原则

（1）公示原则

所谓公示，是指物权在变动时，必须将物权变动的事实通过一定的公示方法向社会公开，从而使第三人知道物权变动的情况，否则不能发生物权变动的效力。世界各国在公示方式上大体都采用相同的方式，就动产而言其公示方式乃是占有；就不动产而言乃是登记。

（2）公信原则

所谓公信原则，是指一旦当事人变更物权时，依据法律的规定进行了公示，则即使依公示方法表现出来的物权不存在或存在瑕疵，但对于信赖该物权的存在并已从事了物权交易的人，法律仍然承认其具有与真实的物权存在相同的法律效果，以保护交易安全。

2. 基于法律行为的物权变动

我国物权依据法律行为而进行变动的兼采折中主义和意思主义，但是以折中主义为原则。《物权法》第9条规定，不动产物权的设立、变更、转让和消灭，经依法登记，发生效力；未经登记，不发生效力，但法律另有规定的除外。依法属于国家所有的自然资源，所有权可以不登记。《物权法》第23条规定，动产物权的设立和转让，自交付时发生效力，但法律另有规定的除外。《物权法》第24条规定，船舶、航空器和机动车等物权的设立、变更、转让和消灭，未经登记，不得对抗善意第三人。

3. 不动产登记

所谓登记是指经权利人的申请由登记机关将物权的发生、变更和消灭的事实记载在登记簿上，从而对于物权的变动予以公示的行为。不动产登记分为三种，即设立登记、变更登记和注销登记。不动产登记机关应当设置和保管不动产登记簿，不动产登记簿是物权归属和内容的根据。不动产登记机关应当为不动产权利人出具权利权属证书，不动产权属证书是权利人享有该不动产物权的证明。不动产权属证书记载的事项，应当与不动产登记簿一致；记载不一致的，除有证据证明不动产登记簿确有错误外，以不动产登记簿为准。

4. 动产的交付

动产物权变动的公示方式是交付，交付是指移转标的物的占有，依据我国《物权法》的规定，动产交付有如下四种方式：（1）现实交付；（2）简易交付；（3）占有改定；（4）指示交付。

5. 非基于法律行为引起的物权变动

因人民法院、仲裁委员会的法律文书或者人民政府的征收决定等，导致物权设立、变更、转让或者消灭的，自法律文书或者人民政府的征收决定等生效时发生效力。因继承或者受遗赠取得物权的，自继承或者受遗赠开始时发生效力。因合法建造、拆除房屋等事实行为设立或者消灭物权的，自事实行为成就时发生效力。基于法律行为以外其他法律事实而取得不动产物权的，处分该物权时，依照法律规定需要办理登记的，未经登记，不发生物权效力。

（五）物权的保护

物权权利人在其物权受到侵害以后，可以依据民法的规定，请求侵害人为一定的行为或不为一定行为。保护物权的民法方法分为如下几种：

1. 请求确认物权

《物权法》第 33 条规定，因物权的归属、内容发生争议的，利害关系人可以请求确认权利。此条规定就是请求确认物权的请求权。即双方当事人对物权的归属，或者物权的具体内容发生争议时，可以请求法院确认具体的权利归属及内容。在诉讼法上，这属于确认之诉。

2. 请求返还原物

《物权法》第 34 条规定，无权占有不动产或者动产的，权利人可以请求返还原物。请求返还原物是指物权人之外的人无权占有不动产或者动产时，权利人可依法请求无权占有人返还原物，或请求人民法院责令无权占有人承担返还原物的责任。无权占有分为两种情况，一是无权占有所有物。二是非法侵占。对于无权占有，权利人可以通过提出请求或诉讼的方式，要求返还。

3. 请求排除妨碍或者消除危险

《物权法》规定，妨害物权或者可能妨害物权的，权利人可以请求排除妨害或者消除危险。这是关于排除妨碍及消除危险请求权的规定。所谓请求排除妨碍，是指物正遭受损害和权利的行使正遭受妨碍时，物权人可依法请求不法侵害人排除妨碍，或请求人民法院责令侵害人承担排除妨碍的责任。

4. 请求恢复原状

根据《物权法》规定，造成不动产或者动产毁损的，权利人可以请求修理、重作、更换。此条规定的内容就是物权人的恢复原状请求权，即权利人有权要求加害人通过修理等方式恢复财产原来的状态。恢复原状不仅要在实际上可能，而且要在经济上合理，否则就不应当采取这种方式。

5. 赔偿损失

请求赔偿损失，是指物权权利人的财产遭受他人的不法侵害，致使财产损坏不能修复，或者原物已经灭失，不能返还的，权利人可以请求不法行为人赔偿财产损失，亦可要求人民法院责令侵害人赔偿损失。通过恢复原状、返还原物等方法不足以补偿权利人的损失时，权利人在请求恢复原状、返还原物的同时，可以请求侵害人赔偿损失。

七、债权

（一）债权的概念

《民法通则》第 84 条规定：债是按照合同的约定或者依照法律的规定，在当事人之间产生的特定的权利和义务关系。通说认为，债是特定当事人之间请求为一定给付的民事法律关系。在债的关系中，一方享有请求对方为一定给付的权利，即债权，该方当事人称为债权人；另一方负有向对方为一定给付的义务，即债务，该方当事人称为债务人。

2. 侵权责任

侵权责任是指行为人侵害他人财产或对人身造成损害，依法应当承担的法律后果。《侵权责任法》第 2 条规定，侵害民事权益，应当依照本法承担侵权责任。本法所称民事权益，包括生命权、健康权、姓名权、名誉权、荣誉权、肖像权、隐私权、婚姻自主权、监护权、所有权、用益物权、担保物权、著作权、专利权、商标专用权、发现权、股权、继承权等人身、财产权益。《侵权责任法》第 6 条规定，行为人因过错侵害他人民事权益，应当承担侵权责任。根据法律规定推定行为人有过错，行为人不能证明自己没有过错的，应当承担侵权责任。

在侵权法上，将侵权责任分为一般侵权责任和特殊侵权责任。一般侵权责任是指行为人因过错侵害他人财产权和人身权并造成损害，适用过错责任原则和侵权责任的一般构成要件的侵权行为的民事责任。一般侵权责任构成要件包括：损害事实的客观存在；行为的违法性；违法行为与损害事实之间的因果关系；行为人的过错。特殊侵权责任，是指当事人基于自己有关的行为、物件、事件或者其他特别原因致人损害，依照侵权责任法上的特别责任条款或者民事特别法的规定应对他人的人身、财产损失所承担的民事责任。特殊侵权责任是基于法律规定而归责于行为人或第三人的法律责任。它并不以行为人具有主观过错为前提，受害人也不对此负举证责任。根据《民法通则》和《侵权责任法》的规定，特殊侵权责任主要包括：产品责任、机动车交通事故责任、医疗损害责任、环境污染责任、高度危险责任、饲养动物损害责任、物件损害责任。

根据《侵权责任法》第 15 条的规定，承担侵权责任的方式主要有：停止侵害；排除妨碍；消除危险；返还财产；恢复原状；赔偿损失；赔礼道歉；消除影响、恢复名誉。以上承担侵权责任的方式，可以单独适用，也可以合并适用。

3. 缔约过失责任

缔约过失责任是指在合同订立过程中，一方因过错违反依诚实信用原则负有的先合同义务，导致合同不成立，或者合同虽然成立，但不符合法定的生效条件而被确认无效、被变更或被撤销，导致另一方信赖利益的损失，而应承担的损害赔偿责任。我国《合同法》第 42 条确立了缔约过失责任制度。该条规定："当事人在订立合同过程中有下列情形之一，给对方造成损失的，应当承担损害赔偿责任：假借订立合同，恶意进行磋商；故意隐瞒与订立合同有关的重要事实或者提供虚假情况；有其他违背诚实信用原则的行为。"可见，缔约过失责任实质上是诚实信用原则在缔约过程中的体现。

（二）行政责任

行政责任，是行政法律责任的简称，指行政主体及行政公务人员有违反有关行政管理的法律、法规的规定，但尚未构成犯罪的行为依法所应当承担的法律后果。行政责任分为行政处分和行政处罚。

1. 行政处罚

行政处罚是指国家行政机关及其他依法可以实施行政处罚权的组织，对违反经济、行政管理法律、法规、规章，尚不构成犯罪的公民、法人及其他组织实施的一种法律制裁。在我国工程建设领域，对于建设单位、勘察、设计单位、施工单位、工程监理单位等参建单位而言，行政处罚是较为常见的行政责任形式。《行政处罚法》是规范和调整行政处罚的设定和实施的法律依据。根据《行政处罚法》第 8 条的规定，行政处罚的种类包括：

①警告；②罚款；③没收违法所得、没收非法财物；④责令停产停业；⑤暂扣或者吊销许可证、暂扣或者吊销执照；⑥行政拘留；⑦法律、行政法规规定的其他行政处罚。

2. 行政处分

行政处分是国家行政机关依照行政隶属关系对违法失职的公务员给予的惩戒。国家公务员有《公务员法》所列违纪行为，尚未构成犯罪的，或者虽然构成犯罪但是依法不追究刑事责任的，应当给予行政处分；违纪行为情节轻微，经过批评教育后改正的，也可以免予行政处分。依据《公务员法》的规定，行政处分分为：警告、记过、记大过、降级、撤职、开除。公务员在受处分期间不得晋升职务和级别，其中受记过、记大过、降级、撤职处分的，不得晋升工资档次。受撤职处分的，按照规定降低级别。公务员受开除以外的处分，在受处分期间有悔改表现，并且没有再发生违纪行为的，处分期满后，由处分决定机关解除处分并以书面形式通知本人。解除处分后，晋升工资档次、级别和职务不再受原处分的影响。但是，解除降级、撤职处分的，不视为恢复原级别、原职务。

（三）刑事责任

刑事责任是指犯罪人因其实施犯罪行为而应当承担的国家司法机关依照刑事法律对其犯罪行为及本人所作的否定评价和谴责，具体表现为犯罪分子有义务接受司法机关的审讯和刑罚处罚。我国刑法规定：故意犯罪，应当负刑事责任；过失犯罪，法律有规定的才负刑事责任。

刑罚是由国家最高立法机关在《刑法》中确定的，由人民法院对犯罪分子适用并由专门机构执行的最为严厉的国家强制措施。根据《刑法》的规定，刑罚分为主刑和附加刑。主刑是对犯罪分子适用的主要刑罚方法，只能独立适用，不能附加适用，对犯罪分子只能判一种主刑。主刑分为管制、拘役、有期徒刑、无期徒刑和死刑。附加刑是既可以独立适用又可以附加适用的刑罚方法。对同一犯罪行为既可以在主刑之后判处一个或数个附加刑；也可以独立判处一个或数个附加刑。附加刑分为罚金、剥夺政治权利、没收财产、驱逐出境。其中，驱逐出境只能对犯罪的外国人适用。

此外，我国刑法还规定了非刑罚的处理方法，即对犯罪分子判处刑罚以外的其他方法。包括：由于犯罪行为而使被害人遭受经济损失的，对犯罪分子除刑事处罚外，判处赔偿经济损失；对于犯罪情节轻微不需要判处刑罚的，根据情况予以训诫或者责令其反省悔过、赔礼道歉、赔偿损失，或者由主管部门给予行政处罚或者行政处分。

第二章 建设法规概论

第一节 建设法规的概念

一、建设法规的定义和调整对象

（一）建设法规的概念

建设法规，是指国家立法机关或其授权的行政机关制定的，旨在调整国家及其有关机构、企事业单位、社会团体、公民之间在建设活动中或建设行政管理活动中发生的各种社会关系的法律规范的统称。建设法规直接体现了国家组织、管理、协调城市建设、乡村建设、工程建设、建筑业、房地产业、市政公用事业等各项建设活动的方针、政策和基本原则。

（二）建设法规的调整对象

建设法规的调整对象，即建设关系，也就是在建设活动中发生的各种社会关系。它包括建设活动中的行政管理关系和民事关系。

1. 建设活动中的行政管理关系

建设活动是社会发展中的重大活动，同社会发展息息相关。国家对此活动必然要实行严格的管理，包括对建设工程的立项、计划、资金筹集、设计、施工、验收等活动均进行严格的监督管理。在对建设活动的监督管理过程中形成了行政管理关系。

建设活动中的行政管理关系，是国家及其建设行政主管部门同建设单位、设计单位、施工单位及有关单位（如中介服务机构）之间发生的相应的管理与被管理关系。

2. 建设活动中的民事关系

建设活动中的民事关系是指因从事建设活动而产生的国家、单位法人、公民之间的民事权利、义务关系。主要包括：在建设活动中发生的有关自然人的损害、侵权、赔偿关系；建设领域从业人员的人身和经济权利保护关系；房地产交易中买卖、租赁、产权关系；土地征收、房屋拆迁导致的拆迁安置关系；建设单位、勘察设计单位、施工单位之间的建设工程合同关系等。建设活动中的民事关系既涉及国家社会利益，又关系着个人的权益和自由，因此必须按照民法和建设法规中的民事法律规范予以调整。

二、建设法规的特征

建设法规作为调整建设活动和建设行政管理活动中所发生的社会关系的法律规范，除具备一般法律的基本特征外，还具有一些特殊的法律特征。

1. 行政隶属性

这是建设法规区别于其他法律的主要特征。这一特征决定了建设法规必然要采用直接体现行政权力活动的调整方法，即以行政指令为主的方法调整建设活动中的法律关系。此类调整方式包括授权、命令、禁止、许可、免除、确认、计划和撤销。

2. 经济性

经济性是工程建设法规的又一重要特征。建设活动与生产、分配、交换、消费紧密相连，直接为社会创造财富，为国家增加积累。如工程建设勘察设计、房地产开发、住宅商品化、施工安装等都直接为社会创造财富。在我国，建筑业已成为国民经济的支柱产业之一。建筑业的可持续发展，不仅涉及老百姓的生活质量，而且也是关系国计民生的大事业。可见，作为调整建筑等行业的工程建设法规的经济性是非常明显的。

3. 政策性

建设法规一方面是实现国家工程建设政策的工具，另一方面也实现了国家工程建设政策规范化。国家工程建设形势总是处于不断发展变化之中，建设法规不免要随着工程建设政策的变化而变化。例如，国家人力、财力、物力紧张时，基建投资就要压缩，通过法律规范加以限制；国力储备充足时，就可以适当增加基建投资，同时，以法律规范予以扶植、鼓励。可见工程建设法的政策性比较强，相对比较灵活。

4. 技术性

工程建设产品的质量与人民的生命财产紧紧连在一起。建设法规的技术性十分明显。为保证工程建设产品的质量和人民生命财产的安全，大量的工程建设法规以技术规范形式出现，直接、具体、严密、系统，便于广大工程技术人员及管理机构遵守和执行。例如，各种设计规范、施工规范、验收规范、产品质量监测规范等。有些非技术规范的建设法规中也包含技术性的规定，例如，《城乡规划法》含有计量、质量、规划技术、规划编制内容等技术性规范。

三、建设法规的地位和作用

（一）建设法规的地位

建设法规的地位，即指其在整个法律体系中所处的状态，具体是指建设法规属于哪个部门法且居于何层次。部门法的划分标准，是以某一类社会关系为共同的调整对象，在此基础上形成的所有法律规范的总和即构成同一法律部门。从建设法规的法律性质来看，它主要属于行政法和经济法的范畴。

（二）建设法规的作用

1. 规范指导建设行为

各种建设行为必须遵循一定的准则进行。只有在法律规定的范围内进行的建设行为才能得到国家的承认与保护，也才能实现行为人预期的目的。

2. 保护合法建设行为

建设法规的作用不仅在于对建设主体的行为加以规范和指导，还在于对符合本法规的建设行为给予确认和保护。这种确认和保护性规定一般是通过建设法规的原则规定反映的。

3. 处罚违法建设行为

建设法规要实现对建设行为的规范和指导作用，必须对违法建设行为给予应有的处罚。否则，建设法规的制度由于得不到实施过程中强制制裁手段的法律保障，即变成无实际意义的规范。一般地讲，建设法规都有对违法建设行为的处罚规定。

第二节　建设法规的体系

一、建设法规体系的概念

建设法规体系是指把已经制定和需要制定的建设法律、建设行政法规和建设部门规章衔接起来，形成一个相互联系、相互补充、相互协调的完整统一的框架结构。就广义的建设法规体系而言，还包括地方性建设法规和建设规章。建设法规体系是国家法律体系的重要组成部分，与宪法和相关法律保持一致，但又相对独立，自成体系。它应覆盖建设活动的各个行业、各个领域以及工程建设的全过程，使建设活动的各个方面都有法可依；同时，它还应当注意纵向不同层次法规之间的相互衔接和横向同层次法规之间的配套和协调，防止不同法规之间出现立法重复、矛盾和抵触的现象。

1989年，建设部组织了建设法规体系的研究、论证工作，并于1991年制定出《建设法律体系规划方案》，见图2-1，使我国建设立法走上了系统化、科学化的健康发展之路。我国建设法规体系采用了梯形结构形式，由《城市规划法》《市政公用事业法》《村镇建设法》《风景名胜区法》《工程勘察设计法》《建筑法》《城市房地产管理法》《住宅法》等8部关于专项业务的法律构成我国建设法规体系的顶层；并由《城市规划法实施条例》等38部行政法规对这些法律加以细化和补充。根据具体问题和各地不同情况，建设行政主管部门和各省人大及人民政府还可制定颁行相应的建设规章及法规。

二、建设法规体系的构成

目前，根据《立法法》有关立法权限的规定，我国建设法体系由五个层次组成。

（一）建设法律

建设法律，指由全国人民代表大会及其常务委员会制定颁布的属于国务院建设法规主管部门主管业务范围的各项法律，是建设法规体系的核心和基础。建设法律主要有：《建筑法》《城市房地产管理法》《城乡规划法》《招标投标法》《安全生产法》《合同法》《物权法》等。

（二）建设行政法规

建设行政法规，指由国务院制定颁行的属于建设行政主管业务范围的条例、规定和办法等。例如，国务院颁布的《建设工程质量管理条例》《建设工程安全生产管理条例》《建设工程勘察设计管理条例》《国有土地上房屋征收与补偿条例》《招标投标法实施条例》等。

（三）建设部门规章

建设部门规章，指由国务院建设行政主管部门或国务院建设行政主管部门与国务院其他相关部门根据国务院规定的职责范围，依法制定并颁布的各项规定、条例实施细则，如《建筑业企业资质管理规定》《建设工程勘察设计企业资质管理规定》《工程监理企业资质管理规定》等。另外，广义的建设部门规章还包括建设技术规范。建设技术规范包括实施工程建设勘察、设计、规划、施工、安装、检测、验收等技术规程、规范、条例、办法、定额等规范性文件，作为全国建设业共同遵守的准则和依据。

（四）地方性建设法规

地方性建设法规，指在不与宪法、法律、行政法规相抵触的前提下，由省、自治区、

建筑法规体系示意图

```
                              ┌── 国有土地上房屋征收与补偿条例 ●②
          ┌─ 城乡规划─城乡规划法*○ ─┤
          │     城乡规划法●         ├── 城市道路管理条例●
          │                        ├── 道路运输条例●
          │                        ├── 城市供水条例●
          │                        ├── 排污费征收使用管理条例●
          │                        ├── 城市节约用水管理规定*
          ├─ 城市建设与─市政公用 ────┼── 城市燃气与集中供热管理条例
          │   市政公用事   事业法      ├── 城市市容和环境卫生管理条例●
          │     业                   ├── 城市园林条例
          │                        ├── 城市绿化条例●
          │                        └── 城市维护建设税暂行条例
          │                        ┌── 村庄和集镇规划建设管理条例●
          ├─ 村镇建设─村镇建设法 ────┤
          │                        └── 城镇土地使用税暂行条例*
          ├─ 风景名胜区─风景名胜 ────── 风景名胜管理暂行条例*
          │             区法
          │                        ┌── 工程勘察设计管理条例●
          │              ┌─ 工程   ├── 建设工程勘察设计合同条例○
          │              │  设计法  ├── 中外合作设计工程项目暂行规定○
          │              │         └── 注册建筑师条例●
          │              │         ┌── 建设工程造价管理条例
          │              │         ├── 建设工程招标投标管理条例
          │              │         ├── 工程建设监理条例
          ├─ 工程建设 ───┤         ├── 建设工程质量管理条例●
建         │   与建设业   │         ├── 破坏性地震应急条例●
设         │              │─ 建筑   ├── 地震安全性评价管理条例●
法         │              │  法●    └── 建设安全生产管理条例●
律         │              │         ┌── 建设市场管理条例
、         │              │         ├── 建筑安装工程承包合同条例○
行         │              │         └── 外商投资建筑业企业管理规定●
政         │              ├── 城市镇国有土地使用权出让和暂行转让条例*
法         │              │         ┌── 基准地价、标定地价和房屋重置价管理规定
规         │         ┌─ 城市房 ────┤
体         │         │  地产管     └── 城市房地产开发经营管理条例●
系         │         │  理法●      ┌── 城市住宅建设管理条例
          ├─ 房地产业─┤            ├── 城镇个人建造住宅管理方法*
          │         │            ├── 住宅基金管理条例
          │         └─ 住宅法     ├── 公民住房储蓄及社会保险储蓄条例
          │                      ├── 城市公有房屋管理规定
          │                      ├── 城市私有房屋管理条例*
          │                      └── 外国人私有房屋管理规定○
          ├─ 标准化法* ──────────── 标准化法实施条例*③
          ├─ 地震法●
          ├─ 环境保护法*
          ├─ 土地管理法● ──────────── 土地管理法实施条例●
          ├─ 水法●
          ├─ 矿产资源法●
          ├─ 森林法● ─────────────── 森林法实施条例●
          └─ 招标投标法● ──────────── 招标投标法实施条例●
```

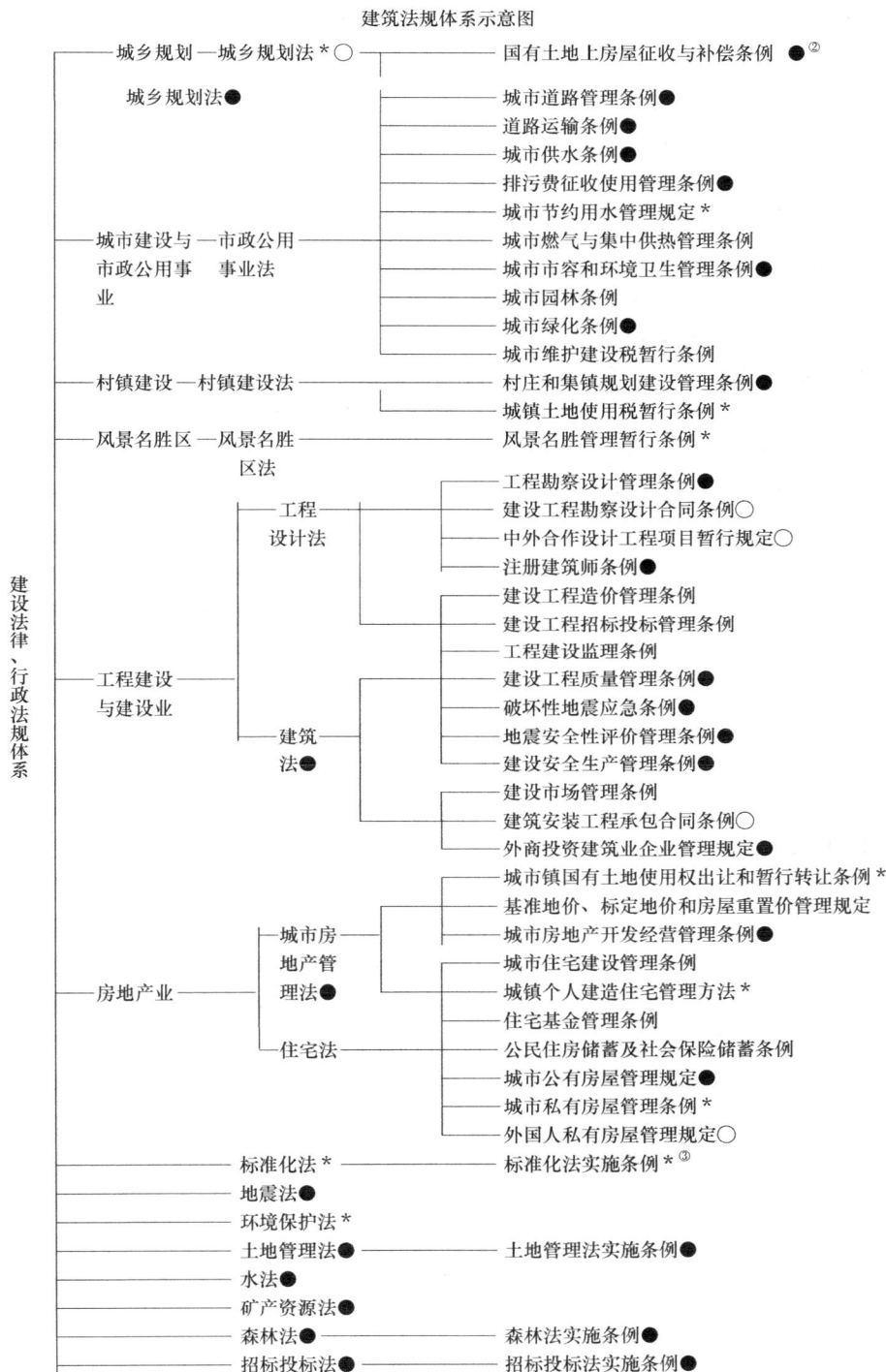

图 2-1　建筑法规体系示意图①

注　①本示意图参照建设部 1991 年印发的建设法律体系规划方案制作；其中，加 * 号者，为 1991 年之前
　　　发布的法律、行政法规；加 ● 号者，为 1991 年之后发布或再行修订的法律、行政法规；加 ○ 号者，
　　　为目前已废止的法律、行政法规。
　　②国有土地上房屋征收与补偿条例，既从属于城市规划法，又从属于城市房地产管理法与住宅法。
　　③工程建设标准化实施条例从属于标准化法，又与工程建设密切相关。

建设法规的司法，包括建设行政司法和我国专门司法机关的司法。我国专门司法机关的司法是指国家司法机关（主要指人民法院）及其工作人员依照法定职权和法定程序，具体运用法律处理案件的专门活动（在建设争议的解决一章将会详细论述）。在我国建设行政司法行为主要是指行政复议行为、行政裁决行为、行政调解行为、行政仲裁行为。

1. 行政复议行为

行政复议行为是指在建设行政管理过程中发生的当事人不服建设行政主管部门作出的具体行政行为，在法定时间内，按照法定的程序和条件向有管辖权的建设行政主管部门提出复议申请，要求变更或撤销原处理决定，复议机关对引起争议的具体行政行为进行审理后作出裁决的活动。

2. 行政裁决行为

行政裁决是指建设行政机关或法定授权的组织，依照法律授权，对当事人之间发生的、与建设行政管理活动密切相关的、与行政合同有关的民事纠纷进行审查，并作出裁决的具体行政行为。

3. 行政调解行为

行政调解行为是指在建设行政机关主持下、以争议双方自愿为原则，通过行政机关的调解，促使争议当事人达成协议，从而解决争议的活动。

4. 行政仲裁行为

行政仲裁是指纠纷双方当事人按事先或事后达成的协议，自愿将有关争议提交仲裁机构，仲裁机构以第三者的身份对争议的事实和权利义务作出判断和裁决，以解决争议，维护正当权益，当事人有义务履行裁决的一种制度。

（三）守法

建设法规的遵守，是指从事建设活动的所有单位与个人，必须按照建设法规的要求，依法行使法定权利和履行法定义务，为建设法规所要求或允许做的行为，不为建设法规所禁止的行为。《宪法》第 5 条规定，一切国家机关和武装力量，各政党和各社会团体，各企业事业组织都必须遵守宪法和法律。一切违反宪法和法律的行为，必须予以追究。《宪法》第 33 条规定，任何公民享有宪法和法律规定的权利，同时必须履行宪法和法律规定的义务。

第四节　建设法律关系

一、建设法律关系的概念

建设法律关系是法律关系的一种，是指由建设法规所确认和调整的，在建设活动的过程中所产生的权利和义务关系。建设法律关系是建设法规在社会主义市场经济活动中实施的结果，只有当社会组织按照建设法规进行建设活动，形成具体的权利和义务关系时才构成建设法律关系。

二、建设法律关系的构成要素

任何法律关系都是由法律关系主体、法律关系客体和法律关系内容三个要素构成的，缺少其中一个要素就不能构成法律关系。建设法律关系则是由建设法律关系主体、建设法律关系客体和建设法律关系内容构成的。

（一）建设法律关系主体

1. 自然人

自然人是基于出生而依法成为民事法律关系主体的人。自然人在建设活动中也可以成为工程建设法律关系的主体。例如，施工企业工作人员（建筑工人、专业技术人员、注册执业人员等）同企业签订劳动合同时，即成为建设法律关系主体。

2. 法人

法人与自然人相对，法人是具有民事权利能力和民事行为能力，依法独立享有民事权利和承担民事义务的组织。我国的民法通则依据法人是否具有营利性，把法人分为两大类，即企业法人和非企业法人。

（1）企业法人

在建设活动中，企业法人有四类：勘察设计单位、城市规划编制单位、施工企业、房地产开发企业。

勘察设计单位是指从事工程勘察设计工作的各类设计院（所）等。我国有勘察设计合一的机构，也有分立的勘察和设计机构。根据 2007 年 9 月 1 日起施行的《建设工程勘察设计资质管理规定》（建设部第 160 号令），国家将工程勘察、设计企业的资质等级及业务范围的规定如下：工程勘察资质分为工程勘察综合资质、工程勘察专业资质、工程勘察劳务资质。工程勘察综合资质只设甲级；工程勘察专业资质设甲级、乙级，根据工程性质和技术特点，部分专业可以设丙级；工程勘察劳务资质不分等级。工程勘察、设计企业应在资质允许的范围内承接业务。

城市规划编制单位的任务是进行城镇建设总体规划、详细规划及建设项目选址、可行性研究等。根据《城乡规划编制单位资质管理规定》，国家根据城市规划编制单位的技术条件和资历将其分为甲、乙、丙三级，授予等级证书，并规定取得不同等级证书的编制单位的业务范围，城市规划编制单位必须严格执行。

施工企业是指从事土木工程、建筑工程、线路管道设备安装工程、装修工程的新建、扩建、改建等活动的企业。根据《建筑业企业资质管理规定》（2015）第 5 条规定，建筑业企业资质分为施工总承包、专业承包和施工劳务三个序列。其中施工总承包序列设有 12 个类别，一般分为四个等级（特级、一级、二级、三级）；专业承包序列设有 36 个类别，一般分为 3 个等级（一级、二级、三级）；施工劳务序列不分类别和等级。

房地产开发企业是指依法设立、具有企业法人资格的、专营城市综合开发建设、经营商品房屋等房地产开发项目的经济实体。根据《房地产开发企业资质管理规定》（2015），房地产开发企业按资质条件划分为一、二、三、四共四个等级。国家严格规定了不同资质等级房地产开发企业的业务范围，房地产开发企业必须严格遵照执行。

（2）非企业法人

非企业法人，是指为了实现国家对社会的管理及其他公益目的而设立的国家机关、事业单位或者社会团体。按照我国法律的规定，非企业法人可以成为建设法律关系的主体。

3. 其他组织

其他组织是指依法或者依据有关政策成立、有一定的组织机构和财产、但又不具备法人资格的各类组织。这些组织在我国社会的政治、经济、文化、教育、卫生等方面具有重要作用，赋予这些组织以合同主体的资格，有利于保护其合法权益，规范其外部行为，维护正常的社会经济秩序。

（二）工程建设法律关系客体

工程建设法律关系客体，是指参加工程建设法律关系的主体享有的权利所承担的义务所共同指向的事物。一般法律关系的客体分为物、行为和非物质财富。工程建设法律关系的客体也不例外。

1. 物

法律意义上的物，是指可为人们控制的并具有经济价值的生产资料和消费资料。在工程建设法律关系中表现为物的客体主要是建筑材料（如钢材、木材、水泥等）及其构成的建筑物，还有建筑机械等设备、建设项目。

2. 行为

法律意义上的行为，是指人的有意识的活动。在工程建设法律关系中，行为多表现为完成一定的工作，如勘察设计、施工安装、检查验收等活动。工程建设勘察设计合同的标的，即完成一定的勘察设计任务；工程建设施工合同的标的，即按期完成一定质量要求的施工行为。

3. 非物质财富

法律意义上的非物质财富，是指人们脑力劳动的成果或智力方面的创作，也称智力成果。在建设法律关系中，也存在此类非物质财富。例如，设计单位提供的具有创造性的设计图纸，该设计单位依法可以享有专有权，使用单位未经允许不能无偿使用。

（三）工程建设法律关系的内容

工程建设法律关系的内容即建设权利和建设义务。

1. 建设权利。建设权利是指工程建设法律关系主体在法定范围内，根据国家建设管理要求和自己企业活动的需要有权进行各种建设活动。权利主体可要求其他主体作出一定的行为或抑制一定行为，以实现自己的建设权利。因其他主体的行为而使建设权利不能实现时，建设权利主体有权要求国家机关加以保护并予以制裁。

2. 建设义务。建设义务是指工程建设法律关系主体必须按法律规定或约定承担应负的责任。建设义务和建设权利是相对应。相应主体应自觉履行建设义务，义务主体如果不履行或不适当履行其义务，需承担由此产生的法律责任。

第三章　建设工程许可及从业资格法律制度

第一节　行政许可与建设许可制度

一、行政许可的概念

行政许可是行政机关行使的一项重要权力，它涉及政府与市场，政府与社会，行政权力与公民、法人或者其他组织的权利的关系，涉及行政权力的配置及运作方式等诸多问题。为了规范行政许可的设定和实施，保护公民、法人和其他组织的合法权益，维护公共利益和社会秩序，保障和监督行政机关有效实施行政管理。《行政许可法》（主席令第7号，2004年7月1日起施行）将"行政许可"界定为：行政机关根据公民、法人或者其他组织的申请，经依法审查，准予其从事特定活动的行为。

二、行政许可的范围

（一）行政许可范围的确定

根据《行政许可法》第12条的规定，下列事项可以设定行政许可：（1）直接涉及国家安全、公共安全、经济宏观调控、生态环境保护以及直接关系人身健康、生命财产安全等特定活动，需要按照法定条件予以批准的事项。（2）有限自然资源开发利用、公共资源配置以及直接关系公共利益的特定行业的市场准入等，需要赋予特定权利的事项。（3）提供公众服务并且直接关系公共利益的职业、行业，需要确定具备特殊信誉、特殊条件或者特殊技能等资格、资质的事项。（4）直接关系公共安全、人身健康、生命财产安全的重要设备、设施、产品、物品，需要按照技术标准、技术规范，通过检验、检测、检疫等方式进行审定的事项。（5）企业或者其他组织的设立等，需要确定主体资格的事项。（6）法律、行政法规规定可以设定行政许可的其他事项。

（二）行政许可的排除范围

根据《行政许可法》规定，以上设定行政许可的事项可以通过下列方式能够予以规范的，可以不设行政许可：（1）公民、法人或者其他组织能够自主决定的；（2）市场竞争机制能够有效调节的；（3）行业组织或者中介机构能够自律管理的；（4）行政机关采用事后监督等其他行政管理方式能够解决的。

三、行政许可的实施程序

（一）申请与受理

公民、法人或者其他组织从事特定活动，依法需要取得行政许可的，应当向行政机关提出申请，如实向行政机关提交有关材料和反映真实情况，并对其申请材料实质内容的真实性负责。申请人可以委托代理人提出行政许可申请，但依法应当由申请人到行政机关办公场所提出的除外。行政机关应当将法律、法规、规章规定的有关行政许可的事项、依据、条件、数量、程序、期限以及需要提交的全部材料的目录和申请书示范文本等在办公场所公示，并应申请人的要求对公示内容予以说明、解释。行政机关对申请人提出的行政许可申请应当根据不同情况分别作出受理或不受理的处理，并出具加盖本行政机关专用印章和注明日期的书面凭证。

（二）审查与决定

行政机关应当对申请人提交的申请材料进行审查。申请人提交的申请材料齐全、符合法定形式，行政机关能够当场作出决定的，应当当场作出书面的行政许可决定；不能当场作出行政许可决定的，应当在法定期限内按照规定程序作出行政许可决定。根据法定条件和程序，需要对申请材料的实质内容进行核实的，行政机关应当指派两名以上工作人员进行核查。行政机关对行政许可申请进行审查时，发现行政许可事项直接关系他人重大利益的，应当告知该利害关系人。申请人、利害关系人有权进行陈述和申辩。行政机关应当听取申请人、利害关系人的意见。对申请人的行政许可申请进行审查后，行政机关应当依法作出准予行政许可或不予行政许可的书面决定。准予行政许可，需要颁发行政许可证件的，应当向申请人颁发相应的加盖本行政机关印章的行政许可证件。不予行政许可的，应当说明理由，并告知申请人享有依法申请行政复议或者提起行政诉讼的权利。准予行政许可的决定应当公开，公众有权查阅。

（三）期限

除当场作出行政许可决定的外，行政机关应当自受理行政许可申请之日起 20 日内作出行政许可决定；20 日内不能作出决定的，经本行政机关负责人批准，可以延长 10 日，并将延长期限的理由告知申请人。法律、法规另有规定的，依照其规定。行政许可采取统一办理或者联合办理、集中办理的，办理的时间不得超过 45 日；45 日内不能办结的，经本级人民政府负责人批准，可以延长 15 日，并将延长期限的理由告知申请人。依法需要听证、招标、拍卖、检验、检测、检疫、鉴定和专家评审的，所需时间不计算在规定的期限内，但行政机关应将所需时间书面告知申请人。行政机关作出准予行政许可的决定，应当自作出决定之日起 10 日内向申请人颁发、送达行政许可证件，或者加贴标签、加盖检验、检测、检疫印章。

（四）听证

法律、法规、规章规定实施行政许可应当听证的事项，或者行政机关认为需要听证的其他涉及公共利益的重大行政许可事项，行政机关应当向社会公告，并举行听证。

（五）变更与延续

被许可人要求变更行政许可事项的，应当向作出行政许可决定的行政机关提出申请；符合法定条件、标准的，行政机关应当依法办理变更手续。需要延续依法取得的行政许可的有效期的，应当在该行政许可有效期届满 30 日前向作出行政许可决定的行政机关提出申请，法律、法规、规章另有规定的，依照其规定。行政机关应当根据被许可人的申请，在该行政许可有效期届满前作出是否准予延续的决定；逾期未作决定的，视为准予延续。

四、建设许可制度

建筑许可，是指住房城乡建设主管部门或者其他有关行政主管部门准许、变更和终止公民、法人和其他组织从事建筑活动的具体行政行为。工程建设许可是行政许可在建设领域内的具体反应和贯彻，建筑许可的表现形式为施工许可证、批准证件（开工报告）、资质证书、职业资格证书等。《建筑法》明确规定了建筑许可制度，建筑许可制度主要包括两个方面的内容，一是建设工程施工许可；二是从业资格的管理制度，从业资格的管理制度又可分为建设工程从业单位资质管理制度和从业人员职业资格管理制度。

行政许可是现代国家管理的重要手段，已被世界各国广泛地运用于经济、文化等各个领域。实行建筑许可制度有利于规范建筑市场，保证建筑工程质量和建筑安全生产，维护社会经济秩序，提高投资效益，保障公民生命财产和国家财产安全。实行建筑许可制度既有利于确保从事建筑活动的单位和人员素质，又有利于维护他们的合法权益。

第二节　建设工程施工许可制度

一、建设工程施工许可概述

《建筑法》第 7 条规定："建筑工程开工前，建设单位应当按照国家有关规定向工程所在地县级以上人民政府建设行政主管部门申请领取施工许可证。"这个规定确立了我国工程建设的施工许可制度。施工许可属于行政许可的范畴。建筑工程施工许可制度，是指建设行政主管部门根据建设单位的申请，依法对建筑工程是否具备施工条件进行审查，符合条件者准许该建筑工程开始施工并颁发施工许可证的一种制度。

施工许可证是指建筑工程开始施工前，建设单位向住房城乡建筑主管部门申请的可以施工的证明。我国目前对建设工程开工条件的审批，存在着颁发"施工许可证"和批准"开工报告"两种形式。多数工程是办理施工许可证，由建委审批，作为开发计划；部分工程则为批准开工报告，由发改委审批，作为基建计划。

二、施工许可证的适用范围

（一）需要办理施工许可证的建设工程

《建筑法》第 7 条规定，建筑工程开工前，建设单位应当按照国家有关规定向工程所在地县级以上人民政府建设行政主管部门申请领取施工许可证；但是，国务院建设行政主管部门确定的限额以下的小型工程除外。按照国务院规定的权限和程序批准开工报告的建筑工程，不再领取施工许可证。《建筑工程施工许可管理办法》进一步规定，在中华人民共和国境内从事各类房屋建筑及其附属设施的建造、装修装饰和与其配套的线路、管道、设备的安装，以及城镇市政基础设施工程的施工，建设单位在开工前应当依照本办法的规定，向工程所在地的县级以上地方人民政府住房城乡建设主管部门申请领取施工许可证。

（二）不需要办理施工许可证的建设工程

1. 限额以下的小型工程

按照《建筑法》的规定，国务院建设行政主管部门确定的限额以下的小型工程，可以不申请办理施工许可证。据此，《建筑工程施工许可管理办法》规定，工程投资额在 30 万元以下或者建筑面积在 300 平方米以下的建筑工程，可以不申请办理施工许可证。省、自治区、直辖市人民政府住房城乡建设主管部门可以根据当地的实际情况，对限额进行调整，并报国务院住房城乡建设主管部门备案。

2. 抢险救灾等工程

《建筑法》规定，抢险救灾及其他临时性房屋建筑和农民自建低层住宅的建筑活动，不适用本法。

3. 不重复办理施工许可证的建设工程

在建筑工程开始施工时，拆迁的进度必须符合工程开工的要求，这是保证该建筑工程正常施工的基本条件。

对在城市旧区进行建筑工程的新建、改建、扩建，拆迁是施工准备的一项重要任务。对成片进行综合开发的，应根据建筑工程建设计划，在满足施工要求的前提下，分期分批进行拆迁。拆迁必须按计划和施工进度要求进行，过早或过迟，都会造成损失和浪费。因此，开始修建工程之前，必须首先解决拆迁的问题。但是，解决拆迁的问题并不意味着必须要拆迁完毕才能施工，只要拆迁的进度能够满足后续施工的要求就可以了。这样可以形成拆迁与施工的流水作业，缩短总工期。拆迁与补偿应当根据《国有土地上房屋征收与补偿条例》（国务院令第 590 号）的规定进行。

（四）已经确定施工企业

建筑施工企业是具体负责实施建筑施工作业的单位，其人员素质、管理水平、资金数量、技术装备和施工业绩等都直接影响到其施工工程的进度、质量和安全。建筑工程的施工必须由具备相应资质的建筑施工企业来承担。在建筑工程开工前，建设单位必须确定承包该建筑工程的建筑施工企业。

建设单位确定建筑施工企业可以通过招标或直接发包两种方式。建设单位通过以上方式确定建筑施工企业后，双方应当签订书面的建筑安装工程承包合同，并将该合同的副本作为申领施工许可证的必备资料之一报建设行政主管机关。在工程开工前，建设单位必须已依法通过招标发包或直接发包的方式确定具备同该工程建设规模和技术要求等相适应的资质条件的建筑施工企业。按照规定应当招标的工程没有招标，应当公开招标的工程没有公开招标，或者肢解发包工程，以及将工程发包给不具备相应资质条件的企业的，所确定的施工企业无效。

（五）有满足施工需要的施工图纸及技术资料

这一项条件包括两个方面：一方面要有满足施工需要的施工图纸，另一方面要有满足施工需要的技术资料。施工图纸是实现建筑工程的最根本技术文件，是施工的依据。根据《建设工程质量管理条例》（2017）第 11 条的规定，施工图设计文件审查的具体办法，由国务院建设行政主管部门、国务院其他有关部门制定。施工图设计文件未经审查批准的，不得使用。但不管是什么工程，都应当依据相应标准、规范、规程等规定，具备必需的技术资料，以保证开工后工程施工的顺利进行。《建筑工程施工许可管理办法》第 4 条进一步规定，建设单位在申请领取施工许可证时，除了应当"有满足施工需要的施工图纸及技术资料"，还应满足"施工图设计文件已按规定进行了审查"这一条件。

（六）有保证工程质量和安全的具体措施

按照《建设工程质量管理条例》、《建设工程安全生产管理条例》的规定，建设单位在领取施工许可证或者开工报告前，应当按照国家有关规定办理工程质量监督手续。建设单位在申请领取施工许可证时，应当提供建设工程有关安全施工措施的资料。施工企业编制的施工组织设计中有根据建筑工程特点制定的相应质量、安全技术措施。建立工程质量安全责任制并落实到人。专业性较强的工程项目编制了专项质量、安全施工组织设计，并按照规定办理了工程质量、安全监督手续。《建设工程安全生产管理条例》第 10 条第 1 款规定："建设单位在领取施工许可证时，应当提供建设工程有关安全施工措施的资料"；第 42 条第 1 款规定："建设行政主管部门在审核发放施工许可证时，应当对建设工程是否有安全措施进行审查，对没有安全施工措施的，不得颁发施工许可证。"

《建筑法》和《建设工程质量管理条例》明确规定了国务院可以规定实行强制监理的建筑工程的范围。由于工程监理单位接受建设单位的委托代表建设单位去进行项目管理，因此，可以说委托监理单位去进行监理本身就是建设单位保证质量和安全的一项具体措施。同时，监理单位在监理过程中也是很多具体保证质量和安全措施的执行者，因此，《建筑工程施工许可管理办法》对于申请施工许可证的条件又在《建筑法》的基础上进一步延伸，规定了"按照规定应当委托监理的工程已委托监理。"这也是申领施工许可证的一个限制性条件。

（七）建设资金已经落实

资金的落实是建筑工程开工后顺利实施的关键。建筑活动需要较多的资金投入，建设单位在建筑工程施工过程中必须拥有足够的建设资金，这是保证施工顺利进行的重要的物质保障。对此，《建筑工程施工许可管理办法》第 4 条进一步具体规定为：建设工期不足一年的，到位资金原则上不得少于工程合同价的 50%，建设工期超过一年的，到位资金原则上不得少于工程合同价的 30%。建设单位应当提供本单位截至申请之日无拖欠工程款情形的承诺书或者能够表明其无拖欠工程款情形的其他材料，以及银行出具的到位资金证明，有条件的可以实行银行付款保函或者其他第三方担保。

（八）法律、行政法规规定的其他条件

这是指法律、行政法规对施工许可证申领条件的特别规定。建筑工程申请领取施工许可证，除了应当具备以上七项条件外，还应当具备其他法律、行政法规规定的有关建筑工程开工的条件。县级以上地方人民政府住房城乡建设主管部门不得违反法律法规规定，增设办理施工许可证的其他条件。

随着对建筑活动的管理正在不断完善，施工许可证的申领条件也会发生变化。法律、行政法规可以根据实践的需要，发展和完善施工许可证的申领条件。总体来说，法律、法规规定的其他条件通常包括下述内容。

1. 消防设计审核

根据《中华人民共和国消防法》的规定，对于按规定需要进行消防设计的建筑工程，建设单位应当将其消防设计图纸报送公安消防机构审核。依法应当经公安机关消防机构进行消防设计审核的建设工程，未经依法审核或者审核不合格的，负责审批该工程施工许可的部门不得给予施工许可，建设单位、施工单位不得施工；其他建设工程取得施工许可后经依法抽查不合格的，应当停止施工。

2. 节能环保审核

在设计阶段，要求新建建筑的施工图设计文件必须符合民用建筑节能强制性标准。《民用建筑节能条例》（国务院令第 530 号）第 13 条规定，施工图设计文件审查机构应当按照民用建筑节能强制性标准对施工图设计文件进行审查；经审查不符合民用建筑节能强制性标准的，县级以上地方人民政府建设主管部门不得颁发施工许可证。

3. 防雷、防震、规费等其他地方性法律文件中规定的条件

一些地方性法规或者规章中出现了以防雷、防震、规费等限制作为办理施工许可证的条件，对此，应当有正确的认识。《建筑法》在施工许可证办理条件中的第 8 条规定为"法律、行政法规规定的其他条件"。该项规定中所讲的"法律、行政法规"不应包括部门

规章、地方性法规、规章等规定。因此部门规章、地方性法规、规章的规定不应成为限制施工许可证颁发的理由和依据。

六、施工许可证的颁发

（一）施工许可证的颁发程序

依照《建筑法》第7条、第8条等规定，建设单位应当在建筑工程开工前，申请领取施工许可证。建设行政主管部门应当自收到申请之日起15日内，对符合条件的申请颁发施工许可证。施工许可证的颁发程序如下：

（1）建设单位必须向有权颁发施工许可证的建设行政部门提出书面申请；

（2）提出申请的时间是在建筑工程开工前；

（3）有权颁发施工许可证的部门是工程所在地县级以上人民政府建设行政主管部门；

（4）建设行政主管部门应当自收到申请之日起15日内，作出是否颁发施工许可证的决定，对符合条件的申请颁发施工许可证。

（二）颁发施工许可证的期限

建设行政主管部门应当自收到申请之日起15日内，对符合条件的申请颁发施工许可证。具体而言，有关建设行政主管部门在接到建设单位提交的领取施工许可证的申请后，应当在15日之内审查完毕；对符合规定条件的申请单位发给许可证，对经审查不符合条件的，则应当通知建设单位，不予颁发施工许可证。同时，按照我国《行政诉讼法》的规定，建设单位如果认为其申请颁发施工许可证的建筑工程符合规定的施工条件，而建设行政主管部门拒绝颁发施工许可证或者建设行政主管部门在本法规定的15日内不予答复的，则有权向发证机关的上一级行政机关申请行政复议；对复议决定不服的，可以向人民法院提起行政诉讼，建设单位也可以直接向人民法院提起行政诉讼。

（三）施工许可证的有效期、延期与废止

《建筑法》规定，建设单位应当自领取施工许可证之日起3个月内开工。因故不能按期开工的，应当向发证机关申请延期；延期以2次为限，每次不超过3个月。既不开工又不申请延期或者超过延期时限的，施工许可证自行废止。建设单位的施工许可证因以下两种情形自行废止：（1）在施工许可证的有效期内没有开工，建设单位又没有向原发证机关申请延期；（2）建设单位在申请了两次延期后仍没有开工。

（四）施工许可证的核验

《建筑法》规定，在建的建筑工程因故中止施工的，建设单位应当自中止施工之日起1个月内，向发证机关报告，并按照规定做好建筑工程的维护管理工作。建筑工程恢复施工时，应当向发证机关报告；中止施工满1年的工程恢复施工前，建设单位应当报发证机关核验施工许可证。

对于因故中止施工的，建设单位应当按照规定的时限向发证机关报告，并按照规定做好建设工程的维护管理工作，以防止建设工程在中止施工期间遭受不必要的损失，保证在恢复施工时可以尽快启动。在恢复施工时，建设单位应当向发证机关报告恢复施工的有关情况。中止施工满1年的，在建设工程恢复施工前，建设单位还应当报发证机关核验施工许可证。发证机关需对建设单位是否仍具备组织施工的条件进行核验。经核验符合条件的，应允许恢复施工，施工许可证继续有效；经核验不符合条件的，应当收回其施工许可证，不允许恢复施工，待条件具备后，由建设单位重新申领施工许可证。

（五）重新办理批准手续

对于实行开工报告制度的建设工程，《建筑法》规定，按照国务院有关规定批准开工报告的建筑工程，因故不能按期开工或者中止施工的，应当及时向批准机关报告情况。因故不能按期开工超过 6 个月的，应当重新办理开工报告的批准手续。

七、法律责任

（一）未经许可擅自开工应承担的法律责任

根据《建筑法》的规定，未取得施工许可证或者开工报告未经批准擅自施工的，责令改正，对不符合开工条件的责令停止施工，可以处以罚款。根据《建设工程质量管理条例》规定，建设单位未取得施工许可证或者开工报告未经批准，擅自施工的，责令停止施工，限期改正，处工程合同价款 1% 以上 2% 以下的罚款。

（二）规避办理施工许可证应承担的法律责任

根据《建筑工程施工许可管理办法》的规定，对于未取得施工许可证或者为规避办理施工许可证将工程项目分解后擅自施工的，由有管辖权的发证机关责令停止施工，限期改正，对建设单位处工程合同价款 1% 以上 2% 以下罚款；对施工单位处 3 万元以下罚款。

（三）骗取和伪造施工许可证应承担的法律责任

根据《建筑工程施工许可管理办法》的规定，建设单位采用欺骗、贿赂等不正当手段取得施工许可证的，由原发证机关撤销施工许可证，责令停止施工，并处 1 万元以上 3 万元以下罚款；构成犯罪的，依法追究刑事责任。建设单位隐瞒有关情况或者提供虚假材料申请施工许可证的，发证机关不予受理或者不予许可，并处 1 万元以上 3 万元以下罚款；构成犯罪的，依法追究刑事责任。建设单位伪造或者涂改施工许可证的，由发证机关责令停止施工，并处 1 万元以上 3 万元以下罚款；构成犯罪的，依法追究刑事责任。

（四）对违法行为的罚款额度

《建筑工程施工许可管理办法》规定，依照本办法规定，给予单位罚款处罚的，对单位直接负责的主管人员和其他直接责任人员处单位罚款数额 5% 以上 10% 以下罚款。单位及相关责任人受到处罚的，作为不良行为记录予以通报。

（五）发证机关及其工作人员的法律责任

发证机关及其工作人员，违反《建筑工程施工许可管理办法》，有下列情形之一的，由其上级行政机关或者监察机关责令改正；情节严重的，对直接负责的主管人员和其他直接责任人员，依法给予行政处分：（1）对不符合条件的申请人准予施工许可的；（2）对符合条件的申请人不予施工许可或者未在法定期限内作出准予许可决定的；（3）对符合条件的申请不予受理的；（4）利用职务上的便利，收受他人财物或者谋取其他利益的；（5）不依法履行监督职责或者监督不力，造成严重后果的。

第三节　工程建设从业单位的资质管理制度

一、工程建设从业单位的资质管理制度概述

工程建设从业单位资质管理制度，是指建设行政主管部门对从事建设活动的房地产开发企业、工程总承包企业、建筑业企业、勘察设计企业和工程监理企业等的人员素质、管理水平、资金数量、业务能力等进行审查，以确定其承揽的工程的范围，并发给相应资质

经资质许可机关同意，有效期延续 5 年。企业在资质证书有效期内名称、地址、注册资本、法定代表人等发生变更的，应当在工商部门办理变更手续后 30 日内办理资质证书变更手续。

4. 企业申请资质证书变更

企业申请资质证书变更，应当提交以下材料：（1）资质证书变更申请；（2）企业法人、合伙企业营业执照副本复印件；（3）资质证书正、副本原件；（4）与资质变更事项有关的证明材料。

企业改制的，除提供前款规定资料外，还应当提供改制重组方案、上级资产管理部门或者股东大会的批准决定、企业职工代表大会同意改制重组的决议。

企业首次申请、增项申请工程勘察、工程设计资质，其申请资质等级最高不超过乙级，且不考核企业工程勘察、工程设计业绩。已具备施工资质的企业首次申请同类别或相近类别的工程勘察、工程设计资质的，可以将相应规模的工程总承包业绩作为工程业绩予以申报。其申请资质等级最高不超过其现有施工资质等级。

（三）工程勘察设计单位的资质审批

申请工程勘察甲级资质、工程设计甲级资质，以及涉及铁路、交通、水利、信息产业、民航等方面的工程设计乙级资质的，可以向企业工商注册所在地的省、自治区、直辖市人民政府住房城乡建设主管部门提交申请材料。省、自治区、直辖市人民政府住房城乡建设主管部门收到申请材料后，应当在 5 日内将全部申请材料报审批部门。国务院住房城乡建设主管部门在收到申请材料后，应当依法作出是否受理的决定，并出具凭证；申请材料不齐全或者不符合法定形式的，应当在 5 日内一次性告知申请人需要补正的全部内容。逾期不告知的，自收到申请材料之日起即为受理。国务院住房城乡建设主管部门应当自受理之日起 20 日内完成审查。自作出决定之日起 10 日内公告审批结果。其中，涉及铁路、交通、水利、信息产业、民航等方面的工程设计资质，由国务院住房城乡建设主管部门送国务院有关部门审核，国务院有关部门应当在 15 日内审核完毕，并将审核意见送国务院住房城乡建设主管部门。组织专家评审所需时间不计算在上述时限内，但应当明确告知申请人。

工程勘察乙级及以下资质、劳务资质、工程设计乙级（涉及铁路、交通、水利、信息产业、民航等方面的工程设计乙级资质除外）及以下资质许可由省、自治区、直辖市人民政府建设主管部门实施。具体实施程序由省、自治区、直辖市人民政府建设主管部门依法确定。省、自治区、直辖市人民政府建设主管部门应当自作出决定之日起 30 日内，将准予资质许可的决定报国务院建设主管部门备案。

（四）勘察设计企业资质承担业务范围

取得工程勘察综合资质的企业，可以承接各专业（海洋工程勘察除外）、各等级工程勘察业务；取得工程勘察专业资质的企业，可以承接相应等级相应专业的工程勘察业务；取得工程勘察劳务资质的企业，可以承接岩土工程治理、工程钻探、凿井等工程勘察劳务业务。

取得工程设计综合资质的企业，可以承接各行业、各等级的建设工程设计业务；取得工程设计行业资质的企业，可以承接相应行业相应等级的工程设计业务及本行业范围内同级别的相应专业、专项（设计施工一体化资质除外）工程设计业务；取得工程设计专业资质的企业，可以承接本专业相应等级的专业工程设计业务及同级别的相应专项工程设计业务（设计施工一体化资质除外）；取得工程设计专项资质的企业，可以承接本专项相应等级的专项工程设计业务。

建设工程勘察、工程设计资质标准和各资质类别、级别企业承担工程的具体范围由国务院建设主管部门商国务院有关部门制定。

（五）勘察设计企业资质管理

国务院建设主管部门负责全国建设工程勘察、工程设计资质的统一监督管理。国务院铁路、交通、水利、信息产业、民航等有关部门配合国务院住房城乡建设主管部门实施相应行业的建设工程勘察、工程设计资质管理工作。省、自治区、直辖市人民政府建设主管部门负责本行政区域内建设工程勘察、工程设计资质的统一监督管理。省、自治区、直辖市人民政府交通、水利、信息产业等有关部门配合同级建设主管部门实施本行政区域内相应行业的建设工程勘察、工程设计资质管理工作。

国务院住房城乡建设主管部门对全国的建设工程勘察、设计资质实施统一的监督管理。国务院铁路、交通、水利、信息产业、民航等有关部门配合国务院建设主管部门对相应的行业资质进行监督管理。县级以上地方人民政府住房城乡建设主管部门负责对本行政区域内的建设工程勘察、设计资质实施监督管理。县级以上人民政府交通、水利、信息产业等有关部门配合同级住房城乡建设主管部门对相应的行业资质进行监督管理。上级建设主管部门应当加强对下级建设主管部门资质管理工作的监督检查，及时纠正资质管理中的违法行为。

住房城乡建设主管部门、有关部门履行监督检查职责时，有权采取下列措施：（1）要求被检查单位提供工程勘察、设计资质证书、注册执业人员的注册执业证书，有关工程勘察、设计业务的文档，有关质量管理、安全生产管理、档案管理、财务管理等企业内部管理制度的文件；（2）进入被检查单位进行检查，查阅相关资料；（3）纠正违反有关法律、法规和本规定及有关规范和标准的行为。建设主管部门、有关部门依法对企业从事行政许可事项的活动进行监督检查时，应当将监督检查情况和处理结果予以记录，由监督检查人员签字后归档。建设主管部门、有关部门在实施监督检查时，应当有2名以上监督检查人员参加，并出示执法证件；不得妨碍企业正常的生产经营活动，不得索取或者收受企业的财物，不得谋取其他利益。有关单位和个人对依法进行的监督检查应当协助与配合，不得拒绝或者阻挠。监督检查机关应当将监督检查的处理结果向社会公布。

三、工程监理单位的资质管理制度

按照《工程监理企业资质管理规定》（2016）在中华人民共和国境内从事建设工程监理活动，需要申请工程监理企业资质。从事建设工程监理活动的企业，应当按照法律规定取得工程监理企业资质，并在工程监理企业资质证书（以下简称资质证书）许可的范围内从事工程监理活动。

（一）工程监理企业的资质等级划分

根据《工程监理企业资质管理规定》和《工程监理企业资质标准》（建市[2007]131号）的规定，工程监理企业资质分为综合资质、专业资质和事务所三个序列。综合资质只设甲级。专业资质原则上分为甲、乙、丙三个级别，并按照工程性质和技术特点划分为14个专业工程类别；除房屋建筑、水利水电、公路和市政公用四个专业工程类别设丙级资质外，其他专业工程类别不设丙级资质。事务所不分等级。

1. 综合资质标准

(1) 具有独立法人资格且注册资本不少于600万元；(2) 企业技术负责人应为注册监理工程师，并具有15年以上从事工程建设工作的经历或者具有工程类高级职称；(3) 具有5个以上工程类别的专业甲级工程监理资质；(4) 注册监理工程师不少于60人，注册造价工程师不少于5人，一级注册建造师、一级注册建筑师、一级注册结构工程师或者其他勘察设计注册工程师合计不少于15人次；(5) 企业具有完善的组织结构和质量管理体系，有健全的技术、档案等管理制度；(6) 企业具有必要的工程试验检测设备；(7) 申请工程监理资质之日前两年内，企业没有违反法律、法规及规章的行为；(8) 申请工程监理资质之日前两年内没有因本企业监理责任造成重大质量事故；(9) 申请工程监理资质之日前两年内没有因本企业监理责任发生三级以上工程建设重大安全事故或者发生两起以上四级工程建设安全事故。

2. 专业资质标准

(1) 甲级

①具有独立法人资格且注册资本不少于300万元；②企业技术负责人应为注册监理工程师，并具有15年以上从事工程建设工作的经历或者具有工程类高级职称；③注册监理工程师、注册造价工程师、一级注册建造师、一级注册建筑师、一级注册结构工程师或者其他勘察设计注册工程师合计不少于25人次；其中，相应专业注册监理工程师不少于《专业资质注册监理工程师人数配备表》中要求配备的人数，注册造价工程师不少于2人；④企业近2年内独立监理过3个以上相应专业的二级工程项目，但是，具有甲级设计资质或一级及以上施工总承包资质的企业申请本专业工程类别甲级资质的除外；⑤企业具有完善的组织结构和质量管理体系，有健全的技术、档案等管理制度；⑥企业具有必要的工程试验检测设备；⑦申请工程监理资质之日前两年内，企业没有违反法律、法规及规章的行为；⑧申请工程监理资质之日前两年内没有因本企业监理责任造成重大质量事故；⑨申请工程监理资质之日前两年内没有因本企业监理责任发生三级以上工程建设重大安全事故或者发生两起以上四级工程建设安全事故。

(2) 乙级

①具有独立法人资格且注册资本不少于100万元；②企业技术负责人应为注册监理工程师，并具有10年以上从事工程建设工作的经历；③注册监理工程师、注册造价工程师、一级注册建造师、一级注册建筑师、一级注册结构工程师或者其他勘察设计注册工程师合计不少于15人次。其中，相应专业注册监理工程师不少于《专业资质注册监理工程师人数配备表》中要求配备的人数，注册造价工程师不少于1人；④有较完善的组织结构和质量管理体系，有技术、档案等管理制度；⑤有必要的工程试验检测设备；⑥申请工程监理资质之日前两年内，企业没有违反法律、法规及规章的行为；⑦申请工程监理资质之日前两年内没有因本企业监理责任造成重大质量事故；⑧申请工程监理资质之日前两年内没有因本企业监理责任发生三级以上工程建设重大安全事故或者发生两起以上四级工程建设安全事故。

(3) 丙级

①具有独立法人资格且注册资本不少于50万元；②企业技术负责人应为注册监理工程师，并具有8年以上从事工程建设工作的经历；③相应专业的注册监理工程师不少于《专业资质注册监理工程师人数配备表》中要求配备的人数；④有必要的质量管理体系、

档案管理和规章制度；⑤有必要的工程试验检测设备。

3. 事务所资质标准

（1）取得合伙企业营业执照，具有书面合作协议书；（2）合伙人中有不少于 3 名注册监理工程师，合伙人均有 5 年以上从事建设工程监理的工作经历；（3）有固定的工作场所；（4）有必要的质量管理体系、档案管理和规章制度；（5）有必要的工程试验检测设备。

（二）工程监理企业承担业务的范围

（1）综合资质：可以承担所有专业工程类别建设工程项目的工程监理业务，以及建设工程的项目管理、技术咨询等相关服务。

（2）专业甲级资质：可承担相应专业工程类别建设工程项目的工程监理业务，以及相应类别建设工程的项目管理、技术咨询等相关服务。

（3）专业乙级资质：可承担相应专业工程类别二级（含二级）以下建设工程项目的工程监理业务，以及相应类别和级别建设工程的项目管理、技术咨询等相关服务。

（4）专业丙级资质：可承担相应专业工程类别三级建设工程项目的工程监理业务，以及相应类别和级别建设工程的项目管理、技术咨询等相关服务。

（5）事务所资质：可承担三级建设工程项目的工程监理业务，以及相应类别和级别建设工程项目管理、技术咨询等相关服务。但是，国家规定必须实行强制监理的建设工程监理业务除外。

（三）工程监理企业的资质审批

申请综合资质、专业甲级资质的，可以向企业工商注册所在地的省、自治区、直辖市人民政府住房城乡建设主管部门提交申请材料。省、自治区、直辖市人民政府住房城乡建设主管部门收到申请材料后，应当在 5 日内将全部申请材料报审批部门。国务院住房城乡建设主管部门在收到申请材料后，应当依法作出是否受理的决定，并出具凭证；申请材料不齐全或者不符合法定形式的，应当在 5 日内一次性告知申请人需要补正的全部内容。逾期不告知的，自收到申请材料之日起即为受理。国务院住房城乡建设主管部门应当自受理之日起 20 日内作出审批决定。自作出决定之日起 10 日内公告审批结果。其中，涉及铁路、交通、水利、通信、民航等专业工程监理资质的，由国务院住房城乡建设主管部门送国务院有关部门审核。国务院有关部门应当在 15 日内审核完毕，并将审核意见报国务院住房城乡建设主管部门。组织专家评审所需时间不计算在上述时限内，但应当明确告知申请人。

专业乙级、丙级资质和事务所资质由企业所在地省、自治区、直辖市人民政府住房城乡建设主管部门审批。专业乙级、丙级资质和事务所资质许可。延续的实施程序由省、自治区、直辖市人民政府住房城乡建设主管部门依法确定。省、自治区、直辖市人民政府住房城乡建设主管部门应当自作出决定之日起 10 日内，将准予资质许可的决定报国务院住房城乡建设主管部门备案。工程监理企业资质证书的有效期为 5 年。

申请工程监理企业资质，应当提交以下材料：（1）工程监理企业资质申请表（一式三份）及相应电子文档；（2）企业法人、合伙企业营业执照；（3）企业章程或合伙人协议；（4）企业法定代表人、企业负责人和技术负责人的身份证明、工作简历及任命（聘用）文件；（5）工程监理企业资质申请表中所列注册监理工程师及其他注册执业人员的注册执业证书；（6）有关企业质量管理体系、技术和档案等管理制度的证明材料；（7）有关工程试验检测设备的证明材料。

取得专业资质的企业申请晋升专业资质等级或者取得专业甲级资质的企业申请综合资质的，除上述规定的材料外，还应当提交企业原工程监理企业资质证书正、副本复印件，企业《监理业务手册》及近两年已完成代表工程的监理合同、监理规划、工程竣工验收报告及监理工作总结。

资质有效期届满，工程监理企业需要继续从事工程监理活动的，应当在资质证书有效期届满 60 日前，向原资质许可机关申请办理延续手续。对在资质有效期内遵守有关法律、法规、规章、技术标准，信用档案中无不良记录，且专业技术人员满足资质标准要求的企业，经资质许可机关同意，有效期延续 5 年。

（四）工程监理企业的资质管理

国务院住房城乡建设主管部门负责全国工程监理企业资质的统一监督管理工作。国务院铁路、交通、水利、信息产业、民航等有关部门配合国务院住房城乡建设主管部门实施相关资质类别工程监理企业资质的监督管理工作。省、自治区、直辖市人民政府住房城乡建设主管部门负责本行政区域内工程监理企业资质的统一监督管理工作。省、自治区、直辖市人民政府交通、水利、信息产业等有关部门配合同级住房城乡建设主管部门实施相关资质类别工程监理企业资质的监督管理工作。工程监理行业组织应当加强工程监理行业自律管理。鼓励工程监理企业加入工程监理行业组织。

县级以上人民政府住房城乡建设主管部门和其他有关部门应当依照有关法律、法规和本规定，加强对工程监理企业资质的监督管理。住房城乡建设主管部门履行监督检查职责时，有权采取下列措施：（1）要求被检查单位提供工程监理企业资质证书、注册监理工程师注册执业证书，有关工程监理业务的文档，有关质量管理、安全生产管理、档案管理等企业内部管理制度的文件；（2）进入被检查单位进行检查，查阅相关资料；（3）纠正违反有关法律、法规和本规定及有关规范和标准的行为。住房城乡建设主管部门进行监督检查时，应当有两名以上监督检查人员参加，并出示执法证件，不得妨碍被检查单位的正常经营活动，不得索取或者收受财物、谋取其他利益。有关单位和个人对依法进行的监督检查应当协助与配合，不得拒绝或者阻挠。监督检查机关应当将监督检查的处理结果向社会公布。工程监理企业违法从事工程监理活动的，违法行为发生地的县级以上地方人民政府住房城乡建设主管部门应当依法查处，并将违法事实、处理结果或处理建议及时报告该工程监理企业资质的许可机关。工程监理企业取得工程监理企业资质后不再符合相应资质条件的，资质许可机关根据利害关系人的请求或者依据职权，可以责令其限期改正；逾期不改的，可以撤回其资质。

四、建筑业企业的资质管理制度

建筑业企业，是指从事土木工程、建筑工程、线路管道设备安装工程、装修工程的新建、扩建、改建等活动的企业。在中华人民共和国境内申请建筑业企业资质，实施对建筑业企业资质监督管理，适用《建筑业企业资质管理规定》（2016）。建筑业企业应当按照其拥有的注册资本、专业技术人员、技术装备和已完成的建筑工程业绩等条件申请资质，经审查合格，取得建筑业企业资质证书后，方可在资质许可的范围内从事建筑施工活动。

（一）建筑业企业的资质序列类别和等级

1. 建筑业企业的资质序列类别和等级

建筑业企业资质分为施工总承包、专业承包和施工劳务三个序列。其中施工总承包序列设有 12 个类别，一般分为四个等级（特级、一级、二级、三级）；专业承包序列设有 36 个类别，一般分为 3 个等级（一级、二级、三级）；施工劳务序列不分类别和等级。

2. 建筑业企业业务范围

施工总承包工程应由取得相应施工总承包资质的企业承担。取得施工总承包资质的企业可以对所承接的施工总承包工程内各专业工程全部自行施工，也可以将专业工程或劳务作业依法进行分包。对设有资质的专业工程进行分包时，应分包给具有相应专业承包资质的企业。施工总承包企业将劳务作业分包时，应分包给具有施工劳务资质的企业。取得施工总承包资质的企业，可以从事资质证书许可范围内的相应工程总承包、工程项目管理等业务。

设有专业承包资质的专业工程单独发包时，应由取得相应专业承包资质的企业承担。取得专业承包资质的企业可以承接具有施工总承包资质的企业依法分包的专业工程或者建设建设单位依法发包的专业工程。取得专业承包资质的企业应对所承接的专业工程全部自行组织施工，劳务作业可以分包，但应分包给具有施工劳务资质的企业。

取得施工劳务资质的企业可以承接具有施工总承包资质或专业承包资质的企业分包的劳务作业。

3. 基本条件

具有法人资格的企业申请建筑业企业资质应具备下列基本条件：

（1）具有满足本标准要求的资产；

（2）具有满足本标准要求的注册建造师及其他注册人员、工程技术人员、施工现场管理人员和技术工人。

（3）具有满足本标准要求的工程业绩；

（4）具有必要的技术装备。

4. 施工总承包序列资质标准

施工总承包序列设有 12 个类别，分别是：建筑工程施工总承包、公路工程施工总承包、铁路工程施工总承包、港口与航道工程施工总承包、水利水电工程施工总承包、电力工程施工总承包、矿山工程施工总承包、冶金工程施工总承包、石油化工工程施工总承包、市政公用工程施工总承包、通信工程施工总承包、机电工程施工总承包。

（二）建筑工程施工总承包资质标准

以建筑工程施工总承包资质标准为例，根据《建筑业企业资质标准》，建筑工程施工总承包资质分为特级、一级、二级、三级。

1. 一级资质标准

（1）企业资产。净资产 1 亿元以上。

（2）企业主要人员。①建筑工程、机电工程专业一级注册建造师合计不少于 12 人，其中建筑工程专业一级注册建造师不少于 9 人。②技术负责人具有 10 年以上从事工程施工技术管理工作经历，且具有结构专业高级职称；建筑工程相关专业中级以上职称人员不少于 30 人，且结构、给排水、暖通、电气等专业齐全。③持有岗位证书的施工现场管理人员不少于 50 人，且施工员、质量员、安全员、机械员、造价员、劳务员等人员齐全。④经考核或培训合格的中级工以上技术工人不少于 150 人。

（3）企业工程业绩。近 5 年承担过下列 4 类中的 2 类工程的施工总承包或主体工程承包，工程质量合格。①地上 25 层以上的民用建筑工程 1 项或地上 18～24 层的民用建筑工程 2 项；②高度 100 米以上的构筑物工程 1 项或高度 80～100 米（不含）的构筑物工程 2 项；③建筑面积 3 万平方米以上的单体工业、民用建筑工程 1 项或建筑面积 2 万～3 万平方米（不含）的单体工业、民用建筑工程 2 项；④钢筋混凝土结构单跨 30 米以上（或钢结构单跨 36 米以上）的建筑工程 1 项或钢筋混凝土结构单跨 27～30 米（不含）（或钢结构单跨 30～36 米（不含））的建筑工程 2 项。

2. 二级资质标准

（1）企业资产。净资产 4000 万元以上。

（2）企业主要人员。①建筑工程、机电工程专业注册建造师合计不少于 12 人，其中建筑工程专业注册建造师不少于 9 人。②技术负责人具有 8 年以上从事工程施工技术管理工作经历，且具有结构专业高级职称或建筑工程专业一级注册建造师执业资格；建筑工程相关专业中级以上职称人员不少于 15 人，且结构、给排水、暖通、电气等专业齐全。③持有岗位证书的施工现场管理人员不少于 30 人，且施工员、质量员、安全员、机械员、造价员、劳务员等人员齐全。④经考核或培训合格的中级工以上技术工人不少于 75 人。

（3）企业工程业绩。近 5 年承担过下列 4 类中的 2 类工程的施工总承包或主体工程承包，工程质量合格。①地上 12 层以上的民用建筑工程 1 项或地上 8～11 层的民用建筑工程 2 项；②高度 50 米以上的构筑物工程 1 项或高度 35～50 米（不含）的构筑物工程 2 项；③建筑面积 1 万平方米以上的单体工业、民用建筑工程 1 项或建筑面积 0.6 万～1 万平方米（不含）的单体工业、民用建筑工程 2 项；④钢筋混凝土结构单跨 21 米以上（或钢结构单跨 24 米以上）的建筑工程 1 项或钢筋混凝土结构单跨 18～21 米（不含）（或钢结构单跨 21～24 米（不含））的建筑工程 2 项。

3. 三级资质标准

（1）企业资产。净资产 800 万元以上。

（2）企业主要人员。①建筑工程、机电工程专业注册建造师合计不少于 5 人，其中建筑工程专业注册建造师不少于 4 人。②技术负责人具有 5 年以上从事工程施工技术管理工作经历，且具有结构专业中级以上职称或建筑工程专业注册建造师执业资格；建筑工程相关专业中级以上职称人员不少于 6 人，且结构、给排水、电气等专业齐全。③持有岗位证书的施工现场管理人员不少于 15 人，且施工员、质量员、安全员、机械员、造价员、劳务员等人员齐全。④经考核或培训合格的中级工以上技术工人不少于 30 人。⑤技术负责人（或注册建造师）主持完成过本类别资质二级以上标准要求的工程业绩不少于 2 项。

4. 承包工程范围

（1）一级资质。

可承担单项合同额 3000 万元以上的下列建筑工程的施工：①高度 200 米以下的工业、民用建筑工程；②高度 240 米以下的构筑物工程。

（2）二级资质。

可承担下列建筑工程的施工：①高度 100 米以下的工业、民用建筑工程；②高度 120 米以下的构筑物工程；③建筑面积 4 万平方米以下的单体工业、民用建筑工程；④单跨跨度 39 米以下的建筑工程。

（3）三级资质。

可承担下列建筑工程的施工：①高度 50 米以下的工业、民用建筑工程；②高度 70 米以下的构筑物工程；③建筑面积 1.2 万平方米以下的单体工业、民用建筑工程；④单跨跨度 27 米以下的建筑工程。

（三）专业承包序列资质类别

专业承包序列设有 36 个类别，分别是：地基基础工程专业承包、起重设备安装工程专业承包、预拌混凝土专业承包、电子与智能化工程专业承包、消防设施工程专业承包、防水防腐保温工程专业承包、桥梁工程专业承包资质、隧道工程专业承包、钢结构工程专业承包、模板脚手架专业承包、建筑装修装饰工程专业承包、建筑机电安装工程专业承包、建筑幕墙工程专业承包、古建工程专业承包、城市及道路照明工程专业承包、公路路面工程专业承包、公路路基工程专业承包、公路交通工程专业承包、铁路电务工程专业承包、铁路铺轨架梁工程专业承包、铁路电气化工程专业承包、机场场道工程专业承包、民航空管工程及机场弱电系统工程专业承包、机场目视助航工程专业承包、港口与海岸工程专业承包、航道工程专业承包、通航建筑物工程专业承包、港航设备安装及水上交管工程专业承包、水工金属结构制作与安装工程专业承包、水利水电机电安装工程专业承包、河湖整治工程专业承包、输变电工程专业承包、核工程专业承包、海洋石油工程专业承包、环保工程专业承包、特种工程专业承包。

五、工程总承包企业的资质管理制度

工程总承包企业，是指对工程从立项到交付使用全过程承包的企业，不包括以设计院为主体的设计工程公司。工程总承包和工程项目管理是国际通行的工程建设项目组织实施方式。积极推行工程总承包和工程项目管理，是深化我国工程建设项目组织实施方式改革，提高工程建设管理水平，保证工程质量和投资效益，规范建筑市场秩序的重要措施；是勘察、设计、施工、监理企业调整经营结构，增强综合实力，加快与国际工程承包和管理方式接轨，适应社会主义市场经济发展和加入世界贸易组织后新形势的必然要求；是积极开拓国际承包市场，带动我国技术、机电设备及工程材料的出口，促进劳务输出，提高我国企业国际竞争力的有效途径。

1992 年，建设部颁发了《工程总承包企业资质管理暂行规定》，第一次通过行政法规把工程总承包企业规定为建筑业的一种企业类型，同时颁发了《设计单位进行工程总承包资格管理的有关规定》，对设计单位进行工程总承包资格问题做出了规定；次年颁发了《关于开展工程总承包资质就位工作的通知》；1997 年 11 月，我国颁布了《中华人民共和国建筑法》，提倡对建筑工程进行总承包，并规定从事建筑活动的主体取得相关资质等级后才可在其范围内从事建筑活动；1999 年 8 月，建设部印发了《大型设计单位创建国际型工程公司的指导意见》（建设［1999］218 号），先后有 560 家设计单位领取了甲级工程总承包资格证书。

为适应市场经济发展和加入世界贸易组织后国际工程总承包的需要，2003 年建设部印发了《关于培育发展工程总承包和工程项目管理企业的指导意见》（建市［2003］30 号文），规定凡是具有勘察、设计资质或施工总承包资质的企业都可以在企业资质等级许可的范围内开展工程总承包业务。为打破设计与施工的分类界线，使设计施工成为一体，建设部 2006 年颁发了四个设计与施工专项资质标准——《建筑智能化工程设计与施工资质标准》《消防设施工程设计与施工资质标准》《建筑装饰装修工程设计与施工资质标准》和

《建筑幕墙工程设计与施工资质标准》。为引导企业成为技术含量高，融资能力强，管理水平高的龙头企业，2006、2007 年建设部先后颁布了修订后的《建设工程勘察设计资质管理规定》（2016 年再次修订）和《施工总承包企业特级资质标准》。该标准正在修订中。2017 年 6 月 1 日，中华人民共和国住房和城乡建设部建筑市场监管司就《施工总承包企业特级资质标准》（征求意见稿）向各省、自治区住房城乡建设厅，直辖市建委，新疆生产建设兵团建设局，国务院有关部门建设司（局），中央军委后勤保障部军事设施建设局，中央管理的有关企业，有关行业协会发出了征求意见函。征求意见稿中，主要删除内容涉及：企业注册资本金要求、上缴营业税要求、企业经理任职要求、财务负责人、一级建造师数量要求、设计人员要求、工法数量要求、行业标准要求、信息化要求。主要新增内容为：企业近三年营业收入均在 50 亿元以上、企业未被列入失信被执行人名单、近三年未被列入行贿犯罪档案等。主要修改内容则集中在：技术负责人任职要求、科技活动经费支出、企业工程业绩要求。在国家政策支持下，近年来工程总承包市场逐渐扩大，境外工程总承包项目经营额大幅增长。

（一）工程总承包企业的资质等级划分

工程总承包企业按照资质条件分为三级。各级工程总承包企业的资质应当符合以下条件。

1. 一级工程总承包企业

（1）近五年内承担过下列建设项目中两个以上工程项目的总承包：①大型工业、能源、交通等建设项目；②15 万平方米以上的住宅区建设项目；③投资二亿元以上的公用建设项目。

（2）企业自有资金 1 亿元以上，其中自有流动资金 3000 万元以上。

（3）企业经理必须具有大专以上文化程度和 15 年以上从事工程建设管理的经历。企业的总工程师、总经济师、总会计师必须具有相应的高级职称。

（4）企业具有技术经济职称的人员占企业管理人员总数的 70％以上，并不得少于 500 人。其中，具有工程师、经济师、会计师等中级以上技术经济职称的人员占有职称人员总数的 60％以上，并不得少于 300 人。

（5）企业能派出项目管理班子对大型建设项目的工程质量、建设进度、工程造价等进行直接管理及有效的控制。

（6）企业年总产值在 3 亿元以上。

2. 二级工程总承包企业

（1）企业近五年内承担过下列建设项目中两个以上工程建设项目的总承包：①中型工业、能源、交通等建设项目；②10 万平方米以上的住宅区建设项目；③投资 1 亿元以上的公用建设项目。

（2）企业自有资金 3000 万元以上，其中自有流动资金 1000 万元以上。

（3）企业经理具有大专以上文化程度和 10 年以上从事工程建设管理的经历。企业的总工程师、总会计师必须具有相应的高级职称，总经济师必须具有中级以上技术职称。

（4）具有技术经济职称的人员占企业管理人员总数的 65％以上，并不得少于 300 人，其中，具有工程师、经济师、会计师等中级以上职称的人员占有职称人员总数的 50％以上，并不得少于 150 人。

（5）能够派出项目管理班子对中型建设项目的工程质量、建设进度、工程造价等进行直接管理及有效的控制。

（6）年总产值在 1.5 亿元以上。

3. 三级工程总承包企业：

（1）企业近五年内承担过下列建设项目中两个以上工程项目的总承包：①中、小型企业、能源、交通等建设项目；②5 万平方米以上的住宅区建设项目；③投资 4000 万元以上的公用建设项目。

（2）企业自有资金 1000 万元以上，其中自有流动资金 500 万元以上。

（3）企业经理具有大专以上文化程度和八年以上从事工程建设管理的经历。企业的总工程师必须是高级工程师，总会计师、总经济师必须具有中级以上职称。

（4）具有技术经济职称的人员占企业管理人员总数的 60% 以上，并不得少于 80 人。其中，具有工程师、经济师、会计师等中级以上职称的人员占有职称人员总数的 50% 以上，并不得少于 40 人。

（5）能派出项目管理班子对工程建设项目的工程质量、建设进度、工程造价等进行直接管理及有效的控制。

（6）年总产值在 5000 万元以上。

（二）工程总承包企业的资质审批

工程总承包企业的资质等级实行分级审批。一级工程总承包企业由建设部审批。二、三级工程总承包企业，属于国务院有关部门的，由国务院有关部门审批，并向企业所在地的省、自治区、直辖市人民政府住房城乡建设行政主管部门备案；属于地方的，由省、自治区、直辖市人民政府住房城乡建议行政主管部门审批。

申请资质等级的工程总承包企业，应当向审批部门提交下列文件和证件：（1）资质等级申请书；（2）企业章程；（3）企业法定代表人和技术经济负责人的任职、职称证明；（4）企业的机构设置和人员统计表；（5）银行出具的资金证明；（6）已承担的具有代表性的总承包建设项目概况；（7）列举本企业两个以上项目管理班子的人员构成、工作职责及开展工作情况；（8）企业所属科研单位和科研人员情况；（9）反映企业年度经营情况的生产、财务、劳动统计报表；（10）企业自有或联合的设计单位情况；（11）其他有关文件、证件。

经审查合格的工程总承包企业，由资质审批部门发给《工程总承包企业资质等级证书》，新开办的工程总承包企业暂定资质等级的，两年后由该企业提出申请，由原资质审批部门核定其正式等级。取得《工程总承包企业资质等级证书》的企业，应当按照《中华人民共和国企业法人登记管理条例》的有关规定，到工商行政管理部门办理注册登记手续。工程总承包企业发生分立、合并、变更办公地址、营业范围、法定代表人和技术经济负责人的，应当在上级主管部门批准后 30 日内，向原资质审批部门办理变更手续。工程总承包企业的资质审批部门对工程总承包企业每隔两年进行一次资质复查，凡达不到原资质等级标准的，按照其实际达到的标准重新核定资质等级。二级以下总承包企业能够达到上一级资质等级标准的，可以根据本规定提出升级申请。

（三）工程总承包企业承担的业务范围

各级工程总承包企业必须在其资质登记的营业范围内总承包。一级工程总承包企业可以承担本专业及与其资质相适应的其他专业的大型建设项目的总承包；二级工程总承包企业可以承包本专业及与其资质相适应的其他专业的中型建设项目的总承包；三级工程总承包企业可以承担普通中小型工业与民用建设项目的总承包。各级工程总承包企业具体承包工程的范围，由资质审批部门确定。

二级工程总承包企业可以跨省、自治区、直辖市独立承包工程。跨省、自治区、直辖市承包工程时，应当持有省、自治区、直辖市人民政府住房城乡建设行政主管部门或者国务院有关主管部门出具的外出承包证明，向当地住房城乡建设行政主管部门登记备案。工程总承包企业可以通过投标承揽任务，也可以直接受住房城乡建设行政主管部门或者建设单位的委托承揽任务；可以实行工程建设全过程的总承包，也可以进行分阶段的承包；可以独立进行总承包，也可以与其他单位联合总承包。

工程总承包企业必须按照《资质等级证书》规定的承包范围从事总承包活动，不得无证或者越级总承包工程。工程总承包企业必须依法开展总承包活动，不得采用行贿、回扣等不正当手段获取建设任务。工程总承包企业不得倒手转包建设工程项目。前款所称倒手转包，是指将建设项目转包给其他单位承包，只收取管理费，不派项目管理班子对建设项目进行管理，不承担技术经济责任的行为。

第四节　工程建设专业技术人员执业资格制度

一、工程建设专业技术人员执业资格制度简述

执业资格许可制度，是指对具备一定专业学历的从事建筑活动的专业技术人员要求其参加相关考试以获取执业资格，并按规定进行注册后，就确定了其执业的技术资格，获得相应建筑工程文件签字权的一种制度。在针对某一具体执业资格时，一般就称为"注册××师"制度。《建筑法》第14条对此做出了规定："从事建筑活动的专业技术人员，应当依法取得相应的执业资格证书，并在执业资格证书许可的范围内从事建筑活动"。

当前世界大多数发达国家对从事涉及公众生命和财产的建筑活动的专业技术人员都制定了严格的执业资格制度，如美国、英国、日本、加拿大等。自20世纪80年代中期开始，我国也先后在律师、会计、教师、建筑、医生、资产评估等行业开始实行执业资格制度。为了适应社会主义市场经济体制建立，自20世纪80年代末开始，建设部在调研国外一些发达国家在专业技术人员资格管理方面好的经验和做法的基础上，结合建设行业发展的需要，会同国家人事部逐步建立了注册建筑师、勘察设计注册工程师、造价工程师、注册城市规划师、监理工程师、房地产估价师、房地产经纪人、建造师、物业管理师等九项执业资格制度。其中建筑行业是从1992年开始实行注册监理工程师制度的。在2004年，依据《行政许可法》，经国务院批准除房地产经纪人外，其他八项执业资格正式列入行政许可项目。另外，国家安监局与国家人事部建立的注册安全工程师职业资格制度，也应当属于建设工程领域的从业人员资格制度。

按照国际通行做法，对于关系公众生命财产安全，实行强制性准入控制的执业资格，由政府授权的机构依法进行教育评估及注册管理；对于非强制性的服务类的执业资格，由行业注册师协会实行自律管理。目前，建设行业执业资格制度除房地产经纪人由专业学会自律管理外都带有政府强制性，即只有取得执业资格并经过注册的专业技术人员才被允许

以相应的名义执业，并享有相关的权利和义务，承担相应的法律责任。鉴于建设工程专业人员的执业资格较多，本书仅对注册建筑师、注册结构工程师、注册建造师、注册造价工程师、注册监理工程师、勘察设计注册工程师进行阐述。

二、注册建筑师

1995年9月23日，国务院发布实施《注册建筑师条例》，标志着我国正式实行注册建筑师执业资格制度。1996年7月1日建设部颁布实施《注册建筑师条例实施细则》（建设部令第52号）。为进一步规范注册建造师执业资格制度，2008年1月29日建设部发布了新的《注册建筑师条例实施细则》（建设部令第167号），《注册建筑师条例实施细则》（建设部令第52号）废止。我国已经建立了一套较高水准的注册建筑师教育、实践、考试和继续教育的标准，逐步规范了考试、注册、管理程序和手段。这项制度的建立，明确了注册建筑师的法律地位，使注册建筑师的名称和执业行为置于法律监督和保护之下，建立了教育评估、职业训练、资格考试、继续教育相结合的一套人才评估体系，明确了注册建筑师的责任、权利和义务，更好地发挥他们在工程设计中的主导作用。

按照现行《注册建筑师条例实施细则》第3条规定，注册建筑师，是指经考试、特许、考核认定取得中华人民共和国注册建筑师执业资格证书（以下简称执业资格证书），或者经资格互认方式取得建筑师互认资格证书（以下简称互认资格证书），并按照本细则注册，取得中华人民共和国注册建筑师注册证书（以下简称注册证书）和中华人民共和国注册建筑师执业印章（以下简称执业印章），从事建筑设计及相关业务活动的专业技术人员。未取得注册证书和执业印章的人员，不得以注册建筑师的名义从事建筑设计及相关业务活动。

注册建筑师级别分一级建筑师和二级建筑师。国务院住房城乡建设主管部门、人事主管部门按职责分工对全国注册建筑师考试、注册、执业和继续教育实施指导和监督。省、自治区、直辖市人民政府住房城乡建设主管部门、人事主管部门按职责分工对本行政区域内注册建筑师考试、注册、执业和继续教育实施指导和监督。全国注册建筑师管理委员会负责注册建筑师考试、一级注册建筑师注册、制定颁布注册建筑师有关标准以及相关国际交流等具体工作。省、自治区、直辖市注册建筑师管理委员会负责本行政区域内注册建筑师考试、注册以及协助全国注册建筑师管理委员会选派专家等具体工作。

（一）注册建筑师的考试

注册建筑师考试实行全国统一考试，每年进行一次。遇特殊情况，经国务院建设主管部门和人事主管部门同意，可调整该年度考试次数。注册建筑师考试由全国注册建筑师管理委员会统一部署，省、自治区、直辖市注册建筑师管理委员会组织实施。

1. 考试级别、内容、方式

一级注册建筑师考试内容包括：建筑设计前期工作、场地设计、建筑设计与表达、建筑结构、环境控制、建筑设备、建筑材料与构造、建筑经济、施工与设计业务管理、建筑法规等。上述内容分成若干科目进行考试。科目考试合格有效期为八年。二级注册建筑师考试内容包括：场地设计、建筑设计与表达、建筑结构与设备、建筑法规、建筑经济与施工等。上述内容分成若干科目进行考试。科目考试合格有效期为四年。

2. 报考条件

符合下列条件之一的，可以申请参加一级注册建筑师考试：（1）取得建筑学硕士以上

节严重的，可以责令停止执行业务或者由全国注册建筑师管理委员会或者省、自治区、直辖市注册建筑师管理委员会吊销注册建筑师证书：①以个人名义承接注册建筑师业务、收取费用的；②同时受聘于二人以上建筑设计单位执行业务的；③在建筑设计或者相关业务中侵犯他人合法权益的；④准许他人以本人名义执行业务的；⑤二级注册建筑师以一级注册建筑师的名义执行业务或者超越国家规定的执业范围执行业务的。

（4）因建筑设计质量不合格发生重大责任事故，造成重大损失的，对该建筑设计负有直接责任的注册建筑师，由县级以上人民政府住房城乡建设行政主管部门责令停止执行业务；情节严重的，由全国注册建筑师管理委员会或者省、自治区、直辖市注册建筑师管理委员会吊销注册建筑师证书。

三、注册结构工程师

注册结构工程师，是指取得中华人民共和国注册结构工程师执业资格证书和注册证书，从事房屋结构、桥梁结构及塔架结构等工程设计及相关业务的专业技术人员。注册结构工程师分为一级注册结构工程师和二级注册结构工程师。

人事部、建设部于 1997 年 9 月 1 日联合发布实施《注册结构工程师执业资格制度暂行规定》，对注册结构工程师执业资格作出了具体规定。注册结构工程师资格制度纳入专业技术人员执业资格制度，由国家确认批准。住建部、人事部和省、自治区、直辖市人民政府住房城乡建设行政主管部门、人事行政主管部门依照本规定对注册结构工程师的考试、注册和执业实施指导、监督和管理。全国注册结构工程师管理委员会由建设部、人事部和国务院有关部门的代表及工程设计专家组成。省、自治区、直辖市可成立相应的注册结构工程师管理委员会。各级注册结构工程师管理委员会可依照本规定及住房城乡建设主管部门、人事部有关规定，负责或参照注册结构工程师的考试和注册等具体工作。

（一）注册结构工程师的考试

注册结构工程师考试实行全国统一大纲、统一命题、统一组织的办法，原则上每年举行一次。建设部负责组织有关专家拟定考试大纲、组织命题、编写培训教材、组织考前培训等工作；人事部负责组织有关专家审定考试大纲和试题，会同有关部门组织考试并负责考务等工作。

一级注册结构工程师资格考试由基础考试和专业考试两部分组成。通过基础考试的人员，从事结构工程设计或相关业务满规定年限，方可申请参加专业考试。基础考试包括高等数学、普通物理、普通化学、理论力学、材料力学、流体力学、计算机应用基础、电工电子技术、工程经济、信号与信息技术、土木工程材料、工程测量、职业法规、土木工程施工与管理、结构设计、结构力学、结构试验、土力学与地基基础。专业考试包括：钢筋混凝土结构、钢结构、砌体结构与木结构、地基与基础、高层建筑、高耸结构与横向作用、桥梁结构。二级注册结构工程师只考专业课，科目为：钢筋混凝土结构、钢结构、砌体结构与木结构、地基与基础、高层建筑、高耸结构与横向作用。注册结构工程师资格考试合格者，由省、自治区、直辖市人事（职改）部门颁发人事部统一印制、加盖建设部和人事部印章的中华人民共和国注册结构工程师执业资格证书。

（二）注册结构工程师的注册

取得注册结构工程师执业资格证书者，要从事结构工程设计业务的，须申请注册。

1. 不予注册的情形

有下列情形之一的，不予注册：（1）不具备完全民事行为能力的；（2）因受刑事处罚，自处罚完毕之日起至申请注册之日止不满 5 年的；（3）因在结构工程设计或相关业务中犯有错误受到行政处罚或者撤职以上行政处分，自处罚、处分决定之日起申请注册之日止满 2 年的；（4）受吊销注册结构工程师注册证书处罚，自处罚决定之日起至申请注册之日止不满 5 年的；（5）建设部和国务院有关部门规定不予注册的其他情形的。

2. 注册的程序、机构

各级注册结构工程师管理委员会按照职责分工应将准备注册的注册结构工程师名单报同级住房城乡建设行政主管部门备案。建设部或各省、自治区、直辖市人民政府住房城乡建设行政主管部门发现有与注册规定不符的，应通知有关注册结构工程师管理委员会撤销注册。准予注册的申请人，分别由全国注册结构工程师管理委员会和省、自治区、直辖市注册结构工程师管理委员会核发由建设部统一制作的注册结构工程师注册证书。注册结构工程师注册有效期为 2 年，有效期届满需要继续注册的，应当在期满前 30 日内办理注册手续。

（三）注册结构工程师的执业

注册结构工程师的执业范围：（1）结构工程设计；（2）结构工程设计技术咨询；（3）建筑物、构筑物、工程设施等调查和鉴定；（4）对本人主持设计的项目进行施工指导和监督；（5）住房城乡建设主管部门和国务院有关部门规定的其他业务。

一级注册结构工程师的执业范围不受工程规模及工程复杂程度的限制。注册结构工程师执行业务，应当加入一个勘察设计单位。注册结构工程师执行业务，由勘察设计单位统一接受委托并统一收费。因结构设计质量造成的经济损失，由勘察设计单位承担赔偿责任；勘察设计单位有权向签字的注册结构工程师追偿。

（四）注册结构工程师的权利和义务

1. 注册结构工程师的权利

（1）专有名称权。注册结构工程师有权以注册结构工程师的名义执行注册结构工程师业务。非注册结构工程师不得以注册结构工程师的名义执行注册结构工程师业务。

（2）设计文件签字权。国家规定的一定跨度、高度等以上的结构工程设计，应当由注册结构工程师主持设计。

（3）独立设计权。任何单位和个人修改注册结构工程师的设计图纸，应当征得该注册结构工程师同意；但是因特殊情况不能征得该注册结构工程师同意的除外。

2. 注册结构工程师的义务

（1）遵守法律、法规和职业道德，维护社会公众利益；

（2）保证工程设计的质量，并在其负责的设计图纸上签字盖章；

（3）保守在执业中知悉的单位和个人的秘密；

（4）不得同时受聘于二个以上勘察设计单位执行业务；

（5）不得准许他人以本人名义执行业务。

注册结构工程师按规定接受必要的继续教育，定期进行业务和法规培训，并作为重新注册的依据。

四、注册建造师

建造师执业资格制度起源于英国，迄今已有 150 余年历史。世界上许多发达国家已经建立了该项制度。具有执业资格的建造师已有了国际性的组织即国际建造师协会。我国建筑业施工企业有 10 万多个，从业人员 3500 多万，从事建设工程项目总承包和施工管理的广大专业技术人员，特别是在施工项目经理队伍中，建立建造师执业资格制度非常必要。这项制度的建立，必将促进我国工程项目管理人员素质和管理水平的提高，促进我们进一步开拓国际建筑市场，更好地实施"走出去"的战略方针。

2002 年 12 月 5 日，人事部、建设部联合印发了《建造师执业资格制度暂行规定》（人发〔2002〕111 号），这标志着我国建立建造师执业资格制度的工作正式建立。该《规定》明确规定，我国的建造师是指从事建设工程项目总承包和施工管理关键岗位的专业技术人员。2003 年 2 月 27 日《国务院关于取消第二批行政审批项目和改变一批行政审批项目管理方式的决定》（国发〔2003〕5 号）规定："取消建筑施工企业项目经理资质核准，由注册建造师代替，并设立过渡期"。2003 年 4 月 23 日建设部发布《关于建筑业企业项目经理资质管理制度向建造师执业资格制度过渡有关问题的通知》（建市〔2003〕86 号）文，对过渡期做出了规定。2006 年 12 月 28 日建设部发布《注册建造师管理规定》（建设部令第 153 号），进一步规范注册建造师的注册、执业、继续教育和监督管理。

2007 年 11 月 19 日建设部发布《关于建筑业企业项目经理资质管理制度向建造师执业资格制度过渡有关问题的补充通知》（建办市〔2007〕54 号），规定 2008 年 2 月 27 日开始停止使用建筑业企业项目经理资质证书，但是具有统一颁发的建筑业企业一级项目经理资质证书，且未取得建造师资格证书的人员，符合该通知规定条件的，经审批可取得一级建造师临时执业证书，一级建造师临时执业证书有效期为 5 年，于 2013 年 2 月 27 日废止。根据住房城乡建设部《住房城乡建设部办公厅关于做好取得建造师临时执业证书人员有关管理工作的通知》（建办市〔2013〕7 号）的精神，已取得建造师临时执业证书的人员，年龄不满 60 周岁且按要求参加继续教育并进行延续注册的，可参照《注册建造师执业管理办法（试行）》的规定继续担任施工单位项目负责人。其延续注册、变更注册、执业管理和继续教育等，参照注册建造师制度的有关规定执行。临时执业证书注销的，不予办理重新注册。符合条件的取得建造师临时执业证书的人员，应在 2013 年 12 月 31 日前按要求参加继续教育并向单位所在地住房城乡建设主管部门提出延续注册申请。没有申请延续注册的，自 2014 年 1 月 1 日起，不得再担任施工单位项目负责人，2013 年 2 月 27 日（含）前已经担任施工单位项目负责人的可执业至该项目竣工。自 2013 年 2 月 28 日（含）起，各级住房城乡建设主管部门不再将取得建造师临时执业证书的人员作为建筑业企业资质管理认可的注册建造师。

根据《注册建造师管理规定》（建设部令第 153 号）的规定，注册建造师，是指通过考核认定或考试合格取得中华人民共和国建造师资格证书（以下简称资格证书），并按照本规定注册，取得中华人民共和国建造师注册证书（以下简称注册证书）和执业印章，担任施工单位项目负责人及从事相关活动的专业技术人员。未取得注册证书和执业印章的，不得担任大中型建设工程项目的施工单位项目负责人，不得以注册建造师的名义从事相关活动。

需要说明的是，《注册建造师管理规定》（建设部令第 153 号）正在修订过程中。2017 年 7 月 24 日，住房和城乡建设部办公厅就《注册建造师管理规定（征求意见稿）》向各省、自治区住房城乡建设厅，直辖市建委，新疆生产建设兵团建设局，国务院有关部门建设司（局），中央管理的有关企业，有关行业协会发函征求意见。具体修订内容涉及：（1）注册证书有效期由"3年"增至"5年"。（2）要求所有项目的项目负责人、项目技术负责人和施工单位技术负责都必须为注册建造师。（3）注册条件要求。建造师首次注册，《征求意见稿》没有提出"提供社会保险证明原件"的要求，需要提供"申请人与聘用单位签订的聘用劳动关系有效证明"；而被记入不良行为的申请人，重新申请注册的，《征求意见稿》强调"自申请之日起前3个月的社会保险证明原件"的要求。（4）一级注册建造师可在全国范围内以一级注册建造师名义执业。通过二级建造师资格考核认定，或参加全国统考取得二级建造师资格证书并经注册人员，可在全国范围内以二级注册建造师名义执业。工程所在地各级建设主管部门和有关部门不得增设或者变相设置跨地区承揽工程项目执业准入条件。（5）注册建造师证书推行电子证书，具体办法另行规定。

注册建造师划分为14个专业：房屋建筑工程、公路工程、铁路工程、民航机场工程、港口与航道工程、水利水电工程、电力工程、矿山工程、冶炼工程、石油化工工程、市政公用与城市轨道工程、通信与广电工程、机电安装工程、装饰装修工程。注册建造师分为一级注册建造师和二级注册建造师。

（一）注册建造师的考试

一级建造师执业资格实行统一大纲、统一命题、统一组织的考试制度，由人事部、住房城乡建设部共同组织实施，原则上每年举行一次考试。建设部负责编制一级建造师执业资格考试大纲和组织命题工作，统一规划建造师执业资格的培训等有关工作。培训工作按照培训与考试分开、自愿参加的原则进行。人事部负责审定一级建造师执业资格考试科目、考试大纲和考试试题，组织实施考务工作；会同建设部对考试考务工作进行检查、监督、指导和确定合格标准。一级建造师执业资格考试，分综合知识与能力和专业知识与能力两个部分。其中，专业知识与能力部分的考试，按照建设工程的专业要求进行，具体专业划分由建设部另行规定。

凡遵守国家法律、法规，具备下列条件之一者，可以申请参加一级建造师执业资格考试：（1）取得工程类或工程经济类大学专科学历，工作满6年，其中从事建设工程项目施工管理工作满4年。（2）取得工程类或工程经济类大学本科学历，工作满4年，其中从事建设工程项目施工管理工作满3年。（3）取得工程类或工程经济类双学士学位或研究生班毕业，工作满3年，其中从事建设工程项目施工管理工作满2年。（4）取得工程类或工程经济类硕士学位，工作满2年，其中从事建设工程项目施工管理工作满1年。（5）取得工程类或工程经济类博士学位，从事建设工程项目施工管理工作满1年。

参加一级建造师执业资格考试合格，由各省、自治区、直辖市人事部门颁发人事部统一印制，人事部、住房城乡建设部用印的《中华人民共和国一级建造师执业资格证书》。该证书在全国范围内有效。二级建造师执业资格实行全国统一大纲，各省、自治区、直辖市命题并组织考试的制度。建设部负责拟定二级建造师执业资格考试大纲，人事部负责审定考试大纲。各省、自治区、直辖市人事厅（局），建设厅（委）按照国家确定的考试大纲和有关规定，在本地区组织实施二级建造师执业资格考试。凡遵纪守法并具备工程类或工程经济类中等专科以上学历并从事建设工程项目施工管理工作满2年，可报名参加二级建造师执业资格考试。二级建造师执业资格考试合格者，由省、自治区、直辖市人事部门颁发由人事部、建设部统一格式的《中华人民共和国二级建造师执业资格证书》。该证书在所在行政区域内有效。

　　(二) 注册建造师的注册

　　注册建造师实行注册执业管理制度，取得资格证书的人员，经过注册方能以注册建造师的名义执业。申请注册的人员必须同时具备以下条件：(1) 取得建造师执业资格证书；(2) 无犯罪记录；(3) 身体健康，能坚持在建造师岗位上工作；(4) 经所在单位考核合格。

　　申请人有下列情形之一的，不予注册：(1) 不具有完全民事行为能力的；(2) 申请在两个或者两个以上单位注册的；(3) 未达到注册建造师继续教育要求的；(4) 受到刑事处罚，刑事处罚尚未执行完毕的；(5) 因执业活动受到刑事处罚，自刑事处罚执行完毕之日起至申请注册之日止不满 5 年的；(6) 因前项规定以外的原因受到刑事处罚，自处罚决定之日起至申请注册之日止不满 3 年的；(7) 被吊销注册证书，自处罚决定之日起至申请注册之日止不满 2 年的；(8) 在申请注册之日前 3 年内担任项目经理期间，所负责项目发生过重大质量和安全事故的；(9) 申请人的聘用单位不符合注册单位要求的；(10) 年龄超过 65 周岁的；(11) 法律、法规规定不予注册的其他情形。

　　取得一级建造师资格证书并受聘于一个建设工程勘察、设计、施工、监理、招标代理、造价咨询等单位的人员，应当通过聘用单位向单位工商注册所在地的省、自治区、直辖市人民政府住房城乡建设主管部门提出注册申请。省、自治区、直辖市人民政府住房城乡建设主管部门受理后提出初审意见，并将初审意见和全部申报材料报国务院住房城乡建设主管部门审批；涉及铁路、公路、港口与航道、水利水电、通信与广电、民航专业的，国务院住房城乡建设主管部门应当将全部申报材料送同级有关部门审核。符合条件的，由国务院住房城乡建设主管部门核发《中华人民共和国一级建造师注册证书》，并核定执业印章编号。

　　对申请初始注册的，省、自治区、直辖市人民政府住房城乡建设主管部门应当自受理申请之日起，20 日内审查完毕，并将申请材料和初审意见报国务院住房城乡建设主管部门。国务院住房城乡建设主管部门应当自收到省、自治区、直辖市人民政府住房城乡建设主管部门上报材料之日起，20 日内审批完毕并作出书面决定。有关部门应当在收到国务院住房城乡建设主管部门移送的申请材料之日起，10 日内审核完毕，并将审核意见送国务院住房城乡建设主管部门。对申请变更注册、延续注册的，省、自治区、直辖市人民政府住房城乡建设主管部门应当自受理申请之日起 5 日内审查完毕。国务院住房城乡建设主管部门应当自收到省、自治区、直辖市人民政府住房城乡建设主管部门上报材料之日起，10 日内审批完毕并作出书面决定。有关部门在收到国务院住房城乡建设主管部门移送的申请材料后，应当在 5 日内审核完毕，并将审核意见送国务院住房城乡建设主管部门。

　　取得二级建造师资格证书的人员申请注册，由省、自治区、直辖市人民政府住房城乡建设主管部门负责受理和审批，具体审批程序由省、自治区、直辖市人民政府住房城乡建设主管部门依法确定。对批准注册的，核发由国务院住房城乡建设主管部门统一样式的《中华人民共和国二级建造师注册证书》和执业印章，并在核发证书后 30 日内送国务院住房城乡建设主管部门备案。注册证书和执业印章是注册建造师的执业凭证，由注册建造师本人保管、使用。注册证书与执业印章有效期为 3 年。一级注册建造师的注册证书由国务院住房城乡建设主管部门统一印制，执业印章由国务院住房城乡建设主管部门统一样式，省、自治区、直辖市人民政府住房城乡建设主管部门组织制作。

（三）注册建造师的执业

取得资格证书的人员应当受聘于一个具有建设工程勘察、设计、施工、监理、招标代理、造价咨询等一项或者多项资质的单位，经注册后方可从事相应的执业活动。担任施工单位项目负责人的，应当受聘并注册于一个具有施工资质的企业。建造师经注册后，有权以建造师名义担任建设工程项目施工的项目经理及从事其他施工活动的管理。建造师在工作中，必须严格遵守法律、法规和行业管理的各项规定，恪守职业道德。

建造师的执业范围：（1）担任建设工程项目施工的项目经理。（2）从事其他施工活动的管理工作。（3）法律、行政法规或国务院住房城乡建设行政主管部门规定的其他业务。注册建造师的具体执业范围按照《注册建造师执业工程规模标准》执行。

注册建造师不得同时在两个及两个以上的建设工程项目上担任施工单位项目负责人。注册建造师可以从事建设工程项目总承包管理或施工管理，建设工程项目管理服务，建设工程技术经济咨询，以及法律、行政法规和国务院住房城乡建设主管部门规定的其他业务。建设工程施工活动中形成的有关工程施工管理文件，应当由注册建造师签字并加盖执业印章。施工单位签署质量合格的文件上，必须有注册建造师的签字盖章。注册建造师在每一个注册有效期内应当达到国务院建设主管部门规定的继续教育要求。继续教育分为必修课和选修课，在每一注册有效期内各为 60 学时。经继续教育达到合格标准的，颁发继续教育合格证书。继续教育的具体要求由国务院建设主管部门会同国务院有关部门另行规定。

（四）注册建造师的权利、义务和责任

1. 注册建造师的权利

（1）使用注册建造师名称；（2）在规定范围内从事执业活动；（3）在本人执业活动中形成的文件上签字并加盖执业印章；（4）保管和使用本人注册证书、执业印章；（5）对本人执业活动进行解释和辩护；（6）接受继续教育；（7）获得相应的劳动报酬；（8）对侵犯本人权利的行为进行申诉。

2. 注册建造师的义务

（1）遵守法律、法规和有关管理规定，恪守职业道德；（2）执行技术标准、规范和规程；（3）保证执业成果的质量，并承担相应责任；（4）接受继续教育，努力提高执业水准；（5）保守在执业中知悉的国家秘密和他人的商业、技术等秘密；（6）与当事人有利害关系的，应当主动回避；（7）协助注册管理机关完成相关工作。

3. 注册建造师的责任

注册建造师不得有下列行为：（1）不履行注册建造师义务；（2）在执业过程中，索贿、受贿或者谋取合同约定费用外的其他利益；（3）在执业过程中实施商业贿赂；（4）签署有虚假记载等不合格的文件；（5）允许他人以自己的名义从事执业活动；（6）同时在两个或者两个以上单位受聘或者执业；（7）涂改、倒卖、出租、出借或以其他形式非法转让资格证书、注册证书和执业印章；（8）超出执业范围和聘用单位业务范围内从事执业活动；（9）法律、法规、规章禁止的其他行为。

若注册建造师有上述行为，则需要依法承担法律责任。注册建造师隐瞒有关情况或者提供虚假材料申请注册的，住房城乡建设主管部门不予受理或者不予注册，并给予警告，

城乡建设部标准定额司承担。具体考务工作委托人力资源和社会保障部人事考试中心组织实施。造价工程师执业资格考试实行全国统一大纲、统一命题、统一组织的办法。原则上每年举行一次。建设部负责考试大纲的拟定、培训教材的编写和命题工作，统一计划和组织考前培训等有关工作。培训工作按照与考试分开、自愿参加的原则进行。人事部负责审定考试大纲、考试科目和试题，组织或授权实施各项考务工作。会同建设部对考试进行监督、检查、指导和确定合格标准。考试设四个科目。具体是：《工程造价管理基础理论与相关法规》、《工程造价计价与控制》、《建设工程技术与计量》（本科目分土建和安装两个专业，可任选其一）、《工程造价案例分析》。其中，《工程造价案例分析》为主观题。

（二）注册造价工程师的注册

注册造价工程师实行注册执业管理制度。取得执业资格的人员，经过注册方能以注册造价工程师的名义执业。对已经取得执业资格并受聘于一个工程造价咨询企业或者工程建设领域的建设、勘察设计、施工、招标代理、工程监理、工程造价管理等单位的人员申请的注册，一般是许可的。

1. 不予注册的情形

有下列情形之一的，不予注册：（1）不具有完全民事行为能力的；（2）申请在两个或者两个以上单位注册的；（3）未达到造价工程师继续教育合格标准的；（4）前一个注册期内工作业绩达不到规定标准或未办理暂停执业手续而脱离工程造价业务岗位的；（5）受刑事处罚，刑事处罚尚未执行完毕的；（6）因工程造价业务活动受刑事处罚，自刑事处罚执行完毕之日起至申请注册之日止不满 5 年的；（7）因前项规定以外原因受刑事处罚，自处罚决定之日起至申请注册之日止不满 3 年的；（8）被吊销注册证书，自被处罚决定之日起至申请注册之日止不满 3 年的；（9）以欺骗、贿赂等不正当手段获准注册被撤销，自被撤销注册之日起至申请注册之日止不满 3 年的；（10）法律、法规规定不予注册的其他情形。

2. 注册的程序和机构

取得执业资格的人员申请注册的，可以向聘用单位工商注册所在地的省、自治区、直辖市人民政府住房城乡建设主管部门或者国务院有关专业部门提交申请材料。国务院住房城乡建设主管部门在收到申请材料后，应当依法作出是否受理的决定，并出具凭证；申请材料不齐全或者不符合法定形式的，应当在 5 日内一次性告知申请人需要补正的全部内容。逾期不告知的，自收到申请材料之日起即为受理。对申请初始注册的，省、自治区、直辖市人民政府住房城乡建设主管部门或者国务院有关专业部门收到申请材料后，应当在 5 日内将全部申请材料报国务院住房城乡建设主管部门（以下简称注册机关），注册机关应当自受理之日起 20 日内作出决定。对申请变更注册、延续注册的，省、自治区、直辖市人民政府住房城乡建设主管部门或者国务院有关专业部门收到申请材料后，应当在 5 日内将全部申请材料报注册机关，注册机关应当自受理之日起 10 日内作出决定。注册造价工程师的初始、变更、延续注册，逐步实行网上申报、受理和审批。

（三）注册造价工程师的执业

注册造价工程师执业范围包括：（1）建设项目建议书、可行性研究投资估算的编制和审核，项目经济评价，工程概、预、结算、竣工结（决）算的编制和审核；（2）工程量清单、标底（或者控制价）、投标报价的编制和审核，工程合同价款的签订及变更、调整、工程款支付与工程索赔费用的计算；（3）建设项目管理过程中设计方案的优化、限额设计等工程造价分析与控制，工程保险理赔的核查；（4）工程经济纠纷的鉴定。

（四）注册造价工程师的权利、义务和责任

1. 注册造价工程师的权利

（1）使用注册造价工程师名称；（2）依法独立执行工程造价业务；（3）在本人执业活动中形成的工程造价成果文件上签字并加盖执业印章；（4）发起设立工程造价咨询企业；（5）保管和使用本人的注册证书和执业印章；（6）参加继续教育。

2. 注册造价工程师的义务

（1）遵守法律、法规、有关管理规定，恪守职业道德；（2）保证执业活动成果的质量；（3）接受继续教育，提高执业水平；（4）执行工程造价计价标准和计价方法；（5）与当事人有利害关系的，应当主动回避；（6）保守在执业中知悉的国家秘密和他人的商业、技术秘密。

3. 注册造价工程师的责任

注册造价工程师应当在本人承担的工程造价成果文件上签字并盖章。修改经注册造价工程师签字盖章的工程造价成果文件，应当由签字盖章的注册造价工程师本人进行；注册造价工程师本人因特殊情况不能进行修改的，应当由其他注册造价工程师修改，并签字盖章；修改工程造价成果文件的注册造价工程师对修改部分承担相应的法律责任。

注册造价工程师不得有下列行为：（1）不履行注册造价工程师义务；（2）在执业过程中，索贿、受贿或者谋取合同约定费用外的其他利益；（3）在执业过程中实施商业贿赂；（4）签署有虚假记载、误导性陈述的工程造价成果文件；（5）以个人名义承接工程造价业务；（6）允许他人以自己名义从事工程造价业务；（7）同时在两个或者两个以上单位执业；（8）涂改、倒卖、出租、出借或者以其他形式非法转让注册证书或者执业印章；（9）法律、法规、规章禁止的其他行为。

隐瞒有关情况或者提供虚假材料申请造价工程师注册的，不予受理或者不予注册，并给予警告，申请人在1年内不得再次申请造价工程师注册。聘用单位为申请人提供虚假注册材料的，由县级以上地方人民政府住房城乡建设主管部门或者其他有关部门给予警告，并可处以1万元以上3万元以下的罚款。以欺骗、贿赂等不正当手段取得造价工程师注册的，由注册机关撤销其注册，3年内不得再次申请注册，并由县级以上地方人民政府住房城乡建设主管部门处以罚款。其中，没有违法所得的，处以1万元以下罚款；有违法所得的，处以违法所得3倍以下且不超过3万元的罚款。未经注册而以注册造价工程师的名义从事工程造价活动的，所签署的工程造价成果文件无效，由县级以上地方人民政府住房城乡建设主管部门或者其他有关部门给予警告，责令停止违法活动，并可处以1万元以上3万元以下的罚款。未办理变更注册而继续执业的，由县级以上人民政府住房城乡建设主管部门或者其他有关部门责令限期改正；逾期不改的，可处以5000元以下的罚款。注册造价工程师或者其聘用单位未按照要求提供造价工程师信用档案信息的，由县级以上地方人民政府住房城乡建设主管部门或者其他有关部门责令限期改正；逾期未改正的，可处以1000元以上1万元以下的罚款。

六、注册监理工程师

1992年6月，住房城乡建设部发布了《监理工程师资格考试和注册试行办法》（建设部第18号令），我国开始实施监理工程师资格考试。1996年8月，建设部、人事部下发了《建设部、人事部关于全国监理工程师执业资格考试工作的通知》（建监〔1996〕462号），从 1997 年起，全国正式举行监理工程师执业资格考试。考试工作由建设部、人事部共同负责，日常工作委托建设部建筑监理协会承担，具体考务工作由人事部人事考试中心负责。2006 年 1 月 26 日建设部发布《注册监理工程师管理规定》（建设部令第 147 号），进一步规范注册监理师的注册、执业、继续教育和监督管理，该规定自 2006 年 4 月 1 日起施行，《监理工程师资格考试和注册试行办法》（建设部令第 18 号）同时废止。

《注册监理工程师管理规定》（2006）根据中华人民共和国住房和城乡建设部令第 32 号《住房城乡建设部关于修改〈勘察设计注册工程师管理规定〉等 11 个部门规章的决定》于 2016 年再一次进行修订。修订内容如下：

（1）将《注册监理工程师管理规定》（建设部令第 147 号）第四条第一款中的"建设主管部门"修改为"住房城乡建设主管部门"。其余条款依此修改。

（2）将第七条修改为："取得资格证书的人员申请注册，由国务院住房城乡建设主管部门审批。

取得资格证书并受聘于一个建设工程勘察、设计、施工、监理、招标代理、造价咨询等单位的人员，应当通过聘用单位提出注册申请，并可以向单位工商注册所在地的省、自治区、直辖市人民政府住房城乡建设主管部门提交申请材料；省、自治区、直辖市人民政府住房城乡建设主管部门收到申请材料后，应当在 5 日内将全部申请材料报审批部门。"

（3）将第八条修改为："国务院住房城乡建设主管部门在收到申请材料后，应当依法作出是否受理的决定，并出具凭证；申请材料不齐全或者不符合法定形式的，应当在 5 日内一次性告知申请人需要补正的全部内容。逾期不告知的，自收到申请材料之日起即为受理。

对申请初始注册的，国务院住房城乡建设主管部门应当自受理申请之日起 20 日内审批完毕并作出书面决定。自作出决定之日起 10 日内公告审批结果。

对申请变更注册、延续注册的，国务院住房城乡建设主管部门应当自受理申请之日起 10 日内审批完毕并作出书面决定。

符合条件的，由国务院住房城乡建设主管部门核发注册证书，并核定执业印章编号。对不予批准的，应当说明理由，并告知申请人享有依法申请行政复议或者提起行政诉讼的权利。"

根据《注册监理工程师管理规定》（2016）的规定，注册监理工程师是指经考试取得中华人民共和国监理工程师资格证书，并按照本规定注册，取得中华人民共和国注册监理工程师注册执业证书和执业印章，从事工程监理及相关业务活动的专业技术人员。未取得注册证书和执业印章的人员，不得以注册监理工程师的名义从事工程监理及相关业务活动。

（一）注册监理工程师的考试

住房城乡建设部和人事部共同负责全国监理工程师执业资格制度的政策制定、组织协调、资格考试和监督管理工作。住房城乡建设部负责组织拟定考试科目，编写考试大纲、培训教材和命题工作，统一规划和组织考前培训。人事部负责审定考试科目、考试大纲和试题，组织实施各项考务工作；会同建设部对考试进行检查、监督、指导和确定考试合格标准。

凡中华人民共和国公民，具有工程技术或工程经济专业大专（含）以上学历，遵纪守法并符合以下条件之一者，均可报名参加监理工程师执业资格考试：（1）具有按照国家有关规定评聘的工程技术或工程经济专业中级专业技术职务，并任职满三年。（2）具有按照国家有关规定评聘的工程技术或工程经济专业高级专业技术职务。

考试设 4 个科目，具体是：《建设工程监理基本理论与相关法规》、《建设工程合同管理》、《建设工程质量、投资、进度控制》、《建设工程监理案例分析》。其中，《建设工程监理案例分析》为主观题。对从事工程建设监理工作并同时具备下列 4 项条件的报考人员可免试《工程建设合同管理》和《工程建设质量、投资、进度控制》2 个科目。（1）1970 年（含）以前工程技术或工程经济专业大专（含）以上毕业；（2）具有按照国家有关规定评聘的工程技术或工程经济专业高级专业技术职务；（3）从事工程设计或工程施工管理工作15 年（含）以上；（4）从事监理工作 1 年（含）以上。

根据《关于同意香港、澳门居民参加内地统一组织的专业技术人员资格考试有关问题的通知》（国人部发〔2005〕9 号），凡符合注册监理工程师执业资格考试相应规定的香港、澳民居民均可按照文件规定的程序和要求报名参加考试。

考试每年举行一次，考试以两年为一个周期，参加全部科目考试的人员须在连续两个考试年度内通过全部科目的考试。免试部分科目的人员须在一个考试年度内通过应试科目。

监理工程师执业资格考试合格者，由各省、自治区、直辖市人事（职改）部门颁发人事部统一印制的、人事部与建设部用印的中华人民共和国《监理工程师执业资格证书》。该证书在全国范围内有效。

（二）注册监理工程师的注册

注册监理工程师实行注册执业管理制度。取得资格证书的人员，经过注册方能以注册监理工程师的名义执业。注册监理工程师依据其所学专业、工作经历、工程业绩，按照《工程监理企业资质管理规定》划分的工程类别，按专业注册。每人最多可以申请两个专业注册。

取得资格证书的人员申请注册，由国务院住房城乡建设主管部门审批。取得资格证书并受聘于一个建设工程勘察、设计、施工、监理、招标代理、造价咨询等单位的人员，应当通过聘用单位提出注册申请，并可以向单位工商注册所在地的省、自治区、直辖市人民政府住房城乡建设主管部门提交申请材料；省、自治区、直辖市人民政府住房城乡建设主管部门收到申请材料后，应当在 5 日内将全部申请材料报审批部门。

国务院住房城乡建设主管部门在收到申请材料后，应当依法作出是否受理的决定，并出具凭证；申请材料不齐全或者不符合法定形式的，应当在 5 日内一次性告知申请人需要补正的全部内容。逾期不告知的，自收到申请材料之日起即为受理。对申请初始注册的，国务院住房城乡建设主管部门应当自受理申请之日起 20 日内审批完毕并作出书面决定。自作出决定之日起 10 日内公告审批结果。对申请变更注册、延续注册的，国务院住房城乡建设主管部门应当自受理申请之日起 10 日内审批完毕并作出书面决定。符合条件的，由国务院住房城乡建设主管部门核发注册证书，并核定执业印章编号。对不予批准的，应当说明理由，并告知申请人享有依法申请行政复议或者提起行政诉讼的权利。

注册证书和执业印章是注册监理工程师的执业凭证，由注册监理工程师本人保管、使用。注册证书和执业印章的有效期为 3 年。

申请人有下列情形之一的，不予初始注册、延续注册或者变更注册：（1）不具有完全民事行为能力的；（2）刑事处罚尚未执行完毕或者因从事工程监理或者相关业务受到刑事处罚，自刑事处罚执行完毕之日起至申请注册之日止不满 2 年的；（3）未达到监理工程师继续教育要求的；（4）在两个或者两个以上单位申请注册的；（5）以虚假的职称证书参加考试并取得资格证书的；（6）年龄超过 65 周岁的；（7）法律、法规规定不予注册的其他情形。

（三）注册监理工程师的执业

取得资格证书的人员，应当受聘于一个具有建设工程勘察、设计、施工、监理、招标代理、造价咨询等一项或者多项资质的单位，经注册后方可从事相应的执业活动。从事工程监理执业活动的，应当受聘并注册于一个具有工程监理资质的单位。

注册监理工程师可以从事工程监理、工程经济与技术咨询、工程招标与采购咨询、工程项目管理服务以及国务院有关部门规定的其他业务。工程监理活动中形成的监理文件由注册监理工程师按照规定签字盖章后方可生效。修改经注册监理工程师签字盖章的工程监理文件，应当由该注册监理工程师进行；因特殊情况，该注册监理工程师不能进行修改的，应当由其他注册监理工程师修改，并签字、加盖执业印章，对修改部分承担责任。注册监理工程师从事执业活动，由所在单位接受委托并统一收费。因工程监理事故及相关业务造成的经济损失，聘用单位应当承担赔偿责任；聘用单位承担赔偿责任后，可依法向负有过错的注册监理工程师追偿。

（四）注册监理工程师的权利、义务和责任

1. 注册监理工程师的权利

（1）使用注册监理工程师称谓；（2）在规定范围内从事执业活动；（3）依据本人能力从事相应的执业活动；（4）保管和使用本人的注册证书和执业印章；（5）对本人执业活动进行解释和辩护；（6）接受继续教育；（7）获得相应的劳动报酬；（8）对侵犯本人权利的行为进行申诉。

2. 注册监理工程师的义务

（1）遵守法律、法规和有关管理规定；（2）履行管理职责，执行技术标准、规范和规程；（3）保证执业活动成果的质量，并承担相应责任；（4）接受继续教育，努力提高执业水准；（5）在本人执业活动所形成的工程监理文件上签字、加盖执业印章；（6）保守在执业中知悉的国家秘密和他人的商业、技术秘密；（7）不得涂改、倒卖、出租、出借或者以其他形式非法转让注册证书或者执业印章；（8）不得同时在两个或者两个以上单位受聘或者执业；（9）在规定的执业范围和聘用单位业务范围内从事执业活动；（10）协助注册管理机构完成相关工作。

3. 注册监理工程师的责任

隐瞒有关情况或者提供虚假材料申请注册的，住房城乡建设主管部门不予受理或者不予注册，并给予警告，1 年之内不得再次申请注册。以欺骗、贿赂等不正当手段取得注册证书的，由国务院住房城乡建设主管部门撤销其注册，3 年内不得再次申请注册，并由县级以上地方人民政府住房城乡建设主管部门处以罚款，其中没有违法所得的，处以 1 万元以下罚款，有违法所得的，处以违法所得 3 倍以下且不超过 3 万元的罚款；构成犯罪的，依法追究刑事责任。未经注册，擅自以注册监理工程师的名义从事工程监理及相关业务活动的，由县级以上地方人民政府住房城乡建设主管部门给予警告，责令停止违法行为，处以 3 万元以下罚款；造成损失的，依法承担赔偿责任。未办理变更注册仍执业的，由县级以上地方人民政府住房城乡建设主管部门给予警告，责令限期改正；逾期不改的，可处以 5000 元以下的罚款。

注册监理工程师在执业活动中有下列行为之一的，由县级以上地方人民政府住房城乡建设主管部门给予警告，责令其改正，没有违法所得的，处以 1 万元以下罚款，有违法所得的，处以违法所得 3 倍以下且不超过 3 万元的罚款；造成损失的，依法承担赔偿责任；构成犯罪的，依法追究刑事责任：（1）以个人名义承接业务的；（2）涂改、倒卖、出租、出借或者以其他形式非法转让注册证书或者执业印章的；（3）泄露执业中应当保守的秘密并造成严重后果的；（4）超出规定执业范围或者聘用单位业务范围从事执业活动的；（5）弄虚作假提供执业活动成果的；（6）同时受聘于两个或者两个以上的单位，从事执业活动的；（7）其他违反法律、法规、规章的行为。

七、勘察设计注册工程师

注册工程师，是指经考试取得中华人民共和国注册工程师资格证书，并按照本规定注册，取得中华人民共和国注册工程师注册执业证书和执业印章，从事建设工程勘察、设计及有关业务活动的专业技术人员。未取得注册证书及执业印章的人员，不得以注册工程师的名义从事建设工程勘察、设计及有关业务活动。

2001 年 1 月，国家人事部、建设部以正式出台了《勘察设计行业注册工程师制度总体框架及实施规划》（"人发［2001］5 号文"，以下简称 5 号文），总体框架将注册工程师分为 17 个专业，包括土木、结构、公用设备、电气、机械、化工、电子工程、航天航空、农业、冶金、矿业/矿物、核工业、石油/天然气、造船、军工、海洋、环保。

关于勘察设计注册工程师的执业资格考试，由于勘察设计注册工程师的专业较多，对于取得相应专业的注册工程师执业资格的考试条件及考试管理，国家有关部门陆续发布实施了以下主要相应规定，建设部、人事部《关于印发〈注册结构工程师执业资格制度暂行规定〉的通知》（建办设〔1997〕222 号），人事部、建设部《关于印发〈注册土木工程师（岩土）执业资格制度暂行规定〉、〈注册土木工程师（岩土）执业资格制度考试实施办法〉和〈注册土木工程师（岩土）执业资格考核认定办法〉的通知》（人发〔2002〕35 号），人事部、建设部《关于印发〈注册土木工程师（港口与航道工程）执业资格制度暂行规定〉、〈注册土木工程师（港口与航道工程）执业资格制度考试实施办法〉和〈注册土木工程师（港口与航道工程）执业资格考核认定办法〉的通知》（人发［2003］27 号），《关于印发〈注册土木工程师（水利水电工程）制度暂行规定〉、〈注册土木工程师（水利水电工程）资格考试实施办法〉和〈注册土木工程师（水利水电工程）资格考核认定办法〉的通知》（国人部发［2005］58 号）和《关于印发〈对〈注册土木工程师（水利水电工程）制度暂行规定〉、〈注册土木工程师（水利水电工程）资格考试实施办法〉和〈注册土木工程师（水利水电工程）资格考核认定办法〉的补充规定〉的通知》（国人厅发［2005］116 号），人事部、建设部《关于印发〈注册公用设备工程师执业资格制度暂行规定〉、〈注册公用设备工程师执业资格考试实施办法〉和〈注册公用设备工程师执业资格考核认定办法〉的通知》（人发〔2003〕24 号），人事部、建设部《关于印发〈注册电气工程师执业资格制度暂行规定〉、〈注册电气工程师执业资格考试实施办法〉和〈注册电气工程师执业资格考核认定办法〉的通知》（人发〔2003〕25号），人事部、建设部《关于印发〈注册化工工程师执业资格制度暂行规定〉、〈注册化工工程师执业资格考试实施办法〉和〈注册化工工程师执业资格考核认定办法〉的通知》（人发〔2003〕26号），人事部、建设部、国家环境保护总局《关于印发〈注册环保工程师制度暂行规定〉、〈注册环保工程师资格考试实施办法〉和〈注册环保工程师资格考核认定办法〉的通知》（国人部发〔2005〕56号）。

（一）注册勘察设计工程师的考试

勘察设计注册工程师执业资格考试每年举行一次，目前已开考的全国勘察设计注册工程师执业资格考试专业包括：一、二级注册结构工程师、注册土木工程师（岩土、港口与航道工程、水利水电工程）、公用设备工程师（暖通空调、给水排水、动力）、电气工程师（发输变电、供配电）、化工工程师、环保工程师等。其中注册土木工程师（水利水电工程）又分水利水电工程规划、水工结构、水利水电工程地质、水利水电工程移民、水利水电工程水土保持等五个专业方向。报考人员可根据相关考试的报考条件和自己的专业学历、业务专长，选择其中一项报名参加考试。考试时间一般在9月。二级注册结构工程师只设专业考试（上、下），其他各专业注册工程师执业资格考试均设基础考试（上、下）和专业考试。基础考试合格方可报考专业考试（除符合免基础考试条件的）。一级注册结构工程师的专业考试只设上、下2科，其他各专业的专业考试均分为专业知识考试（上、下）和专业案例考试（上、下）两部分。勘察设计注册工程师各专业考试均为非滚动管理考试，参加基础或专业考试的人员，必须在当年度内通过所有应试科目的考试。基础考试合格后，获得成绩合格通知单（自2010年起）；专业考试合格后，方可获得相应的执业资格证书。

关于勘察设计注册工程师的注册、执业、继续教育和监督管理，2005年2月4日建设部发布《勘察设计注册工程师管理规定》（2005年4月1日起施行，下称《规定》）。该管理规定根据中华人民共和国住房和城乡建设部令第32号《住房城乡建设部关于修改〈勘察设计注册工程师管理规定〉等11个部门规章的决定》于2016年再一次进行修订。修订内容如下：

（1）第四条第一款中的"建设主管部门"修改为"住房城乡建设主管部门"。其余条款依此修改。

（2）将第七条修改为："取得资格证书的人员申请注册，由国务院住房城乡建设主管部门审批；其中涉及有关部门的专业注册工程师的注册，由国务院住房城乡建设主管部门和有关部门审批。

取得资格证书并受聘于一个建设工程勘察、设计、施工、监理、招标代理、造价咨询等单位的人员，应当通过聘用单位提出注册申请，并可以向单位工商注册所在地的省、自治区、直辖市人民政府住房城乡建设主管部门提交申请材料；省、自治区、直辖市人民政府住房城乡建设主管部门收到申请材料后，应当在5日内将全部申请材料报审批部门。"

（3）将第八条修改为："国务院住房城乡建设主管部门在收到申请材料后，应当依法作出是否受理的决定，并出具凭证；申请材料不齐全或者不符合法定形式的，应当在5日内一次性告知需要补正的全部内容。逾期不告知的，自收到申请材料之日起即为受理。

申请初始注册的，国务院住房城乡建设主管部门应当自受理之日起 20 日内审批完毕并作出书面决定。自作出决定之日起 10 日内公告审批结果。由国务院住房城乡建设主管部门和有关部门共同审批的，国务院有关部门应当在 15 日内审核完毕，并将审核意见报国务院住房城乡建设主管部门。

对申请变更注册、延续注册的，国务院住房城乡建设主管部门应当自受理之日起 10 日内审批完毕并作出书面决定。

符合条件的，由审批部门核发由国务院住房城乡建设主管部门统一制作、国务院住房城乡建设主管部门或者国务院住房城乡建设主管部门和有关部门共同用印的注册证书，并核定执业印章编号。对不予批准的，应当说明理由，并告知申请人享有依法申请行政复议或者提起行政诉讼的权利。"注册工程师按专业类别设置，除注册结构工程师分为一级和二级外，其他专业注册工程师不分级别。取得资格证书并受聘于一个建设工程勘察、设计、施工、监理、招标代理、造价咨询等单位的人员，应当通过聘用单位向单位工商注册所在地的省、自治区、直辖市人民政府建设主管部门提出注册申请。取得资格证书的人员，应受聘于一个具有建设工程勘察、设计、施工、监理、招标代理、造价咨询等一项或多项资质的单位，经注册后方可从事相应的执业活动。但从事建设工程勘察、设计执业活动的，应受聘并注册于一个具有建设工程勘察、设计资质的单位。

（二）注册勘察设计工程师的注册

注册工程师实行注册执业管理制度。取得资格证书的人员，必须经过注册方能以注册工程师的名义执业。

取得资格证书的人员申请注册，由国务院住房城乡建设主管部门审批；其中涉及有关部门的专业注册工程师的注册，由国务院住房城乡建设主管部门和有关部门审批。取得资格证书并受聘于一个建设工程勘察、设计、施工、监理、招标代理、造价咨询等单位的人员，应当通过聘用单位提出注册申请，并可以向单位工商注册所在地的省、自治区、直辖市人民政府住房城乡建设主管部门提交申请材料；省、自治区、直辖市人民政府住房城乡建设主管部门收到申请材料后，应当在 5 日内将全部申请材料报审批部门。

国务院住房城乡建设主管部门在收到申请材料后，应当依法作出是否受理的决定，并出具凭证；申请材料不齐全或者不符合法定形式的，应当在 5 日内一次性告知需要补正的全部内容。逾期不告知的，自收到申请材料之日起即为受理。申请初始注册的，国务院住房城乡建设主管部门应当自受理之日起 20 日内审批完毕并作出书面决定。自作出决定之日起 10 日内公告审批结果。由国务院住房城乡建设主管部门和有关部门共同审批的，国务院有关部门应当在 15 日内审核完毕，并将审核意见报国务院住房城乡建设主管部门。对申请变更注册、延续注册的，国务院住房城乡建设主管部门应当自受理之日起 10 日内审批完毕并作出书面决定。符合条件的，由审批部门核发由国务院住房城乡建设主管部门统一制作、国务院住房城乡建设主管部门或者国务院住房城乡建设主管部门和有关部门共同用印的注册证书，并核定执业印章编号。对不予批准的，应当说明理由，并告知申请人享有依法申请行政复议或者提起行政诉讼的权利。

注册证书和执业印章是注册工程师的执业凭证，由注册工程师本人保管、使用。注册证书和执业印章的有效期为 3 年。

（三）注册勘察设计工程师的执业

取得资格证书的人员，应受聘于一个具有建设工程勘察、设计、施工、监理、招标代理、造价咨询等一项或多项资质的单位，经注册后方可从事相应的执业活动。但从事建设工程勘察、设计执业活动的，应受聘并注册于一个具有建设工程勘察、设计资质的单位。

注册工程师的执业范围：（1）工程勘察或者本专业工程设计；（2）本专业工程技术咨询；（3）本专业工程招标、采购咨询；（4）本专业工程的项目管理；（5）对工程勘察或者本专业工程设计项目的施工进行指导和监督；（6）国务院有关部门规定的其他业务。

建设工程勘察、设计活动中形成的勘察、设计文件由相应专业注册工程师按照规定签字盖章后方可生效。各专业注册工程师签字盖章的勘察、设计文件种类及办法由国务院建设主管部门会同有关部门规定。修改经注册工程师签字盖章的勘察、设计文件，应当由该注册工程师进行；因特殊情况，该注册工程师不能进行修改的，应由同专业其他注册工程师修改，并签字、加盖执业印章，对修改部分承担责任。注册工程师从事执业活动，由所在单位接受委托并统一收费。因建设工程勘察、设计事故及相关业务造成的经济损失，聘用单位应承担赔偿责任；聘用单位承担赔偿责任后，可依法向负有过错的注册工程师追偿。

（四）注册勘察设计工程师权利、义务和责任

1. 注册勘察设计工程师的权利

（1）使用注册工程师称谓；（2）在规定范围内从事执业活动；（3）依据本人能力从事相应的执业活动；（4）保管和使用本人的注册证书和执业印章；（5）对本人执业活动进行解释和辩护；（6）接受继续教育；（7）获得相应的劳动报酬；（8）对侵犯本人权利的行为进行申诉。

2. 注册勘察设计工程师的义务

（1）遵守法律、法规和有关管理规定；（2）执行工程建设标准规范；（3）保证执业活动成果的质量，并承担相应责任；（4）接受继续教育，努力提高执业水准；（5）在本人执业活动所形成的勘察、设计文件上签字、加盖执业印章；（6）保守在执业中知悉的国家秘密和他人的商业、技术秘密；（7）不得涂改、出租、出借或者以其他形式非法转让注册证书或者执业印章；（8）不得同时在两个或两个以上单位受聘或者执业；（9）在本专业规定的执业范围和聘用单位业务范围内从事执业活动；（10）协助注册管理机构完成相关工作。

3. 注册勘察设计工程师的责任

隐瞒有关情况或者提供虚假材料申请注册的，审批部门不予受理，并给予警告，一年之内不得再次申请注册。以欺骗、贿赂等不正当手段取得注册证书的，由负责审批的部门撤销其注册，3 年内不得再次申请注册；并由县级以上人民政府住房城乡建设主管部门或者有关部门处以罚款，其中没有违法所得的，处以 1 万元以下的罚款；有违法所得的，处以违法所得 3 倍以下且不超过 3 万元的罚款；构成犯罪的，依法追究刑事责任。

注册工程师在执业活动中有下列行为之一的，由县级以上人民政府住房城乡建设主管部门或者有关部门予以警告，责令其改正，没有违法所得的，处以 1 万元以下的罚款；有违法所得的，处以违法所得 3 倍以下且不超过 3 万元的罚款；造成损失的，应当承担赔偿责任；构成犯罪的，依法追究刑事责任：（1）以个人名义承接业务的；（2）涂改、出租、出借或者以形式非法转让注册证书或者执业印章的；（3）泄露执业中应当保守的秘密并造成严重后果的；（4）超出本专业规定范围或者聘用单位业务范围从事执业活动的；（5）弄

虚作假提供执业活动成果的；（6）其他违反法律、法规、规章的行为。

第五节　工程建设施工特种作业人员的操作资格制度

一、施工特种作业人员的范围

施工特种作业人员是建设工程施工过程中不可或缺的人员，也是具有特殊技术技能的专业技术人员。根据《建设工程安全生产管理条例》的规定，建设工程施工特种作业人员包括垂直运输机械作业人员、起重机械安装拆卸工、爆破作业人员、起重信号工、登高架设作业人员等。根据《建筑施工特种作业人员管理规定》（建质〔2008〕75 号）规定，建筑施工特种作业人员是指在房屋建筑和市政工程施工活动中，从事可能对本人、他人及周围设备设施的安全造成重大危害作业的人员。建筑施工特种作业人员包括：（1）建筑电工；（2）建筑架子工；（3）建筑起重信号司索工；（4）建筑起重机械司机；（5）建筑起重机械安装拆卸工；（6）高处作业吊篮安装拆卸工；（7）经省级以上人民政府建设主管部门认定的其他特种作业。

二、施工特种作业人员的操作资格

《建设工程安全生产管理条例》第 25 条规定："垂直运输机械作业人员、起重机械安装拆卸工、爆破作业人员、起重信号工、登高架设作业人员等特种作业人员，必须按照国家有关规定经过专门的安全作业培训，并取得特种作业操作资格证书后，方可上岗作业。"

申请从事建筑施工特种作业的人员，应当具备下列基本条件：（1）年满 18 周岁且符合相关工种规定的年龄要求；（2）经医院体检合格且无妨碍从事相应特种作业的疾病和生理缺陷；（3）初中及以上学历；（4）符合相应特种作业需要的其他条件。

特种作业人员必须按照国家有关规定经过专门的安全作业培训，并取得特种作业操作资格证书后，方可上岗作业。专门的安全作业培训，是指由有关主管部门组织的专门针对特种作业人员的培训，也就是特种作业人员在独立上岗作业前，必须进行与本工种相适应的、专门的安全技术理论学习和实际操作训练。经培训考核合格，取得特种作业操作资格证书后，才能上岗作业。建筑施工特种作业人员的考核发证工作，由省、自治区、直辖市人民政府建设主管部门或其委托的考核发证机构负责组织实施。特种作业操作资格证书在全国范围内有效，离开特种作业岗位一定时间后，应当按照规定重新进行实际操作考核，经确认合格后方可上岗作业。对于未经培训考核，即从事特种作业的，《建设工程安全生产管理条例》第 62 条规定了行政责任；造成重大安全事故，构成犯罪的，对直接责任人员，依照刑法的有关规定追究刑事责任。

按照国家有关划分城乡标准的规定，直辖市、设市城乡、建制镇属于城市的范畴。因此，城乡规划法所规定的城市是指按国家行政建制设立的直辖市、市、镇。其中镇不是指以镇一词命名的自然村，建制镇主要有县人民政府所在地的镇和其他县以下的镇。我国的建制镇数量较多，其规模、发展水平差异较大，但从性质上说，都是城乡型居民点，都是一定区域内政治或经济或交通或文化的中心。从城乡化的趋势及发展上看，为了避免建制镇的盲目发展，浪费土地、布局混乱，环境污染，要求其编制城乡规划，按规划进行建设是非常必要的，另外未设镇建制的工矿区居民点，应当参照规划法执行。因为这些居民点，伴随着城乡化的进程，必将逐步达到建制镇的标准。这些居民点，事先编制城乡规划，按照规划进行建设，就可以保证在设立行政建制后，使城乡建设顺利地承前启后。

1982年，中华人民共和国宪法明确了乡是我国最低级别的行政区划单位。乡与镇是同一级别的行政区划单位。在我国的城市化过程中，渐行撤乡建镇。1984年国务院批转民政部《关于调整建镇标准的报告》中规定：县级地方国家机关所在地应设镇；总人口在2万以下的乡、乡政府驻地非农业人口超过2000的，可以建镇；总人口在2万以上的乡、乡政府驻地非农业人口占全乡人口10%以上的，也可以建镇。少数民族地区，人口稀少的边远地区，山区和小型工矿区、小港口、风景旅游、边境口岸等地，非农业人口虽不足2000，如确有必要，也可设镇。该报告明确了乡和镇的基本区分。

2. 城乡规划法适用的地域范围

城乡规划法地域上的适用范围是指城乡规划区。是指城市、镇和村庄的建成区以及因城乡建设和发展需要，必须实行规划控制的区域。规划区的具体范围由有关人民政府在组织编制的城市总体规划、镇总体规划、乡规划和村庄规划中，根据城乡经济社会发展水平和统筹城乡发展的需要划定。《城乡规划法》颁布之后，已经划定城乡规划区的应当依据规划法的原则规定进行调整，没有划定城乡规划区的城乡应当补划，统一城乡规划的范围。

3. 城乡规划法适用的行为范围

从规划实施管理的角度，城乡规划法约束的行为范畴主要是指制定和实施城乡规划，在城乡规划区内的土地利用和各项建设。

（1）土地利用活动。城乡土地是指各项城乡建设用地，土地利用也就是利用土地进行城乡建设的活动。城乡土地包括国有土地和城乡规划区内的集体土地。土地法规定，城乡土地的利用必须符合城乡规划。根据城乡规划法的规定，城乡规划区内各项建设必须符合城乡规划，服从规划管理。因此，无论是出让土地、转让土地使用权或者征用集体土地都必须符合城乡规划。

（2）建设活动。所谓各项建设是指与城乡规划管理有关各项建设。它包括：以新建、扩建、改建的方式进行各类房屋的建设；城乡道路、桥梁、地铁、港口、机场及附属设施等城乡基础的建设；各类防灾工程（抗震工程、人防工程），绿化工程（公园、绿地、雕塑等）及其他工程（农贸市场、广告牌等）的建设。例如，建造一幢住宅，必须事先由规划部门提出规划设计要求（容积率、建筑率、立面、颜色等），设计图纸经审查符合规划要求，取得建设工程规划许可证后，才能施工。在城乡规划区进行土地利用和各项建设活动的有关部门、单位和个人，其活动必须符合城乡规划，并服从城乡规划行政主管部门的规划管理。

第二节　城乡规划的制定与修改

城乡规划的制定是指有关主体依照法定的职权及授权编制和确定城乡规划的活动。从动态过程来讲，城乡规划主要包括制定和实施管理两大阶段，城乡规划的制定又可分为两大阶段，第一是编制阶段，第二是确定阶段。城乡规划的编制是由组织编制主体按照法定程序组织编制单位编制城乡规划草案，而城乡规划的确定是由有关主体按照法定的职权和程序对编制完成的城乡规划草案进行审查，作出同意与否的决定。

一、城乡规划的制定体系

（一）城乡规划的阶段及层次划分

根据《城乡规划法》及相关法律文件，城乡规划的阶段及层次划分具体见图 4-1。

（二）相关概念

1. 总体规划

对一定时期内规划区域的性质、发展目标、发展规模、土地利用、空间布局以及各项建设和综合部署和实施措施。总体规划要求综合研究和确定某区域的性质、规模和空间发展形态，统筹安排区域内各项建设用地，合理配置城市各项基础设施，处理好远期发展与近期建设的关系，指导该区域合理发展。

2. 详细规划

详细规划是以总体规划为依据，详细规划建设用地的各面控制指标和其他规划管理要求，或者直接对建设作出具体的安排和规划设计。可分为控制性详细规划和修建性详细规划。控制性详细规划是以总体规划为依据，确定建设地区的土地使用性质和使用强度的控制指标、道路和工程管线控制性位置以及空间环境控制的规划要求。修建性详细规划是以总体规划、控制性详细规划为依据，制订用以指导各项建筑和工程设施的设计和施工的规划设计。

3. 分区规划

在总体规划的基础上，对局部地区的土地利用、人口分布、公共设施、城乡基础设施的配置等方面所作的进一步安排。

4. 近期建设规划

根据城市总体规划、镇总体规划、土地利用总体规划和年度计划以及国民经济和社会发展规划，对短期内建设目标、发展布局和主要建设项目的实施所作的安排。

5. 专项规划

专项规划是在总体规划的指导下，为更有效实施规划意图，对城乡建设要素中系统性强、关联度大的内容或对城乡整体长期发展影响巨大的建设项目进行的规划。

二、制定和实施城乡规划的基本原则

《城乡规划法》第 4 条规定，制定和实施城乡规划，应当遵循城乡统筹、合理布局、节约土地、集约发展和先规划后建设的原则，改善生态环境，促进资源、能源节约和综合利用，保护耕地等自然资源和历史文化遗产，保持地方特色、民族特色和传统风貌，防止污染和其他公害，并符合区域人口发展、国防建设、防灾减灾和公共卫生、公共安全的需要。在规划区内进行建设活动，应当遵守土地管理、自然资源和环境保护等法律、法规的

```
                          ┌─ 全国城镇           ┌──────── 总体规划纲要 ────────┐
                          │  体系规划            ├──────── 市（县）域城镇体系规划 ─┤
                          │                     ├──────── 总体规划 ───────────┤
                          ├─ 省域城             │                              │
                          │  镇体系             │                              │  道路交通规划、给
              ┌─ 按       │          ┌─总体规划 ─┼─ 专项规划 ──────────────────┤  水工程规划、排水
              │  行       │          │          ├─ 分区规划                     │  工程规划（含雨水
              │  政       │          │          └─ 近期规划                     │  工程与污水工程，
              │  区       ├─ 城市规划 │                                          │  必要时可分开编
              │  划       │          │          ┌─ 控制性详细规划                │  制）、供电工程规
              │  分       │          └─详细规划 ─┤                              │  划、电信工程规
              │          │                     └─ 修建性详细规划                │  划、供热工程规
              │          │                                                     │  划、燃气工程规
  ┌─ 城       │          │          ┌─ 总体规划                                │  划、园林绿化、文物古迹及
  │  乡       ┤          ├─ 镇规划 ──┤                                          │  风景名胜规划（必
  │  规       │          │          └─ 详细规划                                │  要时可分开编制）、
  │  划       │          │                                                     │  环境卫生设施规划、
  └──        │          ├─ 乡规划                                             │  环境保护规划、防
              │          │                                                     │  洪规划、地下空间
              │          └─ 村庄规划                                           │  开发利用及人防规
              │                                                                │  划（必要时可分开
              │                                                                │  编制）、7度以上
              │                                                                │  地震设防城市应编
              │                                                                │  制抗震防灾规划、
              │                                                                │  各级历史文化名城
              │                                                                │  要专门编制历史文
              │                                                                │  化名城保护规划
              │                     ┌─ 风景名胜区规 ──┬─ 总体规划
              └─ 特       ┌──────────┤               └─ 详细规划
                 殊       ┤          ├─ 自然保护区规
                 区       │          │
                 域       │          └─ 历史文化名城、名镇、名村保护规划

          ┌─────────────────────────────────────────────────────┐
          │ 特殊区域还包括旅游度假区、经济技术开发区、高新技术产业开发区、保税区、      │
          │ 黄河、长江等；另外按专项划分，还有特殊的国防建设方面的规划。《城乡规划      │
          │ 法》对这些规划没有规定                                          │
          └─────────────────────────────────────────────────────┘
```

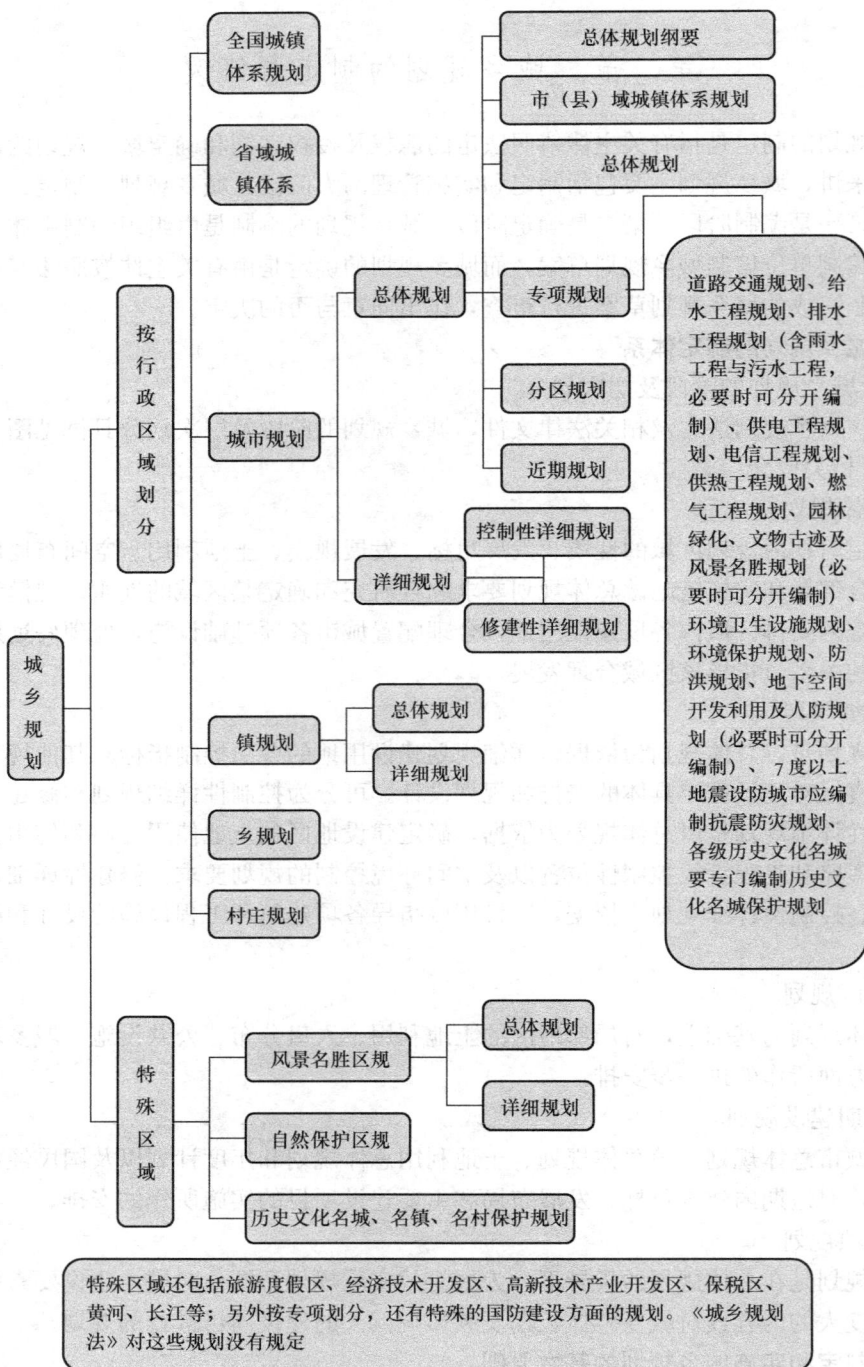

图 4-1　城乡规划的阶段及层次划分

规定。县级以上地方人民政府应当根据当地经济社会发展的实际，在城市总体规划、镇总体规划中合理确定城市、镇的发展规模、步骤和建设标准。因此在制定城乡规划时应当遵循下列基本原则。

（一）保护和改善生态环境原则

在我国，日益恶化的生态环境，给我国经济和社会带来极大危害，严重影响可持续发展。目前，全国农村贫困人口 90％以上生活在生态环境比较恶劣的地区，恶劣的生态环境是当地群众贫困的主要根源，同时加剧经济和社会发展的压力。为保护和改善我国的生态环境，1987 年以来，先后编制并发布了《中国自然保护纲要》《中华人民共和国环境与发展报告》《中国环境与发展》《中国环境保护行动计划》《中国 21 世纪议程》《中国 21 世纪初可持续发展行动纲要》《关于加速科学技术进步的决定》《全国生态环境规划》（国务院 1998 年颁布）《全国生态环境纲要》（全国人民代表大会 2000 年颁布）等。可以说，生态环境规划已经成为我国城乡规划的基本组成部分，保护环境已成为我国的基本国策。

（二）节约和合理利用自然资源原则

我国土地资源短缺，人多地少，尤其是耕地少。因此，城乡建设必须严格执行规定的建设用地标准，不得随意扩大用地规模。在确定具体建设项目的位置范围时，应当对各项定额指标精打细算，尽量利用荒地、劣地、非耕地，尽少占菜地良田。城乡新区开发，旧区改建应当统一规划、综合量开发，配套建设，避免零星、分散建设。通过综合开发满足工业、交通、住宅、商业、办公、基础设施、科教文卫等各方面的要求，切实充分发挥每一寸土地的价值。

（三）保护自然和文化遗产原则

自然和文化遗产是自然界进化选择、人类社会长期积淀、扬弃的产物，在科研、历史或文化价值上的具有独一无二、不可代替、不可再现性质。保护自然和文化遗产是传承人类历史文化和可持续发展的基本途径。

20 世纪，由于战争、灾害及其他原因，我国的自然和历史文化遗产破坏比较严重。例如北京城的保护，50 年代，梁思成等学者极力主张将旧城整个保护下来，到三里河外围建新北京，但没被采纳，现在北京城旧城基本不复原貌。这样做法的后果是，我们的历史文化传统的重要见证已经不复存在。迄今为止，申请世界遗产城市，我国像北京这样的古都一个都没有获得成功。保护自然和历史文化遗产已经成为刻不容缓的任务。当前我国遗产保护的立法远远滞后于开发，基本的立法有《文物保护法》《风景名胜区条例》《森林法》《自然保护区管理条例》等，但是没有专门针对自然和文化遗产的保护法。因此，在城乡规划中将保护自然和文化遗产作为基本的原则，显得尤为重要。

（四）保持民族特色和地方特色原则

当前，我国城乡建设中盲目追求三大在建设过程中贪大求"洋"，有些大城市盲目追求大马路、大广场、大草坪、盲目追求高层次、超高层建筑，建筑设计流行"欧陆风"。另外，城乡建设有时又强调建筑个体的面孔与性格，追求形式上的独特和怪异，很少考虑它与环境的文化关系，建筑的民族传统、地方特色不断失落。城乡规划要根据当地的历史文化和自然条件，充分挖掘城乡发展的内涵，努力塑造特色鲜明的城市和乡村文化。保持民族特色和地方特色要注意以下几点：其一，确定特色；其二，突出主题特色；其三，保持特色；其四，实现特色与现代的和谐发展。

（五）符合防灾、防空和交通合理便利原则

城乡规划中，在进行城乡布局和各项建设具体安排时，应当充分考虑城市中各种自然、人为灾害预防及控制的需要，不得在居民区安排可能危及居民生命、财产安全的建设项目；应当充分考虑各类防灾专业规划（消防、抗震、治安、防洪、人防等）中疏散路线、避灾场所，管理单位，设施设备的要求，与各类防灾专业规划协调，并在建设用地和建设项目投资中予以保证。为了保证城乡交通合理、有序的可持续性发展，就必须从城乡交通系统的内在机制及其与外部环境条件之间的相互作用关系出发来进行合理的交通管理规划。

（六）合理建设、优化结构和布局的原则

城乡规划的制定应当依据国民经济和社会发展规划确定发展的规模和速度，应当依据当地自然环境、资源条件、历史情况、现实状况以及未来发展趋势，统筹兼顾，综合布局，要处理好局部利益与整体利益、近期建设与远期发展、经济发展与社会发展、城乡建设与环境保护、现代建设与历史文化的继承等一系列关系。在确定城市布局和具体安排各项建设时，应当合理配制产业结构、形成完善的经济社会运行机制；应当充分考虑原材料工业与加工工业、重工业与轻工业、第一、二产业与第三产业、传统产业与高新技术产业的关系；应当尽量满足男女人口比例、交通、通信以及科研、教育、文化、体育、卫生等生活方面的需求。在合理建设与布局的基础上，以实现经济的持续发展，同时为居民创造良好的人居环境。

三、城乡规划制定的依据

（一）依据上一层次城乡规划

我国的城乡规划由不同等级层次的具体规划组成，一般来说，上一层次规划是制定下一层次规划的依据。具体层次体系见图4-2。

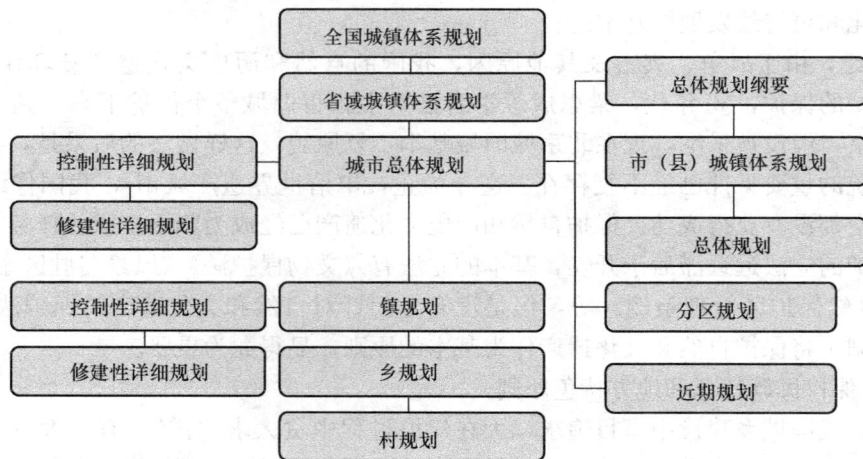

图4-2　依据上一层次的城乡规划

（二）依据相关法律规范及技术规范与标准

城乡规划是一项涉及面广、综合性强的系统工作，制定城乡规划，依据《城乡规划法》外，还应依据关于城乡建设的其他法律规范，如《中华人民共和国土地法》《中华人民共和国水法》《中华人民共和国环境保护法》《中华人民共和国森林法》《中华人民共和国防震减灾法》等一系列法律、法规、规章等。

除依据法律规范外，根据《城乡规划法》第二十四条，"编制城乡规划必须遵守国家有关标准。"对于该条，可以理解为，制定城乡规划应当依据有关技术规范与标准。这些技术规范与标准涉及城乡规划过程中具体指标，是编制城乡规划的具体依据。目前，我国的城乡规划的标准和技术规范分为两个层次。第一层次是与城乡规划相关的国家和部级标准与规范，如《城市规划基本术语标准》、《城市用地分类与规划建设用地标准》等；第二层次是省、自治区、直辖市及国务院确定较大的城市根据当地的实际情况颁布的地方性标准与技术规范，如《上海市城市规划管理技术规定》、《深圳市城市规划标准与准则》等。

（三）具备基础资料

根据《城乡规划法》第25条规定，编制城乡规划，应当具备国家规定的勘察、测绘、气象、地震、水文、环境等基础资料。县级以上地方人民政府有关主管部门应当根据编制城乡规划的需要，及时提供有关基础资料。

（四）其他依据

《城乡规划法》第5条规定，城市总体规划、镇总体规划以及乡规划和村庄规划的编制，应当依据国民经济和社会发展规划，并与土地利用总体规划相衔接。城乡规划是政治、经济、文化、社会等各方面发展的综合体现，要体现与落实党和国家的方针政策例。《城乡规划法》第10条规定：国家鼓励采用先进的科学技术，增强城乡规划的科学性，提高城乡规划实施及监督管理的效能。

四、城乡规划的制定主体

城乡规划的制定经过编制和确定两大阶段，参与城乡规划制定的组织和个人很多，例如有编制单位、组织编制机关、审批机关、注册规划师、城市规划委员会、参与意见的公众等。在这些参与者当中，能够对城乡规划承担独立法律责任的主体有组织编制机关、编制单位、注册规划师、审批机关等。根据城市规划的制定阶段及主体的权利和义务，可以将城乡规划制定主体分为编制主体和确定主体。

（一）城乡规划的编制主体

1. 城乡规划编制的组织主体

城乡规划的编制主体是指按照法定权限和程序组织或参与城乡规划编制的组织或个人，主要包括城乡规划编制的组织主体和实施主体两大类。城乡规划编制的组织主体是依照法定全县组织有关单位或者个人编制城乡规划的法定主体，在我国主要表现为各级政府及城乡规划行政主管部门。具体体系见表4-1。

城乡规划编制的组织主体　　　　　　　　　　　　　　　表 4-1

城乡规划体系			组织编制主体
全国城镇体系规划			国务院城乡规划主管部门会同国务院有关部门组织编制
省域城镇体系规划			省、自治区人民政府组织
城市规划	总体规划		城市人民政府负责组织编制城市总体规划（具体编制组织一般工作由城市人民政府城乡规划主管部门承担）
	详细规划	控制性详细规划	由城市人民政府城乡规划主管部门依据已经批准的城市总体规划组织编制
		修建性详细规划	城市、县人民政府城乡规划主管部门可以组织编制重要地块的修建性详细规划。修建性详细规划由建设单位负责编制

城乡规划体系	组织编制主体		
	总体规划	县人民政府组织编制县人民政府所在地镇的总体规划。其他镇的总体规划由镇人民政府组织编制	
镇规划	详细规划	控制性详细规划	镇人民政府根据镇总体规划的要求，组织编制镇的控制性详细规划。县人民政府所在地镇的控制性详细规划，由县人民政府城乡规划主管部门根据镇总体规划的要求组织编制
		修建性详细规划	镇人民政府可以组织编制重要地块的修建性详细规划。修建性详细规划由建设单位负责编制
乡规划	乡、镇人民政府组织编制		
村庄规划	乡、镇人民政府组织编制		
风景名胜区规划	国家级风景名胜区规划由省、自治区人民政府建设主管部门或者直辖市人民政府风景名胜区主管部门组织编制。省级风景名胜区规划由县级人民政府组织编制		
历史文化名城、名镇、名村保护规划	历史文化名城人民政府应当组织编制历史文化名城保护规划。历史文化名镇、名村批准公布后，所在地县级人民政府应当组织编制历史文化名镇、名村保护规划		
自然保护区规划	国务院环境保护行政主管部门应当会同国务院有关自然保护区行政主管部门，在对全国自然环境和自然资源状况进行调查和评价的基础上，拟订国家自然保护区发展规划。自然保护区管理机构或者该自然保护区行政主管部门应当组织编制自然保护区的建设规划		

从表 4-1 来看，我国的城乡规划编制基本由各级政府组织，是典型的行政运作模式。

2. 城乡规划编制的实施主体

（1）城乡规划编制实施主体的概念

城乡规划编制的实施主体是指具有法定资格，受城乡规划编制组织主体委托具体负责编制城乡规划工作的编制单位。它与城乡规划编制组织主体的关系是受托和委托的关系。

（2）城乡规划编制单位资质制度

《城乡规划法》规定，城乡规划编制单位经国务院城乡规划主管部门或者省、自治区、直辖市人民政府城乡规划主管部门依法审查合格，取得相应等级的资质证书后，方可在资质等级许可的范围内从事城乡规划编制工作。《城乡规划法》对于城乡规划编制单位的资质条件作了概括规定，具体如下：（1）有法人资格；（2）有规定数量的经相关行业协会注册的规划师；（3）有规定数量的相关专业技术人员；（4）有相应的技术装备；（5）有健全的技术、质量、财务管理制度。

为实施《城乡规划法》的规定，国务院或城乡规划行政主管部门必然要出台相应的行政法规或规章来规范城乡规划编制资质，在统一的城乡规划编制资质法律规范实施以前，建设部 2000 年颁布的《城市规划编制单位资质管理规定》继续有效。

（二）城乡规划的确定主体

城乡规划的确定主体是指按照法定权限和程序对已编制完成的城乡规划草案进行审查，决定其是否具有法定效力的法定主体。在我们国家，城乡规划的确定主体包括审议主体、审查主体和审批主体。审议主体是指对已完成的城乡规划草案在报批前审议的有关国家权力机关（人大和人大常委会）；审查主体是指对已完成的城乡规划草案在报批前审查的有关政府机关；审批主体是指对已编制完成的城乡规划草案进行审查，决定其是否具有最终法定效力的法定主体。

根据《城乡规划法》，我国城乡规划的确定主体体系具体见表4-2。

我国城乡规划的确定主体体系 　　　　　　　　　　　　表 4-2

城乡规划体系			审议主体	审查主体	审批主体
全国城镇体系规划			无	无	国务院城乡规划主管部门报国务院审批
省域城镇体系规划			先经本级人民代表大会常务委员会审议	无	国务院审批
城市规划	总体规划		城市、县人民政府组织编制的总体规划，在报上一级人民政府审批前，应当先经本级人民代表大会常务委员会审议	省、自治区人民政府所在地的城市以及国务院确定的城市的总体规划，由省、自治区人民政府审查同意	直辖市的城市总体规划由直辖市人民政府报国务院审批。省、自治区人民政府所在地的城市以及国务院确定的城市的总体规划，报国务院审批。其他城市的总体规划，由城市人民政府报省、自治区人民政府审批
城市规划	详细规划	控制性详细规划	无	无	经本级人民政府批准
城市规划	详细规划	修建性详细规划	无	无	需要建设单位编制修建性详细规划的建设项目，还应当提交修建性详细规划。对符合控制性详细规划和规划条件的，由城市、县人民政府城乡规划主管部门或者省、自治区、直辖市人民政府确定的镇人民政府核发建设工程规划许可证
镇规划	总体规划		先经镇人民代表大会审议	无	镇人民政府组织编制的镇总体规划，报上一级人民政府审批
镇规划	详细规划	控制性详细规划	无	无	报镇人民政府上一级人民政府审批
镇规划	详细规划	修建性详细规划	无	无	需要建设单位编制修建性详细规划的建设项目，还应当提交修建性详细规划。对符合控制性详细规划和规划条件的，由城市、县人民政府城乡规划主管部门或者省、自治区、直辖市人民政府确定的镇人民政府核发建设工程规划许可证
乡规划			无	无	报乡镇上一级人民政府审批
村庄规划			无	无	报乡镇上一级人民政府审批

续表

城乡规划体系		审议主体	审查主体	审批主体
风景名胜区规划	总体规划	无	国家级风景名胜区的总体规划由省、自治区、直辖市人民政府审查	国家级风景名胜区的总体规划，报国务院审批；省级风景名胜区的总体规划，由省、自治区、直辖市人民政府审批
	详细规划	无	无	国家级风景名胜区的详细规划，由省、自治区人民政府建设主管部门或者直辖市人民政府风景名胜区主管部门报国务院建设主管部门审批；省级风景名胜区的详细规划，由省、自治区人民政府建设主管部门或者直辖市人民政府风景名胜区主管部门审批
历史文化名城、名镇、名村保护规划		无	无	历史文化名城保护规划由省、自治区、直辖市人民政府审批；历史文化名镇、名村保护规划由省、自治区、直辖市人民政府审批
自然保护区规划		无	国家自然保护区发展规划经国务院计划部门综合平衡	国家自然保护区发展规划，经国务院计划部门综合平衡后，报国务院批准实施。 自然保护区管理机构或者该自然保护区行政主管部门应当组织编制自然保护区的建设规划，按照规定的程序纳入国家的、地方的或者部门的投资计划，并组织实施

通过上表的归纳，可以看出，我国的审批主体基本是以国家各级政府为主，部分规划需要国家权力机关——人民代表大会或其常委会的审议❶。总的来说，我国城乡规划实行的是行政审批体制。

五、城乡规划制定程序概述

（一）城乡规划的编制程序

城乡规划制定的基本程序包括编制、确定程序。城乡规划编制程序城乡规划制定初始程序，《城乡规划法》只是对城乡规划制定程序作了概略的规定，程序大体是：城乡规划组织编制主体组织编制，报批前公众参与，法定主体审议、审查，审批主体组织审查，审批主体审批，已通过的城乡规划备案，公布批准通过的城乡规划成果。

1. 城乡总体规划的编制程序

《城乡规划法》对于城乡总体规划没有制定详细的程序。而《城市规划编制办法》特

---

❶ 在《城乡规划法草案》中，规定人民代表大会或其常委会对城乡规划草案有审查权。全国人大常委会李明豫委员说在审议时认为"权力机关审查决定的事项报上级行政机关审批，好像和宪法上对权力机关和行政机关职能的规定不太符合。所以，这个审批程序建议再很好地推敲一下。如果把'审查同意'改为'审议'可能合适一些，这样人大行使的是监督权。"

别对城市总体规划的编制程序作了规定，在这里只根据《城市规划编制办法》讲城市总体规划的编制程序，其他规划中总体规划的编制程序可参考该程序。根据《城市规划编制办法》，城市总体规划的编制程序具体如下：

（1）前期研究。根据《城市规划编制办法》十二条规定，"人民政府提出编制城市总体规划前，应当对现行城市总体规划以及各专项规划的实施情况进行总结，对基础设施的支撑能力和建设条件做出评价；针对存在问题和出现的新情况，从土地、水、能源和环境等城市长期的发展保障出发，依据全国城镇体系规划和省域城镇体系规划，着眼区域统筹和城乡统筹，对城市的定位、发展目标、城市功能和空间布局等战略问题进行前瞻性研究，作为城市总体规划编制的工作基础。"

（2）编制工作报告。编制组织主体在前期研究的基础上，按规定提出进行编制工作的报告，经同意后方可组织编制。

（3）编制城市总体规划纲要。编制组织主体组织编制城市总体规划纲要，按规定提请审查。其中，组织编制直辖市、省会城市、国务院指定市的城市总体规划的，应当报请国务院建设主管部门组织审查；组织编制其他市的城市总体规划的，应当报请省、自治区建设主管部门组织审查。

（4）编制城市总体规划成果并报批。编制组织主体依据国务院建设主管部门或者省、自治区建设主管部门提出的审查意见，组织编制城市总体规划成果，按法定程序报请审查和批准。

2. 城乡详细规划的编制程序

《城乡规划法》没有对该类型城乡规划的详细规划作具体规定，《城市规划编制办法》也没有详细规定，而许多地方对城市控制性详细规划有明确规定，如《广东省城市控制性详细规划管理条例》。不过对于修建性详细规划迄今还没有规范文件进行详细规定。本部分依据《广东省城市控制性详细规划管理条例》来讲城市控制性详细规划的编制程序。具体如下：（1）制订编制计划，城市规划行政主管部门应当根据城市总体规划或者分区规划、国民经济和社会发展计划以及城市建设发展的需要，制订控制性详细规划的编制计划，报同级人民政府审定。（2）选定编制单位。（3）审查规划草案，城市规划编制单位完成控制性详细规划草案后，应当报城市规划行政主管部门审查。（4）征询公众意见，城市规划行政主管部门应当将审查后的控制性详细规划草案公开展示，征询公众意见。控制性详细规划草案公开展示的时间不少于二十日。城市规划行政主管部门应当收集、整理和研究公众的意见。公众对控制性详细规划草案提出重大异议的，城市规划行政主管部门应当通过召开座谈会、论证会、听证会等方式进行充分论证。城市规划行政主管部门应当根据公众的意见对控制性详细规划草案进行修改和完善。（5）城市规划委员会审议，城市规划行政主管部门应当将控制性详细规划草案及审查意见提交城市规划委员会审议，并附公众意见及采纳情况。（6）报批，控制性详细规划草案经城市规划委员会审议通过后，由城市规划行政主管部门根据审议意见修改完善并报同级人民政府批准。（7）后续程序❶，后续程序主要包括：批准、公布、归档、调整。

---

❶ 本部分讲的是编制程序，不包含审批和调整程序。因为在后文中不再讲述《广东省城市控制性详细规划管理条例》的调整程序，所以在这里简单介绍后续程序，供读者参考。

综合上述内容，城乡规划的编制程序一般包括城乡规划组织编制主体制订编制计划、前期研究、选定编制单位编制草案、对编制单位编制的草案审查、征询公众意见、制定审议和审查草案。

（二）城乡规划的确定程序

《城乡规划法》对城乡规划的审批程序规定比较简单概括，主要包括审议、审查审批、备案、公布等。

1. 审查程序

城乡规划审查程序是指在审批前法定审查主体根据职权对城乡规划编制组织主体报送的城乡规划草案进行审查的阶段和步骤。我国《城乡规划法》对我国大多数类型的规划规定了审查制度，但是并没有具体规定审查程序，需要进一步立法完善。根据《城乡规划法》、《风景名胜区管理条例》、《自然保护区条例》等有关文件，需要审查的规划具体如下：（1）省、自治区人民政府所在地的城市以及国务院确定的城市的总体规划，由省、自治区人民政府审查同意后，报国务院审批；（2）村庄规划在报送审批前，应当经村民会议或者村民代表会议讨论同意；（3）国家级风景名胜区规划总体规划由省、自治区、直辖市人民政府审查，报国务院审批；（4）国家自然保护区发展规划，经国务院计划部门综合平衡后，报国务院批准实施。

2. 审议程序

城乡规划的审议程序是指国家权力机关依法对城乡规划草案按权力机关的议事规则进行审议的阶段和步骤。

根据《城乡规划法》、《风景名胜区管理条例》、《自然保护区条例》等有关文件，需要审议的规划具体如下：（1）省、自治区人民政府组织编制的省域城镇体系规划，城市、县人民政府组织编制的总体规划，在报上一级人民政府审批前，应当先经本级人民代表大会常务委员会审议，常务委员会组成人员的审议意见交由本级人民政府研究处理；（2）镇人民政府组织编制的镇总体规划，在报上一级人民政府审批前，应当先经镇人民代表大会审议，代表的审议意见交由本级人民政府研究处理。

对于审议意见的处理，根据《城乡规划法》，组织编制机关报送审批省域城镇体系规划、城市总体规划或者镇总体规划，应当将本级人民代表大会常务委员会组成人员或者镇人民代表大会代表的审议意见和根据审议意见修改规划的情况一并报送。

3. 审批程序

城乡规划审批程序是指法定审批机关依法对城乡规划草案及有关参与公众意见、审议意见进行审查，决定其最终效力的程序。

为增加决策严谨性和科学性，《城乡规划法》规定了审批过程中的审查制度。《城乡规划法》第 27 条规定：省域城镇体系规划、城市总体规划、镇总体规划批准前，审批机关应当组织专家和有关部门进行审查❶。实践中我国早已实行类似制度，很多城市总体规划

---

❶　《城乡规划法》审议稿没有该条规定，比较类似的是审议稿第十四条，它规定："规划审批机关应当委托具备相应资质的单位对上报的规划方案进行技术评审，未经评审或者未通过评审的，规划审批机关不得批准。"《城乡规划法》第二十七条的规定相对于审议稿第十四条更合理，因为各部门以及各方面的专家比城乡规划编制单位的人员代表性更广泛；另外，由一个编制单位对另一个编制单位编制的方案进行评审并不合理。

在批准前进行了专家论证❶。不过《城乡规划法》没有对该审查意见的效力作明确规定，如果城乡规划草案在该类审查如果没有通过，或者审查意见认为有重大缺陷，是否意味着不批准城乡规划草案。这有待于立法进一步明确。

4. 备案程序

备案制度是指依照法定程序报送有关机关备案，对符合法定条件的，有关机关应当予以登记的法律性要求。

《城乡规划法》对于已批准的城乡规划实行备案制度。根据《城乡规划法》、《风景名胜区管理条例》等文件，需要备案的城乡规划具体如下：（1）城市人民政府城乡规划主管部门根据城市总体规划的要求，组织编制城市的控制性详细规划，经本级人民政府批准后，报本级人民代表大会常务委员会和上一级人民政府备案。（2）镇人民政府根据镇总体规划的要求，组织编制镇的控制性详细规划，报上一级人民政府审批。县人民政府所在地镇的控制性详细规划，由县人民政府城乡规划主管部门根据镇总体规划的要求组织编制，经县人民政府批准后，报本级人民代表大会常务委员会和上一级人民政府备案。（3）省级风景名胜区的总体规划，由省、自治区、直辖市人民政府审批，报国务院建设主管部门备案。

5. 公布程序

根据《城乡规划法》第八条规定："城乡规划组织编制机关应当及时公布经依法批准的城乡规划。但是，法律、行政法规规定不得公开的内容除外。"该法条确定了我国城乡规划的公示制度。根据该条规定，城乡规划公布的主体是组织编制机关；公布的时间是批准后及时❷；公布的内容是经批准的城乡规划全部内容，但是，法律、行政法规规定不得公开的内容除外，非公开的内容一般是涉及国家秘密的内容；至于公布的方式，《城乡规划法》没有规定，一般是在当地公开发行的新闻媒介上公示。

六、城乡规划的期限

《城乡规划法》对于城乡规划没有从总体的角度规定实施期限，仅就城镇总体规划和近期规划作了规定。根据《城乡规划法》，城市总体规划、镇总体规划的规划期限一般为二十年，城市总体规划还应当对城市更长远的发展作出预测性安排；近期建设规划的规划期限为五年。根据《城镇体系规划编制审批办法》，城镇体系规划的期限一般为二十年。根据《村镇规划编制办法（试行）》，村镇总体规划的期限一般为十年至二十年；村镇建设规划的期限一般为十年至二十年，宜与总体规划一致；村镇近期建设规划的期限一般为三年至五年。对于详细规划和专项规划，全国性的法律规范没有有关规定，一般来说应当在总体规划期限内或与总体规划的期限一致。

七、城乡规划的修改

（一）省域城镇体系规划、城市总体规划及镇总体规划的修改

1. 修改的条件

根据《城乡规划法》第四十七条规定，有下列情形之一的，组织编制机关方可按照规

---

❶　例如《苏州市城市总体规划（2007—2020）》，江苏省政府在审批前委派了专家组进行论证，2007年7月30日论证通过。

❷　对于"及时"怎么理解，《城乡规划法》没有界定，笔者认为应当是批准日起2—3日。

定的权限和程序修改省域城镇体系规划、城市总体规划、镇总体规划：（1）上级人民政府制定的城乡规划发生变更，提出修改规划要求的；（2）行政区划调整确需修改规划的；（3）因国务院批准重大建设工程确需修改规划的；（4）经评估确需修改规划的；（5）城乡规划的审批机关认为应当修改规划的其他情形。

2. 修改的程序

修改省域城镇体系规划、城市总体规划、镇总体规划前，组织编制机关应当对原规划的实施情况进行总结，并向原审批机关报告；修改涉及城市总体规划、镇总体规划强制性内容的，应当先向原审批机关提出专题报告，经同意后，方可编制修改方案。修改后的省域城镇体系规划、城市总体规划、镇总体规划，应当依照《城乡规划法》第13条、第14条、第15条和第16条规定的城乡规划制定审批程序报批。

（二）修改控制性详细规划

修改控制性详细规划的，组织编制机关应当对修改的必要性进行论证，征求规划地段内利害关系人的意见，并向原审批机关提出专题报告，经原审批机关同意后，方可编制修改方案。修改后的控制性详细规划，应当依照《城乡规划法》第19条、第20条规定的控制性详细规划制定的审批程序报批。控制性详细规划修改涉及城市总体规划、镇总体规划的强制性内容的，应当先修改总体规划。

（三）乡规划、村庄规划的修改

修改乡规划、村庄规划的，应当依照《城乡规划法》第22条规定的乡规划、村庄规划制定的审批程序报批。

（四）近期建设规划的修改

城市、县、镇人民政府修改近期建设规划的，应当将修改后的近期建设规划报总体规划审批机关备案。

（五）城乡规划修改的补偿制度

《城乡规划法》第五十条规定了城乡规划修改给利害关系人造成损害的补偿制度。具体内容如下：在选址意见书、建设用地规划许可证、建设工程规划许可证或者乡村建设规划许可证发放后，因依法修改城乡规划给被许可人合法权益造成损失的，应当依法给予补偿。经依法审定的修建性详细规划、建设工程设计方案的总平面图不得随意修改；确需修改的，城乡规划主管部门应当采取听证会等形式，听取利害关系人的意见；因修改给利害关系人合法权益造成损失的，应当依法给予补偿。

第三节　城乡规划的实施

城乡规划实施，指的是城乡规划行政主管部门根据城乡规划法律规范和已批准的城乡规划，对城乡规划区内各项建设用地和建设活动进行规划审查，并核发规划许可的行政行为❶。因此，城乡规划的实施是把城乡规划的内容付诸现实的活动。城乡规划实施管理行政许可主要表现为"一书三证"。

1984年1月5日，国务院《城市规划条例》以行政法规的形式，对建设用地许可、

---

❶　参见耿毓修：《城市规划管理与法规》，东南大学出版社2004版，第120页。

临时用地许可、建设工程许可及改变地形地貌活动的许可做出了规定，在此基础上，1989年《城市规划法》规定了"一书两证"的规划许可制度，即：城市建设项目的规划管理要求核准建设方的《选址意见书》和《建设用地规划许可证》、《建设工程规划许可证》。2008年《城乡规划法》规定我国城镇规划实施管理实行"一书两证"的规划管理制度，即依法核发"选址意见书"、"建设用地规划许可证"、"建设工程规划许可证"；乡村规划实施管理实行"乡村建设规划许可证"的规划管理制度。"一书三证"构成了我国城乡规划实施管理的主要法定手段和形式，依法核发"一书三证"是《城乡规划法》赋予城乡规划行政主管部门的法定职责，各类建设工程必须严格实行规划许可制度，不得以政府文件、会议纪要、领导批示等形式取代。这一许可制度是确保开发建设符合规划的关键环节，基本上保证了规划区内的土地利用和各项建设依照规划实施，避免了城市混乱无序发展。

"一书三证"是对我国城乡规划实施管理的基本制度的通称，即城乡规划行政主管部门通过核发建设项目选址意见书、建设用地规划许可证、建设工程规划许可证和乡村建设规划许可证，根据依法审批的城乡规划和有关法律规范，对各项建设用地和各类工程建设进行组织、控制、引导和协调，使其纳入城乡规划的轨道。

一、城乡规划的实施概述

（一）城乡规划实施的评估

《城乡规划法》第四十六条规定，省域城镇体系规划、城市总体规划、镇总体规划的组织编制机关，应当组织有关部门和专家定期对规划实施情况进行评估，并采取论证会、听证会或者其他方式征求公众意见。组织编制机关应当向本级人民代表大会常务委员会、镇人民代表大会和原审批机关提出评估报告并附具征求意见的情况。该条确定了我国将实行城乡规划评估制度，对于省域城镇体系规划、城市总体规划、镇总体规划，其组织编制机关应当组织有关部门和专家定期对规划实施情况进行评估，并采取论证会、听证会或者其他方式征求公众意见。组织编制机关应当向本级人民代表大会常务委员会、镇人民代表大会和原审批机关提出评估报告并附具征求意见的情况。

（二）城乡规划实施的依据

城乡规划主管部门在实施城乡规划时，必须坚持依法行政，贯彻执行与城乡规划法相关的法律规范，坚持先规划后建设。城乡规划法规是按照国家立法程序所制定的关于城乡规划编制、审批和实施管理的法律、行政法规、部门规章、地方法规和地方规章的总称。以《城乡规划法》为核心法、以相关法律、行政法规和部门规章，地方性法规和技术规范为内容的城乡规划法规体系，包括：与城乡规划相关的法律规范、已制定的城乡规划、技术标准依据和政策，均为城乡规划实施的主要依据。以山东省城市规划协会昝龙亮主编的《城市规划工作手册》为例，其将城市规划编制和实施的主要依据划分为：法律、行政法规、地方性法规、部门规章、政府规章、规范性文件、规划与标准、国际文献八个部分。

（三）城乡规划实施的原则

《城乡规划法》第二十八条规定了保障城乡规划实施的基本原则，即"地方各级人民政府应当根据当地经济社会发展水平，量力而行，尊重群众意愿，有计划、分步骤地组织实施城乡规划。"根据《城乡规划法》第二十九条的规定，城市的建设和发展，应当优先安排基础设施以及公共服务设施的建设，妥善处理新区开发与旧区改建的关系，统筹兼顾进城务工人员生活和周边农村经济社会发展、村民生产与生活的需要。镇的建设和发展，应当结合农村经济社会发展和产业结构调整，优先安排供水、排水、供电、供气、道路、通信、广播电视等基础设施和学校、卫生院、文化站、幼儿园、福利院等公共服务设施的建设，为周边农村提供服务。乡、村庄的建设和发展，应当因地制宜、节约用地，发挥村民自治组织的作用，引导村民合理进行建设，改善农村生产、生活条件。地方各级人民政府实施城乡规划时应当遵守的原则主要有❶：

1. 应当根据当地经济社会发展水平实施城乡规划的原则

经济社会发展水平，是指地方各级人民政府管辖范围内的社会生产力发展水平以及由生产力发展水平所决定的产业结构的基本情况、当地市场的发育情况。当地市场的发育情况与当地的经济社会发展水平有着密切的联系。地方的经济社会发展水平是确保城乡规划得以全面实施的重要条件。因此，本原则是城乡规划实施的一条总原则。

科学的城乡规划体现了党的十七大提出的"城乡、区域协调互动发展机制基本形成"的目标要求。各地在制定城乡规划的过程中应统筹考虑城市、镇、乡和村庄发展，根据各类规划的内容要求和特点，编制好相关规划。实施城乡规划时，要根据城乡特点，强化对乡村规划建设的管理，完善乡村规划许可制度，坚持便民利民和以人为本。

2. 量力而行的原则

本原则指的是，地方各级人民政府实施城乡规划时，在当地经济社会发展水平的情况下，根据本地区的人力、物力、财力等实际情况，实事求是地提出实施城乡规划的工作思路，制定切实可行的奋斗目标。这一原则体现了唯物主义的认识论，是科学发展观及构建和谐社会的要求。

3. 尊重群众意愿的原则

本原则指的是，地方各级人民政府实施城乡规划时在根据当地经济社会发展水平的情况下，要端正对人民群众的态度，虚心接受群众监督，充分听取人民群众的意见，要有民主作风，不能粗暴强制推行。尊重群众意愿，是我党分群众路线的重要体现，是构建和谐社会的重要基础。

坚持把维护公共利益、促进社会公平、关注和改善民生，作为实施城乡规划的重要目标；要按照《城乡规划法》的有关要求，落实党的十七大提出的加快推进以改善民生为重点的社会建设的重要战略部署，在实施城乡规划时进一步重视社会公正和改善民生。要有效配置公共资源，合理安排城市基础设施和公共服务设施，改善人居环境，方便群众生活。要关注中低收入阶层的住房问题，做好住房建设规划。要加强对公共安全的研究，提高城乡居民点的综合防灾减灾能力。

4. 有计划、分步骤地组织实施的原则

本原则指的是，实施城乡规划时在根据当地经济社会发展水平的情况下，要制定落实城乡规划的具体实施意见和配套措施，要确定不同阶段的工作重点和工作方向，要分阶段、分步骤地扎扎实实地给予落实。

（四）城市新区开发和旧区建设的规划要求

1. 新区开发的规划要求

---

❶ 吴高盛主编《中华人民共和国城乡规划法释义》，中国法制出版社，2007 版，第 64 页到第 65 页。

新区开发，是指在城市建成区之外，集中成片地在一定规模的地段内，通过统一规划，合理布局、配套建设、综合开发，进行城市建设的一种活动。新区开发伴随着城市经济和社会发展，城市规模扩大，为了进一步满足城市生产、生活的需求，而逐步地发展起来。它是目前城市建设和发展的主要途径和重要组成部分。城市新区的开发和建设，应当合理确定建设规模和时序，充分利用现有市政基础设施和公共服务设施，严格保护自然资源和生态环境，体现地方特色。在城市总体规划、镇总体规划确定的建设用地范围以外，不得设立各类开发区和城市新区。

2. 旧区改建的规划要求

旧区改建，是指在建成区内，对不能适应城市经济、社会发展的地区进行改造，对有保护价值的文物古迹、传统街区进行保护、利用，以改造、保护、发挥建成区的潜力、功能而进行的一种建设活动。城市旧区是长期发展过程中，逐步形成的进行各类政治、经济、文化活动的聚集地区。城市旧区体现了各个历史阶段的发展，具有较强的吸引力，但同时，也遗留下种种弊端。例如，许多城市旧区布景混乱、房屋破旧、居住拥挤、交通阻塞、环境污染、市政公用设施短缺，也不能适用，甚至妨碍了城市经济、社会的进一步发展。因此，只有通过旧区改建，才能挖掘旧区的潜力，发挥出它固有的优势，真正地实施城市总体规划的设想，实现城市的经济和社会发展目标。

《城乡规划法》第31条的规定，"旧城区的改建，应当保护历史文化遗产和传统风貌，合理确定拆迁和建设规模，有计划地对危房集中、基础设施落后等地段进行改建。历史文化名城、名镇、名村的保护以及受保护建筑物的维护和使用，应当遵守有关法律、行政法规和国务院的规定。"

无论是新区开发，还是旧区改建，还是各个建设项目的具体安排，都是为了实施城市规划。因此，城市新区开发和旧区改建必须坚持统一规划、合理布局、因地制宜、综合开发、配套建设的原则。各项建设工程的选址、定点，不得妨碍城市的发展，危害城市的安全，污染和破坏城市环境，影响城市各项功能的协调。

（五）近期建设的规划要求

近期建设规划，是落实城镇总体规划的必要、重要步骤，是城镇近期建设项目安排的依据。根据《城乡规划法》第34条，城市、县、镇人民政府应当根据城市总体规划、镇总体规划、土地利用总体规划和年度计划以及国民经济和社会发展规划，制定近期建设规划，报总体规划审批机关备案。

近期建设规划应当以重要基础设施、公共服务设施和中低收入居民住房建设以及生态环境保护为重点内容，明确近期建设的时序、发展方向和空间布局。近期建设规划的规划期限为五年。根据《近期建设规划工作暂行办法》，城乡规划行政主管部门向规划设计单位和建设单位提供规划设计条件，审查建设项目，核发建设项目选址意见书、建设用地规划许可证、建设工程规划许可证，必须符合近期建设规划。

（六）城市地下空间的规划要求

城市地下空间规划是城市规划的重要组成部分。各级人民政府在组织编制城市总体规划时，应根据城市发展的需要，编制城市地下空间开发利用规划。各级人民政府在编制城市详细规划时，应当依据城市地下空间开发利用规划对城市地下空间开发利用作出具体规定。城市地下空间开发利用规划的主要内容包括：地下空间现状及发展预测，地下空间开发战略，开发层次、内容、期限，规模与布局，以及地下空间开发实施步骤等。

城市地下空间的工程建设必须符合城市地下空间规划，服从规划管理。附着地面建筑进行地下工程建设，应随地面建筑一并向城市规划行政主管部门申请办理选址意见书、建设用地规划许可证、建设工程规划许可证。独立开发的地下交通、商业、仓储、能源、通讯、管线、人防工程等设施，应持有关批准文件、技术资料，依据《城乡规划法》的有关规定，向城市规划行政主管部门申请办理选址意见书、建设用地规划许可证、建设工程规划许可证。

城市地下空间的开发和利用，应当与经济和技术发展水平相适应，遵循统筹安排、综合开发、合理利用的原则，充分考虑防灾减灾、人民防空和通信等需要，并符合城市规划，履行规划审批手续。

（七）保护风景名胜资源和公共设施用地的规划要求

根据《城乡规划法》第32条的规定，城乡建设和发展实施城乡规划过程中应当严格保护和合理利用风景名胜资源；统筹安排风景名胜区及周边镇、乡，村庄的建设；风景名胜区的规划、建设和管理，应当遵守有关法律、行政法规和国务院的规定。

根据《城乡规划法》第35条的规定，城乡规划确定的铁路、公路、港口、机场、道路、绿地、输配电设施及输电线路走廊、通信设施、广播电视设施、管道设施、河道、水库、水源地、自然保护区、防汛通道、消防通道、核电站、垃圾填埋场及焚烧厂、污水处理厂和公共服务设施的用地以及其他需要依法保护的用地，禁止擅自改变用途。

二、建设项目选址意见书

（一）建设项目选址意见书的概念

建设项目选址意见书，指的是在建设工程前期可行性研究阶段，由城市规划行政主管部门依已被批准的城市规划对工程选址和布局作出要求的法定文件●。通过建设项目选址意见书的核发，既可以从规划上对建设项目加以引导和控制，充分合理利用现有土地资源，避免无序建设；又可以为项目审批或核准提供依据，有利于从源头上把好项目开工建设关，维护投资建设秩序，促进国民经济又好又快发展。

（二）建设项目选址意见书的适用范围

1978年国家计委、国家建委、财政部颁发的《关于基本建设程序的若干规定》中规定了，建设项目要认真调查原料、工程地质、水文地质、能源等条件，必须慎重选择建设地点，凡在城市辖区选点的，要取得城市规划部门的同意，并且要有协议文件。《城市规划法》第30条规定，城市规划区内的建设工程的选址和布局必须符合城市规划。设计任务书报请批准时，必须附有城市规划行政主管部门的选址意见书。选址意见书制度正是通过法律的形式将选址的规划管理固定下来，使设计任务书的编制符合城市规划要求，保证城市规划的实施。

《城乡规划法》修改了《城市规划法》，在其36条规定："按照国家规定需要有关部门批准或者核准的建设项目，以划拨方式提供国有土地使用权的，建设单位在报送有关部门批准或者核准前，应当向城乡规划主管部门申请核发选址意见书。前款规定以外的建设项目不需要申请选址意见书。"该条款将城乡规划对重大建设项目的用地管理和控制与放松

● 王庆海：《城市规划与管理》，中国建筑工业出版社2006年版，第248页。

政府管制有机地结合起来，根据《城乡规划法》的规定，需要核发建设项目选址意见书的项目包括：

1. 按照国家规定需要有关部门批准或者核准的建设项目

按照国家规定需要有关部门批准或者核准的建设项目，是指列入《国务院投资体制改革的决定》之中的项目。国家规定，包括法律的规定，行政法规的规定，国务院及国务院有关部门的规定。另外，《国务院办公厅关于加强和规范新开工项目管理的通知》（国办发〔2007〕64号文件）严格规范了投资项目新开工条件，表明在建设项目可行性研究阶段，国家对建设项目选址的宏观管理主要是通过计划管理、规划管理、土地管理和环境管理来实现的。符合《城乡规划法》的规定要求应当申请选址意见书的或按照前述文件需要发改委批准或核准的建设项目，都应当申请核发选址意见书。

2. 通过划拨方式取得土地使用权的建设项目

根据我国《土地管理法》的规定，建设项目土地使用权的获得包括有偿出让和无偿划拨两种方式。根据我国《城市房地产管理法》第23条规定，土地使用权的无偿划拨是指县级以上人民政府依法批准，在土地使用者缴纳补偿、安置等费用后，将该幅土地交付其使用，或者将土地使用权无偿交给土地使用者使用的行为。根据我国《城市房地产管理法》第24条规定，划拨土地主要用于保障社会公共事业用地，包括：国家机关用地和军事用地、城市基础设施和公益事业用地、国家重点扶持的能源、交通、水利等基础设施用地，以及法律法规规定的其他用地，除上述四类土地经县级以上人民政府依法批准可以采取无偿划拨方式外，其余均采取有偿出让制度，而根据《城乡规划法》的规定，出让地块必须附有城乡规划主管部门提出的规划条件，明确出让地块的面积、使用性质、建设强度、基础设施、公共设施的配置原则等相关要求，可见有偿出让地块的建设项目本身就具有与城乡规划相符合的明确的建设地点和建设条件，不再需要城乡规划主管部门进行建设项目的选址。

按照国家规定需要有关部门批准或者核准的建设项目，往往是涉及基础设施建设和公共利益的重大建设项目，而这些项目多以划拨方式提供国有土地使用权，因此需要城乡规划主管部门核发建设项目选址意见书，使其选址和建设既能为有效实施省域城镇体系规划提供保证，有利于城乡建设功能发挥，又能兼顾建设单位的利益和人民群众的切身利益。不需要核发选址意见书的，城乡规划行政主管部门则直接核发建设用地规划许可证。

（三）建设项目选址意见书的内容

根据建设部、国家计委1991年《建设项目选址规划管理办法》第6条规定，建设项目选址意见书应当包括下列内容：

1. 建设项目的基本情况

主要是建设项目名称、性质、用地与建设规模，供水与能源的需求量，采取的运输方式与运输量，以及废水、废气、废渣的排放方式和排放量。通过了解前述基本情况，便于掌握该建设项目的基本情况，综合考虑建设项目选址的基本要求。

2. 建设项目规划选址的主要依据

（1）经批准的项目建议书。

项目建议书是由项目投资方向其主管部门上报的文件，主要从宏观上论述待批准项目的必要性和可能性，把项目投资的设想变为概略的投资建议。项目建议书的呈报，能够减少项目选择的盲目性，可以供项目审批机关作出初步决策，为下一步研究打下基础。

（2）建设项目与城市规划布局的协调。

城市布局是城市规划的重要内容，指在城市发展纲要基本明确的条件下，在城市用地评定的基础上，对城市各组成部分进行统筹兼顾、合理安排，使其各得其所、有机联系❶。建设项目的选址必须符合城市规划布局的要求，确保建设项目的选址与其周围土地或已有建筑物协调。

（3）建设项目与城市交通、通讯、能源、市政、防灾规划的衔接与协调。

建设项目的选址，必须充分考虑与城市交通、通讯、能源、市政、防灾规划的衔接与协调，确保建设项目的正常使用，发挥最大的经济效益。

（4）建设项目配套的生活设施与城市生活居住及公共设施规划的衔接与协调。

建设项目的正常发展运行，一定要与城乡中的交通、能源、市政、信息、防灾等设施相衔接与配合。同时，一般建设项目尤其是大中型建设项目都有生活设施配套的要求，亦需要考虑建设项目配套的生活设施与城乡居住区及公共服务设施规划的衔接与协调。

（5）建设项目对于城市环境可能造成的污染影响，以及与城市环境保护规划和风景名胜、文物古迹保护规划的协调。

建设项目的选址布局必须考虑与周围环境的和谐相处，选址要与城市环境保护规划相协调，尽可能减少对城乡环境的污染和破坏。可能破坏环境、污染较大的建设项目不能在居民区、农田区、风景名胜区选址，还应注意城市风向、水流等，确保城市环境的安全。生产或存储易燃、易爆、剧毒物的工厂仓库等建设项目，以及严重影响环境卫生和公共安全的建设项目，应当避开市区，以免影响、损害和威胁居民健康与安全。产生有毒、有害物质的建设项目，应当避开城乡水源地和主导风向的上风向，避开文物古迹和风景名胜保护区。产生放射性危害物质的建设项目和设施，必须避开市区和城乡居民密集区，同时必须设置防护工程，妥善考虑事故处理应急措施和废弃物的处理设施。

我国《城乡规划法》第35条规定："城乡规划确定的铁路、公路、港口、机场、道路、绿地、输配电设施及输电线路走廊、通信设施、广播电视设施、管道设施、河道、水库、水源地、自然保护区、防汛通道、消防通道、核电站、垃圾填埋场及焚烧厂、污水处理厂和公共服务设施的用地以及其他需要依法保护的用地，禁止擅自改变用途。"建设项目的选址必须考虑城乡规划所确定项目的内容，使建设项目的选址布局与经批准的城乡规划所确定的项目内容相协调，不发生相互冲突和重复或者是不恰当的选址布局。因此，其选址布局应与城乡规划布局相协调，建设项目的选址布局要避开与建设项目的性质不符或不相容的现有或规划的城乡建设中必须保护的各项用地。

3. 建设项目选址、用地范围和具体规划要求

对于有特殊要求的建设项目选址，必须考虑其特殊之处，进行选址。

（四）建设项目选址意见书的审批（建设项目选址规划的分级管理）

根据《建设项目选址规划管理办法》第7条规定，建设项目选址意见书，按建设项目计划审批权限实行分级规划管理。

（1）县人民政府计划行政主管部门审批的建设项目，由县人民政府城市规划行政主管

---

❶ 李德华：《城市规划原理（第三版）》，中国建筑工业出版社（2006年版），第193页。

部门核发选址意见书；

（2）地级、县级市人民政府计划行政主管部门审批的建设项目，由该市人民政府城市规划行政主管部门核发选址意见书；

（3）直辖市、计划单列市人民政府计划行政主管部门审批的建设项目，由直辖市、计划单列市人民政府城市规划行政主管部门核发选址意见书；

（4）省、自治区人民政府计划行政主管部门审批的建设项目，由项目所在地县、市人民政府城市规划行政主管部门提出审查意见，报省、自治区人民政府城市规划行政主管部门核发选址意见书；

（5）中央各部门、公司审批的小型和限额以下的建设项目，由项目所在地县、市人民政府城市规划行政主管部门核发选址意见书；

（6）国家审批的大中型和限额以上的建设项目，由项目所在地县、市人民政府城市规划行政主管部门提出审查意见，报省、自治区、直辖市、计划单列市人民政府城市规划行政主管部门核发选址意见书，并报国务院城市规划行政主管部门备案。建设项目的规划选址分级管理制度应严格落实。

（五）建设项目选址意见审查程序

建设项目选址意见书作为法定审批项目和划拨土地的前置条件，按照下列程序申请核发：

1. 申请

凡按照国家规定需要有关部门批准或者核准的建设项目，以划拨方式提供国有土地使用权的，建设单位在报送有关部门批准或者核准前，应当向审批建设项目同级的城乡规划行政主管部门提出规划选址申请，填写建设项目选址意见书申请表，以便城乡规划主管部门依法进行审核。

建设单位申请选址规划审核应提供下列有关材料：（1）已经批准的项目建议书；（2）建设单位建设项目选址意见书申请报告；（3）该项目有关的基本情况和建设技术条件要求、环境影响评价报告等文件。

2. 选址审查

省、市、县城乡规划行政主管部门收到申请后，应在法定时限内依据已制定的城市规划和相关法律法规对建设项目的选址申请进行审查。一是程序性审查，即审查建设单位是否符合法定资格，申请事项是否符合法定程序和法定形式，申请表及其所附图纸、资料是否完备和符合要求等。二是实质性审查，即根据有关法律规范和依法制定的城乡规划要求，对所申请的建设项目选址提出审查意见。建设项目选址意见书规划许可的法律依据为：《城乡规划法》和《建设项目选址规划管理办法》。经审查符合城乡规划的，依据本法规定核发规划选址意见书；对不符合城乡规划的，不予核发选址意见书，书面告知建设单位，并说明理由。对于跨行政区域的建设项目可以向上级城乡规划行政主管部门申请办理选址意见书，国家级的重大建设项目可以向省级城乡规划主管部门申请办理选址意见书。

3. 核发选址意见书

城市规划行政主管部门经过选址审查后，对符合城乡规划的选址，应分级核发建设项目选址意见书。由国家和自治区有关部门批准或者核准、以划拨方式提供国有土地使用权建设项目，由自治区建设行政主管部门核发选址意见书。由市、县有关部门批准或者核准、以划拨方式提供国有土地使用权的建设项目由县建设行政主管部门核发选址意见书。建设项目选址意见书是有关部门批准或者核准建设项目的重要前置条件。对于不符合城乡规划的选址，应当说明理由，给予书面回复。另外，应当加强对建设项目选址的后续管理。对已取得项目选址意见书但建设项目最终未得到审批或核准的，选址意见书自动失效。

三、建设用地规划许可证制度

（一）建设用地规划许可证的概念

建设用地规划许可证，指的是建设单位在向土地管理部门申请征收、划拨土地前，经城乡规划行政主管部门确认建设项目位置和范围符合城乡规划的法定凭证，是建设单位用地的法律凭证。核发建设用地规划许可证的目的在于：确保土地利用符合城市规划，维护建设单位按照城乡规划使用土地的合法权益。建设项目如果不具备城乡规划行政主管部门核发的建设用地规划许可证，则属非法用地，在该宗地上所建设的项目属非法建设，不能领取房地产权属证件。按照有关规定，房地产商即使取得建设用地的批准文件，但如未取得建设用地规划许可证而占用土地的，其建设用地批准文件无效。

根据我国《城乡规划法》及相关法律规定，根据建设项目国有土地使用权获得的方式不同，建设用地规划许可发放的程序和基本条件不同。建设用地规划许可证的目的，在于通过对建设用地的事先控制，对建设项目的选址、性质、开发强度是否符合城乡规划，从方向上做一个评估。例如，在居民生活区，不应当许可新建工厂；在园林绿化区，不应当许可建设商住楼等。

（二）法定的划拨用地的建设用地规划许可证办理程序

根据我国《城乡规划法》第37条规定，在城市、镇规划区内以划拨方式提供国有土地使用权的建设项目，其建设用地规划许可证办理程序如下：

1. 提出建设用地规划许可证申请

建设项目在取得城乡规划行政主管部门核发的建设项目选址意见书，经有关部门批准、核准、备案后，向城市、县人民政府城乡规划主管部门送审建设工程设计方案，申请建设用地规划许可证。

2. 城乡规划主管部门审核

城市、县人民政府城乡规划主管部门审核建设单位申请建设用地规划许可证的各项文件、资料、图纸等是否完备，并依据控制性详细规划，核定建设用地的位置、面积、允许建设的范围。对于具备相关文件且符合城乡规划的建设项目，核发建设用地规划许可证；对于不符合法定要求的建设，应当说明理由，给予书面答复。

3. 建设单位申请土地划拨

建设单位在取得建设用地规划许可证后，可向县级以上地方人民政府土地主管部门申请用地，经县级以上人民政府审批后，由土地主管部门划拨土地。

（三）以出让方式有偿获得土地使用权项目的建设用地规划许可证办理程序

根据《城乡规划法》第38条规定，在城市、镇规划区内以出让方式提供国有土地使用权的，其建设用地规划许可证办理程序如下：

1. 城乡规划主管部门确定土地的规划条件

在国有土地使用权出让前，城市、县人民政府城乡规划主管部门应当依据控制性详细规划，提出出让地块的位置、使用性质、开发强度等规划条件，作为国有土地使用权出让合同的组成部分。未确定规划条件的地块，不得出让国有土地使用权。

土地使用性质、容积率和建筑密度已在建设项目选址规划阶段核定，在建设用地规划管理阶段，是通过审核设计方案控制土地使用性质和土地使用强度的。

土地使用性质，根据其不同用途，土地可分为居住用地、工业用地，教育、文化、卫生、体育用地，商业、旅游、娱乐用地，综合或其他用地等。凡需新建、改建、扩建的建设项目，不得随意改变土地使用性质。确需改变土地性质的，必须按照法定程序审批，以确保各地区规划和各专业规划之间的综合平衡。

土地使用（开发）强度，是通过容积率和建筑密度两个指标来控制的。容积率指项目规划建设用地范围内总建筑面积与规划建设总用地面积之比。建筑密度，指一定地块内所有建筑物的基地总面积与规划建设总用地面积的比例。容积率和建筑密度关系到居住的舒适度，容积率越低，建筑密度越低，居住越舒适，但是对土地的利用率也会降低，因此为了在居住舒适度和土地有效利用率之间寻求一个经济效益最佳的方案，一般由城乡规划主管部门根据本地的实际情况具体确定这两项指标的范围。

2. 建设单位申领建设用地规划许可证

以出让方式取得国有土地使用权的建设项目，在签订国有土地使用权出让合同后，建设单位应当持建设项目的批准、核准、备案文件和国有土地使用权出让合同，向城市、县人民政府城乡规划主管部门领取建设用地规划许可证。

3. 城乡规划主管部门核发建设用地规划许可证

城市、县人民政府城乡规划主管部门审核建设单位申请建设用地规划许可证的各项文件、资料、图纸等是否完备，并依据控制性详细规划，对国有土地使用权出让合同中规定的规划设计条件进行核验，核定建设用地的位置、面积、允许建设的范围。对于具备相关文件且符合城乡规划的建设项目，核发建设用地规划许可证；对于不符合法定要求的建设，应当说明理由，给予书面答复。城市、县人民政府城乡规划主管部门不得在建设用地规划许可证中，擅自改变作为国有土地使用权出让合同组成部分的规划条件。

在城市、镇规划区内以划拨方式提供国有土地使用权的建设项目，经有关部门批准、核准、备案后，建设单位应当向城市、县人民政府城乡规划主管部门提出建设用地规划许可申请，由城市、县人民政府城乡规划主管部门依据控制性详细规划核定建设用地的位置、面积、允许建设的范围，核发建设用地规划许可证。建设单位在取得建设用地规划许可证后，方可向县级以上地方人民政府土地主管部门申请用地，经县级以上人民政府审批后，由土地主管部门划拨土地。

在城市、镇规划区内以出让方式提供国有土地使用权的，在国有土地使用权出让前，城市、县人民政府城乡规划主管部门应当依据控制性详细规划，提出出让地块的位置、使用性质、开发强度等规划条件，作为国有土地使用权出让合同的组成部分。未确定规划条件的地块，不得出让国有土地使用权。以出让方式取得国有土地使用权的建设项目，在签订国有土地使用权出让合同后，建设单位应当持建设项目的批准、核准、备案文件和国有土地使用权出让合同，向城市、县人民政府城乡规划主管部门领取建设用地规划许可证。城市、县人民政府城乡规划主管部门不得在建设用地规划许可证中，擅自改变作为国有土地使用权出让合同组成部分的规划条件。

法定的控制性详细规划以城市、镇总体规划为依据，细分地块，并对具体地块的土地利用和建设提出控制指标和规划管理要求，明确了规划地块内的面积、使用性质、建设强度、基础设施、公共设施的配置原则等相关控制指标和要求，是城乡规划主管部门引导和控制土地使用和各项建设活动的基本依据。根据控制性详细规划，确定规划条件，限定建设单位在进行土地使用和建设活动时必须遵循的基本准则，强化了城乡规划主管部门对国有土地使用状况的规划调控和引导，有利于促进土地利用符合规划发展确定的发展目标，为实现城乡协调、可持续发展提供了保障。城市、县人民政府城乡规划主管部门根据控制性详细规划，提出规划条件，作为国有土地使用权出让合同的组成部分。

所核验的规划设计条件主要包括以下内容：该建设用地的现状地形图，根据建设项目性质和所处位置提出拟征用土地范围或划拨用地范围，即用地红线；综合向各有关部门征询的意见后提出的城乡规划行政主管部门的综合性意见；该建设用地的外部限制条件，包括山、水地形和四邻的建设情况及空间环境要求等；提出城乡规划确定的道路红线位置、路幅及其规划要求等；提出规划设计要点，包括绿地、排水方向、人防、防洪、建筑密度、高度、容积率等要求；对于综合开发地区，还应当提出公用设施、市政设施以及公共服务设施的配套要求等❶。

建设用地规划许可的法律依据主要是：《中华人民共和国城乡规划法》和《城市国有土地使用权出让转让规划管理办法》（1992 年 12 月 4 日建设部令第 22 号）。我国《城乡规划法》第 39 条规定：规划条件未纳入国有土地使用权出让合同的，该国有土地使用权出让合同无效；对未取得建设用地规划许可证的建设单位批准用地的，由县级以上人民政府撤销有关批准文件；占用土地的，应当及时退回；给当事人造成损失的，应当依法给予赔偿。

（四）建设用地规划许可的限制

我国《城乡规划法》第 42 条规定："城乡规划主管部门不得在城乡规划确定的建设用地范围以外作出规划许可。"建设用地是指建造建筑物、构筑物的土地，包括城乡住宅和公共设施用地、工矿用地，能源、交通、水利、通信等基础设施用地、旅游用地、军事用地等。建设用地按其土地使用性质不同，可分为农业建设用地和非农业建设用地；按其土地权属和建设内容，可分为：国家建设用地、乡（镇）建设用地、外商投资企业用地和其他建设用地；按其工程投资和用地规模不同，可分为：大型建设项目用地、中型建设项目用地、小型建设项目用地。国家通过建设用地管理制度保障城乡规划的实施，并在城乡规划的指引下达到合理利用和节约土地的目的。因此，建设用地的规模和范围，以及土地利用的性质和强度必须严格按照城乡规划主管部门确定的内容进行，各级土地主管部门在进行规划许可时不可与逾越该范围❷。

四、建设工程规划许可证制度

（一）建设工程规划许可证的概念

《城乡规划法》第 40 条第 1 款规定，"在城市、镇规划区内进行建筑物、构筑物、道路、管线和其他工程建设的，建设单位或者个人应当向城市、县人民政府城乡规划主管部

---

❶ 《中华人民共和国城乡规划法》释义及实用指南，中国民主法制出版社，2007 版，第 210-211 页。
❷ 《中华人民共和国城乡规划法》释义及实用指南，中国民主法制出版社，2007 版，第 210-211 页。

门或者省、自治区、直辖市人民政府确定的镇人民政府申请办理建设工程规划许可证。"可见，建设工程规划许可证，是指在城市、镇规划区内进行建筑物、构筑物、道路、管线和其他工程建设的建设单位或者个人依照规定，向城市、县人民政府城乡规划主管部门或者省、自治区、直辖市人民政府确定的镇人民政府申请领取建设工程的法律凭证❶。建设工程规划许可证是建设单位提出申请，经规划行政主管部门审查，确认建设工程符合城市规划、并准予开工的凭证。建设工程规划许可证是证明建设活动合法、保护建设单位和个人合法权益的依据；是规划行政主管部门检查、验收建设工程，对违反建设工程规划许可证规定的内容进行处罚的依据。建设工程规划许可证适用于城镇规划区。建设工程规划许可证是有关建设工程符合城乡规划要求的法律凭证，是建设单位建设工程的法律凭证，是建设活动中接受监督检查时的法定依据。没有此证的建设单位，属于违法建设、其工程建筑是违章建筑，不能领取房地产权属证件。房地产商如未取得《建设工程规划许可证》或者违反《建设工程规划许可证》的规定进行开发建设，严重影响城乡规划的，由城乡规划行政主管部门责令停止建设，限期拆除或者没收违法建筑物、构筑物及其他设施，对有关责任人员，可由所在单位或者上级主管机关给予行政处分。

（二）建设工程规划管理的内容

在城市、镇规划区内进行建筑物、构筑物、道路、管线和其他工程建设的，建设单位或者个人应当向城市、县人民政府城乡规划主管部门或者省、自治区、直辖市人民政府确定的镇人民政府申请办理建设工程规划许可证。

申请办理建设工程规划许可证，应当提交使用土地的有关证明文件、建设工程设计方案等材料。需要建设单位编制修建性详细规划的建设项目，还应当提交修建性详细规划。对符合控制性详细规划和规划条件的，由城市、县人民政府城乡规划主管部门或者省、自治区、直辖市人民政府确定的镇人民政府核发建设工程规划许可证。城市、县人民政府城乡规划主管部门或者省、自治区、直辖市人民政府确定的镇人民政府应当依法将经审定的修建性详细规划、建设工程设计方案的总平面图予以公布。

（三）建设工程规划许可证的办理程序

1. 建设单位或个人申请

根据《城乡规划法》第 40 条第 2 款规定，"申请办理建设工程规划许可证，应当提交使用土地的有关证明文件、建设工程设计方案等材料。需要建设单位编制修建性详细规划的建设项目，还应当提交修建性详细规划。"修建性详细规划是指以城镇总体规划或分区规划、控制性详细规划为依据，制定用以指导各项建筑和工程设施的设计和施工的规划设计。它是控制性详细规划的深化和具体化，其任务是对城市建设地区内的房屋建筑、市政工程、公用事业设施、园林绿地和其他公共设施做出具体布置，选定技术经济指标，提出建筑空间和艺术处理要求，确定各项建设用地的控制点坐标和标高，为各项工程设计提供依据❷。

2. 审批机关的审查决定

城市、县人民政府城乡规划主管部门收到建设单位或个人申请后，应在法定期限内对

---

❶　吴高盛主编《城乡规划法释义》，中国法制出版社，2007 年版，第 132 页。
❷　《〈中华人民共和国城乡规划法〉释义及实用指南》，中国民主法制出版社，第 204 页。

申请人的申请及提交的资料进行审核。审核的具体内容包括：根据《建设部关于统一实行建设用地规划许可证和建设工程规划许可证的通知》（1990年2月23日）的规定，建设工程规划许可证所包括的附图和附件，按照建筑物、构筑物、道路、管线以及个人建房等不同要求，由发证单位根据法律、法规规定和实际情况制定。附图和附件是建设工程规划许可证的配套证件，具有同等的法律效力。对符合控制性详细规划和规划条件的，由城市、县人民政府城乡规划主管部门或者省、自治区、直辖市人民政府确定的镇人民政府核发建设工程规划许可证。

3. 修建性详细规划、建设工程设计方案总平面图的公布

《城乡规划法》第40条第3款规定，"城市、县人民政府城乡规划主管部门或者省、自治区、直辖市人民政府确定的镇人民政府应当依法将经审定的修建性详细规划、建设工程设计方案的总平面图予以公布。"该条是为了对建设工程规划许可制度设置的一项监督制度。

建设工程规划许可证核发后，建设行政主管部门应当依法将审定的建设工程修建性详细规划、设计方案总平面图在固定的媒体和建设项目所在区域予以公布和明示。取得建设工程规划许可证一年内未开工建设、又未办理延期手续的，建设工程规划许可证自行失效。

五、乡村建设规划许可证

（一）适用范围

根据《城乡规划法》第41条规定，在乡、村庄规划区内进行乡镇企业、乡村公共设施和公益事业建设的，建设单位或者个人应当向乡、镇人民政府提出申请，由乡、镇人民政府报城市、县人民政府城乡规划主管部门核发乡村建设规划许可证……在乡、村庄规划区内进行乡镇企业、乡村公共设施和公益事业建设以及农村村民住宅建设，不得占用农用地；确需占用农用地的，应当依照《土地管理法》有关规定办理农用地转用审批手续后，由城市、县人民政府城乡规划主管部门核发乡村建设规划许可证。

由此，在乡、村庄规划区内进行乡镇企业、乡村公共设施和公益事业建设的，建设单位或者个人应当向乡、镇人民政府提出申请，由乡、镇人民政府报城市、县人民政府城乡规划主管部门核发乡村建设规划许可证。在乡、村庄规划区内使用原有宅基地进行农村村民住宅建设的规划管理办法，由省、自治区、直辖市制定。在乡、村庄规划区内进行乡镇企业、乡村公共设施和公益事业建设以及农村村民住宅建设，不得占用农用地；确需占用农用地的，应当依照《土地管理法》有关规定办理农用地转用审批手续后，由城市、县人民政府城乡规划主管部门核发乡村建设规划许可证。建设单位或者个人在取得乡村建设规划许可证后，方可办理用地审批手续。

（二）基本程序

1. 在乡、村庄规划区内进行乡镇企业、乡村公共设施和公益事业建设的项目

（1）建设单位或个人持批准建项目的有关文件向乡镇人民政府提出建设用地申请，由乡镇人民政府报市规划管理局进行审批；（2）规划管理部门根据乡、村庄规划要求和项目性质，核定用地位置、界限、性质及规模等；（3）规划管理部门依据乡村规划要求向用地单位和个人提出规划设计条件；（4）规划管理部门审核规划设计图；（5）规划管理部门核发《乡村建设规划许可证》及其附件、附图。

2. 在乡、村庄规划区内原有宅基地上建房

（1）经乡级人民政府核实后，向市规划管理局提出建房申请；（2）根据需要征求四邻对用地位置和界限具体意见；（3）规划管理部门根据乡、村庄规划要求，向用地建房人提出设计要求；（4）规划管理部门核发《乡村建设规划许可证》及其附件。

乡村建设许可证制度的设置意义在于：一是有利于保证有关的建设工程能够依据法定的城乡规划和村庄规划进行；二是有利于为土地管理部门在乡、村庄规划区内行使权属管辖职能提供必要的法律依据；三是有利于维护建设单位按照规划使用土地的合法权益。

六、临时建设

（一）临时用地和临时建设

临时用地，即临时建设用地，是指在城市、镇规划区内进行临时建设时施工堆料、堆物或其他情况需要临时使用并按期收回的土地。临时建设，是指城市规划主管部门批准的在城市、镇规划区内建设的临时性使用并在限期内拆除的建筑物、构筑物及其他设施。任何单位或个人在城市规划区内需临时使用土地的，必须向城乡规划主管部门提出临时用地申请，经审查同意并核发建设用地规划许可证后，方可向土地行政管理部门申请领取临时建设用地使用权证。临时建设工程、临时用地的使用期限不得超过两年，使用期满，使用单位或个人必须无条件拆除临时建设工程，恢复原地貌，按期退还临时用地。临时建设工程在使用期限内，因国家建设需要拆除的，使用单位或个人必须在规定期限内拆除，退还临时用地。

在城市、镇规划区内进行临时建设的，应当经城市、县人民政府城乡规划主管部门批准。临时建设影响近期建设规划或者控制性详细规划的实施以及交通、市容、安全等的，不得批准。临时建设应当在批准的使用期限内自行拆除。临时建设和临时用地规划管理的具体办法，由省、自治区、直辖市人民政府制定。

（二）审批临时建设用地规划许可的依据

《城乡规划法》第44条和《土地管理法》第57条是审批临时建设用地规划许可的依据。我国《城乡规划法》第44条规定："在城市、镇规划区内进行临时建设的，应当经城市、县人民政府城乡规划主管部门批准。临时建设影响近期建设规划或者控制性详细规划的实施以及交通、市容、安全等的，不得批准。临时建设应当在批准的使用期限内自行拆除。临时建设和临时用地规划管理的具体办法，由省、自治区、直辖市人民政府制定。"我国《土地管理法》第57条规定："建设项目施工和地质勘查需要临时使用国有土地或者农民集体所有的土地的，由县级以上人民政府土地行政主管部门批准。其中，在城市规划区内的临时用地，在报批前，应当先经有关城市规划行政主管部门同意。土地使用者应当根据土地权属，与有关土地行政主管部门或者农村集体经济组织、村民委员会签订临时使用土地合同，并按照合同的约定支付临时使用土地补偿费。临时使用土地的使用者应当按照临时使用土地合同约定的用途使用土地，并不得修建永久性建筑物。临时使用土地期限一般不超过二年。"

（三）临时建设用地规划许可的申请

在城市、镇规划区因临时建设或其他用途需要临时用地和临时建设的，应当向建设行政主管部门申请办理临时用地规划许可证和临时建设工程规划许可证。

申请材料一般包括：（1）《临时用地规划许可证申请表》、《临时建设工程规划许可证

申请表》；（2）土地权属证件一份；（3）建设工程项目涉及消防、环保、市政、绿化、文物、产权、安全监督的，须附有关部门审核意见一份；（4）建筑施工图；（5）规划要求提供的其他材料。

七、建设规划条件的变更

建设单位应当按照规划条件进行建设；确需变更的，必须向城市、县人民政府城乡规划主管部门提出申请。变更内容不符合控制性详细规划的，城乡规划主管部门不得批准。城市、县人民政府城乡规划主管部门应当及时将依法变更后的规划条件通报同级土地主管部门并公示。建设单位应当及时将依法变更后的规划条件报有关人民政府土地主管部门备案。

八、现场检查和竣工验收制度

（一）现场检查制度的概念、作用和内容

现场检查是指城乡规划行政主管部门工作人员进入有关单位或者施工现场，了解有无违章用地、违章建筑情况，检查建设工程是否符合规划设计条件或者要求、并对各类违章用地、违章建设活动进行处罚的活动。《城乡规划法》第45条规定，县级以上地方人民政府城乡规划主管部门按照国务院规定对建设工程是否符合规划条件予以核实。未经核实或者经核实不符合规划条件的，建设单位不得组织竣工验收。

进入现场，及时发现、纠正和处理各种违章用地、违章建设，才能保证城乡土地利用和各项建设活动符合城乡规划，保证城乡规划的顺利实施。现场检查主要包括：有无未取得建设用地规划许可证，擅自征用和使用土地的行为；有无未取得建设工程规划许可证擅自进行建设的行为；在办理征用土地手续时，有无违背建设用地规划许可证规划的位置、范围的行为；在进行建设活动时，有无违反建设工程规划许可证规定要求的行为等。任何单位和个人不得以保密等为借口阻挠规划工作人员进入现场，或者拒绝提供与城乡规划管理有关的情况、文件、图纸等。

（二）竣工验收制度的概念、作用和内容

竣工验收是指规划行政主管部门参加建设工程的验收，检查建设工程是否符合规划设计条件或要求，对符合城乡规划的建设工程予以认可并准允交付使用的活动。《城乡规划法》第45条规定：县级以上地方人民政府城乡规划主管部门按照国务院规定对建设工程是否符合规划条件予以核实。未经核实或者经核实不符合规划条件的，建设单位不得组织竣工验收。建设单位应当在竣工验收后六个月内向城乡规划主管部门报送有关竣工验收资料。

竣工验收是基本建设程序中的最后一个阶段，在立项阶段、征用土地阶段、设计和施工阶段中，通过选址意见书、建设用地规划许可证、建设工程规划许可证，对建设项目是否符合城乡规划进行了强有力的管理。规划主管部门参加建设工程的竣工验收，对建设工程是否符合城乡规划进行最后把关，是对建设项目全过程实施规划管理不可缺少的重要组成部分，是保证建设活动符合城乡规划的重要手段。

城乡规划部门参加建设工程竣工验收，主要内容是检查建设工程规划设计要求，包括：（1）检查建设工程的位置、用地范围是否符合建设用地规划许可证规定的要求。（2）检查建设工程的平面布局（坐标、建筑间距、管线走向、出入口布置、与相邻建筑物的关系）是否符合规划设计要求。（3）检查建设工程的空间布局（地下设施与地面设施的关系、建筑率、容积率、高度、层数、与周围建筑物的关系）是否符合规划设计要求。（4）检查建设工程造型（造型形式、风格、色彩、与周围环境的协调）是否符合规划设计要求。（5）检查建设工程各项经济技术指标、建设标准、建设质量等是否符合规划设计要求。（6）检查建设工程的配套设施（道路、绿化、停车场、雕塑等）是否符合规划设计要求。

第四节　城乡规划的监督检查

一、城乡规划监督检查的意义

《城乡规划法》把城乡规划的监督检查单设一章，凸显城乡规划监督检查的重要性，具有重大意义。城乡规划监督检查贯穿于城乡规划的制定和实施的全过程，是城乡规划管理工作的重要组成部分，也是保障城乡规划工作科学性与严肃性的重要手段。《城乡规划法》专门设立了"监督检查"一章强化了对城乡规划工作人大监督、公众监督、行政监督，以及各项监督检查措施。对城乡规划实施进行监督检查有利于保障城乡规划法律、法规、规章正确实施和城乡规划正确实施，有利于保障城乡规划行政主管部门依法行使职权和纠正违法用地、违法建设行为。

二、城乡规划监督检查的内容

《城乡规划法》专设第五章规定城乡规划的监督检查制度，第五章共7条，对城乡规划编制、审批、实施、修改的监督检查做了规定。主要内容包括以下几个方面：一是明确了县级以上人民政府及其城乡规划主管部门负责城乡规划编制、审批、实施、修改的监督检查工作；二是各级人民政府应当向本级人民代表大会或者人民代表大会常务委员会报告城乡规划的实施情况，接受监督；三是县级以上人民政府城乡规划主管部门对城乡规划的实施情况进行监督检查时有权采取的措施以及执法人员的行为规范要求；四是规定了政府及其城乡规划主管部门开展的监督检查情况和处理结果应当依法公开，供公众查询和监督。五是对城乡规划主管部门及其工作人员不依法履行职责或者其他国家机关工作人员存在违法行为时的处理，作出明确规定。本章的这些规定对保障行政机关严格依照法定程序，认真负责地实施监督检查，具有重要意义。

《城乡规划法》中的监督检查主要包括城乡规划工作的行政监督和城乡规划的立法监督以及城乡规划的公众监督。《城乡规划法》第51条规定了城乡规划的行政监督，即县级以上人民政府及其城乡规划主管部门应当加强对城乡规划编制、审批、实施、修改的监督检查。《城乡规划法》第52条规定了城乡规划的立法监督，即地方各级人民政府应当向本级人民代表大会常务委员会或者乡、镇人民代表大会报告城乡规划的实施情况，并接受监督。《城乡规划法》第54条规定了城乡规划的公众监督，即监督检查情况和处理结果应当依法公开，供公众查阅和监督。

三、城乡规划的行政监督

（一）城乡规划行政监督的主体

我国城乡规划的行政监督的主体是县级以上人民政府及其城乡规划主管部门。包括国务院和各级人民政府以及国务院建设行政主管部门、县级以上地方人民政府城乡规划行政主管部门。国务院及其城乡规划行政主管部门主管全国的城市规划工作；县级以上地方人民政府及其城乡规划行政主管部门主管本行政区域内的城市规划工作。

（二）城乡规划行政监督主体的权限来源

县级以上人民政府及其城乡规划行政主管部门监督检查权的取得主要有下列途径：一是通过国家权力机关制定的法律，赋予其监督检查权，二是通过国家最高行政机关确定的智能和职责形式监督检查权。

城乡规划法第51条规定："县级以上人民政府及其城乡规划主管部门应当加强对城乡规划编制、审批、实施、修改的监督检查。"该条规定县级以上人民政府及其城乡规划行政主管部门对城乡规划的编制、审批、实施、修改的行为进行监督检查，是法律赋予县级以上人民政府及其城乡规划行政主管部门的职权。县级以上人民政府及其城乡规划行政主管部门依法行使职权受法律保护，不受其他行政部门、社会团体和个人的干涉。县级以上人民政府及其城乡规划行政主管部门依法行使职权不影响其按照国务院确定的职能履行行政监督管理职责。

（三）城乡规划行政监督的内容

行政监督根据监督部门和监督任务的不同，有不同的分类方法以及监督检查的侧重点。在《城乡规划法》中，对于城乡规划管理主体行政监督检查的内容涉及两个层面的内容。

1. 政府层级监督检查

政府层级监督检查是指县级以上人民政府及其城乡规划主管部门对县级人民政府及其城乡规划主管部门执行城乡规划编制、审批、实施、修改的情况的监督检查。目的是强化城乡规划工作的事前和事中监督，形成快速反馈和及时处理的督察机制，及时发现、制止和查处违法违规行为，保证城乡规划和有关法律法规的有效实施，推动地方政府和规划主管部门依法行政，促进党政领导干部在城乡规划决策方面的科学化和民主化。

为了保证政府层级监督检查的顺利进行，城乡规划法在第二章城乡规划的制定和第四章城乡规划的修改都规定了城乡规划制定和修改的审批制度。如第12条："国务院城乡规划主管部门会同国务院有关部门组织编制全国城镇体系规划，用于指导省域城镇体系规划、城市总体规划的编制。全国城镇体系规划由国务院城乡规划主管部门报国务院审批。"第13条："省、自治区人民政府组织编制省域城镇体系规划，报国务院审批。"城乡规划法第14条第2款："直辖市的城市总体规划由直辖市人民政府报国务院审批。省、自治区人民政府所在地的城市以及国务院确定的城市的总体规划，由省、自治区人民政府审查同意后，报国务院审批。其他城市的总体规划，由城市人民政府报省、自治区人民政府审批。"第15条规定："县人民政府组织编制县人民政府所在地镇的总体规划，报上一级人民政府审批。其他镇的总体规划由镇人民政府组织编制，报上一级人民政府审批。"第47条规定，"修改省域城镇体系规划、城市总体规划、镇总体规划前，组织编制机关应当对原规划的实施情况进行总结，并向原审批机关报告；修改涉及城市总体规划、镇总体规划强制性内容的，应当先向原审批机关提出专题报告，经同意后，方可编制修改方案。修改后的省域城镇体系规划、城市总体规划、镇总体规划，应当依照本法第13条、第14条、第15条和第16条规定的审批程序报批。"第48条规定，"修改控制性详细规划的，组织编制机关应当对修改的必要性进行论证，征求规划地段内利害关系人的意见，并向原审批机关提出专题报告，经原审批机关同意后，方可编制修改方案。修改后的控制性详细规划，应当依照本法第 19 条、第 20 条规定的审批程序报批。控制性详细规划修改涉及城市总体规划、镇总体规划的强制性内容的，应当先修改总体规划。修改乡规划、村庄规划的，应当依照本法第 22 条规定的审批程序报批。"第 49 条规定，"城市、县、镇人民政府修改近期建设规划的，应当将修改后的近期建设规划报总体规划审批机关备案。"

2. 对管理相对人的监督检查

对管理相对人的监督检查是指县级以上人民政府城乡规划主管部门对城乡规划实施情况进行的监督检查。对管理相对人的监督检查包括严格验证有无土地使用和建设申请的申报条件是否符合法定要求，有无弄虚作假；复验有关用地的坐标、面积等与建设用地规划许可证是否相符；对已领取建设工程规划许可证并放线的建设工程，履行验线手续，检查其坐标、标高、平面布局等是否与建设工程规划许可证相符；建设工程竣工验收前，检查合适有关建设工程是否符合规划设计条件等；各地普遍开展的查处违法建设的行动等都属于此类监督检查的范畴。

（四）城乡规划行政监督的措施

《城乡规划法》第 53 条规定了县级以上人民政府城乡规划主管部门对城乡规划的实施情况进行监督检查的职权及其行为规范。县级以上人民政府城乡规划主管部门对城乡规划的实施情况进行监督检查，有权采取以下措施：（1）要求有关单位和人员提供与监督事项有关的文件、资料，并进行复制；（2）要求有关单位和人员就监督事项涉及的问题作出解释和说明，并根据需要进入现场进行勘测；（3）责令有关单位和人员停止违反有关城乡规划的法律、法规的行为。

城乡规划主管部门的工作人员履行上述规定的监督检查职责，应当出示执法证件。被监督检查的单位和人员应当予以配合，不得妨碍和阻挠依法进行的监督检查活动。监督检查情况和处理结果应当依法公开，供公众查阅和监督。

四、城乡规划的立法监督

立法监督是指国家的立法机关对行政实行的监督。在我国，立法监督是指各级人民代表大会及其常务委员会对国家行政机关及其工作人员的行政管理活动实施的监督。国家权力机关对国家行政机关及其工作人员的监督，最重要的是法制监督，即对各级政府及其工作人员的一切活动是否坚持依法办事进行的监督。

（一）立法监督的权限来源和内容

《宪法》规定：人民行使国家权力的机关是全国人民代表大会和地方各级人民代表大会。国家行政机关由人民代表大会产生，对它负责，受它监督。《地方各级人民代表大会和地方各级人民政府组织法》规定：县级以上的地方各级人民代表大会的常委会是本级人民代表大会的常设机关，对本级人民代表大会负责并报告工作。县级以上各级人民代表大会常委会行使的职权之一是监督本级人民政府的工作。人民代表大会及其常委会对人民政府工作进行监督是人民代表大会监督权的重要内容。

（二）城乡规划的立法监督

2000 年 3 月 13 日国务院办公厅以国办发〔2000〕25 号文发布的《国务院办公厅关于加强和改进城乡规划工作的通知》中明确提出："地方人民政府特别是城市人民政府每年要对规划的实施情况，向同级人民代表大会常务委员会做出报告。"。2002 年 5 月 15 日国务院以国办发〔2002〕13 号文发布的《国务院关于加强城乡规划监督管理的通知》也明确要求："城市人民政府应当每年向同级人民代表大会或其常务委员会报告城乡规划实施情况。"《城乡规划法》第52条规定："地方各级人民政府应当向本级人民代表大会常务委员会或者乡、镇人民代表大会报告城乡规划的实施情况，并接受监督。"

根据《城乡规划法》第52条地方各级人民政府必须向本级人民代表大会及其常务委员会报告城乡规划的实施情况，也可根据实际需要进行主动报告，也可根据人大及其常委会的要求进行报告，以充分运用听取和审议政府专项工作报告这一基本形式，接受人民代表大会及其常委会的检查和监督。此外，根据宪法和有关法律的规定，地方各级人民政府还应当接受本级人民代表大会常务委员会和乡、镇人民代表大会依法对城乡规划实施情况的其他形式的监督，如接受本级人民代表大会常务委员会组成人员和本级人民代表大会代表对城乡规划工作进行视察；对《城乡规划法》实施情况进行制发检查；人民代表大会及其常委会通过接受人民群众的申诉、控告等，责成人民政府依法进行处理；人民代表大会及其常委会对特定问题进行调查、询问和质询等。

五、城乡规划的公众监督

（一）推进城乡规划公众监督的意义

按照《城乡规划法》的规定，县级以上人民政府的城乡规划主管部门的监督检查的其基本情况和处理结果都应当依法公开，供公众查询和监督。

将监督检查的情况和处理结果公开，对于保障行政相对人、利害关系人和公众的知情权，加强对行政机关的监督具有重要的意义。首先，将监督检查的情况和处理结果予以公开，可以使社会公众了解行政机关的执法及监督的过程和理由，从而有利于社会公众对行政机关的行为进行监督，有利于提高城乡规划工作的透明度，促进人民政府及其城乡规划主管部门依法行政。其次，对于行政相对人、利害关系人来说，监督检查的情况和处理结果公开，有助于其了解行政机关的监督检查的情况，以决定是否采取保护自身权益的措施，寻求相应的司法救济。再次，对于公众来说，监督检查的情况和处理结果的公开，能够更好地保证其知情权，了解自己需要的信息，也是一次的普法教育。还能够保证人民政府及其工作部门同人民群众保持联系，接受人民群众的监督。

（二）城乡规划法中公众参与的体现

增加城乡规划工作的透明度，是这次制定城乡规划法的一个重要特色。《城乡规划法》在增加城乡规划工作的透明度，做了许多方面的规定。如《城乡规划法》第8条："城乡规划组织编制机关应当及时公布经依法批准的城乡规划。但是，法律、行政法规规定不得公开的内容除外。"第9条规定："任何单位和个人都应当遵守经依法批准并公布的城乡规划，服从规划管理，并有权就涉及其利害关系的建设活动是否符合规划的要求向城乡规划主管部门查询。任何单位和个人都有权向城乡规划主管部门或者其他有关部门举报或者控告违反城乡规划的行为。城乡规划主管部门或者其他有关部门对举报或者控告，应当及时受理并组织核查、处理。"第26条规定："城乡规划报送审批前，组织编制机关应当依法将城乡规划草案予以公告，并采取论证会、听证会或者其他方式征求专家和公众的意见。公告的时间不得少于30日。组织编制机关应当充分考虑专家和公众的意见，并在报送审批的材料中附具意见采纳情况及理由。"第54条规定："监督检查情况和处理结果应当依法公开，供公众查阅和监督。"

（三）城乡规划法推进公众监督的缺憾

《城乡规划法》强调城乡规划制定、实施全过程的公众参与，将公众参与纳入规划制定和修改的程序，提出了规划公开的原则规定，确立了公众的知情权作为基本权利，明确了公众表达意见的途径，并对违反公众参与原则的行为进行处罚。对于公众监督，仅在《城乡规划法》第54条规定："监督检查情况和处理结果应当依法公开，供公众查阅和监督。"但是在城乡规划法的草案中对公众监督的规定如下：任何单位和个人都有权就涉及其利害关系的建设活动向有关主管部门查询，并有权举报违反城乡规划的行为，有关部门应当及时受理，并公开处理结果。

第五节　违反《城乡规划法》的法律责任

一、人民政府的法律责任

依法应当编制城乡规划而未组织编制，或者未按法定程序编制、审批、修改城市规划的，由上级人民政府责令改正，通报批评；对有关人民政府负责人和其他责任人员依法给予处分。委托不具有相应资质等级的单位编制城乡规划的，由上级人民政府责令改正，通报批评；对有关人民政府负责人和其他责任人员依法给予处分。

二、行政主管部门的法律责任

城乡规划行政主管部门有下列行为之一的，由本级人民政府、上级人民政府城乡规划行政主管部门或者监察机关依据职权责令改正，通报批评；对直接负责的主管人员和其他直接责任人员依法给予处分：（1）未依法组织编制城市的控制性详细规划、县人民政府所在地镇的控制性详细规划的；（2）超越职权或者对不符合法定条件的申请人核发选址意见书、建设用地规划许可证、建设工程规划许可证、乡村建设规划许可证的；（3）对符合法定条件的申请人未在法定期限内核发选址意见书、建设用地规划许可证、建设工程规划许可证、乡村建设规划许可证的；（4）未依法对经审定的修建性详细规划、建设工程设计方案的总平面图予以公布的；（5）同意修改修建性详细规划、建设工程设计方案的总平面图前未采取听证会等形式听取利害关系人的意见的；（6）发现未依法取得规划许可或者违反规划许可的规定在规划区内进行建设的行为，而不予查处或者接到举报后不依法处理的。

三、相关行政部门的法律责任

县级以上人民政府有关部门有下列行为之一的，由本级人民政府或者上级人民政府有关部门责令改正，通报批评；对直接负责的主管人员和其他直接责任人员依法给予处分：1. 对未依法取得选址意见书的建设项目核发建设项目批准文件的；2. 未依法在国有土地使用权出让合同中确定规划条件或者改变国有土地使用权出让合同中依法确定的规划条件的；3. 对未依法取得建设用地规划许可证的建设单位划拨国有土地使用权的。

四、城乡规划编制单位的法律责任

（一）城乡规划编制单位有下列行为之一的，由所在地城市、县人民政府城乡规划主管部门责令限期改正，处合同约定的规划编制费1倍以上2倍以下的罚款；情节严重的，责令停业整顿，由原发证机关降低资质等级或者吊销资质证书；造成损失的，依法承担赔偿责任：

1. 超越资质等级许可的范围承揽城乡规划编制工作的

2. 违反国家有关标准编制城乡规划的

（二）未依法取得资质证书承揽城乡规划编制工作的，由县级以上地方人民政府城乡规划主管部门责令停止违法行为，依照前款规定处以罚款；造成损失的，依法承担赔偿责任。

（三）以欺骗手段取得资质证书承揽城乡规划编制工作的，由原发证机关吊销资质证书，依照前款规定处以罚款；造成损失的，依法承担赔偿责任。

（四）城乡规划编制单位取得资质证书后，不再符合相应的资质条件的，由原发证机关责令限期改正；逾期不改正的，降低资质等级或者吊销资质证书。

五、行政相对方的法律责任

（一）未取得建设工程规划许可证或者未按照建设工程规划许可证的规定进行建设的，由县级以上地方人民政府城乡规划主管部门责令停止建设；尚可采取改正措施消除对规划实施的影响的，限期改正，处建设工程造价5％以上10％以下的罚款；无法采取改正措施消除影响的，限期拆除，不能拆除的，没收实物或者违法收入，可以并处建设工程造价10％以下的罚款。

（二）建设单位或者个人有下列行为之一的，由所在地城市、县人民政府城乡规划主管部门责令限期拆除，可以并处临时建设工程造价1倍以下的罚款：1. 未经批准进行临时建设的；2. 未按照批准内容进行临时建设的；3. 临时建筑物、构筑物超过批准期限不拆除的。

（三）建设单位未在建设工程竣工验收后六个月内向城乡规划主管部门报送有关竣工验收资料的，由所在地城市、县人民政府城乡规划主管部门责令限期补报；逾期不补报的，处1万元以上5万元以下的罚款。

六、乡村违法建设的法律责任

在乡、村庄规划区内未依法取得乡村建设规划许可证或者未按照乡村建设规划许可证的规定进行建设的，由乡、镇人民政府责令停止建设、限期改正；逾期不改正的，可以拆除。

七、法律责任的强制执行

城乡规划主管部门作出责令停止建设或者限期拆除的决定后，当事人不停止建设或者逾期不拆除的，建设工程所在地县级以上地方人民政府可以责成有关部门采取查封施工现场、强制拆除等措施。

八、违法行为的刑事责任

违反《城乡规划法》规定，构成犯罪的，依法追究刑事责任。

第五章 建设工程勘察设计法律制度

第一节 建设工程勘察设计法律制度概述

一、建设工程勘察、设计的概念

建设工程勘察，是指根据建设工程的要求，查明、分析、评价建设场地的地质、地理环境特征和岩土工程条件，编制建设工程勘察文件的活动。建设工程勘察包括间色和工程项目的工程测量，岩土工程、水文地质勘查，环境地质勘查等工作。建设工程勘察的目的是根据建设工程建设的规划、设计、施工、运营和综合治理的需要，对地形、地质及水文等要素进行测绘、勘察、测试和综合评定，并提供可行性评价和建设所需要的勘察设计成果。

建设工程设计，是指根据建设工程的要求，对建设工程所需的技术、经济、资源、环境等条件进行综合分析、论证，编制建设工程设计文件的活动。建设工程设计包括总图、工艺、设备、建筑、结构、动力、储运、自动控制、技术经济等工作。建设工程设计运用工程技术理论及技术经济方法，按照现行技术标准，对新建、扩建、改建项目的工艺、土建、公用工程、环境工程等进行综合性设计，包括必需的非标准设备设计及经济技术分析，并提供作为工程建设依据的文件和图纸。根据不同的阶段，建设工程设计一般分为两种：一是初步设计，即在建设项目立项阶段，设计人为项目决策提供可行性资料的设计；二是施工设计，在建设项目被批准立项后，设计人就具体施工方案所进行的设计。

在工程建设各个环节中，勘察是基础，而设计是整个工程建设的灵魂，它们对工程的质量和效益都起着至关重要的作用。在建设项目的选址和设计任务书已经确定的情况下，建设项目能否实现技术上的先进和经济上的合理，设计起着决定性的作用。

二、建设工程勘察、设计活动的立法概况

现行立法主要涉及规范勘察设计市场管理、规范勘察设计资质管理和规范勘察设计质量管理等三个方面。目前，我国工程勘察设计方面的立法层次总的来讲比较低，主要由住房与城乡建设部及先关部委的规章和规范性文件组成。主要包括：

1978 年国家建设委员会颁布的《设计文件的颁布和审批办法》；1980 年国家建设委员会颁布的《工程建设标准规范管理办法》；1983 年 10 月 4 日施行的国家计委颁布的《基本建设设计工作管理暂行办法》；1983 年 10 月 4 日施行的国家计委颁布的《基本建设勘察工作管理暂行办法》；1992 年建设部颁布的《工程建设国家标准管理办法》；1992 年建设部颁布的《工程建设行业标准管理办法》；1999 年建设部颁布的《中华人民共和国注册建筑师条例》；2000 年 9 月 25 日施行的国务院颁布的《建设工程勘察设计管理条例》；2000 年 10 月 18 日施行的建设部颁布的《建设工程设计招标投标管理办法》；2000 年 1 月 30 日施行的国务院颁布的《建设工程质量管理条例》；2000 年 8 月 25 日施行的建设部颁

布的《实施工程建设强制性标准监督规定》；2000 年 2 月 17 日施行的建设部颁布的《建筑工程施工图设计文件审查暂行办法》；2001 年建设部颁布的《工程勘察设计资质分类标准和工程设计资质分级标准的通知》（部分失效）；2001 年建设部颁布的《工程勘察、工程设计资质分级标准补充规定》；2002 年建设部颁布的《建设工程勘察质量管理办法》（2007 年修正）；2002 年国家计委和建设部颁布的《工程勘察设计收费标准》（2002 年版）；2003 年建设部颁布的《建筑工程设计文件编制深度规定》（2016 年修订）；2003 年建设部、国家发改委等 7 部委联合颁布的《工程建设项目勘察设计招标投标办法》（2017 年修订）；2003 年建设部、国家知识产权局联合发布的《工程勘察设计咨询业知识产权保护与管理导则》；2013 年住房城乡建设部颁布的《房屋建筑和市政基础设施工程施工图设计文件审查管理办法》；2005 年建设部颁布的《勘察设计注册工程师管理规定》（2016 年修订）；2007 年建设部颁布的《建设工程勘察设计资质管理规定》（2016 年修订）；2007 年建设部颁布的《建设工程勘察设计资质管理规定实施意见》；2007 年建设部颁布的《工程设计资质标准》；2008 年建设部颁布的《中华人民共和国注册建筑师条例实施细则》；2008 年住房和城乡建设部颁布《建筑工程设计文件编制深度规定》（2016 年修订）。

三、建设工程勘察、设计的要求

1. 市场准入的要求

勘察工作是一项专业性很强的工作，为了保证建设工程勘察设计的质量，国家对从事工程建设勘察设计活动的单位实行资质管理制度，并对从事工程建设勘察、设计活动的专业技术人员实行职业资格注册管理制度。我国法律对于勘察单位规定了严格的条件。《建筑法》第 12 条、第 13 条规定了从事建筑活动的勘察、设计单位应当具备的条件。建设部于 2007 年 6 月 26 日颁布的《建设工程勘察设计资质管理规定》（中华人民共和国建设部令第 160 号）具体规定了勘察单位的资质等级标准。按照这些规定，从事勘察工作的勘察单位必须具备工程勘察证书、工程勘察收费资格证书和工商登记手续。没有资质的勘察单位不得从事勘察工作，勘察单位也不得超越资质从事勘察工作。

2. 科学设计的要求

建设工程勘察、设计应当与社会、经济发展水平相适应，做到经济效益、社会效益和环境效益相统一。从事建设工程勘察、设计活动，应当坚持先勘察、后设计、再施工的原则。国家鼓励在建设工程勘察、设计活动中采用先进技术、先进工艺、先进设备、新型材料和现代管理方法。

3. 依法设计的要求

从事建设工程勘察、设计单位和个人必须依法进行建设工程勘察、设计，严格执行工程建设强制性标准，并对建设工程勘察、设计的质量负责。

四、建设工程勘察、设计的发包与承包

建设工程勘察、设计发包依法实行招标发包或者直接发包。除有特定要求的一些项目在经有关主管部门批准后可以直接发包外，工程建设勘察设计任务都必须依照《中华人民共和国招标投标法》的规定，采用招标发包的方式。国务院颁布的《建设工程勘察设计管理条例》规定，可以采取直接发包的建设工程勘察设计的项目有：

（1）用特定的专利或者专有技术的；

（2）建筑艺术造型有特殊要求的；

（3）国务院规定的其他建设工程的勘察、设计。

发包方不得将建设工程勘察、设计业务发包给不具有相应勘察、设计资质的等级的建设工程勘察、设计单位。承包建设工程勘察、设计业务的建设工程勘察、设计单位应具有相应勘察、设计资质等级。发包方可以将整个建设工程的勘察、设计发包给一个勘察、设计单位；也可以将建设工程的勘察、设计分别发包给几个勘察、设计单位。建设工程勘察、设计单位不得将所承揽的建设工程勘察、设计转包。除建设工程主体部分的勘察、设计外，经发包方书面同意，承包方可以将建设工程其他部分的勘察、设计再分包给其他具有相应资质等级的建设工程勘察、设计单位。

建设工程勘察、设计的发包方与承包方，应当执行国家规定的建设工程勘察、设计程序，签订建设工程勘察设计合同并执行国家有关建设和工程勘察设计收费的管理规定。

第二节　建设工程勘察设计标准

标准，是对重复性事物和概念所做的统一规定。它以科学技术实践经验的综合成果为基础，经过有关方面协商一致，由主管部门批准，以特定形式发布，作为共同遵守的准则和依据。工程建设标准，是指对基本建设中各类工程的勘察、规划、设计、施工、安装、验收等需要协调统一的事项所制定的标准。工程建设标准由政府或立法机关颁布，是对新建建筑物的最低技术要求，也是建设法规体系的组成部分。

制定和实施各项工程建设标准，并使其各系统的标准形成相辅相成、共同作用的完整体系，即实现工程建设标准化，是我国工程建设领域现阶段一项重要的经济、技术政策，可保证质量及安全生产，提高经济效益、社会效益和环境效益。改革开放初期，国务院发布了《中华人民共和国标准化管理条例》，国家建设行政主管部门颁发了《工程建设标准化规范管理办法》。之后，全国人大常委会颁发了《中华人民共和国标准化法》，1992 年12 月建设部根据《中华人民共和国标准化法》制定并颁发了《工程建设国家标准管理办法》。

一、工程建设标准的分类

工程建设标准设计工程建设领域的各个方面，标准数量多、内容综合性强、相互之间有较强的协调和相互关系。对于工程建设标准，从不同的角度出发，有多种不同的分类方式。常用的分类方法主要有：阶段分类法、层次分类法、属性分类法、性质分类法、对象分类法五种。

（一）阶段分类法

阶段分类法是根据建设工程的基本建设程序，按照每一建设工程建设标准的服务阶段，将其划分为不同阶段的标准。习惯上，通常把基本建设程序划分为两大阶段：

（1）决策阶段，即可行性研究和计划任务书阶段。这个阶段，工程项目建设的可行性和可能性，正处在经济、技术和效益等的比较和分析论证之中，为这个阶段服务的标准，称为决策阶段的标准。

（2）实施阶段，即从工程项目的勘察、规划、设计、施工、验收使用、管理、维护、加固到拆除。这个阶段，主要是如何实施工程项目的建设，保证工程项目建设的安全和质量，做到技术先进、经济合理、安全适用，为这个阶段服务的标准，称为实施阶段的标准。

由于工程建设标准最初是从工程设计和施工的需要出发，而逐步发展起来的，因此，人们通常将实施阶段标准称为工程建设标准，而且这一习惯在《工程建设标准化管理规定》中得到了明确，即：工程建设标准的范围界定为实施阶段所需要的各种标准，而对于决策阶段的标准，因其多属于企业内部的决策范畴，并没有纳入标准化管理的范畴。

（二）层次分类法

层次分类法是按照每一项工程建设标准的使用范围，即标准的覆盖面，将其划分为不同层次的分类方法。这种层次关系，过去人们又把它称为标准的级别。

根据这种分类方法，工程建设标准可以划分为企业标准、地方标准、行业标准、国家标准、国际标准等。在某一企业使用的标准为企业标准；在某一地方行政区域使用的标准为地方标准；在全国某一行业使用的标准为行业标准；在全国范围使用的标准为国家标准；可以在国际某一区域使用的标准为国际区域性标准，如欧共体标准等；由国际标准化组织（ISO）、国际电工委员会（IEC）制定或认可的，可以在各成员国使用的标准为国际标准。

由于世界各国的情况和条件不同，对工程建设标准层次的划分也不完全相同。根据我国发布的标准化的法律和行政法规，可将工程建设标准划分为国家标准、行业标准、地方标准和企业标准四个层次。

1. 国家标准

国家标准指在全国范围内需要统一或国家需要控制的工程建设技术要求所制定的标准。如《公共建筑节能设计标准》GB 50189—2005、《住宅建筑规范》GB 50368—2005等。国家标准在全国范围内适用，其他各级标准不得与之相抵触。

2. 行业标准

工程建设行业标准是指在工程建设活动中，指没有国家标准，而又需要在全国某个行业内统一的技术要求所制定的标准。如《外墙外保温工程技术规程》JGJ 144—2004等。行业标准是对国家标准的补充，是专业性、技术性较强的标准。行业标准的制定不得与国家标准相抵触，国家标准公布实施后，相应的行业标准即行废止。

3. 地方标准

工程建设地方标准是指在工程建设活动中，指对没有国家标准、行业标准，而又需要在省、自治区、直辖市范围内统一的技术要求所制定的标准。地方标准在本行政区域范围内适用，不得与国家标准和行业标准相抵触。国家标准、行业标准公布实施后，相应的地方标准即行废止。

4. 企业标准

工程建设企业标准是指在工程建设活动中，企业范围内需要协调、统一的技术要求、管理要求和工作要求所制定的标准，是企业组织生产和经营活动的依据。企业标准的制定不得低于国家标准、地方标准，它是对上级标准的补充和依据企业自身的特点具体化的标准。

（三）属性分类法

属性分类法是按照每一项工程建设标准在实际建设活动中要求贯彻执行的程度不

同，将其划分为不同法律属性的分类方法。这种分类方法，一般不适用于企业标准。所谓法律属性，是指标准本身是否具有法律上的强制作用。按照这种分类方法，工程建设标准划分为强制性标准和推荐性标准。强制性标准必须执行，推荐性标准自愿采用。

1. 工程建设强制性标准

工程建设强制性标准是指国家通过法律的形式明确要求对于一些标准所规定的技术内容和要求必须执行，不允许以任何理由或方式加以违反、变更的标准，包括强制性的国家标准、行业标准和地方标准。

建设部自 2000 年以来相继批准了《工程建设标准强制性条文》共十五部分，包括城乡规划、城市建设、房屋建筑、工业建筑、水利工程、电力工程、信息工程、水运工程、公路工程、铁道工程、石油和化工建设工程、矿山工程、人防工程、广播电影电视工程和民航机场工程，覆盖了工程建设的各主要领域。与此同时，建设部颁布了建设部令 81 号《实施工程建设强制性标准监督规定》，明确了工程建设强制性标准是指直接涉及工程质量、安全、卫生及环境保护等方面的工程建设标准强制性条文，从而确立了强制性条文的法律地位。

根据《建设工程质量管理条例》和《实施工程建设强制性标准监督规定》，原建设部组织《工程建设标准强制性条文》（房屋建筑部分）咨询委员会等有关单位，对 2002 版强制性条文房屋建筑部分进行了修订。2009 版《强制性条文》，补充了 2002 版《强制性条文》实施以后新发布的国家标准和行业标准（含修订项目，截止时间为 2008 年 12 月 31 日）的强制性条文，并经适当调整和修订而成。2009 年版强制性条文共分 10 篇，引用工程建设标准 226 本，编录强制性条文 2020 条。篇目划分及引用标准见表 5-1。

2009 版房屋建筑强制性条文篇目一览表　　　　表 5-1

项次	篇目	名称	引用标准数	编录强制性条文数
1	第一篇	建筑设计	38	208
2	第二篇	建筑设备	33	265
3	第三篇	建筑防火	33	446
4	第四篇	建筑节能	10	84
5	第五篇	勘察和地基基础	10	90
6	第六篇	结构设计	21	176
7	第七篇	抗震设计	12	89
8	第八篇	鉴定加固和维护	7	100
9	第九篇	施工质量	49	314
10	第十篇	施工安全	13	248
11	合计	共十篇	226 本	2020 条

2. 工程建设推荐性标准

工程建设推荐性标准是指国家鼓励自愿采用的具有指导作用而又不宜强制执行的标准，即标准所规定的技术内容和要求具有普遍的指导作用，允许使用单位结合自己的实际情况，灵活加以选用。

属性分类法，在国外比较少见。在国外相关立法中，标准就是标准，除法规（包括技术法规）引用的标准或标准的某些条款外，都是自愿采用的标准，没有强制之说。但是对技术上的强制性要求，均纳入强制执行的法规——技术法规之列。而这些技术法规被排除在标准的范畴以外。

（四）性质分类法

性质分类法是按照每一项工程建设标准的内容，将其划分为不同性质标准的分类方法。根据这种分类方法，工程建设标准一般划分为技术标准、经济标准和管理标准。

技术标准是指工程建设中需要协调统一的技术要求所制定的标准，技术要求一般包括工程的质量特性、采用的技术措施和方法等；经济标准是指工程建设中针对经济方面需要协调统一的事项所制定的标准，用以规定或衡量工程的经济性能和造价等，例如：工程概算、预算定额、工程造价指标、投资估算定额等；管理标准是指管理机构行使其管理职能而制定的具有特定管理功能的标准，例如：《建设工程监理规范》《建设工程项目管理规范》《建筑设计企业质量管理规范》等。管理标准根据其功能的不同，又可以细分为一般管理标准和岗位工作标准。

在我国，经济标准始终是一个独立的领域，没有纳入工程建设标准化的范畴，例如《全国统一安装工程概、预算定额》等。

对于管理标准，目前存在着不同的看法。一种观点认为，管理水平的高低，直接反映了国家的经济发展水平和全民的素质，从制定和实施管理标准入手，可以在很大程度上普遍提高管理水平，有利于经济发展和全民素质的提高；另一种观点认为，管理方面的要求很广，概念比较笼统，不一定所有的管理要求都要指定为标准，而且管理要求的人为因素很大，很难在比较的范围制定成统一的标准。目前，管理标准的重要性已逐步被人们认识，一些管理方面的要求已经或正在作为国家的、行业的或地方的标准。

（五）对象分类法

对象分类法是指按照每一项工程建设标准的标准化对象，将其进行分类的方法。就工程建设标准化的对象来看，种类相当多，而且标准化的方法也不尽相同，无法用一个固定的尺度进行划分。在工程建设标准化领域，人们通常采用两种方法，一是按标准对象的专业属性进行分类，这种分类方法，目前一般应用在确立标准体系方面；二是按标准对象本身的特性进行分类，一般分为基础标准、方法标准、安全、卫生和环境保护标准、综合性标准、质量标准。

1. 基础标准

基础标准是指在一定范围内作为其他标准制定、执行的基础，而普遍使用，并具有广泛指导意义的标准。基础标准一般包括：（1）技术语言标准，例如：术语、符号、代号标准、制图方法标准等；（2）互换配合标准，例如：建筑模数标准；（3）技术通用标准，即针对技术工作和标准化工作等制定的需要共同遵守的标准，例如：工程结构可靠度设计统一标准等。

2. 方法标准

方法标准是指以工程建设中的试验、检验、分析、抽样、评定、计算、统计、测定、作业等方法为对象制定的标准。例如：《土工试验方法标准》《混凝土力学性能试验方法标准》《厅堂混响时间测量规范》《钢结构质量检验评定标准》等。方法标准是实施工程建设标准的重要手段，对于推广先进方法，保证工程建设标准执行结果的准确一致，具有重要的作用。

3. 安全、卫生和环境保护的标准

安全、卫生和环境保护的标准是指工程建设中为保护人体健康、人身和财产的安全，保护环境等而制定的标准。一般包括："二废"排放、防止噪声、抗震、防火、防爆、防振等方面，例如：《建筑抗震设计规范》《生活饮用水卫生标准》《建筑设计防火规范》《民用建筑室内环境污染控制规范》等。

4. 质量标准

质量标准是指为保证工程建设各环节最终成果的质量，以技术上需要确定的方法、参数、指标等为对象而制定的标准。例如：设计方案优化条件、工程施工中允许的偏差、勘察报告的内容和深度等。在工程建设标准中，单独的质量标准所占的比重比较小，但它作为标准的一个类别，将会随着工程建设标准化工作的深入发展和标准体系的改革而变得更加显著。

5. 综合性标准

综合性标准是指以上几类标准的两种或若干种的内容为对象而制定的标准。综合性标准在工程建设标准中所占的比重比较大，一般来说，勘察、规划、设计、施工及验收等方面的标准规范，都属于综合性标准的范畴。例如：《钢结构施工及验收规范》，其内容包括术语、材料、施工方法、施工质量要求、检验方法和要求等，其中，既有基础标准、方法标准的内容，又包括了质量保证方面的内容等。

二、工程勘察、设计标准

（一）工程勘察标准

《基本建设勘察工作管理暂行办法》第32条明确规定，勘察技术标准（包括规范、规程）是工程建设标准化工作的组成部分，是各项勘察工作的技术依据。各类建设工程的勘察都必须制定相应的技术标准，并逐步建立统一的工程勘察技术标准体系，同时要在一定时间内完成配套工作。

工程勘察标准是强制性勘察标准，属于技术法规。《基本建设勘察工作管理暂行办法》第34条规定，勘察技术标准一经颁发，就是技术法规，在一切工程建设的勘察工作中都必须执行，凡不符合勘察技术标准要求的勘察技术成果，不得提出。

勘察技术标准，分为国家、部、省市自治区和勘察单位四级。国家勘察技术标准，是指在全国范围内需要统一的标准，应由主编单位提出并报国家计划委员会审批、颁发。部勘察技术标准，是指在全国各专业范围内需要统一的标准，应由主编单位提出并报主管部审批、颁发，同时报国家计划委员会备案。省、市、自治区勘察技术标准，是指在本地区范围内需要统一的标准，应由主编单位提出并报省、市、自治区主管基建的综合部门审批、颁发、同时报国家计划委员会备案。勘察单位可根据本单位工作特点和需要制定在本单位内部使用的勘察技术细则、勘察技术规定，由勘察单位自行颁发执行，并报上一级主管部门备案。

（二）工程设计标准

《基本建设设计工作管理暂行办法》中明确规定，工程设计标准包括工程建设设计规范和工程设计标准两种。

1. 工程设计规范

工程设计规范是强制性设计标准，是技术法规。《基本建设设计工作管理暂行办法》第38条第1款规定，设计标准规范一经颁发，就是技术法规，在一切工程建设设计工作中都必须执行。设计单位标准规范，是指在本单位范围内需要统一、在本单位内部使用的设计技术原则、设计技术规定，由设计单位批准执行，并报上一级主管部门备案。设计标准规范分为国家、部、省市自治区和设计单位四级。国家设计标准规范和标准设计，是指在全国范围内需要统一的标准规范和标准设计，应由主编部门提出并报国家计划委员会审批、颁发。部设计标准规范和标准设计，是指在全国各专业范围内需要统一的标准规范和标准设计，应由主编单位提出并报主管部审批、颁发。标准规范应报国家计划委员会备案。省、市、自治区设计标准规范和标准设计，是指在本地区范围内需要统一的标准规范和标准设计，应由主编单位提出并报省、市、自治区主管基建的综合部门审批、颁发。标准规范应报国家计划委员会备案。

2. 标准设计

标准设计是推荐性标准。标准设计分为国家、部和省市自治区三级。标准设计一经颁发，建设单位和设计单位要因地制宜地积极采用，凡无特殊理由的不得另行设计。

三、工程建设标准的制定和实施

发达国家和地区借助由技术规范、技术标准和合格评定程序构筑的"三位一体"的技术性壁垒，进一步完善了通过设置市场准入门槛进行贸易保护的运作机制，已成为其实现"保出""限进"的"杀手锏"。❶ 综观欧盟、英国、德国、美国和日本等经济发达国家和地区，其标准化管理已逐步形成各自特色。大体分为以德国为代表的体系完整的欧洲模式和以美国为代表的自由竞争的北美模式。欧洲模式的标准体系完整并相互协调，而北美模式体现民间标准优先的原则，以技术取胜占领市场，但二者标准制约体制的基本框架是相同的。即都是WTO/TBT协议所规定的技术法规和自愿性标准相结合的技术控制体制，国家以制定、颁布和实施技术法规为主，辅之以技术标准和合格评定程序。

（一）工程建设标准的制定原则

（1）遵守国家的有关法律、法规及相关方针、政策，密切结合自然条件，合理利用资源，充分考虑使用和维修的要求，做到安全适用、技术先进、经济合理。

（2）积极开展科学实验或测试验证。

（3）积极采用新技术、新工艺、新设备、新材料。

（4）积极采用国际标准和国外先进标准。凡经认真分析论证或测试验证，并符合我国国情的，应纳入标准。

（5）条文规定严谨明确，文句简练，不得模棱两可。内容深度、术语、符号、计量单位等前后一致，不得矛盾。

---

❶ 武振，张智慧，叶英华：《发达国家工程建设标准制约体制的启示》，《建筑经济》2005年第10期，49-54页。

（6）注意与先行标准的协调。工程建设标准中，不得规定产品标准的内容。

（7）发扬民主、充分讨论，广泛征集意见。

（二）工程建设标准的审批、发布

工程建设国家标准由国务院建设行政主管部门审查批准，国务院标准化行政主管部门和建设行政主管部门联合颁行。工程建设行业标准由国务院有关行政主管部门审批、颁行，并报国务院建设行政主管部门备案。工程建设地方标准的制定、审批、发布方法，由省、自治区、直辖市人民政府规定。但标准发布后应报国务院建设行政主管部门和标准化行政主管部门备案。工程建设企业标准由企业组织制定，并按有关规定报送备案。

（三）工程建设标准的实施

工程建设标准的实施，不仅关系建设工程的经济效益、社会效益和环境效益，而且直接关系到工程建设者、所有者和使用者的人身安全及国家、集体和公民的财产安全。因此，必须严格执行，认真监督。

国家工程建设标准强制性条文已经审批办法，就是技术法规，一切工程建设和勘察、设计和施工、验收，都必须按照现行的标准进行，凡是不符合现行标准的勘察、测量报告，不得报出；凡是不符合现行标准的设计文件，不得审批。

强制性标准工程建设有关各方必须严格执行和遵守；推荐性标准国家鼓励自愿采用，采用何种推荐性标准，由当事人在建设工程合同中予以确认。

第三节　建设工程勘察设计文件的编制与实施

建设工程勘察设计工作是工程建设的关键环节，在建设项目确定以前，为建设项目决策提供科学依据，在建设项目确定以后，为工程建设提供设计文件，做好勘察设计工作，对于建设工程建设过程中节约投资和建成投产后取得好的经济效益，起着决定性的作用。

一、工程勘察设计文件编制的依据和要求

（一）工程勘察设计文件编制的依据

编制建设工程勘察、设计文件，应当以下列规定为依据：

（1）项目批准文件；

（2）城市规划；

（3）工程建设强制性标准；

（4）国家规定的建设工程勘察、设计深度要求。

（5）铁路、交通、水利等专业建设工程，还应当以专业规划的要求为依据。

批准的可行性研究报告是工程建设的主要依据。设计单位必须积极参加可行性研究报告的编制、建设地址的选择、建设规划和实验研究等方面的设计前期工作。

（二）工程勘察设计文件编制的要求

1. 工程勘察文件编制的要求

编制建设工程勘察文件，应当真实、准确，满足建设工程规划、选址、设计、岩土治理和施工的需要。

2. 工程设计文件编制的要求

（1）编制方案设计文件，应当满足编制初步设计文件和控制概算的需要。

（2）编制初步设计文件，应当满足编制施工招标文件、主要设备材料订货和编制施工图设计文件的需要。

（3）编制施工图设计文件，应当满足设备材料采购、非标准设备制作和施工的需要，并注明建设工程合理使用年限。

（4）设计文件中选用的材料、构配件、设备，应当注明其规格、型号、性能等技术指标，其质量要求必须符合国家规定的标准。除有特殊要求的建筑材料、专用设备和工艺生产线等外，设计单位不得指定生产厂、供应商。

二、建设工程设计的阶段和内容

（一）建设工程设计的阶段

设计单位应当根据勘察成果文件进行建设工程设计。关于设计阶段的划分，国际上一般分为"概念设计"、"基本设计"和"详细设计"三个阶段。我国习惯的划分，中小型工程分为"初步设计"和"施工图设计"三个阶段。

为了保证设计工作能够有秩序、有步骤地开展，设计阶段可根据建设项目的复杂程度来划分。

1. 一般建设项目

一般建设项目按两个阶段进行设计，即初步设计和施工图设计。

2. 技术上复杂的建设项目

对于技术上复杂而又缺乏设计经验的项目，经主管部门制定，可增加技术设计阶段，即分为初步设计、技术设计和施工图设计三个阶段。

3. 存在总体部署的建设项目

对于一些牵扯面较广的项目，如大型矿区、油田、林区、垦区、联合企业等，存在总体开发方案和建设的总体部署等重大问题，在一般设计前可进行总体规划设计或总体设计。

（二）建设工程设计的内容

1. 总体设计

总体设计一般由文字说明和图纸两部分组成。其内容包括：建设规模、产品方案、原料来源、工艺流程概况、主要设备配备、主要建筑物及构筑物、公用和辅助工程、"三废"治理及环境保护方案、占地面积估计、总图布置及运输方案、生活区规划、生产组织和劳动定员估计、工程进度和配合要求、投资估算等。

总体设计的深度应满足开展初步设计、主要大型设备、材料的预安排、土地征收谈判等工作的要求。

2. 初步设计

初步设计文件应根据批准的可行性研究报告、设计任务书和可靠的设计基础资料进行编制。初步设计和总概算经批准后，是确定建设项目的投资额，编制固定资产投资计划，签订建设工程总包合同、贷款总合同，施行投资包干，控制建设工程拨款，组织主要设备订货，进行施工准备技艺编制技术设计文件（或施工图设计文件）等的依据。

初步设计一般应包括以下文字说明和图纸：设计依据；设计指导思想；建设规模；产品方案；原料、燃料、动力的用量和来源；工艺流程；主要设备选型及配置；总图运输；

主要建筑物和构筑物；公用及辅助设施；新技术采用情况；主要材料用量；外部协作条件；占地面积和土地利用情况；综合利用和"三废"治理；生活区建设；抗震和人防措施；生产组织和劳动定员；各项技术经济指标；建设顺序和期限；总概算等。

初步设计的深度应满足开展设计方案的比选和确定、主要设备和材料的订货、土地征收、基建投资的控制、施工图设计的编制、施工组织设计的编制、施工准备和生产准备等。

3. 技术设计

技术设计文件应根据批准的初步设计文件进行编制。技术设计和修正总概算经批准后，是建设工程拨款和编制施工图设计文件等的依据。

技术设计的内容由有关部门根据工程的特点和需要自行制定。其深度应满足确定设计方案中重大技术问题和有关实验、设备制造等方面的要求。

4. 施工图设计

施工图设计应根据已获批准的初步设计和主要设备的订货情况进行编制，并据以指导施工。施工图预算经审定后，即作为预算包干、工程结算的依据。

施工图设计的深度应满足以下要求设备、材料的安排和非标准设备的制作、施工图预算的编制、施工要求等。

三、设计文件的审批与修改

（一）设计文件的审批

在我国建设项目设计文件的审批实行分级管理、分级审批的原则。《基本建设设计工作管理暂行办法》对设计文件具体审批权限规定如下：

（1）大中型建设项目的初步设计和总概算及技术设计，按隶属关系由国务院主管部门或省、直辖市、自治区审批。

（2）小型建设项目初步设计的审批权限由主管部门或省、直辖市、自治区自行规定。

（3）总体规划设计或总体设计的审批权限与初步设计的审批权限相同。

（4）各部直接代管的下放项目的初步设计，以国务院主管部门为主，会同有关省、市、自治区审查或批准。

（5）施工图设计除主管部门规定要审查者外，一般不再审批，设计单位要对施工图的质量负责，并向生产、施工单位进行技术交底，听取意见。

（二）设计文件的修改

设计文件是工程建设的主要依据经批准后就具有一定的严肃性，不得任意修改和变更。如必须修改，则需有关部门批准根据其批准权限，视修改的内容所涉及的范围而定。根据《基本建设设计工作暂行办法》修改设计文件应遵守以下规定：

（1）设计文件是工程建设的主要依据，经批准后不得任意修改。确需修改建设工程勘察、设计文件的，应当由原建设工程勘察、设计单位修改。经原建设工程勘察、设计单位书面同意，建设单位也可以委托其他具有相应资质的建设工程勘察、设计单位修改。修改单位对修改的勘察、设计文件承担相应责任。

（2）凡涉及计划任务书的主要内容如建设规模、产品方案、建设地点、主要协作关系等方面的修改，须经原计划任务书审批机关批准。

（3）涉及初步设计的主要内容如总平面布置、主要工艺流程、主要设备、建筑面积、

123

建筑标准、总定员、总概算等方面的修改须经原设计审批机关批准。修改工作须由原设计单位负责进行。

（4）施工单位、监理单位发现建设工程勘察、设计文件不符合工程建设强制性标准、合同约定的质量要求的，应当报告建设单位，建设单位有权要求建设工程勘察、设计单位对建设工程勘察、设计文件进行补充、修改。

第四节 施工图设计文件的审查

一、我国施工图设计文件审查的历史

我国 20 世纪 90 年代末，随着投资主体多元化和勘察设计单位的企业化、民营化，全国发生多起因勘察设计监管不力造成的重大工程质量事故，促使建设行政主管部门及各级政府认识到必须通过完善法律法规，设立施工图审查制度来加强勘察设计质量监管。我国于 1998 年开始建筑工程项目施工图设计文件的审查试点工作，通过对施工图设计文件的审查，在节约投资、发现设计质量隐患和市场违法违规行为等方面有明显的成效。

2000 年 1 月 30 日和 9 月 25 日，国务院分别发布了《建设工程质量管理条例》（2017年修订）和《建设工程勘察设计管理条例》（2015 年修订），通过行政立法手段，设立了施工图审查制度，将施工图审查列入基本建设程序之中，强制实施。❶《建设工程质量管理条例》第三章第 23 条指出设计单位应当就审查合格的施工图设计文件向施工单位做出详细说明。2000 年 2 月 27 日，建设部颁发了《建筑工程施工图设计文件审查暂行办法》第 2 条规定，施工图审查是政府主管部门对建筑工程勘察设计质量监督管理的重要环节，是基本建设必不可少的程序，工程建设各方必须认真贯彻执行；该办法开始对房屋建筑工程施工图实施由政府主管部门委托的施工图审查机构进行审查。2000 年 5 月 25 日建设部印发《建筑工程施工图设计文件审查有关问题的指导意见》的通知，在该通知中指出，对施工图设计文件进行安全和强制性标准执行情况的审查是今后建设行政主管部门对建筑工程勘察设计质量进行监督管理的主要途径和方式，各地建设行政主管部门应对此项工作高度重视；2000 年 8 月 25 日建设部颁布《实施工程建设强制性标准监督规定》中第 6 条规定，施工图设计文件审查单位应对对工程建设勘察、设计阶段执行强制性标准的情况实施监督；《建设工程勘察设计管理条例》（2015）中第五章第 33 条规定，施工图设计文件审查机构应当对房屋建筑工程、市政基础设施工程施工图设计文件中涉及公共利益、公众安全、工程建设强制性标准的内容进行审查。县级以上人民政府交通运输等有关部门应当按照职责对施工图设计文件中涉及公共利益、公众安全、工程建设强制性标准的内容进行审查。施工图设计文件未经审查批准的，不得使用。

2004 年 5 月 19 日，国务院颁发了《关于第三批取消和调整行政审批项目的决定》（国发〔2004〕16 号），同年 8 月 23 日建设部颁发的《房屋建筑和市政基础设施工程施工图设计文件审查管理办法》（建设部令第 134 号）施行，继房屋建筑工程推行施工图审查后，进而推进到对市政基础设施工程的施工图审查。该办法第 3 条规定，国家实施施工图设计文件（含勘察文件，以下简称施工图）审查制度。本办法所称施工图审查，是指建设

---

❶ 余宏亮：《国内外建设工程施工图审查制度比较研究》，《建筑经济》，2011 年第 9 期，9～11 页。

主管部门认定的施工图审查机构（以下简称审查机构）按照有关法律、法规，对施工图涉及公共利益、公众安全和工程建设强制性标准的内容进行的审查。施工图未经审查合格的，不得使用。

施工图设计文件的质量直接影响建设工程的质量，开展施工图设计文件审查也是我国行政法规规定的法定的基本建设程序。在建筑施工图纸设计中，如果出现安全隐患和质量问题，工程实施后必然带来巨大的经济损失甚至威胁到人民生命财产的安全，造成无法挽回的局面。所以要控制好设计施工图的质量，进行严格的施工图审查工作，这是一项关系到社会公共安全和社会公众利益的重要举措。这就要求严格控制好工程的建设，从进度、质量、造价、安全等多方面进行管理监控，特别是对施工图纸的审查工作。

二、施工图设计文件审查的概念、范围和内容

（一）施工图设计文件审查的概念

国家实施施工图设计文件（含勘察文件）审查制度。施工图设计文件（以下简称施工图）审查，是指国务院建设行政主管部门和省、自治区、直辖市人民政府建设行政主管部门依法认定的设计审查机构，根据国家的法律、法规、技术标准与规范，对施工图进行结构安全和强制性标准、规范执行情况等的独立审查。它是政府主管部门对建筑工程勘察设计质量监督管理的重要环节，是基本建设必不可少的程序，工程建设各方必须认真贯彻执行。施工图未经审查合格的，不得使用。建设部于 2000 年 2 月下发《建筑工程施工图设计文件审查暂行办法》对具体事项作出了相关规定。

（二）施工图设计文件审查的范围

《建筑工程施工图设计文件审查暂行办法》规定，建筑工程设计等级分级标准中的各类新建、改建、扩建的建筑工程项目均属审查范围。省、自治区、直辖市人民政府建设行政主管部门，可结合本地的实际，确定具体的审查范围。

（三）施工图设计文件审查的内容

根据《建筑工程施工图设计文件审查暂行办法》规定，施工图审查的主要内容如下：

（1）建筑物的稳定性、安全性审查，包括地基基础和主体结构体系是否安全、可靠；

（2）是否符合消防、节能、环保、抗震、卫生、人防等有关强制性标准、规范；

（3）施工图是否达到规定的深度要求；

（4）是否损害公众利益。施工图设计文件审查机构审查的重点是对施工图设计文件中涉及安全、公众利益和强制性标准、规范的内容进行审查。

（四）施工图审查与设计咨询的关系

施工图审查的目的在于维护社会公共利益，保护社会公众的生命财产安全。因此，施工图审查主要涉及社会公共利益与公众安全等方面的问题。至于设计方案在经济上是否合理、技术上是否保守、设计方案是否可以改进等仅涉及业主利益的问题，系属于设计范畴的内容，不属施工图审查的范围。当然，在施工图审查中如发现有这方面的问题，也可提出建议，由业主自行决定是否进行修改。如业主另行委托，也可进行这方面的审查。故施工图设计文件中除涉及安全、公众利益和强制性标准、规范的内容外，其他有关设计的经济、技术合理性和设计优化等方面的问题，可以由建设单位通过方案竞选或设计咨询的途径加以解决。

三、施工图审查的机构

（一）施工图审查机构的性质

《房屋建筑和市政基础设施工程施工图设计文件审查管理办法》（2013年住房和城乡建设部令第13号）第5条规定，省、自治区、直辖市人民政府住房城乡建设主管部门应当按照本办法规定的审查机构条件，结合本行政区域内的建设规模，确定相应数量的审查机构。具体办法由国务院住房城乡建设主管部门另行规定。审查机构是专门从事施工图审查业务，不以营利为目的的独立法人。省、自治区、直辖市人民政府住房城乡建设主管部门应当将审查机构名录报国务院住房城乡建设主管部门备案，并向社会公布。

（二）施工图审查机构的设置

审查机构按承接业务范围分两类，一类机构承接房屋建筑、市政基础设施工程施工图审查业务范围不受限制；二类机构可以承接二级及以下房屋建筑、市政基础设施工程的施工图审查。

（三）施工图审查机构的条件

根据《房屋建筑和市政基础设施工程施工图设计文件审查管理办法》，施工图设计文件审查机构分为两类。

一类审查机构应当具备下列条件：

（1）有健全的技术管理和质量保证体系。

（2）审查人员应当有良好的职业道德；有15年以上所需专业勘察、设计工作经历；主持过不少于5项大型房屋建筑工程、市政基础设施工程相应专业的设计或者甲级工程勘察项目相应专业的勘察；已实行执业注册制度的专业，审查人员应当具有一级注册建筑师、一级注册结构工程师或者勘察设计注册工程师资格，并在本审查机构注册；未实行执业注册制度的专业，审查人员应当具有高级工程师职称；近5年内未因违反工程建设法律法规和强制性标准受到行政处罚。

（3）在本审查机构专职工作的审查人员数量：从事房屋建筑工程施工图审查的，结构专业审查人员不少于7人，建筑专业不少于3人，电气、暖通、给排水、勘察等专业审查人员各不少于2人；从事市政基础设施工程施工图审查的，所需专业的审查人员不少于7人，其他必须配套的专业审查人员各不少于2人；专门从事勘察文件审查的，勘察专业审查人员不少于7人。承担超限高层建筑工程施工图审查的，还应当具有主持过超限高层建筑工程或者100米以上建筑工程结构专业设计的审查人员不少于3人。

（4）60岁以上审查人员不超过该专业审查人员规定数的1/2。

（5）注册资金不少于300万元。

二类审查机构应当具备下列条件：

（1）有健全的技术管理和质量保证体系。

（2）审查人员应当有良好的职业道德；有10年以上所需专业勘察、设计工作经历；主持过不少于5项中型以上房屋建筑工程、市政基础设施工程相应专业的设计或者乙级以上工程勘察项目相应专业的勘察；已实行执业注册制度的专业，审查人员应当具有一级注册建筑师、一级注册结构工程师或者勘察设计注册工程师资格，并在本审查机构注册；未实行执业注册制度的专业，审查人员应当具有高级工程师职称；近5年内未因违反工程建设法律法规和强制性标准受到行政处罚。

（3）在本审查机构专职工作的审查人员数量：从事房屋建筑工程施工图审查的，结构专业审查人员不少于3人，建筑、电气、暖通、给排水、勘察等专业审查人员各不少于2人；从事市政基础设施工程施工图审查的，所需专业的审查人员不少于4人，其他必须配套的专业审查人员各不少于2人；专门从事勘察文件审查的，勘察专业审查人员不少于4人。

（4）60岁以上审查人员不超过该专业审查人员规定数的1/2。

（5）注册资金不少于100万元。

四、施工图审查的程序

（一）报送

根据《房屋建筑和市政基础设施工程施工图设计文件审查管理办法》的规定，建设单位应当将施工图送审查机构审查，但审查机构不得与所审查项目的建设单位、勘察设计企业有隶属关系或者其他利害关系。送审管理的具体办法由省、自治区、直辖市人民政府住房城乡建设主管部门按照"公开、公平、公正"的原则规定。建设单位不得明示或者暗示审查机构违反法律法规和工程建设强制性标准进行施工图审查，不得压缩合理审查周期、压低合理审查费用。

（二）审查

审查机构应当对施工图审查下列内容：（1）是否符合工程建设强制性标准；（2）地基基础和主体结构的安全性；（3）是否符合民用建筑节能强制性标准，对执行绿色建筑标准的项目，还应当审查是否符合绿色建筑标准；（4）勘察设计企业和注册执业人员以及相关人员是否按规定在施工图上加盖相应的图章和签字；（5）法律、法规、规章规定必须审查的其他内容。

施工图审查原则上不超过下列时限：（1）大型房屋建筑工程、市政基础设施工程为15个工作日，中型及以下房屋建筑工程、市政基础设施工程为10个工作日。（2）工程勘察文件，甲级项目为7个工作日，乙级及以下项目为5个工作日。以上时限不包括施工图修改时间和审查机构的复审时间。

审查合格的施工图，审查机构应当向建设单位出具审查合格书，并在全套施工图上加盖审查专用章。审查合格书应当有各专业的审查人员签字，经法定代表人签发，并加盖审查机构公章。审查机构应当在出具审查合格书后5个工作日内，将审查情况报工程所在地县级以上地方人民政府住房城乡建设主管部门备案。

（三）复查

审查不合格的，审查机构应当将施工图退建设单位并出具审查意见告知书，说明不合格原因。同时，应当将审查意见告知书及审查中发现的建设单位、勘察设计企业和注册执业人员违反法律、法规和工程建设强制性标准的问题，报工程所在地县级以上地方人民政府住房城乡建设主管部门。施工图退建设单位后，建设单位应当要求原勘察设计企业进行修改，并将修改后的施工图送原审查机构复审。

五、施工图审查中的责任

根据《房屋建筑和市政基础设施工程施工图设计文件审查管理办法》第15条规定，勘察设计企业应当依法进行建设工程勘察、设计，严格执行工程建设强制性标准，并对建设工程勘察、设计的质量负责。审查机构对施工图审查工作负责，承担审查责任。施工图经审查合格后，仍有违反法律、法规和工程建设强制性标准的问题，给建设单位造成损失的，审查机构依法承担相应的赔偿责任。

（一）勘察设计单位及其人员的责任

勘察设计单位及其人员必须对自己勘察设计文件的质量负责，并不因施工图通过了审查机构的审查就可免责。对此《建设工程质量管理条例》第 19 条及《建设工程勘察设计管理条例》第 5 条第 2 项有明确规定。《建筑工程施工图设计文件审查暂行办法》第 21 条第 1 项明确规定，施工图审查机构和审查人员应当依据法律、法规和国家与地方的技术标准认真履行审查职责。施工图审查机构应当对审查的图纸质量负相应的审查责任，但不代替设计单位承担设计质量责任。

（二）审查机构及其人员的责任

根据《房屋建筑和市政基础设施工程施工图设计文件审查管理办法》的规定，审查机构有下列行为之一的，由县级以上地方人民政府住房城乡建设主管部门责令改正，处 3 万元罚款，并记入信用档案；情节严重的，省、自治区、直辖市人民政府住房城乡建设主管部门不再将其列入审查机构名录：

（1）超出范围从事施工图审查的；

（2）使用不符合条件审查人员的；

（3）未按规定的内容进行审查的；

（4）未按规定上报审查过程中发现的违法违规行为的；

（5）未按规定填写审查意见告知书的；

（6）未按规定在审查合格书和施工图上签字盖章的；

（7）已出具审查合格书的施工图，仍有违反法律、法规和工程建设强制性标准的。

审查机构出具虚假审查合格书的，审查合格书无效，县级以上地方人民政府住房城乡建设主管部门处 3 万元罚款，省、自治区、直辖市人民政府住房城乡建设主管部门不再将其列入审查机构名录。审查人员在虚假审查合格书上签字的，终身不得再担任审查人员；对于已实行执业注册制度的专业的审查人员，还应当依照《建设工程质量管理条例》第七十二条、《建设工程安全生产管理条例》第五十八条规定予以处罚。

（三）政府主管部门及其工作人员的责任

依据相关法律规定，政府各级建设行政主管部门在施工图审查中执掌行政审批权，主要负责行政监督管理和程序性审批工作。对于设计文件的质量不承担直接责任，但对其审批工作的质量，负有不可推卸的责任，此项责任具体表现为行政责任与刑事责任。《房屋建筑和市政基础设施工程施工图设计文件审查管理办法》第 29 条规定，国家机关工作人员在施工图审查监督管理工作中玩忽职守、滥用职权、徇私舞弊，构成犯罪者，依法追究刑事责任；尚不构成犯罪者，依法给予行政处分。

第五节　建设工程勘察设计收费标准

一、工程设计收费标准的发展历程

我国现行的建筑设计收费制度产生于国家建设体制从计划经济向市场经济的转型时期。20 世纪 80 年代，设计院逐步实施由国家行政事业单位到试行企业化管理的改革，开始进行设计收费试点。包括北京市建筑设计研究院等一大批设计机构作为首批试点单位，1979 年停止事业费拨款，走上自收自支、自负盈亏的自我发展之路。❶ 我国的勘察设计收费制度是从 1979 年开始试行的。1979 年国家计委、国家建委、财政部印发的《关于勘察设计单位实行企业化取费试点的通知》中暂定的取费率为：工业建设项目控制在概算投资额的 2% 以内，其中有色冶金项目应控制在概算投资额的 2.5% 以内，民用项目控制在概算投资额的 1.5% 以内，采用标准设计的取费率应低于 0.5%。勘察设计单位按单项工程工作量采取定额取费的办法。

1984 年国家计委发布了《工程勘察收费标准》、《工程设计收费标准（试行）》，确定民用建筑和市政工程的设计收费按照统一的工程概算百分比收费，同时规定设计单位不得提高收费标准，也不得压价竞争。从此我国有了一套正式的勘察设计收费标准。随着设计单位的企业化转变和市场经济地位的逐渐确立，1992 年，国家物价局和建设部在 1984 年试行标准的基础上进行了调整颁发《关于发布工程勘察和工程设计收费标准的通知》，提出了民用建筑分级标准、收费定额及调整系数等，收费水平仍控制在"工业项目 2%，民用建筑 1.5%"的低标准上。为了贯彻落实《国务院办公厅转发建设部等部门关于工程勘察设计单位体制改革若干意见的通知》，调整工程勘察设计收费标准，规范工程勘察设计收费行为，国家计划发展委员会和建设部制定了于 2002 年 1 月 7 日发布《工程勘察设计收费标准》（2002 年版，于 2002 年 3 月 1 日起施行）。同时原国家物价局、建设部颁发的《关于发布工程勘察和工程设计收费标准的通知》（〔1992〕价费字 375 号）及相关附件同时废止。2002 年版《工程勘察设计收费管理规定》，对各类建筑和各类工程的收费加权系数进行了详细的规定，基本覆盖了所有勘察设计项目，收费比率也由 1984 年的 1.5% 大幅提升到 3% 左右。这是目前关于建筑设计收费的唯一的国家规定，也是市场定价的基础依据。

目前我国工程勘察设计行业收费文件主要包括，国内项目主要是《工程勘察设计收费标准》（2002 版），援外项目依据外经贸部、财政部颁发的《对外援助项目经济技术咨询实施管理办法》、《对外援助成套项目设计监理取费标准》和《对外援助成套项目施工监理取费标准》的通知（〔2000〕外经贸援发第 169 号），《对外援助成套项目设计监理取费标准》于 2008 年被《对外援助成套项目施工监理取费标准内部暂行规定》（商援发〔2008〕285 号）文件替代。此外还有其他一些地方政府根据当地情况颁布的一些地区收费标准。❷

现行工程设计收费体系，从"设计收费基价"到"工程设计收费基准价"，进行了两次调整，增加了包括专业调整系数、工程复杂程度调整系数、附加调整系数及其他设计收费等内容，表面上看，这些系数加起来收费水平不低。但在实际操作中，工程复杂程度的评估、设计工作范围的界定等往往难以被业主认同，这使部分设计的劳动价值难以体现。对一般设计单位来讲，只能靠低收费维持，而低收费将直接导致设计企业难以将更多的人力、物力投入到提高设计产品的质量上来，进而也无法创作出更多更好的建筑精品。政府指导价的局限还表现在，在现行收费标准中，对设计费上下浮动幅度的限制，貌似保护了设计企业的基本利益，但同时也限制了设计企业、特别是优质设计企业产品计费的取值自

---

❶　朱小地：《工程设计收费标准亟待调整》，《建筑设计管理》，2011 年第 5 期，14～18 页。

❷　李克强：《浅析中国建筑设计行业收费及对策》，《建筑设计管理》，2010 年第 4 期，7～8 页。

由度，从而也影响了设计企业通过提高设计产品质量获得更高价值的空间。❶

二、2002 版《工程勘察设计收费标准》

（一）2002 版《工程勘察设计收费标准》的适用范围

《工程勘察设计收费标准》适用于中华人民共和国境内建设项目的工程勘察和工程设计收费。凡是建在中华人民共和国境内的建设项目，不论是国内还是国外投资，也不论是国内还是国外勘察设计单位，原则上都应当执行这一收费标准。但是有两类情况除外：一类是通过国际招标，自愿邀请国外单位勘察设计的；另一类是采用国际标准规范、按照国外设计程序和深度要求进行设计的。

（二）2002 版《工程勘察设计收费标准》的定价方式

根据《中华人民共和国价格法》第 3 条之规定，国家实行并逐步完善宏观经济调控下主要由市场形成价格的机制。价格的制定应当符合价值规律，大多数商品和服务价格实行市场调节价，极少数商品和服务价格实行政府指导价或者政府定价。我国的价格形式包括政府定价、政府指导价和市场调节价。市场调节价是由经营者自主制定，通过市场竞争形成的价格。政府指导价是依照价格法规定，由政府价格主管部门或其他有关部门按照定价权限和范围，规定基准价及其浮动幅度，指导经营者制定的价格。政府定价是依照价格法规定，由政府价格主管部门或其他有关部门按照定价权限和范围制定的价格。

2002 版《工程勘察设计收费标准》的定价方式按照《中华人民共和国价格法》规定，我国收费标准的定价方式分三种：市场调节价、政府指导价和政府定价。2002 版《工程勘察设计收费标准》第 5 条规定，工程勘察和工程设计收费根据建设项目投资额的不同情况，分别实行政府指导价和市场调节价。

1. 计价原则

勘察人和设计人应当按照《关于商品和服务实行明码标价的规定》，告知发包人有关服务项目、服务内容、服务质量、收费依据，以及收费标准。易言之，工程勘察、设计的收费应遵循明码标价原则。

2. 计价依据

建设项目总投资估算额 500 万元及以上的工程勘察和工程设计收费实行政府指导价；建设项目总投资估算额 500 万元以下的工程勘察和工程设计收费实行市场调节价。经营者按照政府制定的"基准价"在规定的"浮动幅度"内，协商确定具体的收费价格。2002 版收费标准的基准价就是《工程勘察收费标准》和《工程设计收费标准》；至于浮动幅度，一般项目为±20％，凡采用新技术、新工艺、新设备、新材料，有利于提高建设项目经济效益、环境效益和社会效益的项目可以在上浮 25％ 的幅度内协商确定收费额。总投资估算额 500 万元以下的建设项目实行市场调节价，即"买卖双方协商定价"。实行市场调节价的工程勘察和工程设计收费，由发包人和勘察人、设计人协商确定收费额。

按照定价原则，只要是供过于求的产品或服务都应当实行市场调节价。而实际上勘察设计收费主要实行政府指导价，只有极少数项目放开。这是因为勘察设计是一种智力服务，其服务技术水平和服务质量难以衡量。实行政府指导价可以保证勘察设计的水平和质量，贴近市场，保护发包人和勘察设计人的权益，也符合国际惯例。同时，考虑到我国勘

---

❶　朱小地：《工程设计收费标准亟待调整》，《建筑设计管理》，2011 年第 5 期，14～18 页。

察设计市场和收费的现状，地区差异太大，项目差异也很大，所以放开建设项目总投资估算额 500 万元以下的小项目，而 500 万元以上的项目，其市场调节浮动幅度则高达 40%。

3. 计费标准

（1）发包人原因停工、窝工的计费标准。由于发包人原因造成工程勘察、工程设计工作量增加或者工程勘查现场停工、窝工的，发包人应当向勘察人、设计人支付相应的工程勘察费或者工程设计费。

（2）承包人原因返工的计费标准。工程勘察或者工程设计质量达不到法定标准和约定标准的，勘察人或者设计人应当返工。由于返工增加工作量的，发包人不另外支付工程勘察费或者工程设计费。

第六节　建设工程勘察设计知识产权保护制度

工程勘察、设计是富有创造性的智力劳动。工程技术人员利用工程勘察设计理论、技术与实践经验所完成的每项工程勘察设计咨询成果都凝结着他们的心血、智慧和创新精神。对这种原创或创新性智力劳动成果的保护，是对工程技术人员创新与发展的鼓励，有助于工程勘察设计的技术进步，同时也符合建设单位（业主）和公众的利益。

我国已经加入世界贸易组织（WTO）。作为 WTO 的三大支柱之一，知识产权保护问题越来越突出。面对日益激烈的市场竞争，我国勘察设计业迫切需要增强自身知识产权保护意识，同时承认并尊重他人的知识产权及合法权益。为此，中华人民共和国建设部、中华人民共和国国家知识产权局于 2003 年 10 月 22 日，联合颁布了《工程勘察设计咨询业知识产权保护与管理导则》。导则中对勘察设计行业和咨询行业的知识产权范围等进行了明确，以指导工程勘察设计行业知识产权保护和管理工作。

一、勘察设计的知识产权保护范围

《工程勘察设计咨询业知识产权保护与管理导则》中的知识产权包括本导则所称的知识产权包括：著作权及与著作权有关的权利（邻接权）；专利权；专有技术（又称技术秘密）权；商业秘密权；商标专用权及相关识别性标志权利以及依照国家法律、法规规定，或者由合同约定由企业享有的其他知识产权。

（一）著作权及著作邻接权

勘察设计咨询业的著作权主要包括勘察、设计、咨询活动和科研活动中形成的，以各种载体所表现的文字作品、图形作品、模型作品、建筑作品等勘察设计咨询作品的著作权。勘察设计咨询作品包括以下内容：

（1）工程勘察投标方案，专业工程设计投标方案，建筑工程设计投标方案（包括创意或概念性投标方案），工程咨询投标方案等；

（2）工程勘察和工程设计阶段的原始资料、计算书、工程设计图及说明书、技术文件和工程总结报告等；

（3）工程咨询的项目建议书、可行性研究报告、专业性评价报告、工程评估书、监理大纲等；

（4）科研活动的原始数据、设计图及说明书、技术总结和科研报告等；

（5）企业自行编制的计算机软件、企业标准、导则、手册、标准设计等。

（二）专利权

勘察设计咨询业的专利权系指获得授权并有效的发明专利权、实用新型专利权和外观设计专利权，包括各种具有新颖性、创造性和实用性的新工艺、新设备、新材料、新结构等新技术和新设计，以及对原有技术的新改进、新组合等的专利权。

（三）专有技术权

勘察设计咨询业的专有技术权系指对没有申请专利，具有实用性，能为企业带来利益，并采取了保密措施，不为公众所知悉的技术享有的权利，包括各种新工艺、新设备、新材料、新结构、新技术、产品配方、各种技术诀窍及方法等。

（四）商业秘密权

勘察设计咨询业除专有技术以外的其他商业秘密，系指具有实用性，能为企业带来利益，并采取了保密措施，不为公众所知悉的经营信息，包括生产经营、企业管理、科技档案、客户名单、财务账册、统计报表等。

（五）商标权及相关识别性标志权

勘察设计咨询业的商标权及相关识别性标志权，系指企业名称、商品商标、服务标志，以及依照法定程序取得的各种资质证明等依法享有的权利。

（六）其他方面的知识产权

其他方面的知识产权是依照国家法律、法规规定，或者由合同约定由企业享有的其他知识产权。如反不正当竞争方面的工业产权。

二、勘察设计的知识产权归属

根据《工程勘察设计咨询业知识产权保护与管理导则》（2003 年）的规定，勘察设计咨询业的知识产权归属的认定共分为 8 种不同的情形。

（一）勘察设计咨询业著作权及邻接权的归属，一般按以下原则认定：

（1）执行勘察设计咨询企业的任务或主要利用企业的物质技术条件完成的，并由企业承担责任的工程勘察、设计、咨询的投标方案和各类文件等职务作品，其著作权及邻接权归企业所有。直接参加投标方案和文件编制的自然人（包括企业职工和临时聘用人员，下同）享有署名权。

建设单位（业主）按照国家规定支付勘察、设计、咨询费后所获取的工程勘察、设计、咨询的投标方案或各类文件，仅获得在特定建设项目上的一次性使用权，其著作权仍属于勘察设计咨询企业所有。

（2）勘察设计咨询企业自行组织编制的计算机软件、企业标准、导则、手册、标准设计等是职务作品，其著作权及邻接权归企业所有。直接参加编制的自然人享有署名权。

（3）执行勘察设计咨询企业的任务或主要利用企业的物质技术条件完成的，并由企业承担责任的科技论文、技术报告等职务作品，其著作权及邻接权归企业所有。直接参加编制的自然人享有署名权。

（4）勘察设计咨询企业职工的非职务作品的著作权及邻接权归个人所有。

（二）勘察设计咨询业专利权和专有技术权的归属，一般按以下原则认定：

（1）执行勘察设计咨询企业的任务，或主要利用本企业的物质技术条件所完成的发明创造或技术成果，属于职务发明创造或职务技术成果，其专利申请权和专利的所有权、专有技术的所有权，以及专利和专有技术的使用权、转让权归企业所有。直接参加专利或专有技术开发、研制等工作的自然人依法享有署名权。

（2）勘察设计咨询企业职工的非职务专利或专有技术权归个人所有。

（三）勘察设计咨询企业在科研、生产、经营、管理等工作中所形成的，能为企业带来经济利益的，采取了保密措施不为公众所知悉的技术、经营、管理信息等商业秘密属于企业所有。

（四）勘察设计咨询企业的名称、商品商标、服务标志，以及依法定程序取得的各种资质证明等的权利为企业所有。

（五）勘察设计咨询企业与其他企事业单位合作所形成的著作权及邻接权、专利权、专有技术权等知识产权，为合作各方所共有，合同另有规定的按照约定确定其权属。

（六）勘察设计咨询企业接受国家、企业、事业单位的委托，或者委托其他企事业单位所形成的著作权及邻接权、专利权、专有技术权等知识产权，按照合同确定其权属。没有合同约定的，其权属归完成方所有。

（七）勘察设计咨询企业的人员，在离开企业期间形成的知识产权的归属，一般按以下原则认定：

（1）企业派遣出国开展合作设计、访问、进修、留学等，或者派遣到其他企事业单位短期工作的人员，在企业尚未完成的勘察、设计、咨询、科研等项目，在国外或其他单位完成而可能获得知识产权的，企业应当与派遣人员和接受派遣人员的单位共同签订协议，明确其知识产权的归属。

（2）企业的离休、退休、停薪留职、调离、辞退等人员，在离开企业一年内形成的，且与其在原企业承担的工作或任务有关的各类知识产权归原企业所有。

（八）勘察设计咨询企业接收的培训、进修、借用或临时聘用等人员，在接收企业工作或学习期间形成的职务成果的知识产权，按照接收企业与派出方的协议确定归属，没有协议的其权利属于接收企业。

三、勘察设计知识产权的侵权行为

根据《工程勘察设计咨询业知识产权保护与管理导则》（2003 年）的规定，勘察设计咨询业侵犯知识产权的行为主要包括以下 4 种。

（一）侵犯或侵占著作权

著作权及邻接权的权利人依法享有著作人身权和财产权，即发表权、署名权、修改权、保护作品完整权、复制权、发行权、改编权、信息网络传播权等。他人未经著作权人同意，不得发表、修改和使用其作品。发生以下行为或情况的为侵犯或者侵占他人的著作权：

（1）勘察设计咨询企业或工程技术人员不遵守行业道德和从业公约，抄袭、剽窃他人的勘察、设计、咨询文件（设计图）及其作品的；

（2）勘察设计咨询企业的职工，未经许可擅自将本企业的勘察设计文件（设计图）、工程技术资料、科研资料等复制、摘录、转让给其他单位或个人的；

（3）勘察设计咨询企业的职工，将职务作品或计算机软件作为非职务成果进行登记注册或转让的；

（4）勘察设计咨询企业的职工未经审查许可，擅自发表、出版本企业业务范围内的科技论文、作品，或许可他人发表的；

(5) 任何单位或个人，未经著作权人同意或超出勘察设计咨询合同的规定，擅自复制、超范围使用、重复使用、转让他人的工程勘察、设计、咨询文件（设计图）及其他作品等。

（二）侵犯或侵占专利权或专有技术权

专利权人对其发明创造享有独占权。任何单位或个人未经专利权人许可不得进行为生产经营目的制造、使用、许诺销售、销售和进口其专利产品，或者未经专利权人许可为生产经营目的使用其专利方法，以及使用、许诺销售、销售和进口依照其专利方法直接获得的产品。专有技术是受国家法律保护的具备法定条件的技术秘密，任何单位或个人不得以不正当手段获取、使用他人的技术秘密，不得以任何形式披露、转让他人的技术秘密。

发生以下情况为侵犯或者侵占他人的专利权或专有技术权：

（1）勘察设计咨询企业的职工违反规定，在工程项目或科研工作完成后，不按时将有关勘察设计文件、设计图、技术资料等归档，私自保留、据为己有的；

（2）勘察设计咨询企业的职工违反规定，将应属于单位的职务发明创造和科技成果申请为非职务专利，或者将其据为己有的；

（3）勘察设计咨询企业的职工，擅自转让本企业或他人的专利或专有技术的；

（4）勘察设计咨询企业或工程技术人员，未经权利人允许，擅自在工程勘察设计中使用他人具有专利权或专有技术权的新工艺、新设备、新技术的；

（5）任何单位或个人，采用盗窃、利诱、胁迫或者其他不正当手段获取、使用或者披露他人含有专有技术标识的文件、设计图及说明的；

（6）任何单位或个人，违反双方保密约定，将含有专有技术标识的文件、设计图及说明转让给第三方，以及第三方明知是他人的保密文件、设计图及说明仍擅自使用等。

（三）侵犯商标权及相关识别性标志权

商标权的所有人对其注册商标依法享有专用权。他人未经商标权人的同意，不得在经营活动中擅自使用。发生以下行为或情况的为侵犯他人的商标及相关识别性标志权：

（1）勘察设计咨询企业擅自在其勘察设计咨询文件上使用其他勘察设计咨询企业的名称、注册商标、资质证明、图签、出图专用章等企业标识的；

（2）任何单位或个人，未经勘察设计咨询企业授权，以勘察设计咨询企业的名义进行生产经营活动或其他活动的。

（四）侵犯商业秘密权

国家依法保护公民和法人的商业秘密。发生以下行为或情况的为侵犯他人的商业秘密：

（1）勘察设计咨询企业的职工，私自将与本企业签有正式业务合同的客户介绍给其他企业，给企业造成损失的；

（2）勘察设计咨询企业的职工，违反企业保守商业秘密的要求，泄露或私自许可他人使用其所掌握商业秘密的；

（3）第三人明知或应知有上述（1）（2）所述的违法行为，仍获取、使用或者披露他人的商业秘密等。

（4）勘察设计咨询企业的离休、退休、离职、停薪留职人员泄露在职期间知悉的企业商业秘密的，均为侵犯了企业的商业秘密权。

除上述情形外，勘察设计咨询企业的离休、退休、离职、停薪留职人员将离开企业一年内形成的，且与其在原企业承担的工作或任务有关的知识产权视为己有或转让给他人的，均为侵犯了企业的知识产权。

第七节　建设工程勘察设计的责任管理

一、建设工程勘察设计的监督管理

（一）监管部门

国务院住房城乡建设行政主管部门对全国的建设工程勘察、设计活动实施统一监督管理。国务院铁路、交通、水利等有关部门按照国务院规定的职责分工，负责对全国的有关专业建设工程勘察、设计活动的监督管理。

县级以上地方人民政府住房城乡建设行政主管部门对本行政区域内的建设工程勘察、设计活动实施监督管理。县级以上地方人民政府交通、水利等有关部门在各自的职责范围内，负责对本行政区域内的有关专业建设工程勘察、设计活动的监督管理。

（二）跨部门、跨地区的监管

建设工程勘察、设计企业在建设工程勘察、设计资质证书规定的业务范围内跨部门、跨地区承揽勘察、设计业务时，各地区及各行业管理部门不得设置障碍，不得进行行业垄断和限制，不得收取任何费用。

勘察设计企业跨省承揽勘察、设计业务，应到工程项目所在地的建设行政主管部门履行备案手续。

（三）监管的内容

工程勘察设计监督管理内容包括：工程勘察设计单位设立制度，工程勘察设计业的从业资格、资质管理，工程勘察设计质量监督管理等。

二、建设工程勘察设计的质量管理

勘察设计质量是决定工程建设质量的首要环节，它关系到国家财产和人民生命的安全，关系到建设投资的综合效益，也反映一个国家的科技水平和文化水平，因此，勘察设计质量工作一直是各级主管部门和勘察设计单位的工作重点。

有关工程勘察设计质量监督管理的文件有：《建设工程质量管理条例》（2017 年修订）和《建设工程勘察设计管理条例》（2015 年修订），2000 年建设部发布的《建筑工程项目施工图设计文件审查试行办法》，《建设工程勘察质量管理办法》（2007 年修订），《房屋建筑和市政基础设施工程施工图设计文件审查管理办法》（2013 年修订）等。

1. 资质要求

从事建设工程勘察、设计的单位应当依法取得相应等级的资质证书，并在其资质等级许可的范围内承揽工程。禁止勘察、设计单位超越其资质等级许可的范围或者以其他勘察、设计单位的名义承揽工程。禁止勘察、设计单位允许其他单位或者个人以本单位的名义承揽工程。勘察、设计单位不得转包或者违法分包所承揽的工程。

2. 执行强制性标准

勘察、设计单位必须按照工程建设强制性标准进行勘察、设计，并对其勘察、设计的质量负责。根据《实施工程建设强制性标准监督规定》（2015），工程建设强制性标准是指直接涉及工程质量、安全、卫生及环境保护等方面的工程建设标准强制性条文。

3. 质量要求

（1）工程勘察质量要求。勘察单位提供的地质、测量、水文等勘察成果必须真实、准确，应当符合国家规定的勘察深度要求。工程勘察企业的法定代表人、项目负责人、审核人、审定人等相关人员，应当在勘察文件上签字或者盖章，并对勘察质量负责。

（2）工程设计质量要求。设计单位应当根据勘察成果文件进行建设工程设计。设计文件应当符合国家规定的设计深度要求，注明工程合理使用年限。设计单位在设计文件中选用的建筑材料、建筑构配件和设备，应当注明规格、型号、性能等技术指标，其质量要求必须符合国家规定的标准。除有特殊要求的建筑材料、专用设备、工艺生产线等外，设计单位不得指定生产厂、供应商。

4. 报批、签字、说明、参与义务

（1）建设单位应当将施工图设计文件报县级以上人民政府建设行政主管部门或者其他有关部门审查。施工图设计文件未经审查批准的，不得使用。

（2）注册建筑师、注册结构工程师等注册执业人员应当在设计文件上签字，对设计文件负责。

（3）设计单位应当就审查合格的施工图设计文件向施工单位作出详细说明。

（4）设计单位应当参与建设工程质量事故分析，并对因设计造成的质量事故，提出相应的技术处理方案。

三、建设工程勘察设计的法律责任

（一）建设单位的法律责任

发包方将建设工程勘察设计业务发包给不具有相应资质等级的建设工程勘察、设计单位的，责令改正，处 50 万元以上 100 万元以下的罚款。

（二）勘察设计单位的法律责任

1. 非法承揽业务的法律责任

建设工程勘察、设计单位超越其资质等级许可的范围或者以其他建设工程勘察、设计单位的名义承揽建设工程勘察、设计业务；或建设工程勘察、设计单位允许其他单位或者个人以本单位的名义承揽建设工程勘察、设计业务，责令其停止违法行为，处合同约定的勘察费、设计费 1 倍以上 2 倍以下的罚款，有违法所得的，予以没收；可以责令停业整顿，降低资质等级；情节严重的，吊销资质证书。未取得资质证书承揽工程的，予以取缔，依照前款规定处以罚款；有违法所得的，予以没收。以欺骗手段取得资质证书承揽工程的，吊销资质证书，依照本条第一款规定处以罚款；有违法所得的，予以没收。

2. 非法转包的法律责任

建设工程勘察、设计单位将所承揽的建设工程勘察、设计转包的，责令改正，没收违法所得，处合同约定的勘察费、设计费 25% 以上 50% 以下的罚款，可以责令停业整顿，降低资质等级；情节严重的，吊销资质证书。

3. 不按规定进行勘察设计的法律责任

工程勘察设计单位有下列行为之一的，责令改正，处 10 万元以上 30 万元以下的罚款：（1）勘察单位未按照工程建设强制性标准进行勘察的；（2）设计单位未根据勘察成果文件进行工程设计的；（3）设计单位指定建筑材料、建筑构配件的生产厂、供应商的；（4）设计单位未按照工程建设强制性标准进行设计的；有上述所列行为，造成工程质量事故的，责令停业整顿，降低资质等级；情节严重的，吊销资质证书；造成损失的，依法承担赔偿责任。

（三）勘察设计执业人员的法律责任

未经注册，擅自以注册建设工程勘察、设计人员的名义从事建设工程勘察、设计活动的，责令停止违法行为，没收违法所得，处违法所得 2 倍以上 5 倍以下罚款；给他人造成损失的，依法承担赔偿责任。

建设工程勘察、设计注册执业人员和其他专业技术人员未受聘于一个建设工程勘察、设计单位或者同时受聘于两个以上建设工程勘察、设计单位，从事建设工程勘察、设计活动的，责令停止违法行为，没收违法所得，处违法所得 2 倍以上 5 倍以下的罚款；情节严重的，可以责令停止执行业务或者吊销资格证书；给他人造成损失的，依法承担赔偿责任。

（四）国家机关工作人员的法律责任

国家机关工作人员在建设工程勘察、设计活动的监督管理工作中玩忽职守、滥用职权、徇私舞弊，构成犯罪的，依法追究刑事责任；尚不构成犯罪的，依法给予行政处分。

四、建设工程勘察设计的责任保险

（一）我国建设工程勘察设计责任保险的历史

建设工程的质量与人民的生命和财产息息相关，建设工程的质量首先取决于工程设计的质量。为了保障建设工程的安全和质量、维护社会公众利益，为了提高建设工程设计质量和水平、促进行业持续、健康发展，设立工程勘察设计责任保险制度是必要和切实有效的方法。

我国于 1999 年由建设部颁布了《关于同意北京市、上海市、深圳市开展工程设计保险试点工作的通知》，决定在以上三个城市实行设计保险。为了配合建设部的试点工作，由人保总公司牵头，上海、深圳、山东、四川、北京、天津、湖南等相关处室组成险种开发小组，在借鉴国际先进经验的基础上，设计开发了与试点工作相配套的《建设工程设计责任保险条款》，于 1999 年 10 月报经中国保险监督管理委员会核准备案。2003 年建设部又颁布了 218 号文件《关于积极推进过程设计责任保险工作的指导意见》，要求各地在 2004 年年底前建立工程设计责任保险制度，并对试点工作中存在的问题提供了指导性意见。各地方也颁布相关执行文件，如《山东省关于建立建设工程勘察设计责任保险制度的通知》、《山东省建设工程勘察设计责任保险实施细则》（2004 年 2 月 24 日发布）等。各地对如何推行设计保险、对工程设计保险是否强制性投保却存有较大不同。上海和北京都是强调保险以自愿、合理为基础，政府不强制设计企业参加设计保险，但是明确要求参加投标的设计单位必须提供经济赔偿能力证明，设计单位一般可有以下三个选择：自由资产担保、第三方担保和参加设计保险❶；而深圳市则实行了强制保险制度，要求政府、国有集体企事业单位投资以及国有企事业单位控股企业投资的工程都必须投保，私人投资的工

---

❶　胡兴球·国际惯例中的设计保险与我国实践 ［J］·建筑经济，2004，11：82～85 页。

程是否需要设计保险，由业主自主决定[1]。

（二）国际惯例中建设工程责任保险的类型[2]

1. 十年责任保险

工程完工后，建筑工程依然存在着潜在的风险，特别是投资特别大的重要工程以及采用新工艺或新技术的工程项目。工程质量责任保险正是基于建筑物使用周期长，承包商流动性大的特点而专门设立的。依据 FIDIC 条款，在十年的责任期限到期时，将终止对设计人员提出诉讼的任何权利。据此，大部分国家将工程质量责任保险的年限定为十年，而保险的标的是十年内建筑物本身及其他有关的人身财产。十年责任保险需要一次性购买，承包商是投保人，业主是被保险人，保险率按议定的保险期限/建设投资额度等因素确定。由于国际上工程建设普遍实行总承包制，因此该险种的特点是保险范围不但包含了由于设计工作疏忽或过失引起质量问题造成的损失，同时包含了由于施工、材料或使用过程中由于疏忽或过失引起质量问题造成的损失。在许多国家，十年责任险是强制性险种。比较典型的如法国《建筑职责与保险》明确要求承包商（包括负责建筑设计的咨询工程师）必须对于工程本身在十年内承担相应的质量缺陷责任。基于这种情况，承包商必须向受理十年责任险的保险公司进行投保。

2. 建筑师职业责任保险

由于工程设计是一种高智力的职业，设计企业或执业者的资本少，不能完全由自己独立承担工程风险。因此，国际上从事建筑设计的设计企业或执业注册人员都通过购买职业责任保险来解决难以独立承担设计风险的问题。建筑师职业责任险是一种典型的职业责任险种。根据投保人不同，职业责任险可分为法人职业责任保险和自然人职业责任保险两大类。前者的投保人是具有法人资格的设计企业，以在投保企业工作的个人作为保险对象。后者的投保人是作为个体的自然人（执业建筑师），其保险对象是自己的职业责任风险。建筑师职业责任保险的具体做法是设计企业或者执业建筑师按一定周期（一般为 1 年或者 2 年）购买一定额度的保险，投保企业或者投保建筑师在保险期内由于设计错误、工作疏忽、监督失误等原因给业主或承包商造成的损失，保险公司负责进行评估并赔偿损失，赔偿额度不超过设计单位购买的保险额度。一般来说，设计企业或者执业建筑师在执业期间都需要每年连续购买职业责任保险，以保证保险期的连续性。在不同的国家，对于设计企业或者执业的建筑师是否需要必须购买建筑师职业责任险的要求不同。但是由于设计行业的特点，绝大多数执业的设计企业或建筑师都会主动购买建筑师职业责任险，保证其能够正常开展业务。为了保障自己的投资安全，业主在选择建筑师时，该建筑师是否购买职业责任保险也是其选择标准之一。可以说，建筑师职业责任保险是国际上普遍实行的一种设计保险类型。

（三）建设工程勘察设计责任保险制度的内容

中国人民保险公司会同有关各方，按照国际惯例中的建筑师职业责任险和十年责任险，开发了建设工程设计责任保险和单项建设工程设计责任保险两个险种并制定了相应的保险条款。建设工程设计责任保险（年保）是指工程设计单位以全年设计项目为投保标

---

❶ 孙文成：《对我国工程设计保险推行方式的思考》，《工程建设》，2007，（2），45～49 页。

❷ 胡兴球·国际惯例中的设计保险与我国实践 [J]·建筑经济，2004，11：82～85 页。

的。根据其年承担的设计项目所遇风险和出险概率选择年累计赔偿限额，保险期限为一年。单项建设工程设计责任保险（单保）则是以工程设计的单个项目为投保标的，并以工程项目预算为赔偿限额的依据。

由于在全国范围为的层面缺少工程勘察设计责任保险制度的具体规范，我们以《山东省建设工程勘察设计责任保险实施细则》为例简单介绍工程勘察设计责任保险制度的基本内容如下：

1. 投保人

凡取得建设部或省建设行政主管部门核发的勘察设计资质证书，并在工商行政主管部门注册登记具有独立法人资格的勘察设计单位，应当积极参加工程勘察设计责任保险。能够提供自有资产担保和第三方担保证明的勘察设计单位可不参加本保险。

2. 保险范围

单项工程保险范围主要为：全部或部分是财政投资、融资的建设工程；国有、集体单位投资或控股的建设工程；涉及社会公共利益、公众安全的住宅小区、公建、城市基础设施等工程；业主事先约定勘察设计单位应当参加责任保险的建设工程等。年保保险范围是投保单位在保险期内完成的所有勘察设计工程。

3. 投保方式

建设工程勘察设计责任保险分为年保和单项工程投保两类。年保是指工程勘察设计单位以全年设计项目为投保标的，根据其年承担的勘察设计项目所遇风险和出险概率选择年累计赔偿限额。单项工程投保是指以单个工程勘察设计项目为投保标的，以工程项目预算金额为赔偿限额。

年保项目保险期限为 1 年。保险期限自保险人签发保险单次日零时起至期满日二十四时止。期满可续保。单项投保项目的保险期限为自保险单约定的起保日开始至投保工程竣工的验收合格期满 3 年之日终止。除非另有约定，本保险期限不得超过 8 年，大型工程不得超过 10 年。

4. 保险条款和保险合同

建设工程设计责任保险条款原则上按照中国保监会核准备案的条款执行，具体事宜由投保人与保险人协商确定。

5. 业主要求勘察设计单位投保的权利

各级建设行政主管部门要积极推动建设工程勘察设计责任保险工作，在业主进入有形市场招标时，应当告之业主有要求投标人参加工程勘察设计责任保险的权利。

第八节　外商投资勘察设计企业

我国在 2001 年 12 月 11 日加入了 WTO 组织，成为其第 143 个成员国。从此将在 WTO 组织的统一的法律框架指导下，按照国际贸易规则建立我国市场经济体系。入世，给我国建筑业发展带来了机遇，也带来了不同程度的挑战。加入 WTO 时，我国对勘察设计行业的承诺主要为市场准入和国民待遇两个方面。在市场准入方面，对于方案设计的跨境交付没有限制，除此之外的跨境交付，要求与中国专业设计机构合作的方式进行；允许设立合营企业，允许外资拥有多数股权；中国加入 WTO 后 5 年内，允许设立外商独资企业。在国民待遇方面，体现为是外国服务提供者必须是在本国从事建筑设计、工程、城市规划服务的注册建筑师、工程师或企业。

2002年9月，根据我国加入WTO建设领域的承诺，建设部和外经贸部联合颁发了《外商投资建筑业企业管理规定》和《外商投资建设工程设计企业管理规定》。这两个规定的颁布，使我国建筑市场进一步开放，同时规范和完善了外商投资建筑业企业和工程设计企业管理体制，对外国企业进入中国市场，在中国设立企业，开展施工和设计活动具有较大的影响。根据我国加入WTO关于建筑设计、工程服务及集中工程服务的承诺，《外商投资建设工程设计企业管理规定》对外商投资建设工程设计企业的市场准入条件进行了调整，明确了外商独资以及中外合资合作建设工程设计企业的资质条件。

一、外商投资建设工程设计企业的概念

外商投资建设工程设计企业，是指根据中国法律、法规的规定，在中华人民共和国境内投资设立的外资建设工程设计企业、中外合资经营建设工程设计企业以及中外合作经营建设工程设计企业。外国投资者在中华人民共和国境内设立外商投资建设工程设计企业，并从事建设工程设计活动，应当依法取得对外贸易经济行政主管部门颁发的外商投资企业批准证书，在国家工商行政管理总局或者其授权的地方工商行政管理局注册登记，并取得建设行政主管部门颁发的建设工程设计企业资质证书。

外商投资建设工程设计企业在中华人民共和国境内从事建设工程设计活动，应当遵守中国的法律、法规、规章。外商投资建设工程设计企业在中华人民共和国境内的合法经营活动及合法权益受中国法律、法规、规章的保护。国务院对外贸易经济合作行政主管部门负责外商投资建设工程设计企业设立的管理工作；国务院建设行政主管部门负责外商投资建设工程设计企业资质的管理工作。省、自治区、直辖市人民政府对外贸易经济行政主管部门在授权范围内负责外商投资建设工程设计企业设立的管理工作；省、自治区、直辖市人民政府建设行政主管部门按照本规定负责本行政区域内的外商投资建设工程设计企业资质的管理工作。

二、外商投资建设工程设计企业的设立

（一）申请和审批

外商投资建设工程设计企业设立与资质的申请和审批，实行分级、分类管理。申请设立建筑工程设计甲级资质及其他建设工程设计甲、乙级资质外商投资建设工程设计企业的，其设立由国务院对外贸易经济行政主管部门审批，其资质由国务院建设行政主管部门审批；申请设立建筑工程设乙级资质、其他建设工程设计丙级及以下等级资质外商投资建设工程设计企业的，其设立由省、自治区、直辖市人民政府对外贸易经济行政主管部门审批，其资质由省、自治区、直辖市人民政府建设行政主管部门审批。

（二）审批程序

设立外商投资建设工程设计企业，申请建筑工程设计甲级资质及其他建设工程设计甲、乙级资质的程序：（1）申请者向拟设立企业所在地的省、自治区、直辖市人民政府对外贸易经济行政主管部门提出设立申请。（2）省、自治区、直辖市人民政府对外贸易经济行政主管部门在受理申请之日起30日内完成初审；初审同意后，报国务院对外贸易经济行政主管部门。（3）国务院对外贸易经济行政主管部门在收到初审材料之日起10日内将申请材料送国务院建设行政主管部门征求意见。国务院建设行政主管部门在收到征求意见函之日起 30 日内提出意见。国务院对外贸易经济行政主管部门在收到国务院建设行政主管部门书面意见之日起 30 日内作出批准或者不批准的书面决定。予以批准的，发给外商投资企业批准证书；不予批准的，书面说明理由。（4）取得外商投资企业批准证书的，应当在 30 日内到登记主管机关办理企业登记注册。（5）取得企业法人营业执照后，申请建设工程设计企业资质的，按照建设工程设计企业资质管理规定办理。

设立外商投资建设工程设计企业，申请建筑工程乙级资质和其他建设工程设计丙级及以下等级资质的程序，由各省、自治区、直辖市人民政府建设行政主管部门和对外贸易经济行政主管部门，结合本地区实际情况，参照建设工程设计企业资质管理规定执行。省、自治区、直辖市人民政府建设行政主管部门审批的外商投资建设工程设计企业资质，应当在批准之日起 30 日内报国务院建设行政主管部门备案。

三、外商投资建设工程设计企业的特殊规定

外商投资建设工程设计企业的外方投资者及外国服务提供者应当是在其本国从事建设工程设计的企业或者注册建筑师、注册工程师。中外合资经营建设工程设计企业、中外合作经营建设工程设计企业中方合营者的出资总额不得低于注册资本的 25％。

外商投资建设工程设计企业申请建设工程设计企业资质，应当符合建设工程设计企业资质分级标准要求的条件。外资建设工程设计企业申请建设工程设计企业资质，其取得中国注册建筑师、注册工程师资格的外国服务提供者人数应当各不少于资质分级标准规定的注册执业人员总数的 1/4；具有相关专业设计经历的外国服务提供者人数应当不少于资质分级标准规定的技术骨干总人数的 1/4。中外合资经营、中外合作经营建设工程设计企业申请建设工程设计企业资质，其取得中国注册建筑师、注册工程师资格的外国服务提供者人数应当各不少于资质分级标准规定的注册执业人员总数的 1/8；具有相关专业设计经历的外国服务提供者人数应当不少于资质分级标准规定的技术骨干总人数的 1/8。外商投资建设工程设计企业中，外国服务提供者在中国注册的建筑师、工程师及技术骨干，每人每年在中华人民共和国境内累计居住时间应当不少于 6 个月。

四、港澳台投资者设立的建设工程设计企业

香港特别行政区、澳门特别行政区和台湾地区的投资者在其他省、自治区、直辖市内投资设立建设工程设计企业，从事建设工程设计活动，参照《外商投资建设工程设计企业管理规定》执行，法律、法规、国务院另有规定的除外。为了促进内地与香港、澳门经贸关系的发展，鼓励香港服务提供者和澳门服务提供者在内地设立建设工程设计企业，根据国务院批准的《内地与香港关于建立更紧密经贸关系的安排》和《内地与澳门关于建立更紧密经贸关系的安排》，建设部、对外贸易经济合作部对《外商投资建设工程设计企业管理规定》做如下补充规定，并于自 2004 年 1 月 1 日起实施。

（1）自 2004 年 1 月 1 日起，允许香港服务提供者和澳门服务提供者在内地以独资形式设立建设工程设计企业。

（2）香港服务提供者和澳门服务提供者在内地投资设立建设工程设计企业以及申请资质，按照《外商投资建设工程设计企业管理规定》以及有关的建设工程设计企业资质管理规定执行。

（3）《外商投资建设工程设计企业管理规定》中的香港服务提供者和澳门服务提供者应分别符合《内地与香港关于建立更紧密经贸关系的安排》和《内地与澳门关于建立更紧

密经贸关系的安排》中关于"服务提供者"定义及相关规定的要求。《内地与香港关于建立更紧密经贸关系的安排》和《内地与澳门关于建立更紧密经贸关系的安排》中把"服务提供者"界定为指提供服务的任何人，其中："人"指自然人或法人；"自然人"：对内地而言，指中华人民共和国公民；对香港而言，指中华人民共和国香港特别行政区永久性居民；对澳门而言，指中华人民共和国澳门特别行政区永久性居民；"法人"指根据内地或香港特别行政区适用法律适当组建或设立的任何法律实体，无论是否以盈利为目的，无论属私有还是政府所有，包括任何公司、基金、合伙企业、合资企业、独资企业或协会（商会）。

第六章　建　筑　法

第一节　建筑法概述

一、建筑法的概念

建筑法的概念有广义和狭义之分。狭义的建筑法指我国第八届全国人民代表大会常委会第二十八次会议于 1997 年 11 月 1 日通过的《中华人民共和国建筑法》。它是我国第一次以法律的形式规范建筑活动的行为。《建筑法》分总则、建筑许可、建筑工程发包与承包、建筑工程监理、建筑安全生产管理、建筑工程质量管理、法律责任、附则共 8 章 85 条，自 1998 年 3 月 1 日起施行。它的公布，确立了我国建筑活动的基本法律制度，标志着我国建筑活动开始纳入依法管理的轨道；它的施行，对加强建筑活动的监督管理，维护建筑市场秩序，保障建筑工程的质量和安全，促进建筑业的健康发展，保护建筑活动当事人的合法权益，具有重要的意义。2011 年 4 月 22 日第十一届全国人民代表大会常务委员会第二十次会议通过《关于修改〈中华人民共和国建筑法〉的决定》，对《中华人民共和国建筑法》第 48 条修改为："建筑施工企业应当依法为职工参加工伤保险缴纳工伤保险费。鼓励企业为从事危险作业的职工办理意外伤害保险，支付保险费。"

广义的建筑法是指调整建筑领域内建筑行政管理机关、建设单位、建筑从业单位及从业者、其他有关组织和自然人之间在建筑活动中所发生的各种社会关系的法律规范的总称。据此，广义的建筑法除《建筑法》外，还有大量的与《建筑法》配套的行政法规、部门规章、地方性法规、地方性规章等。本章内容，是以《建筑法》的规定为主线，概括地介绍了涉及《建筑法》内容的法律、行政法规、部门规章等的相关规定。但基本上没有涉及地方性法规、规章的规定，关于这点，尚请读者注意。

二、建筑法的立法目的

工程建设和建筑业作为国民经济的重要支柱产业之一，其发展对于推动国民经济的发展，促进社会进步，保障人民生活都具有重要意义。建筑活动作为一项特殊的社会活动，具有其自身的特点。一项工程从计划到投入使用，要经过地质勘查、规划设计、施工准备、现场施工、验收、交付使用以及工程保修等环节。建筑产品使用时间长，社会影响大，生产过程复杂，返修返工艰难。因此，在建筑活动的整个过程，都应当有严格的规范、制度和管理。《建筑法》正是基本于上述目的而制定的，根据《建筑法》第 1 条规定，为了加强对建筑活动的监督管理，维护建筑市场秩序，保证建筑工程的质量和安全，促进建筑业健康发展，制定本法。其立法宗旨主要包括四个方面：

（一）加强对建筑活动的监督管理

建筑活动是一个由多方主体参加的活动。没有统一的建筑活动行为规范和基本的活动程序，没有对建筑活动各方主体的管理和监督，建筑活动就是无序的。为保障建筑活动的正常、有序进行，就必须加强对建筑活动的监督管理。改革开放以来，我国建筑业迅猛发展。由于建筑活动的复杂性和重要性，加强对建筑活动的监督管理，规范建筑市场，显得日益迫切和十分必要。因此，《建筑法》的首要目的，就是为了加强对建筑活动的监督管理。

对建筑活动的监督管理主要包括两个方面的内容，即宏观的监督管理和微观的监督管理。宏观的监督管理主要是指从宏观的产业政策、行业标准、法律制度等方面对建筑活动进行组织、协调、控制、监督等。微观的监督管理主要是指有关部门对建筑项目的施工许可管理、从业者资质与资格认定管理、建设工程发承包管理以及建筑安全生产管理和建设工程质量管理等。

（二）维护建筑市场秩序

随着我国改革开放和社会主义市场经济体制的建立，我国建筑业发生了重大的战略转变。建筑活动已由过去的封闭性、计划性向开放性、竞争性转变，施工企业从为完成计划的单纯生产型向生产经营型、效益型转变。以招标、投标竞争机制为主线的建筑市场体系和市场机制正日趋完善。建筑市场作为社会主义市场经济的组成部分，需要确定与社会主义市场经济相适应"公开、公正、公平"的原则，对于扰乱建筑市场秩序、违反公平竞争原则的行为规定了相应的惩处措施。因此，制定《建筑法》，就要从根本上解决建筑市场的混乱状况，确立与社会主义市场经济相适应的建筑市场管理制度，以维护建筑市场的秩序，保证建筑业持续、健康、有序的发展。

（三）保证建筑工程质量和安全

由于建筑生产的特殊性和复杂性，建筑产品使用的长期性和固定性，建筑工程质量和安全对社会秩序、社会生产及人民生活影响巨大。自改革开放至建筑法颁行的一段时间里，由于社会和经济制度转型、建筑市场的竞争激烈等，导致建筑业问题迭出，相继发生了一些重大质量事故，如重庆綦江县大桥断裂、河南焦作天堂歌舞厅火灾、重庆武隆县高切坡垮塌事故等。在建筑安全生产方面，建筑安全事故频繁发生，全国每年施工死亡人数仅次于交通、矿山，位于全国各行业的第三位。因此，制定《建筑法》的一个重要目的，就是要保证建筑工程质量和安全，促进建筑业的健康发展。为了提高建设工程质量，避免质量事故，《建筑法》就建设工程在勘察、设计、施工中的质量标准、质量责任和质量监督管理做了专门规定，从而为我国建设工程质量提供了法律保证。同时，建设工程不仅要保证质量，而且必须保证安全。为保证建设工程的安全，《建筑法》从立法的角度对工程建设中的有关安全措施、安全责任和安全管理进行了明确规定。

（四）促进建筑业健康发展

建筑业是国民经济的重要物质生产部门，是国家重要支柱产业之一。改革开放以来，随着国民经济的发展和改革的不断深化，我国的建筑业的规模不断扩大，建筑业在国民经济和社会发展中的地位和作用越来越重要。据统计，"十一五"时期全社会固定资产累计完成投资 922889 亿元，年平均增长速度为 25.5%，是改革开放以来增速较高的一个时期。2010 年，全国具有资质等级的总承包和专业承包建筑业企业完成建筑业总产值 95206 亿元，全社会建筑业实现增加值 26451 亿元；全国工程勘察设计企业营业收入 9547 亿元；全国工程监理企业营业收入 1196 亿元。"十一五"期间，建筑业增加值年均增长 20.6%；建筑业增加值占国内生产总值的比重保持在 6% 左右，2010 年达到 6.6%。建筑业全社会从业人员达到 4000 万人以上，成为大量吸纳农村富余劳动力就业、拉动国民经济发展的重要产业，在国民经济中的支柱地位不断加强。建筑活动的管理水平、效果、效益，直接影响到我国固定资产投资的效果和效益，从而影响到国民经济的健康发展。保障建筑业在国民经济和社会发展中的地位和作用，促进建筑业健康发展，也就成了建筑法的立法目的之一。

三、建筑法的调整对象和适用范围

《建筑法》第 2 条规定："在中华人民共和国境内从事建筑活动，实施对建筑活动的监督管理，应当遵守本法。本法所称建筑活动，是指各类房屋建筑及其附属设施的建造和与其配套的线路、管道、设备的安装活动。"由此可见，建筑法的调整范围包括三方面：（1）调整的地域范围是中华人民共和国境内；（2）调整的主体是作为投资主体的建设单位或个人、勘察设计单位、施工企业、监理单位以及管理机关等，同时从事建筑活动的个人如注册建筑师、注册结构师、注册监理师、注册造价师、注册建造师等也适用本法；（3）调整的行为是各类房屋建筑及其设施的新建、改建、扩建、维修、拆迁、装饰装修活动，以及线路、管道、设备的安装活动。

《建筑法》虽然是调整各类房屋建筑的建筑活动，但该法所确定的基本制度，也适用于其他专业（如铁路、民航、交通运输、水利等工程）的建筑活动。为此，《建筑法》第 81 条规定："本法关于施工许可、建筑施工企业资质审查和建筑工程发包、承包、转包，以及建筑工程监理、建筑工程安全和质量管理的规定，适用于其他专业建筑工程的建筑活动，具体办法由国务院规定。"

另外，有些工程不可能完全按照《建筑法》规定的要求去进行，如省、自治区、直辖市人民政府确定的小型房屋建筑工程；有些工程需要依照有关法律执行，如作为文物保护的建筑物和古建筑等的修缮；有些工程根本不宜适用也不可能适用《建筑法》的规定，如抢险救灾等工程；有些工程需要另行制定管理办法，如军用房屋建筑工程等。《建筑法》充分考虑到了这一点，在《建筑法》第 83 条及 84 条中明确规定，省、自治区、直辖市人民政府确定的小型房屋建筑工程的建筑活动，参照本法执行；依法核定作为文物保护的纪念建筑物和古建筑等的修缮，依照文物保护法的有关规定执行；抢险救灾及其他临时性房屋建筑和农民自建低层住宅的建筑活动，不适用本法；军用房屋建筑工程建筑活动的具体管理办法，由国务院、中央军事委员会依据本法制定。

四、建筑法的基本原则

建筑法的基本原则，是指我国建筑法所特有的、贯穿于全部建筑法的、进行建筑活动所必须遵守的法律原则。建筑法的基本原则是建筑法的主旨和基本准则，是制定和实施建筑法的出发点，也是贯彻落实建筑法，依法规范和管理建筑市场时必须遵循的根本准则，主要包括三项：

（一）安全原则

建筑活动应当确保工程质量和安全，符合国家的建筑工程安全标准。建筑产品生产要素复杂，施工环节众多，一经建成不能更换，不便修复，且又是特大的耐用产品，使用周期长，对国民经济各个行业和人民生活都关系重大。建筑产品质量如何，直接关系和影响到国民经济的发展和人民生活的安定。

建筑活动应当确保建筑工程质量和安全这一原则对整个建筑活动具有指导作用。所谓建筑工程质量，是指国家规定和合同约定的对建筑工程的适用、安全、经济、美观等各项特性要求的总和。建筑活动确保建筑工程质量，就是确保建筑工程的适用、安全、经济、美观等各项特性的要求。所谓建筑工程的安全，是指建筑工程对人身的安全和财产安全。建筑活动应当确保建筑工程的安全，就是确保建筑工程不能引起人员伤亡和财产损失。

建筑工程质量和安全，是整个建筑活动的核心，建筑工程质量和安全涉及子孙后代，搞不好会造成大的事故，造成人员的伤亡和财产的损失。为减少或者避免造成上述后果，从事建筑活动应当确保建筑工程的质量和安全。例如申请施工许可证，施工企业必须具有一定的资质，承包方必须承包法定资质范围内的工程，建筑工程勘察与设计、施工的质量必须符合国家有关建筑工程安全标准，有关建筑工程安全的国家标准不能适应确保建筑工程安全的要求时就及时修订，建筑施工企业对工程的质量负责，交付竣工验收的建筑工程必须确保地基基础工程和主体结构的质量，涉及建筑主体和承重结构变动的装修工程必须具有设计方案，房屋拆除应当具备保证安全条件的建筑施工单位承担，建筑工程设计应当符合建筑安全规程和技术规范，建筑施工企业施工必须编制具有相应安全技术措施的施工组织设计，建筑施工企业和作业人员在施工过程中必须遵守有关安全生产的法律、法规和建筑行业安全规程，均是确保建筑工程质量与安全这一原则的具体体现。

建筑活动应当符合国家的建筑工程安全标准这一原则同样对整个建筑活动具有指导作用。建筑工程安全标准，是对建筑工程的设计、施工方法和安全所作的统一要求。建筑工程安全标准是发展社会主义市场经济，保证技术进步，改进建筑工程质量与安全，提高社会效益与经济效益，维护国家利益和人民利益的重要手段，也是一个重要的衡量尺度，建筑活动保证符合建筑工程安全就能确保建筑工程的质量和安全，目前，有些建筑工程不符合质量，没有安全保证，就是建筑活动没有按照国家的建筑工程安全标准施工。

（二）创新原则

国家扶持建筑业的发展，支持建筑科学研究，提高房屋建筑设计水平，鼓励节约能源和保护环境，提倡使用先进技术、先进工艺、新型建筑材料和现代管理方式。

国家扶持建筑业的发展，是指国家采取优惠措施，引导和规范人们从事建筑活动等。例如采取低价位等优惠措施鼓励人们购买商品房屋等。支持建筑科学研究，是指支持开发新技术、新产品，支持技术改造活动等。因为科学技术是第一生产力，科学技术一旦用于生产实践就能改变物质基础，提高劳动生产率。根据《节约能源法》的规定，所谓节能，是指加强用能管理，采取技术上可行、经济上合理以及环境和社会可以承受的措施，减少从能源生产到消费各个环节的损失和浪费，更加有效、合理地利用能源。根据《节约能源法》的规定，固定资产投资工程项目的可行性研究报告，应当包括合理用能的专题论证；固定资产投资工程项目的设计和建设，应当符合合理用能标准和节能设计规范；达不到合理用能标准和节能设计规范要求的项目，依法审批的机关不得批准建设，项目建成后达不到合理用能标准和节能设计规范要求的，不予验收。建筑物的设计和建造应当依照有关法律、行政法规的规定，采用节能型的建筑结构、材料、器具和产品，提高保温隔热性能，减少采暖、制冷、照明的能耗。环境保护是我国一项基本国策，各个行业均必须执行这一国策，建筑行业也不例外。所以，为保证基本国策的落实，建筑施工企业应当遵守有关环境保护和安全生产的法律、法规的规定，采取控制和处理施工现场的各种粉尘、废气、废水、固体废物以及噪声、振动对环境污染和危害的措施。先进技术、先进设备、先进工艺和新型建筑材料，均是先进的科技成果，国家提倡采用先进技术、先进设备、先进工艺、新型建筑材料的政策。根据《促进科技成果转化法》的有关规定，国家鼓励将其尽快转化到生产实践中，科技成果如能及时运用于生产实践，就能促进建筑行业的发展，提高建筑行业的生产效率，使得建筑行业的生产水平得到进一步提高。现代管理方式，是指运用现代化的科学方法和手段组织生产，可以用最低的消耗，取得更大的经济效果的管理情形。现代管理方式可以确保企业提高自己的经济效益和社会效益，提高劳动生产率。

（三）合法原则

从事建筑活动应当遵守法律、法规，不得损害社会公共利益和他人的合法权益，任何单位和个人都不得妨碍和阻挠依法进行的建筑活动。

从事建筑活动应当遵守法律、法规是本法规定的一项基本原则。法律是全国人大及其常委会制定的规范人们行为的基本准则；行政法规和地方性法规是国务院和具有立法权的地方人大及其常委会制定的规范人们行为的基本准则。党的十五大提出了依法治国的战略方针，遵守法律则是这一战略方针的具体体现。因此，从事建筑活动应当遵守法律、法规。需要遵守本法的单位和个人主要包括：从事建筑工程勘察设计的单位和个人；从事建筑工程监理的单位和个人；从事建筑工程施工的单位和个人；从事建筑活动监督和管理的单位和个人等。遵守法律、法规，是指要遵守法律、法规所规定的强制性规范。

不得损害社会公共利益和他人的合法权益即不得损害社会公共利益的原则。社会公共利益是全体社会成员的利益，法律、法规保护社会公共利益就等于保护了每一个社会成员的利益。社会公共利益必须维护，只有这样才能形成一个良好的社会风气，整个社会的文明程度才会提高。不得损害社会公共利益的原则是我国宪法及其民法通则等有关基本法律所规定的一项基本原则，该原则就能保证整个建筑市场合理有序、健康的发展。所以，建筑活动中的任何单位和个人均应当遵守这一原则。

任何单位和个人都不得妨碍和阻挠依法进行的建筑活动即合法权益受法律保护的原则。制定法律不仅仅只要求人们去遵守和惩治违法行为，而且还要保护每个市场主体的合法权益不受侵犯。这正是法律的公正所在。法律只有打击违法行为，保护合法行为，才会起到其应有的作用。因此任何单位和个人都不得妨碍和阻挠依法进行的建筑活动。根据这一原则，就要求有关单位和个人，特别是手中掌握行政权力的单位和个人均要尊重依法进行建筑活动的单位和个人的合法权益，不得进行干扰。如果非法干扰，依法从事建筑活动的单位和个人可以依法拒绝。

第二节　建设工程的发包与承包

一、建设工程发包与承包的概念

建设工程发包与承包是指发包方通过合同委托承包方为其完成某一工程的全部或其中一部分工程的交易行为。其中，把某项工作交给他人完成并有义务接受工作成果，支付工作报酬是发包。承揽他人交付某项工作，并按成该项工作任务，有权利接受工作报酬的是承包。工程发包方一般为建设单位或工程总承包单位；工程承包方一般为工程勘察设计单位、施工单位、工程设备供应及设备安装制造单位等。发包方与承包方的权利、义务都由双方签订的承包合同来加以规定。

建设工程发包是指建设单位或者受其委托的招标代理机构通过招标方式或直接发包方式将建设工程的全部或部分交由他人承包，并支付相应费用的行为。建设工程发包是指通过招标方式或者直接发包方式取得建设工程的全部或者部分，完成建设工程部分或全部并获得相应费用的行为。《建筑法》规定了建设工程发包与承包应当遵循的基本原则及行为规范，如实行招标发包和直接发包的范围；不得违法肢解发包；总包单位分包时须经建设单位认可；禁止承包单位将其承包的工程转包给他人；招标方不得与任何投标方相互勾结，妨碍其他投标方的公平竞争；投标方不得串通投标，故意抬高或者压低标价等。

二、建设工程发包与承包的立法概况

在计划经济时期，我国的工程建设任务采取由行政主管部门分配的方式。改革开放以后，我国的经济体制向市场经济转轨，过去计划经济下的分配工程任务的方式已不适应市场经济的竞争机制。自1982年起，我国建设领域开始进行改革，逐步确立了建设工程发包与承包制度，把工程设计与施工推入市场，由相关企业竞争承包。

目前，我国现行的与建设工程承、发包有关的主要法规有1997年《建筑法》（2011年修订）和1999年《招标投标法》两部法律；以及建设部颁布的部委规章和规范性文件，主要包括：2000年10月8日建设部颁布的《建设工程设计招标投标管理办法》（2017年修订）；2000年5月1日《工程建设项目招标范围和规模标准规定》（中华人民共和国国家发展计划委员会第3号令，自发布之日起施行）；2000年7月1日《工程建设项目自行招标试行办法》（2013年修订）；2001年6月1日《房屋建筑和市政基础设施工程施工招标投标管理办法》（建设部第89号令，自发布之日起施行）；2003年国家计委、建设部、铁道部、交通部、信息产业部、水利部、中国民用航空总局审议通过的《工程建设项目施工招标投标办法》（2013年修订）；2004年2月3日建设部颁布的《房屋建筑和市政基础设施工程施工分包管理办法》（建设部第124号令，自2004年4月1日起施行），该办法的目的在于目的是为了规范房屋建筑和市政基础设施工程施工分包活动，维护建筑市场秩序，保证工程质量和施工安全；2006年12月30日经建设部颁布的《工程建设项目招标代理机构资格认定办法》（已于2018年3月废止）。

三、建设工程发包的方式

《建筑法》第19条规定，建筑工程依法实行招标发包，对不适于招标发包的可以直接发包。依据《建筑法》这一规定，建设工程发包有两种方式：招投标和直接发包。

（一）招标发包

建设工程招标与投标是指发包方事先通过招标公告或者投标邀请书标明其拟建工程的内容和要求，有存在承包意愿的单位递交投标书，明确承包工程的价格工期、质量等条件，再由发包方从中择优选择工程承包方的交易方式。

招标发包又分为两种方式：公开招标发包和邀请招标发包。公开招标发包是指由建设单位按照程序，在规定的公开媒体上发布招标公告，提供载有招标工程的主要技术要求、主要的合同条款、评标的标准和方法以及开标、评标、定标的程序等内容的招标文件，使所有潜在的投标人都可以平等参加投标竞争，并从中择优选定中标人。邀请招标发包是指招标人根据自己所掌握的情况，预先确定符合招标项目基本要求的一定数量的潜在的投标人并发出邀请，从中确定承包单位。建设工程招标发包比直接发包更有利于承包单位之间的公平竞争，也更符合市场经济的内在规律。通过招投标，建设单位和承包单位进入市场、公平交易、公平竞争，有利于控制建设工期，确保工程质量，提高投资效益。我国《招标投标法》等相关法律法规都提倡招投标发包方式，对直接发包予以限制。

招投标是建设工程发包承包的主要方法。《建筑法》规定：建设工程依法实行招标发包，对不适于招标发包的保密工程、特殊工程可以直接发包。《建筑市场管理规定》指出，凡具备招标条件的建设项目，必须按照有关规定进行招标。通过招投标，建设单位和承包单位进入市场，公平交易、公平竞争，有利于控制建设工期，确保工程质量，提高投资效益。

建设工程的招投标活动，应当依照有关法律的规定公开、公平、公正进行。根据相关法律法规的规定，建设工程招投标活动通常应当招标、投标、开标、评标、定标。关于建设工程招标投标法律制度本书会在后面专章详述。

（二）直接发包

建设工程直接发包是指发包方与承包方直接进行协商，以约定工程建设的价格、工期、质量和其他条件的交易方式。如建设单位直接同相应资质等级的建筑施工企业洽谈建设工程的事宜，通过商谈来确定承包单位。

四、建设工程发包的一般规定

建设工程发包单位必须依照法律、行政法规的规定发包建设工程。依据《建筑法》以及其他法律、行政法规的规定，建设工程发包是必须遵守以下一般规定：

（一）建设工程发包单位应当将建设工程发包给相应资质的承包人

《建筑法》第 22 条规定，建筑工程实行招标发包的，发包单位应当将建筑工程发包给依法中标的承包单位。建筑工程实行直接发包的，发包单位应当将建筑工程发包给具有相应资质条件的承包单位。建设活动不同于一般的经济活动，它具有技术要求高、社会影响大等特点。因此，世界上大多数国家对于工程建设活动都实行职业资格制度，我国也不例外。承包建设工程勘察、设计、施工、监理的单位，必须持有营业执照和相应的资质证书。

《建筑法》第 65 条第 1 款规定，发包单位将工程发包给不具有相应资质条件的承包单位的，或者违反本法规定将建筑工程肢解发包的，责令改正，处以罚款。至于罚款的数额，《建筑法》未做具体规定，由国务院《建筑工程质量管理条例》（2017）予以规定。《建筑工程质量管理条例》（2017）第 54 条规定："违反本条例规定，建设单位将建设工程发包给不具有相应资质等级的勘察、设计、施工单位或者委托给不具有相应资质等级的工程监理单位的，责令改正，处 50 万元以上 100 万元以下的罚款。"根据《工程施工合同司法解释》之规定，发包人与不具有相应资质承包单位签订的建设工程施工合同属于无效合同。

（二）建设工程发包与承包中，禁止行贿和受贿

通过行贿获取建设工程承包权是一种我国《反不正当竞争法》规定的不正当竞争手段之一，也是危害社会正常经济秩序的犯罪行为，它严重违背市场竞争的公平原则，是一种非法行为，应当予以禁止。这对于保护其他合法承包市场参与者的权益和打击不法市场经济行为是非常有益的。《建筑法》第 17 条规定，发包单位及其工作人员在建筑工程发包中不得收受贿赂、回扣或者索取其他好处。承包单位及其工作人员不得利用向发包单位及其工作人员行贿、提供回扣或者给予其他好处等不正当手段承揽工程。《反不正当竞争法》

第 8 条条规定，经营者不得采用财物或者其他手段进行贿赂以销售或者购买商品。在账外暗中给予对方单位或者个人回扣的，以行贿论处；对方单位或者个人在账外暗中收受回扣的，以受贿论处。经营者销售或者购买商品，可以以明示方式给对方折扣，可以给中间人佣金。经营者给对方折扣、给中间人佣金的，必须如实入账。接受折扣、佣金的经营者必须如实入账。我国《刑法》对此也有明确规定，并规定对单位犯罪采取双罚制，除对单位判处罚金外，还对直接复制的主管人员和其他直接责任人员判处相应的刑罚。

（三）发包单位应当按照合同的约定，及时拨付工程款项

《建筑法》第 18 条规定，建筑工程造价应当按照国家有关规定，由发包单位与承包单位在合同中约定。公开招标发包的，其造价的约定，须遵守招标投标法律的规定。发包单位应当按照合同的约定，及时拨付工程款项。在我国工程建设领域，工程款拖欠是普遍现象，而且势头似乎有增无减。拖欠工程款不仅仅造成施工企业的困难，拖欠行为继续延伸，甚至形成了债务的锁链；建设单位拖欠建筑企业工程款，建筑企业将拖欠转嫁，又拖欠分包企业的工程款、材料设备商的货款、农民工工资、国家税款和银行贷款等。有的建筑企业为转嫁拖欠工程款的风险，将工程分包给技术管理水平较低的企业或者包工头，造成施工中偷工减料，使工程质量水平大大降低，甚至留下安全隐患，从而产生工程质量事故。

（四）发包单位应当依照法律、行政法规规定的程序和方式进行公开招标并接受有关行政主管部门的监督

《建筑法》第 20 条规定："建筑工程实行公开招标的，发包单位应当依照法定程序和方式，发布招标公告，提供载有招标工程的主要技术要求、主要的合同条款、评标的标准和方法以及开标、评标、定标的程序等内容的招标文件。开标应当在招标文件规定的时间、地点公开进行。开标后应当按照招标文件规定的评标标准和程序对标书进行评价、比较，在具备相应资质条件的投标者中，择优选定中标者。"第 21 条规定："建筑工程招标的开标、评标、定标由建设单位依法组织实施，并接受有关行政主管部门的监督。"

（五）发包人不得将建设工程肢解发包

《建设工程质量管理条例》第 78 条第 1 款规定："本条例所称肢解发包，指建设单位将应当由一个承包单位完成的建设工程分解成若干部分发包给不同的承包单位的行为。"《建筑法》24 条规定："提倡对建筑工程实行总承包，禁止将建筑工程肢解发包。建筑工程的发包单位可以将建筑工程的勘察、设计、施工、设备采购一并发包给一个工程总承包单位，也可以将建筑工程勘察、设计、施工、设备采购的一项或者多项发包给一个工程总承包单位；但是，不得将应当由一个承包单位完成的建筑工程肢解成若干部分发包给几个承包单位。"《建设工程质量管理条例》第 55 条规定："违反本条例规定，建设单位将建设工程肢解发包的，责令改正，处工程合同价款 0.5% 以上 1% 以下的罚款；对全部或者部分使用国有资金的项目，并可以暂停项目执行或者暂停资金拨付。"

从上述规定可看出，肢解发包属违法行为，应予处罚。肢解发包中，本应由一个承包单位完成的建筑工程，如果分解成若干部分由几个承包单位完成任务，使原本很狭小的工作面同时涌入过多的承包单位，导致工作界面不清，责任主体不明，合同纠纷增多，工作秩序必然混乱。因肢解发包人为地增加了承发包单位对项目的管理难度和管理成本，稍有不慎，就会引起工作质量和安全事故，故其是我国明令禁止的违法行为。

（六）发包人不得向承包人指定购入用于建设工程的建筑材料、建筑构配件和设备或指定生产厂、供应商

《建筑法》第 25 条规定："按照合同约定，建筑材料、建筑构配件和设备由工程承包单位采购的，发包单位不得指定承包单位购入用于工程的建筑材料、建筑构配件和设备或者指定生产厂、供应商。"这并不意味着建设单位不可以采购材料。如果建设单位自行采购建筑材料，必须先合同约定，否则就是剥夺了合同中属于承包人的权利，属于违约。《建设工程质量管理条例》第 14 条规定，按照合同约定，由建设单位采购建筑材料、建筑构配件和设备的，建设单位应当保证建筑材料、建筑构配件和设备符合设计文件和合同要求。建设单位不得明示或者暗示施工单位使用不合格的建筑材料、建筑构配件和设备。

五、建设工程承包的一般规定

（1）建设单位不得直接指定分包工程承包人。任何单位和个人不得对依法实施的分包活动进行干预。

（2）承包单位及其工作人员不得利用向发包单位及其工作人员行贿、提供回扣或者给予其他好处等不正当手段承揽工程。

（3）禁止转让、出借企业资质证书或者以其他方式允许他人以本企业名义承揽工程。

（4）禁止将承包的工程进行违法分包。依照《建筑法》第 29 条的规定，建筑工程总承包单位可以将承包工程中的部分工程发包给具有相应资质条件的分包单位；但是，除总承包合同中约定的分包外，必须经建设单位认可。施工总承包的，建筑工程主体结构的施工必须由总承包单位自行完成。建筑工程总承包单位按照总承包合同的约定对建设单位负责；分包单位按照分包合同的约定对总承包单位负责。总承包单位和分包单位就分包工程对建设单位承担连带责任。禁止总承包单位将工程分包给不具备相应资质条件的单位。禁止分包单位将其承包的工程再分包。

（5）禁止建设工程转包。关于对转包的界定，我国法律、法规及部门规章中均有涉及，《工程总承包企业资质管理暂行规定》（建施〔1992〕189 号）第 16 条规定："工程总承包企业不得倒手转包建设工程项目。前款所称倒手转包，是指将建设项目转包给其他单位承包，只收取管理费，不派项目管理班子对建设项目进行管理，不承担技术经济责任的行为。"这里的倒手转包就是建设工程实务中的转包行为。《建筑法》第 28 条规定："禁止承包单位将其承包的全部建筑工程转包给他人，禁止承包单位将其承包的全部建筑工程肢解以后以分包的名义分别转包给他人。"《合同法》第 272 条第 2 款进一步规定：承包人不得将其承包的全部建设工程转包给第三人或者将其承包的全部建设工程肢解以后以分包的名义分别转包给第三人。

《建筑法》、《合同法》虽然没有明确规定转包的定义，但却明确规定了法律禁止的两种转包行为。根据《建筑法》制定的《建设工程质量管理条例》，在《建筑法》及《合同法》对转包行为界定的基础上明确对转包作出明确界定；其第 78 条第 3 款规定："本条例所称转包，是指承包单位承包建设工程后，不履行合同约定的责任和义务，将其承包的全部建设工程转给他人或者将其承包的全部工程肢解以后以分包的名义分别转给他人承包的行为。"因此转包的定义可以概括为，承包单位承包建设工程后，不履行合同约定的责任和义务，将其承包的全部建设工程转给第三人或者将其承包的全部工程肢解以后以分包的名义分别转给第三人承包的行为。

第三节 建设工程承包方式

一、建设工程总承包

(一) 工程总承包的概念

建设工程总承包制度，是建设工程承包方式多样化的产物，是我国工程建设领域改革不断深入的结果，也是借鉴国家建设工程管理经验的结果。工程总承包的提出起源于基本建设管理体制改革，我国总承包制度的相关政策源于 1984 年第六届全国人大第二次会议政府工作报告提出："着手组建多种形式的工程承包公司和综合开发公司。工业、交通等生产性建设项目由专业性工程承包公司投标，从可行性研究、设计、设备配套、工程施工到竣工试车进行全过程的总承包；然后再由工程承包公司向各设计、施工、设备供应单位招标，签订分包经济合同"。

之后，国务院《关于改革建筑业和基本建设管理体制若干问题的暂行规定》明确指出："各部门各地区都要组建若干具有法人地位、独立经营、自负盈亏的工程承包公司，并使之逐步成为组织项目建设的主要形式……可以选择部分设计单位或者组织部分设计人员，组建工程咨询公司和工程承包公司。工程承包公司的主要任务，是受主管部门或建设单位的委托，承包项目的建设。可以从项目的可行性研究开始直到建成试车投产的建设全过程实行总承包，也可以实行单项承包。"

1984 年国务院颁发《关于改革建筑业和基本建设管理体制若干问题的暂行规定》（国发〔1984〕123 号）中就提出建立工程总承包企业的设想；1997 年，我国颁布的《建筑法》明确提倡对建筑工程进行总承包，确立了工程总承包的法律地位。2003 年 2 月 13日，建设部发出《关于培育发展工程总承包和工程项目管理企业的指导意见》（建市〔2003〕30 号），明确了工程总承包的基本概念，开始在全国范围内全面推广工程总承包。

工程总承包是指从事工程总承包的企业受业主委托、按照合同约定对工程项目的勘察、设计、采购、施工、试运行、竣工时实施全过程或若干阶段的承包。工程总承包企业按照合同约定对工程项目的质量、工期、造价等向业主负责。工程总承包企业可依法将所承包工程中的部分工作发包给具有相应资质的分包企业；分包企业按照分包合同的约定对总承包企业负责。

(二) 工程总承包的方式

1. 设计—采购—施工（EPC）/交钥匙总承包

设计—采购—施工总承包（EPC）是指工程总承包企业按照合同约定，承担工程项目的设计、采购、施工、试运行服务等工作，并对承包工程的质量、安全、工期、造价全面负责。"交钥匙"总承包即设计—采购—施工总承包，简称"EPC"，要求总承包商按照约定完成工程设计、设备材料采购、施工、试运行等服务工作合理交叉与紧密配合，并对质量、安全、工期、造价全面负责，承包商在试运行阶段还需要承担技术服务。

2. 设计—施工总承包（D—B）

设计—施工总承包是指工程总承包企业按照合同约定，承担工程项目设计和施工，并对承包工程的质量、安全、工期、造价全面负责。

EPC 合同条件更适用于设备专业性强、技术性复杂的工程项目，FIDIC《设计采购施工（EPC）交钥匙工程合同条件》前言推荐此类合同条件："可适用于以交钥匙方式提供加工或动力设备、工厂或类似设施或基础设施工程或其他类型开发项目。"

（三）EPC 总承包模式下的分包

EPC 总承包模式由业主选择一家总承包商负责整个项目的设计、相关建筑材料、设备的采购、工程施工。总承包商可将工程再次分包，分包方式有两类：一是将工程全部分包，总承包商只负责工程的设计、相关建筑和设备的采购、管理分包商的任务；二是总承包商除完成第一种情况下应履行的任务外，还应承担工程主体的施工。

但根据我国《建筑法》规定"建筑工程总承包单位可以将承包工程中的部分工程发包给具有相应资质条件的分包单位；但是，除总承包合同中约定的分包外，必须经建设单位认可。施工总承包的，建筑工程主体结构的施工必须由总承包单位自行完成。"因此，在我国只准许 EPC 模式的第二种情况。

二、建设工程联合承包

我国《建筑法》第 27 条规定："大型建筑工程或结构复杂的建筑工程，可以由两个以上的承包单位联合承包。"《招标投标法》第 31 条规定："两个以上法人或其他组织，可以组成一个联合体，以一个投标人的身份共同投标"。《建设部关于培育发展工程总承包和工程项目管理企业的指导意见》（建市［2003］30 号）第 4 条第 1 项第 2 款规定："工程勘察、设计、施工企业也可以组成联合体，对工程项目进行联合总承包。"根据上述法律、规章的规定，承包人可以单独承包工程，也可以与其他企业联合共同承包（包括联合总承包）。《工程建设项目施工招标投标办法》第 42 条第 1 款、《工程建设项目货物招标投标办法》第 38 条第 1 款作了相同的规定。

以上规定足以阐明工程联合承包的定义：所谓建设工程联合承包，是由两个以上的单位共同组成非法人联合体，以该联合体的名义承包某项建设工程的承包方式。在具体项目操作过程中，如果工程建设联合体中标，联合投标就转化成联合承包。如果两个以上的单位组成一个法人实体进行承包某一建设工程，与发包方签订了建设工程承包合同，那么这就属于该法人实体的单独承包，不属于联合承包。

（一）建设工程联合承包的适用范围

联合共同承包形式，适用于大中型建筑工程和结构复杂的建筑工程。也即对于一些中小型工程以及结构不复杂的不适宜采取联合承包的方式。大中型建筑工程和结构复杂的建筑工程，工程任务量大、技术要求复杂、建设周期较长，需要承包方有较强的经济、技术实力和抗风险的能力。由多家单位组成联合体共同承包，可以集中各方的经济、技术力量，发挥各自的优势，大大增强投标竞争的实力；对发包方来说，也有利于提高投资效益、保证工程建设质量。

（二）建设工程联合承包的责任分担

在联合承包形式中，由参加联合的各承包单位共同组成的联合体作为一个单一的承包主体，与发包方签订承包合同，承担履行合同义务的全部责任。在联合体内部，则由参加联合体的各方以协议约定各自在联合承包中的权利、义务，包括联合体的管理方式及共同管理机构的产生办法、各方负责承担的工程任务的范围、利益分享与风险分担的办法等。《建筑法》第 27 条第 1 款规定，大型建筑工程或者结构复杂的建筑工程，可以由两个以上的承包单位联合共同承包。共同承包的各方对承包合同的履行承担连带责任。在联合共同承包中，参加联合承包的各方应就承包合同的履行向发包方承担连带责任。

（三）建设工程联合承包的资质确定

联合承包是由两个以上的承包单位共同承包，当参加联合承包的具有相同专业的各单位资质等级不同时，为防止出现越级承包的问题，在这种情况下，联合体只能按资质等级较低的单位的许可业务范围承揽工程。《建筑法》第 27 条第 2 款规定，两个以上不同资质等级的单位实行联合共同承包的，应当按照资质等级低的单位的业务许可范围承揽工程。两个以上的承包单位联合承包工程，资质类别不同的，按照各方资质证书许可范围承揽工程；资质类别相同的，按照较低资质等级许可范围承揽工程。实行联合承包的，应当明确主承包单位，由其负责整个工程项目的总体协调。

三、建设工程平行承发包

（一）建设工程平行承发包的概念

建设工程平行承发包，又称为分别承发包，是指发包方根据建设工程项目的特点、项目进展情况和控制的要求等因素，建筑工程勘察、设计、施工和设备材料的采购其中之一项或多项工作按工程部位或者专业进行合理分解，分别发包给一家或者多家资质、信誉等条件符合要求的勘察、设计、施工承包单位和供应商，并分别与之签订工程承包合同或供销合同。发包单位与各个勘察、设计、施工、供应单位之间的关系是平行的，分别对发包单位负责。这是国际上通行的承发包模式之一，也是我国允许的承发包模式。平行承发包的一般工作程序为施工图设计完成→施工招投标→施工→完工验收。一般情况下，发包人在选择施工承包单位时通常根据施工图进行施工招标，即施工图设计已经完成，每个施工承包合同都可以实行总价合同。

（二）平行发包与肢解发包的区别

肢解发包，是指将应当由一个承包单位完成的建筑工程肢解成若干部分发包给几个承包单位的行为。平行发包与肢解发包有其相似之处：都是有一个以上的承包单位在承担工程勘察、设计、施工中的一项工作，发包单位既可以是建设单位，也可以是总包单位，各承包单位之间的关系是平行的。两种发包模式主要区别在于发包的工程是不是"应当由一个承包单位完成的工程"。如果是应当由一个承包单位完成的工程，且只有一个承包单位在完成这项工程，那么，这种发包模式就是平行发包模式。反之，则是肢解发包模式。平行发包与肢解发包二者争议的关键就在于如何理解《建筑法》第 24 条规定的"应当由一个承包单位完成的工程"。

四、建设工程分包

（一）建设工程分包概述

《合同法》第 272 条规定：总承包人或者勘察、设计、施工承包人经发包人同意，可以将自己承包的部分工作交由第三人完成。《建筑法》第 29 条规定，建筑工程总承包单位可以将承包工程中的部分工程发包给具有相应资质条件的分包单位；但是，除总承包合同中约定的分包外，必须经建设单位认可。施工总承包的，建筑工程主体结构的施工必须由总承包单位自行完成。禁止总承包单位将工程分包给不具备相应资质条件的单位。禁止分包单位将其承包的工程再分包。禁止承包人将工程分包给不具备相应资质条件的单位。建设工程主体结构的施工必须由承包人自行完成。

从上述规定可以看出，所谓建设工程的分包，是指从事建筑工程总承包的单位将所承包的建筑工程的一部分依法发包给具有相应资质的承包单位的行为，该总承包人与分包人就分包人完成的工程成果向发包人承担连带责任。所谓连带责任是指对分包工程发生的责任，建设单位既可以向分发包人请求赔偿，也可以向分承包人请求赔偿，分发包人或分承包人进行赔偿后，有权利根据分包合同对不属于自己的责任赔偿向另一方追偿。总承包人、施工承包人只能将部分工程分包给具有相应资质条件的单位。总承包人在将工程分包时，应当审查分包人是否具备承包该部分工程建设的资质条件。总承包人将工程分包给不具备相应资质条件的分包人，该分包合同无效。

（二）建设工程分包的分类

1. 劳务分包和专业项目分包

按分包范围，建设工程分包可分为劳务分包和专业项目分包。我国建设主管部门鼓励发展专业工程分包企业和劳务作业分包企业，提倡分包活动进入有形建筑市场公开交易，完善有形建筑市场的分包工程交易功能。

专业工程分包，是指施工总承包企业将其所承包工程中的专业工程发包给具有相应资质的其他建筑业企业完成的活动。❶ 专业项目分包适用于技术含量较高、施工较复杂的工程项目。专业工程分包必须依法进行，具有下列行为之一可以认定为专业工程违法分包：(1) 分包工程发包人将专业工程或者劳务作业分包给不具备相应资质条件的分包工程承包单位的；(2) 施工总承包合同中未有约定，又未经建设单位认可，分包工程发包人将承包工程中的部分专业工程分包给他人的；(3) 专业工程分包人再次实施分包的；(4) 分包工程承包人没有将其承包的工程进行分包，在施工现场所设项目管理机构的项目负责人、技术负责人、项目核算负责人、质量管理人员、安全管理人员不是工程承包人本单位人员的，视同允许他人以本企业名义承揽工程；(5) 转让、出借企业资质证书或者以其他方式允许他人以本企业名义承揽工程。此外，对分包的工程还有量的限制，例如交通部颁布《公路建设市场管理办法》第 38 条规定：允许分包的工程范围应当在招标文件中规定，分包的工程不得超过总工程量的 30%。各项专业工程分包的总量超过承包人合同工程总量的 30% 的，或者专业工程分包管理费超过 30% 的（招标文件规定的税费除外），这是底线，逾越底线均认定为违法分包。该办法还强调分包工程不得再次分包，凡再次分包也被认定为违法分包。

劳务作业分包，是指施工总承包企业或者专业承包企业（以下简称劳务作业发包人）将其承包工程中的劳务作业发包给劳务分包企业（以下简称劳务作业承包人）完成的活动。劳务分包的核心内容是从事劳务作业的承包人必须具有相应的资质，承包指向的对象是完成工程分包的劳务作业而不是分包工程本身。这一核心内容也是区别专业工程分包和劳务分包的根本界限。劳务分包适用于技术较为简单、劳动密集型的工程项目，一般将分包商作为总承包商施工力量或资源调配的补充。2001 年 3 月 8 日建设部发布的《建筑业劳务分包企业资质标准》，规定了 13 项劳务作业分包种类及各种类的资质标准，13 种劳务作业分别为：木工、砌筑、抹灰、石制作、油漆、钢筋、混凝土、脚手架、模板、焊接、水暖、钣金、架线。劳务分包企业需要具有劳务分包资质，并在资质等级许可的范围内承揽工程，否则被视为违法分包。

---

❶ 2004 年《中华人民共和国建设部 . 房屋建筑和市政基础设施工程施工分包管理办法》。

2. 指定分包和协议分包

按分包方式可分为指定分包和协议分包。指定分包是指总承包合同中约定的由指定分包商施工部分项目的分包方式。协议分包是指总承包商与资质条件、施工能力适合于分包项目的分包商协商一致达成的分包方式。

指定分包，是指由于发包人认为某一分包商在工程建设某方面的专业技能值得信赖或其熟悉某一工序、能提供某种令发包人满意的材料或工程设备等，发包人希望其为本工程所雇用，并指定其为分包商，由总承包商与其签订分包合同。该过程被实务界称为指定分包。"指定分包人"一词援引自 FIDIC（国际咨询工程师联合会）编制的《土木工程施工合同条件》，原意是指发包人或工程师指定的进行与工程实施、货物采购等工作有关的分包人。对这些分包人的指定，可以在招标文件中指定，也可以在工程开工后指定。但是这些分包人并不直接与发包人签订合同，而是与承包人签订合同，由总承包人对他们进行协调和管理。指定分包现象在大型公共建筑中尤为普遍。

对于指定分包，我国相关法律法规规定并不明确。我国《建筑法》第 29 条规定："建设工程总承包单位可以将承包工程中的部分工程发包给具有相应资质条件的分包单位；但是，除总承包合同约定的分包外，必须经建设单位认可。"可见，《建筑法》并没有禁止指定分包。建设部发布的《房屋建筑和市政基础设施工程施工管理办法》第 7 条规定："建设单位不得直接指定分包工程承包人。任何单位和个人不得对依法实施的分包活动进行干预。"该条以部门规章的形式禁止指定分包。国家计委和建设部等七部委第 30 号令第 66 条规定，招标人不得直接指定分包人。最高人民法院发布的《施工合同案件审理的司法解释》第 12 条规定发包人具有下列情形之一，造成工程质量缺陷，应当承担过错责任：（1）提供的设计有缺陷；（2）提供或者指定购买的建筑材料、建筑构配件、设备不符合强制性标准；（3）直接指定分包人分包专业工程。在该司法解释中提及在指定分包专业工程的情况下，对于工程质量缺陷，发包人承担过错责任。指定分包虽然违反相关强制性规定，但是其并非无效约定。

根据《合同法》第 52 条合同无效情形第 5 款的规定，只有违反法律、行政法规的强制性规定才能认定为无效合同。而《工程建设项目施工招标投标办法》、《房屋建筑和市政基础设施工程施工分包管理办法》从法律渊源角度仅属于部门规章，其效力等级低于法律和行政法规，人民法院不能据此判定指定分包约定无效。而《关于审理建设工程施工合同纠纷案件适用法律问题的解释》第 12 条的规定亦只是对指定分包情形下的质量缺陷责任承担做出规定。因此，实践中存在着大量的发包方以各种形式指定分包的行为。显然，发包方过错责任承担的事后司法救济并不能弥补事前立法层面的缺陷，况且责任承担从一定意义上只是一种可能性，所以发包方指定分包的行为仍然存在可行空间。

指定分包造成建设工程质量缺陷的，发包人承担过错责任，但总承包人并不因此全面免责，仍应对免责范围之外的建设工程质量负责。《施工合同司法解释》第 12 条规定旨在说明承包人的免责事由，即发包人承担过错责任，并不是说指定分包工程只要存在质量缺陷总承包人就不承担任何责任。工程总承包人应当对该分包工程进行项目管理，即总承包人承担项目管理责任。否则，根据《房屋建筑和市政基础设施工程施工分包管理办法》第 13 条第 2 款规定，该指定分包工程很容易演变成为总承包人转包工程，为法律所禁止。在建设工程质量缺陷纠纷中，形成质量缺陷往往存在混合过错，即指定分包人和总承包人都有过错，例如指定分包人施工中擅自降低质量标准承包人发现后不予以拒绝或者是承包人没有发现质量缺陷等。根据《建设工程质量管理条例》第 26 条第 3 款规定，建设工程实行总承包的，总承包单位应当对全部建设工程质量负责。总承包人对质量缺陷依然不能免责，这时总承包人依然和指定分包人承担质量缺陷连带责任。❶

五、建设工程转包

（一）建设工程转包的概念

关于对转包的界定，我国法律、法规及部门规章中均有涉及，早在建设部 1992 年颁发的《工程总承包企业资质管理暂行规定》（建施［1992］第 189 号）第 16 条规定："工程总承包企业不得倒手转包建设工程项目。前款所称倒手转包，是指将建设项目转包给其他单位承包，只收取管理费，不派项目管理班子对建设项目进行管理，不承担技术经济责任的行为。"这里的倒手转包就是建设工程实务中的转包行为。1998 年颁布施行的《建筑法》第 28 条规定："禁止承包单位将其承包的全部建筑工程转包给他人，禁止承包单位将其承包的全部建筑工程肢解以后以分包的名义分别转包给他人。"1999 年颁布施行的《合同法》第 272 条第 2 款进一步规定：承包人不得将其承包的全部建设工程转包给第三人或者将其承包的全部建设工程肢解以后以分包的名义分别转包给第三人。《建筑法》《合同法》虽然没有明确规定转包的定义，但却明确规定了法律禁止的两种转包行为。根据《建筑法》制定的《建设工程质量管理条例》，在《建筑法》及《合同法》对转包行为界定的基础上明确对转包的定义作出了界定，《建设工程质量管理条例》第 78 条第 3 款规定："本条例所称转包，是指承包单位承包建设工程后，不履行合同约定的责任和义务，将其承包的全部建设工程转给他人或者将其承包的全部工程肢解以后以分包的名义分别转给他人承包的行为。"因此转包的定义可以概括为，承包单位承包建设工程后，不履行合同约定的责任和义务，将其承包的全部建设工程转给第三人或者将其承包的全部工程肢解以后以分包的名义分别转给第三人承包的行为。

转包的实质是工程承包人将质量安全、工程管理等责任转移给其他单位或个人承担，对工程不进行实际管理和控制，仅向受转让方收取一定费用。我国《建筑法》第 28 条规定："禁止承包单位将其承包的全部建筑工程转包给他人，禁止承包单位将其承包的全部建筑工程肢解以后以分包的名义分别转包"。《招投标法》第 48 条规定："中标人不得向他人转让中标项目，也不得将中标项目肢解后分别向他人转让"。《房屋建筑和市政基础设施工程施工分包管理办法》第 14 条规定："禁止将承包的工程进行转包。不履行合同约定，将其承包的全部工程发包给他人，或者将其承包的全部工程肢解后以分包的名义分别发包给他人的，属于转包行为。违反本办法第 11 条规定，分包工程发包人将工程分包后，未在施工现场设立项目管理机构和派驻相应人员，并未对该工程的施工活动进行组织管理的，视同转包行为。"

（二）建设工程非法转包的主要形式

（1）承包人不履行合同约定的责任和义务，将其承包的全部工程转给他人承包；

（2）承包人将其承包的全部工程肢解后以分包的名义转给他人承包，俗称"化整为

---

❶　王立敏：《建筑工程指定分包研究—在总承包模式下》，http://www.unilawyers.com/member/lawyerintro-54817-1555-5.html

零";

（3）承包人将主体结构工程转给他人承包；

（4）承包人将部分专业工程分包后未在施工现场设立项目管理机构和派驻相应人员进行组织管理。

（三）建设工程转包的法律处理原则

1. 转包行为无效

我国《合同法》《建筑法》及《建设工程质量管理条例》均明确禁止转包行为，我国《合同法》第 52 条明确规定违反法律法规的强制性规定无效，《工程施工合同司法解释》第 4 条更是进一步明确规定承包人非法转包建设工程的行为无效。

2. 转包人因非法转包获取的非法所得应予以没收

《工程施工合同司法解释》第 4 条规定："承包人非法转包、违法分包建设工程或者没有资质的实际施工人借用有资质的建筑施工企业名义与他人签订建设工程施工合同的行为无效。人民法院可以根据《民法通则》第 134 条规定，收缴当事人已经取得的非法所得。"在建设工程实务中，转包人的非法所得通常表现为管理费，因此，在转包的情况下，转包人实际并没有对转承包人的建设工程建设活动进行管理，转包人所收取的管理费就应作为非法所得予以没收。

3. 建设工程质量合格的，转承包人可以直接向发包人主张工程价款

虽然承包人非法转包工程被依法认定为无效，债权关系依旧存在，根据《工程施工合同司法解释》第 2 条、第 3 条的相关规定，无效行为后工程款的结算取决于工程竣工验收是否合格。建设工程施工合同无效，但建设工程经竣工验收合格，承包人可以请求参照合同约定支付工程价款。建设工程施工合同无效，且建设工程经竣工验收不合格的，按照以下情形分别处理：修复后的建设工程经竣工验收合格，发包人请求承包人承担修复费用的，应予支持；修复后的建设工程经竣工验收不合格，承包人请求支付工程价款的，不予支持。因建设工程不合格造成的损失，发包人有过错的，按过错大小承担相应的民事责任。

4. 转包工程的，转包人可能会受到行政处罚

我国《建筑法》第 67 条第 1 款规定："承包单位将承包的工程转包的，或者违反本法规定进行分包的，责令改正，没收违法所得，并处罚款，可以责令停业整顿，降低资质等级；情节严重的，吊销资质证书。"国务院颁布施行的《建设工程质量管理条例》第 62 条规定："违反本条例规定，承包单位将承包的工程转包或者违法分包的，责令改正，没收违法所得，对勘察、设计单位处合同约定的勘察费、设计费百分之二十五以上百分之五十以下的罚款；对施工单位处工程合同价款百分之零点五以上百分之一以下的罚款；可以责令停业整顿，降低资质等级；情节严重的，吊销资质证书。工程监理单位转让工程监理业务的，责令改正，没收违法所得，处合同约定的监理酬金百分之二十五以上百分之五十以下的罚款；可以责令停业整顿，降低资质等级；情节严重的，吊销资质证书。"

第四节 建 设 工 程 监 理

一、建设工程监理的概念

所谓建设监理，是指具有指监理单位受项目法人的委托，依据国家批准的工程项目建

设文件、有关工程建设的法律、法规和工程建设监理合同及其他工程建设合同，对工程建设实施的监督管理。《建筑法》第30条到第35条对建筑工程监理做出了具体规定。国家推行建筑工程监理制度，国务院可以规定实行强制性监理的工程范围。具有相应资质条件的工程监理单位应当依照法律、行政法规及有关的技术标准、设计文件和建筑工程承包合同，对承包单位在施工质量、建设工期和建设资金使用方面，代表建设单位实施监督。工程监理单位不按照委托监理合同的约定履行监理义务，对应当监督检查的项目不检查或者不按照规定检查，给建设单位造成损失的，应当承担相应的赔偿责任。

根据《建筑法》第31条的规定，实行监理的建筑工程，由建设单位委托具有相应资质条件的工程监理单位监理。建设单位与其委托的工程监理单位应当订立书面委托监理合同。由此可知，工程监理对工程建设进行监督管理的权利完全来自于建设单位的委托授予，而委托授权的依据就是它与建设单位所签订的委托监理合同，这就决定了在现实工作中它必须依据合同的约定来行使相应的权利。建设单位与监理单位之间签订的建设工程监理合同就其本质来讲应属于委托合同，建设工程的委托监理也属于委托关系，应当遵循《合同法》关于委托合同的规定。

根据《合同法》第276条的规定，发包人与监理人的权利义务以及法律责任，应当依照合同法关于委托合同以及有关其他法律、行政法规的规定。《合同法》第396条规定，委托合同是委托人和受托人约定，由受托人处理委托人事务的合同。其第399条规定，受托人应当按照委托人的指示处理委托事务。其第405条规定，受托人完成委托事务的，委托人应当向其支付报酬。由此工程监理在履行监理职责时是作为委托监理合同中的受托人，按照建设单位这一委托人的意见，来替建设单位处理工程建设过程中的有关监督管理事务。同时工程监理单位将从建设单位处获取报酬。

二、建设工程监理的范围

（一）建设工程监理的工作范围

住房城乡建设部于2013年发布了《建设工程监理规范》（GB 50319—2013），自2014年3月1日起实施。在其条文说明中明确指出在我国的建设监理制度中，监理的工作范围包括两个方面：一是工程类别，其范围确定为各类土木工程、建筑工程、线路管道工程、设备安装工程和装修工程；二是工程建设阶段，其范围确定为工程建设投资决策阶段、勘察设计招投标与勘察设计阶段、施工招投标与施工阶段（包括设备采购与制造和工程质量保修）。因此，该规范在工程类别方面适用各类新建、扩建、改建建设工程；由于目前我国的监理工作在工程建设投资决策阶段、勘察设计招投标与勘察设计阶段尚不够成熟，需要进一步探索完善，在施工招投标方面国家已有比较系统完整的规定和办法，而在施工阶段（包括设备采购与制造和工程质量保修）的监理工作已经摸索总结出一套比较成熟的经验和做法，因而在工程建设阶段方面，该规范适用范围仅限于建设工程施工阶段的监理工作。

（二）建设工程强制监理的范围

《建筑法》第30条规定，国务院可以规定实行强制监理的建筑工程的范围。《建设工程质量管理条例》第12条规定了必须实行监理的建设工程范围。

我国现阶段必须实行工程建设监理的工作项目范围，具体包括以下几类工程：

1. 国家重点建设工程

国家重点建设工程，是指依据《国家重点建设项目管理办法》所确定的对国民经济和社会发展有重大影响的骨干项目。

2. 大中型公用事业工程

大中型公用事业工程，是指项目总投资额在 3000 万元以上的下列工程项目：（1）供水、供电、供气、供热等市政工程项目；（2）科技、教育、文化等项目；（3）体育、旅游、商业等项目；（4）卫生、社会福利等项目；（5）其他公用事业项目。

3. 成片开发建设的住宅小区工程

成片开发建设的住宅小区工程，建筑面积在 5 万平方米以上的住宅建设工程必须实行监理；5 万平方米以下的住宅建设工程，可以实行监理，具体范围和规模标准，由省、自治区、直辖市人民政府建设行政主管部门规定。为了保证住宅质量，对高层住宅及地基、结构复杂的多层住宅应当实行监理。

4. 利用外国政府或国际组织贷款、援助资金的工程

（1）使用世界银行、亚洲开发银行等国际组织贷款资金的项目；（2）使用国外政府及其机构贷款资金的项目；（3）使用国际组织或者国外政府援助资金的项目。

5. 国家规定必须实行监理的其他工程

（1）项目总投资额在 3000 万元以上关系社会公共利益、公众安全的下列基础设施项目：

①煤炭、石油、化工、天然气、电力、新能源等项目；②铁路、公路、管道、水运、民航以及其他交通运输业等项目；③邮政、电信枢纽、通信、信息网络等项目；④防洪、灌溉、排涝、发电、引（供）水、滩涂治理、水资源保护、水土保持等水利建设项目；⑤道路、桥梁、地铁和轻轨交通、污水排放及处理、垃圾处理、地下管道、公共停车场等城市基础设施项目；⑥生态环境保护项目；⑦其他基础设施项目。

（2）学校、影剧院、体育场馆项目。

三、建设工程监理的依据

《建筑法》第 32 条规定，建筑工程监理应当依照法律、行政法规及有关的技术标准、设计文件和建筑工程承包合同，对承包单位施工质量、建设工期和建设资金使用等方面，代表建设单位实施监督。工程监理人员认为工程施工不符合工程设计要求、施工技术标准和合同约定的，有权要求建筑施工企业改正。工程监理人员发现工程设计不符合建筑工程质量标准或者合同约定的质量要求的，应当报告建设单位要求设计单位改正。具体来说建设工程监理的依据主要有：

（一）工程建设相关的法律法规、标准、规范

（1）与工程建设相关的法律主要包括：《建筑法》《合同法》《招标投标法》等。

（2）国务院制定的行政法规主要包括：《建设工程质量管理条例》《建设工程安全生产管理条例》等。

（3）标准、规范主要包括：《工程建设标准强制性条文》《建设工程监理规范》以及有关的工程技术标准、规范、规程等。

（二）工程建设文件

工程建设文件包括：批准的可行性研究报告、建设项目选址意见书、建设用地规划许可证、建设工程规划许可证、审查批准的施工图设计文件、施工许可证等。

（三）建设工程承包合同和建设工程委托监理合同

工程监理企业应当根据下述两类合同进行监理，一是建设单位与工程监理企业签订的建设工程委托监理合同；二是建设单位与其他单位签订的建设工程合同，包括建设工程勘察设计合同、建设工程施工合同等。

依法签订的工程建设合同，是工程建设监理工作具体控制工程投资、质量、进度的主要依据。监理工程师以此为尺度严格监理，并努力达到工程实施的依据。实施建设工程监理前，监理单位必须与建设单位签订合法的书面委托监理合同，以明确双方的权利和义务。建设工程委托监理合同是监理单位进行监理工作的主要依据。

四、建设工程监理的内容

我国把建设监理的内容归结为管理、信息管理和组织协调。其中心任务是实现三控制目标，且以合同管理为主要依据和手段来保证三控制目标最优实现。

（1）"三控制"是建设工程监理的核心工作，主要包括项目目标控制包括质量控制、投资控制和工期控制。

工程进度控制是指项目实施阶段（包括设计准备、设计、施工、施工前准备各阶段）的进度控制。控制的目的是：通过采用控制措施，确保项目交付使用时间目标的实现。工程质量控制是指监理工程师组织参加施工的承包商，按合同标准进行建设，并对形成质量的诸因素进行检测、核验，对差异提出调整、纠正措施的监督管理过程。工程投资（成本）控制是针对施工单位是成本控制，而对于建设单位和监理单位来说，就是成本控制。成本控制不是投资越省越好，而是在工程项目投资范围内得到合理控制。

工程项目的投资、进度和质量目标是相互关联、相互制约，具有对立统一关系的目标系统。三大目标是一个不可分割的目标系统，监理工程师在进行目标控制时应注意统筹兼顾，合理确定投资、进度、质量三大目标的标准，针对整个目标系统实施控制，防止盲目追求单一目标而冲击或干扰其他目标，以实现项目目标系统作为衡量目标控制效果的标准，追求目标系统整体效果。

（2）"两管理"是监理在项目内部的管理，主要是对建设工程合同管理、工程建设过程中有关信息的管理和安全管理。建设项目监理的合同贯穿于合同的签订、履行、变更或终止等活动的全过程。职业健康安全与环境管理是围绕着动态目标控制展开的，而安全则是固定资产建设过程中最重要的目标控制的基础。施工项目管理是一项复杂的现代化的管理活动，更要依靠大量的信息以及对大量信息的管理，并应用电子计算机进行辅助。

（3）"一协调"是协调参与工程建设各方的包括业主、施工、监理、审计、设计院、工程相关行政管理部门等工作关系。"一协调"包括指全面地组织协调（协调的范围分为内部的协调和外部的协调）。

五、建设工程监理合同

（一）建设工程监理合同的概念

实行监理的建设工程，委托方和监理方需要签订书面委托监理合同。《合同法》第276条规定："建设工程实行监理的，发包人应当与监理人采用书面形式订立委托监理合同。发包人与监理人的权利和义务以及法律责任，应当依照本法委托合同以及其他有关法律、行政法规的规定。"根据《建设工程监理规范》（GB/T 50319—2013）的规定，实施建设工程监理前监理单位必须与建设单位签订书面建设工程委托监理合同，合同中应包括监理单位对建设工程质量、造价、进度进行全面控制和管理的条款，建设单位与承包单位之间与建设工程合同有关的联系活动应通过监理单位进行。

建设工程监理合同的全称叫建设工程委托监理合同，也简称为监理合同，是指工程建设单位聘请监理单位代其对工程项目进行管理，明确双方权利、义务的协议。也即委托人和监理人就委托的工程项目管理内容签订的明确双方权利义务的协议。建设单位（业主）称委托人、监理单位称受托人或监理人。

（二）建设工程监理合同的条款

监理合同是委托任务履行过程中当事人双方的行为准则，因此内容应全面、用词要严谨。合同条款的组成结构包括以下几个方面：（1）合同内所涉及的词语定义和遵循的法规；（2）监理人的义务；（3）委托人的义务；（4）监理人的权利；（5）委托人的权利；（6）监理人的责任；（7）委托人的责任；（8）合同生效、变更与终止；（9）监理报酬；（10）其他；（11）争议的解决。

（三）建设工程委托监理合同示范文本

《建设工程委托监理合同（示范文本）》，是由监理业务主管部门，依据有关法律、法规，组织有关各方面的专家共同编制的。它能够比较准确地反映出合同双方所要实现的意图，具有很好的指导和示范作用。推行建设工程委托监理合同示范文本，有利于提高合同签订的质量，有利于减少双方签订合同的工作量，也有利于保护合同当事人的合法权益。住房和城乡建设部、国家工商行政管理总局对《建设工程委托监理合同（示范文本）》（GF—2000—2002）进行了修订，制定了《建设工程监理合同（示范文本）》（GF—2012—0202），由"协议书"、"通用条件"和"专用条件"组成。

1. 协议书

"协议书"是一个总的协议，是纲领性的法律文件。

"协议书"是一份标准的格式文件，其主要内容为工程概况，合同签订、生效、完成的时间，合同文件的组成等。除双方签署的"协议书"外，还包括以下文件：（1）监理投标书或中标通知书；（2）建设工程委托监理合同标准条件；（3）建设工程委托监理合同专用条件；（4）在实施过程中双方共同签署的补充与修正文件。"协议书"是一份标准的格式文件，经当事人双方在有限的空格内填写具体规定的内容并签字盖章后，即发生法律效力。

2. 通用条件

其内容包括了合同中所用词语定义，适用范围和法规；签约双方的责任、权利和义务；合同生效、变更与终止；监理报酬；争议的解决以及其他一些情况。标准条件是委托监理合同的通用文件，适用于各类建设工程项目监理，是所有签约工程都应遵守的基本条件，各个委托人、监理人都应遵守。

3. 专用条件

由于标准条件适用于所有的工程建设监理委托，因此其中的某些条款规定得比较笼统，需要在签订具体工程项目的监理委托合同时，就地域特点、专业特点和委托监理项目的特点，对标准条件中的某些条款进行补充、修正。如对委托监理的工作内容而言，认为标准条件中的条款还不够全面，允许在专用条件中增加双方议定的条款内容。

（1）补充条款。"补充"，是指标准条件中的某些条款明确规定，在该条款确定的原则下，在专用条件的条款中进一步明确具体内容，使两个条件中相同序号的条款共同组成一条内容完备的条款。如标准条件中规定"监理合同适用的法律是国家法律、行政法规，以及专用条件中议定的部门规章或工程所在地的地方法规、地方规章"；这就要求在专用条件的相同序号条款内写入应遵循的部门规章和地方法规的名称，作为双方都必须遵守的条件。

（2）修正条款。"修正"，是指标准条件中规定的程序方面的内容，如果双方认为不合适，可以协议修改。在"示范文本"最后一页有"附加协议条款"。如标准条件中规定"委托人对监理人提交的支付通知书中酬金或部分酬金项目提出异议，应在收到支付通知书24小时内向监理人发出异议的通知。"如果委托人认为这个时间太短，在与监理人协商达成一致意见后，可在专用条件的相同序号内延长时效。

六、建设工程监理法律关系

建设工程监理中最主要的当事人有建设单位、监理单位及承包商。他们之间的法律关系主要是通过建设单位与监理单位之间签订的委托监理合同和建设单位与承包商之前签订的建设工程合同来约定的。

（一）建设单位与承包商之间的关系

建设单位采用招投标等手段选择承包商，建设单位与承包商双方当事人权利义务关系的法律依据是双方所签订的建设承包合同。承包商按照合同条件的约定，对合同约定范围内的工程进行施工。同样，建设单位也按照合同条件的约定履行自己的职责。

建设单位与承包商的关系是一种建设承包合同关系。建设单位与承包商之间是平等主题之间的民事法律关系，他们之间的权利义务由建设工程承包合同确定。承包商按照合同的约定，对合同范围内的工程进行设计、施工和竣工，并修补缺陷。业主按照合同的约定履行职责。在建设工程监理制度下，施工过程中建设单位不是直接与承包商打交道，而是通过监理单位打交道；建设单位与承包商之间相互提出的任何工作要求，均应通过建立单位负责传送。建设单位通过建设工程委托监理合同将自己对承包商建设活动的监督管理的权利委托授权给了监理单位，建设单位就不能直接指挥承包商的建设活动。对于建设单位直接指挥承包商的建设行为的活动，承包商有权拒绝。

（二）建设单位与监理单位之间的关系

实行监理的建筑工程，由建设单位委托具有相应资质条件的工程监理单位监理。工程监理单位应当依法取得相应等级的资质证书，在其资质等级许可的范围内承担监理业务。监理单位与建设单位之间的关系是平等的主体之间的关系，双方法律地位平等，各自享有民事权利并承担相应的民事义务。

作为建筑业基本法的《建筑法》第31条规定"……建设单位与其委托的工程监理单位应当订立书面委托监理合同。"《工程建设监理规定》第18条也规定"……监理单位与项目法人（也即业主）之间是委托与被委托的合同关系。"根据上述法律法规的规定可知，我国监理单位与业主之间是委托合同关系，委托关系的存在以业主与监理单位所签的委托监理合同为依据。《合同法》第276条规定，建设工程实行监理的，发包人应当与监理人采用书面形式订立委托监理合同。发包人与监理人的权利、义务和法律责任，应依照《合同法》关于委托合同以及其他有权法律法规的规定。在建设工程项目建设上，建设单位与监理单位是一种委托与被委托的关系，建设单位委托监理单位监理的内容和授予的权利，是通过双方平等协商并以监理委托合同的形式予以确立。建设单位和监理单位根据双方订立的书面委托监理合同的约定，由监理单位处理建设单位委托处理的监督管理的事务，即通常所说的"三控制、两管理和一协调"。监理单位必须在委托合同中规定的工作任务和授权范围内履行职责。实施建筑工程监理前，建设单位应当将委托的工程监理单位、监理的内容及监理权限，书面通知被监理的建筑施工企业。禁止工程监理单位以超越本单位资质等级许可的范围或者其他工程监理单位的名义承担监理业务。禁止工程监理单位允许其他工程监理单位或者个人以本单位的名义承担监理业务。

建设单位要委托与建设项目相适应的、符合相应资质要求的监理单位。《建筑法》第31条对此也有规定。《工程监理企业资质管理规定》第3条规定，工程监理企业应当按照其拥有的注册资本、专业技术人员和工程监理业绩等资质条件申请资质，经审查合格，取得相应等级的资质证书后，方可在其资质等级许可的范围内从事工程监理活动。

（三）监理单位与承包商之间的关系

监理单位与承包商之间的关系属于监理与被监理的关系。监理单位和承包商之间的关系应当是平等的关系，虽然双方为了完成工程建设任务而承担的具体责任不同。在工程项目建设上，监理单位和承包商之间并不存在合同关系，监理单位和承包商之间的关系明确体现在建设单位与承包商签订的建设工程承发包合同中。《建筑法》第33条规定，实施建筑工程监理前，建设单位应当将委托的工程监理单位、监理的内容及监理权限，书面通知被监理的建筑施工企业。虽然在民事法律地位上，监理单位与施工单位之间是平等的，两者之间不存在合同的关系，同为建筑市场的主体，但是，施工单位根据法律法规的规定和合同的约定，必须接受监理单位依法进行的监理。❶ 在这种关系中，被监理单位应当尊重和服从监理单位依照法律、法规、规章、标准、规范以及建设单位与被监理单位签订的合同进行的监理工作。监理单位及监理工程师应当客观公正的履行和行使监理职责和权利。

监理单位与承包商之间没有签订任何经济合同，监理方所以对工程建设中的行为有监理的资格：一是因为业主的授权，监理单位与业主签订有工程建设委托监理合同；二是因为承包商与业主签订有工程建设承包合同，工程建设承包合同中规定，"监理单位受业主委托，对承建工程建设各方实行监理"，可见监理授权在施工承包合同中也事先予以了确定；第三，国家建设监理法规也给予监理方监督建设法规和技术规程实施的责任。❷ 从而与承包商之间产生了监理和被监理的工作关系。在监理单位和承包商之间的关系中，监理方的指挥与协调，对承包商的进度和成本无疑都有重大影响。但是，监理方对承包商的任何监督和管理都必须具有相应的法律依据、合同约定和工程实际，不能滥用监理权。建设单位必须在监理单位实施监理前，将监理的内容、总监理工程师姓名及所授予的权限，书面通知承建单位。总监理工程师也应及时将其授予监理工程师的有关权限以书面形式通知承建单位。承建单位必须接受监理单位的监理，并为其开展工作提供方便，按照要求提供完整的原始记录、检测记录、技术及经济资料。总之，正确处理好监理单位与承包方的关系，建设工程就能安全有序地强力推进，监理工作也能顺利地开展。❸

❶　李永泉主编：《建筑法与房地产法概论》，西南交通大学出版社2004年9月第1版，第86页。
❷　周坚、倪炜："三元建设主体关系研究"，《浙江大学学报》1997年6月第11卷第2期。
❸　杜英华、郭秋玲："处理好'三个方面'的关系是做好监理工作的重要保证"，《建设监理》2005年第05期。

　　监理单位的独立性不仅仅是针对建设单位的，同时也是针对被监理单位的。监理单位与施工单位以及材料设备供应商不得有隶属关系或者其他利害关系，《建筑法》第 34 条第 3 款规定，工程监理单位与被监理工程的承包单位以及建筑材料、建筑构配件和设备供应单位不得有隶属关系或者其他利害关系。有隶属关系的情形时，监理单位应当不参与该项目的监理服务合同招投标活动，已经参与的应当主动退出。工程监理单位与被监理工程的施工承包单位以及建筑材料、建筑构配件和设备供应单位有隶属关系或者其他利害关系承担该项建设工程的监理业务的依据《建设工程质量管理条例》予以处理。《建设工程质量管理条例》第 68 条规定，违反本条例规定，工程监理单位与被监理工程的施工承包单位以及建筑材料、建筑构配件和设备供应单位有隶属关系或者其他利害关系承担该项建设工程的监理业务的，责令改正，处 5 万元以上 10 万元以下的罚款，降低资质等级或者吊销资质证书；有违法所得的，予以没收。第 73 条规定，依照本条例规定，给予单位罚款处罚的，对单位直接负责的主管人员和其他直接责任人员处单位罚款数额百分之五以上百分之十以下的罚款。

　　综上所述，本书认为建设监理三方主体间法律关系为：业主和监理单位之间是委托合同关系，监理单位与承包商之间是监理与被监理关系，承包商与业主是建设工程合同关系。三方主体尤其是监理单位要严格按照法律的规定和合同的约定从事监理行为，而违反监理法定的义务或超越监理法定权利的行为，就要承担监理的法律责任。❶

七、建设监理法律责任

　　根据建设监理行为的具体性质和危害程度的不同，把建设监理的法律责任分为建设监理的民事责任、建设监理的刑事责任和建设监理的行政责任。❷

　　（一）建设监理民事责任

　　我国《民法通则》第 106 条规定，公民、法人违反合同或者不履行其他义务的，应当承担民事责任。公民、法人由于过错侵害国家的、集体的财产，侵害他人财产、人身的，应当承担民事责任。没有过错的，但法律规定应当承担民事责任的，应当承担民事责任。

　　1. 建设监理民事责任的一般规定

　　我国现行法律中对监理承担民事责任的规定主要有：《合同法》第 107 条规定："当事人一方不履行合同义务或者履行合同义务不符合约定的，应当承担继续履行、采取补救措施或者赔偿损失等违约责任。"第 406 条规定："有偿的委托合同，因受托人的过错给委托人造成损失的，委托人可以要求赔偿损失……受托人超越权限给委托人造成损失的，应当赔偿损失。"《工程建设监理规定》第 21 条规定："监理单位在监理过程中因过错造成重大经济损失的，应承担一定的经济责任和法律责任。"《建筑法》第 35 条规定："工程监理单位不按照委托监理合同的约定履行监理义务，对应当监督检查的项目不检查或者不按照规定检查，给建设单位造成损失的，应当承担相应的赔偿责任。工程监理单位与承包单位串通，为承包单位谋取非法利益，给建设单位造成损失的，应当与承包单位承担连带赔偿责任。"第 80 条规定："在建筑物的合理使用寿命内，因建筑工程质量不合格受到损害的，有权向责任者要求赔偿。"

---

❶　张佳峰，《我国建设监理责任的法律分析》，西南政法大学 2009 年硕士论文。
❷　张佳峰，《我国建设监理责任的法律分析》，西南政法大学 2009 年硕士论文。

2. 建设监理的侵权责任

在监理民事侵权责任方面，根据《侵权责任法》第 34 条的规定，用人单位的工作人员因执行工作任务造成他人损害的，由用人单位承担侵权责任。若是由单位造成的侵权，则监理单位是其责任主体，若是由监理工程师个人的行为造成的侵权，则由监理工程师个人承担侵权责任。在监理侵权责任构成要件中，我们仅分析探讨监理侵权赔偿责任的构成要件。其构成要件包括：监理单位和监理人员的违法侵权行为和主观过错、损害事实、违法行为与损害事实之间的因果关系四个方面。

《建筑法》第 35 条第 2 款规定，工程监理单位与承包单位串通，为承包单位谋取非法利益，给建设单位造成损失的，应当与承包单位承担连带赔偿责任。《建筑法》第 69 条第 1 款规定工程监理单位与建设单位或者建筑施工企业串通，弄虚作假、降低工程质量的，责令改正，处以罚款，降低资质等级或者吊销资质证书；有违法所得的，予以没收；造成损失的，承担连带赔偿责任；构成犯罪的，依法追究刑事责任。在该种共同侵权连带责任承担的情形下，要求监理单位必须是与其他单位有故意串通行为，造成损失的情形。《建筑工程质量管理条例》第 67 条规定，工程监理单位有下列行为之一的，责令改正，处 50 万元以上 100 万元以下的罚款，降低资质等级或者吊销资质证书；有违法所得的，予以没收；造成损失的，承担连带赔偿责任：（1）与建设单位或者施工单位串通，弄虚作假、降低工程质量的；（2）将不合格的建设工程、建筑材料、建筑构配件和设备按照合格签字的。《实施工程建设强制性标准监督规定》第 19 条规定，工程监理单位违反强制性标准规定，将不合格的建设工程以及建筑材料、建筑构配件和设备按照合格签字的，责令改正，处 50 万元以上 100 万元以下的罚款，降低资质等级或者吊销资质证书；有违法所得的，予以没收；造成损失的，承担连带赔偿责任。该条则不区分监理单位的主观状态是故意还是过失，只要工程监理单位违反强制性标准规定，将不合格的建设工程以及建筑材料、建筑构配件和设备按照合格签字的，造成损失的，就要与其他单位承担连带责任，即采用严格责任的归责原则。

3. 建设监理的违约责任

在建设监理违约责任的方面，因违约责任具有相对性，其责任主体是订立合同的当事人，而订立委托监理合同的当事人是监理单位，因此，建设监理违约责任的责任主体是监理单位。在分析违约责任承担主体问题时，有以下三方面需要注意：一是业主和监理单位是监理委托合同的当事双方，根据合同相对性原则，对业主的违约责任在外部应由监理单位来承担。监理单位承担违约赔偿责任后，有权在单位内部向有过错行为的监理工程师追偿，监理单位在聘用监理工程师时，也应在与其签订的工作合同中明确这一内容。二是监理单位只对监理工程师从事职务活动时的监理行为所造成的违约行为承担责任。三是在建设工程实践中，可能经常发生的是混合责任，即监理工程师的过错行为同时导致民事、行政和刑事责任发生。在此情况下，对于承担民事违约责任的监理单位，需追究行政责任的，应当追究行政责任，构成犯罪的，还应对监理单位的法定代表人或直接责任人及违法的监理工程师依法追究刑事责任。❶

---

❶ 陈晓华："建设工程监理的法律责任及风险研究"，优秀硕士论文，2005 年 5 月，第 26 页。

（二）建设监理行政责任

行政责任的承担主体即包括行政主体及其工作人员，也包括行政相对人，本书主要讨论的是行政相对人的行政法律责任，即监理单位及其监理人员的行政法律责任。建设监理的行政责任指监理的当事人实施了法律、法规所禁止的行为而引起的行政上必须承担的法律后果。监理单位是否承担行政责任，关键看其是否发生了违反相关法律、法规的行为，但其行为并不一定需要导致后果。❶

1. 建设监理行政责任的一般规定

《建筑法》第 69 条规定："工程监理单位与建设单位或者建筑施工企业串通，弄虚作假、降低工程质量的，责令改正，处以罚款，降低资质等级或者吊销资质证书；有违法所得的，予以没收；造成损失的，承担连带赔偿责任；构成犯罪的，依法追究刑事责任。工程监理单位转让监理业务的，责令改正，没收违法所得，可以责令停业整顿，降低资质等级；情节严重的，吊销资质证书。"《建设工程质量管理条例》第 72 条规定："违反本条例规定，注册建筑师、注册结构工程师、监理工程师等注册执业人员因过错造成质量事故的，责令停止执业 1 年；造成重大质量事故的，吊销执业资格证书，5 年以内不予注册；情节特别恶劣的，终身不予注册。"《工程建设监理规定》第 30 条规定，"监理单位违反本规定，有下列行为之一的，由人民政府建设行政主管部门给予警告、通报批评、责令停业整顿、降低资质等级、吊销资质证书的处罚，并可处以罚款……"

2. 建设监理行政责任的责任主体及责任承担

建设监理行政责任的责任主体有两个：一是监理单位；二是监理工程师个人。根据《工程建设监理规定》第 29 条和 30 条的规定，作为责任承担主体的监理单位需要承担行政责任的有以下几种情形：（1）监理单位未经批准擅自开业；（2）监理单位超资质承接监理业务；（3）监理单位与被监理单位或被监理项目的材料、设备供应商有从属关系；（4）未按照《建设工程质量管理条例》的要求履行监理职责，降低工程质量的行为；（5）未按照《建设工程安全生产管理条例》的要求履行监理职责，导致重大安全事故的行为；（6）监理单位转让监理业务等。❷

监理工程师个人承担行政责任时有以下几种情况：（1）以个人名义承接业务的；（2）涂改、倒卖、出租、出借或者以其他形式非法转让注册证书或者执业印章的；（3）泄露执业中应当保守的秘密并造成严重后果的；（4）超出规定执业范围或者聘用单位业务范围从事执业活动的；（5）弄虚作假提供执业活动成果的；（6）同时受聘于两个或者两个以上的单位，从事执业活动的；（7）未按照《建设工程质量管理条例》的要求履行监理职责，降低工程质量的行为；（8）未按照《建设工程安全生产管理条例》的要求履行监理职责，导致重大安全事故的行为等。❸

监理单位和监理工程师的上述违法行为，应当接受行政处罚，承担行政责任。由国家行政机关对行政责任进行认定，主要由各级建设行政主管机关根据法律给予违法行为人一定的行政处分和行政处罚。视情节轻重对监理单位的行政处分和处罚方式主要有：责令改

---

❶ 吴旭艺："浅析建设工程安全生产的监理责任"，《山西建筑》2007 年 9 月第 27 期，第 228 页

❷ 席绪军，《建设工程监理的法律责任问题研究》，复旦大学 2009 年硕士论文。

❸ 席绪军，《建设工程监理的法律责任问题研究》，复旦大学硕士 2009 年论文。

正、降低资质登记、责令监理单位停业整顿、罚款、没收非法所得、吊销资质证书等。对监理工程师的行政处分和处罚方式主要有：没收违法所得、暂停执业、罚款或吊销执业证书等形式。❶

（三）建设监理刑事责任

本书讨论的监理刑事责任只涉及监理在提供与监理业务直接相关的活动过程中，触犯刑法承担刑事责任的情形。

《建筑法》第 69 条规定："工程监理单位与建设单位或施工企业串通，弄虚作假、降低工程质量的，责令改正，处以罚款。降低资质等级或者吊销资质证书：有违法所得的，予以没收；造成损失的，承担连带赔偿责任；构成犯罪的，依法追究刑事责任。"这里所说的犯罪主要适用于《刑法》重大责任事故犯罪的规定。

在刑法司法实践和理论研究中，重大责任事故犯罪有广义和狭义之分，重大责任事故犯罪从狭义上来看，仅指《刑法》第 134 条规定的内容，而广义的重大责任事故犯罪是指《刑法》第 134 条至 139 条规定的内容，他们分别是第 134 条的重大责任事故罪、第 135 条的重大劳动安全事故罪、第 136 条的危险物品肇事罪、第 137 条的工程重大安全事故罪、第 138 条的教育设施重大安全事故罪、第 139 条消防责任事故罪等六条罪名。本书采用广义的重大责任事故犯罪，从前面的条款内容上看，其中适用于工程建设监理的是第 134 条和第 137 条。建设监理的刑事犯罪主要适用工程重大安全事故罪和重大责任事故罪。❷

《刑法》修正案（六）第 134 条（重大责任事故罪）规定："在生产、作业中违反有关安全管理的规定，因而发生重大伤亡事故或者造成其他严重后果的，处三年以下有期徒刑或者拘役；情节特别恶劣的，处三年以上七年以下有期徒刑。强令他人违章冒险作业，因而发生重大伤亡事故或者造成其他严重后果的，处五年以下有期徒刑或者拘役；情节特别恶劣的，处五年以上有期徒刑。"《刑法》第 137 条（工程重大安全事故罪）规定："建设单位、设计单位、施工单位、工程监理单位违反国家规定，降低工程质量标准，造成重大安全事故的，对直接责任人员处 5 年以下有期徒刑或者拘役，并处罚金；后果特别严重的，处五年以上十年以下有期徒刑，并处罚金。"

---

❶　石礼花："建设工程监理责任探讨"，《科技情报开发与经济》2005 年第 87 卷第 4 期，第 193 页。
❷　张佳锋，《我国建设监理责任的法律分析》，西南政法大学 2009 年硕士论文。

第七章　建设工程安全生产管理法律制度

第一节　建设工程安全生产管理概述

建设工程安全生产直接关系到公众生命财产安全，关系到社会稳定、和谐发展，因此国家对建筑活动实行建筑安全生产管理制度。建筑安全生产管理是指建设行政主管部门、建筑安全监督管理机构、建筑施工企业及有关单位对建筑生产过程中的安全工作，进行计划、组织、指挥、控制、监督等一系列的管理活动。其目的在于保证建筑工程安全和建筑职工的人身安全。

一、建筑安全生产管理立法概况

建筑业是全国事故高发行业之一，每年施工的死亡人数仅次于交通运输和矿山井下，在全国各行业中居第三位。建筑安全事故给国家、社会特别是给事故死伤人员的家庭造成了特别重大的损失和影响。建筑安全生产管理直接关系到人身和财产安全，是建筑活动管理的重要内容之一。为此，全国人民代表大会常务委员会、国务院制定了一系列的有关工程建设安全生产法律、法规、条例，主要包括：《建筑法》；《安全生产法》（由中华人民共和国第九届全国人民代表大会常务委员会第二十八次会议于 2002 年 6 月 29 日通过公布，自 2002 年 11 月 1 日起施行。2014 年 8 月 31 日第十二届全国人民代表大会常务委员会第十次会议通过全国人民代表大会常务委员会关于修改《中华人民共和国安全生产法》的决定，自 2014 年 12 月 1 日起施行）；国务院于 2003 年 11 月 24 日以中华人民共和国国务院第 393 号令发布的《建设工程安全生产管理条例》；《特种设备安全监察条例》（国务院于2009 年 1 月 24 日以国务院第 549 号令进行修订，2009 年 5 月 1 日起施行）2007 年 4 月 7 日国务院颁布的《生产安全事故报告和调查处理条例》（国务院令第 493 号，自 2007 年 6 月 1 日起施行）；《安全生产许可证条例》（国务院于 2014 年 7 月 29 日根据《国务院关于修改部分行政法规的决定》进行修订）。

国务院建设行政主管部门也通过了一些关于建筑安全生产管理的部委规章和规范性法律文件，主要有：《关于印发〈关于进一步规范房屋建筑和市政工程生产安全事故报告和调查处理工作的若干意见〉的通知》（建质［2007］257 号）；《关于印发〈危险性较大的分部分项工程安全管理办法〉的通知》（建质［2009］87 号）；《建筑工程安全防护、文明施工措施费用及使用管理规定》（建办［2005］89 号）；《关于印发〈建筑工程安全生产监督管理工作导则〉的通知》（建质安函［2005］108 号）《关于印发〈建筑施工人员个人劳动保护用品使用管理暂行规定〉的通知》（建质［2007］255 号）；《关于印发〈绿色施工导则〉的通知》（建质［2007］223 号）；《建筑起重机械安全监督管理规定》（建设部 166 号令）；《建筑起重机械备案登记办法》（建质［2008］76 号）；《建筑施工特种作业人员管理规定》（建质［2008］75 号）；《建筑施工企业安全生产许可证动态监管暂行办法》（建质〔2008〕121号）；《建筑施工企业安全生产管理机构设置及专职安全生产管理人员配备办法》（建质〔2008〕91号）；《关于印发〈建设工程高大模板支撑系统施工安全监督管理导则〉的通知》（建质〔2009〕254号）等。

除此之外，国家还颁布了很多关于建筑安全生产管理的安全生产标准和技术规范，主要包括《建筑施工安全检查标准》（JGJ 59—99）；《施工企业安全生产评价标准》（JGJ/T 77—2010）；《建筑施工现场环境与卫生标准》（JGJ 146—2013）；施工现场临时建筑物技术规范（JGJ/T 188—2009）；《建筑施工高处作业安全技术规范》（JGJ 80—91）；《施工临时用电安全技术规范》（JGJ 46—2005）；《建筑基坑支护技术标准》（JGJ 120—99）；建筑基坑工程监测技术规范（GB 50497—2009）；《建筑边坡工程技术规范》（GB 50330—2002）；锚杆喷射砼支护技术规范（GB 50086—2001）；《建筑桩基技术规范》（JGJ 94—2008）；《建筑施工钢管扣件脚手架安全技术规范》（JGJ 130—2001）；《建筑施工碗扣式钢管脚手架安全技术规范》（JGJ 166—2008）；《建筑施工门式钢管脚手架安全技术规范》（JGJ 128—2010）；《建筑施工工具式脚手架安全技术规范》（JGJ 202—2010）等。建筑业相关法律法规的施行是国家从宏观层面上对建筑业进行法制监管，而建筑标准规范是从微观层面上对建筑工程各个建设阶段、各工序及产品等进行法制管理，它属于技术法规，是广义的建筑安全生产管理法规的组成部分。

目前，在建设工程安全生产领域，我国已经形成了以《建筑法》《安全生产法》《建设工程安全管理条例》《生产安全事故报告和调查处理条例》《安全生产许可证条例》等法律和行政法规为主干，以住房和城乡建设部、劳动部、国家质量监督局、国家安全生产监督管理局、国家经贸委等相关部委发布的部门规章、强制性安全技术规范及地方性法规为分支的法律法规网络体系。

二、建设工程安全生产管理方针

《建筑法》第36条规定："建筑工程安全生产管理必须坚持安全第一、预防为主的方针，建立健全安全生产的责任制度和群防群治制度。"《安全生产法》第3条规定："安全生产工作坚持安全第一、预防为主、综合治理的方针，强化和落实生产经营单位的主体责任，建立生产经营单位负责、职工参与、政府监管、行业自律和社会监督的机制。"由此可见，安全第一、预防为主、综合治理是建筑工程安全管理必须坚持的方针。

"安全第一、预防为主、综合治理"的安全方针是一个有机统一的整体。所谓"安全第一"，就是说，在生产经营活动中，在处理保证安全与实现生产经营活动的其他各项目标的关系上，要始终把安全特别是从业人员和其他人员的人身安全放在首要的位置，实行"安全优先"的原则。安全第一是预防为主、综合治理的统帅，没有安全第一的思想，预防为主就失去了思想支撑，综合治理就失去了整治依据。预防为主是实现安全第一的根本途径。只有把安全生产的重点放在建立事故隐患预防体系上，超前防范，才能有效减少事故成本损失，实现安全第一。综合治理，是指适应我国安全生产形势的要求，自觉遵循安全生产规律，正视安全生产工作的长期性、艰巨性和复杂性，抓住安全生产工作中的主要矛盾和关键环节，综合运用经济、法律、行政等手段，人管、法治、技防多管齐下，并充分发挥社会、职工、舆论的监督作用，有效解决安全生产领域的问题。综合治理是落实安全第一、预防为主的手段和方法。

三、建设安全生产管理的原则

（一）坚持"管生产必须管安全"的原则

一切从事生产、经营活动的单位和管理部门都必须"管安全"，必须依照国务院"安全生产是一切经济部门和生产企业的头等大事"的指示精神全面开展安全生产工作。在管理生产的同时，认真贯彻执行国家安全生产的法规、政策和标准制定本企业本部门的安全生产规章制度包括各种安全生产责任制、安全生产管理规定、安全卫生技术规范、岗位安全操作规程等健全安全生产组织管理机构配齐专兼职人员。

（二）"安全具有否决权"的原则

"安全具有否决权"的原则，是指安全工作是衡量企业经营管理工作好坏的一项基本内容。该原则要求在对企业进行各项指标考核、评选先进时必须要首先考虑安全指标的完成情况。安全生产指标具有一票否决的作用。

（三）坚持"三同时"的原则

"三同时"是指凡是我国境内新建、改建、扩建的基本建设项目工程、技术改造项目工程和引进的建设项目其劳动安全卫生设施必须符合国家规定的标准，必须与主体工程同时设计、同时施工、同时投入生产和使用。

（四）坚持"五同时"原则

"五同时"是指企业的生产组织及领导者在计划、布置、检查、总结、评比生产工作的时候同时计划、布置、检查、总结、评比安全工作。

（五）坚持"四不放过"原则

"四不放过"是指在调查处理工伤事故时必须坚持：事故原因分析不清不放过，事故责任者和群众没有受到教育不放过，没有采取切实可行的防范措施不放过和事故责任者没有被处理不放过。

（六）"三个同步"原则

"三个同步"是指安全生产与经济建设、深化改革、技术改造同步规划、同步发展、同步实施。

第二节　建设工程安全生产监督管理制度

一、建设工程安全生产监督管理体制

（一）建设工程安全生产的行政监督管理的分级管理

建设工程安全生产的行政监督管理，是指各级人民政府建设行政主管部门及其授权的建设工程安全生产监督机构，对建设工程安全生产所实施的行政监督管理。我国现行对建设工程（含土木工程、建筑工程、线路管道和设备安装工程）安全生产的行政监督管理是分级进行的，建设行政主管部门因级别不同具有的管理职责也不完全相同。

（二）建设工程安全生产监督管理体制

《建筑法》第43条、《安全生产法》第9条和《建设工程安全生产管理条例》第39条、第40条对建设工程安全生产管理体制做出了明确规定：国务院负责安全生产监督管理的部门对全国建设工程安全生产工作实施综合监督管理，其职责主要体现在对安全生产工作的指导、协调和监督上。县级以上地方人民政府负责安全生产监督管理的部门对本行

政区域内建设工程安全生产工作实施综合监督管理。

据此，国务院建设行政主管部门对全国的建设工程安全生产实施监督管理，国务院铁路、交通、水利等有关部门按照国务院规定的职责分工，负责有关专业建设工程安全生产的监督管理。县级以上地方人民政府建设行政主管部门对本行政区域内的建设工程安全生产实施监督管理。县级以上地方人民政府交通、水利等有关部门在各自的职责范围内，负责本行政区域内的专业建设工程安全生产的监督管理。建设工程安全生产的监督管理主要体现在结合行业特点制定相关的规章制度和标准并实施行政监管上，形成统一管理与分级管理、综合管理与专门管理相结合的管理体制。

1. 县级以上地方人民政府的监督管理

县级以上地方各级人民政府应根据本行政区域内的安全生产状况，组织有关部门按照职责分工，对本行政区域内容易发生重大安全事故的生产经营单位进行严格检查并及时处理发现的事故隐患。

2. 各级负责安全生产监督管理部门的监督管理

国务院负责安全生产监督管理的部门（负责对全国安全生产工作实施综合监督管理）和县级以上地方各级人民政府负责安全生产监督管理的部门（负责对本行政区域内的安全生产工作实施综合监督管理）在各自的职责范围内对有关的安全生产工作实施监督管理的国务院有关部门和县级以上地方各级人民政府有关部门。按照目前的部门职能划分，国务院负责安全生产监督管理的部门是国家经济贸易委员会和国家安全生产监督管理局，地方人民政府负责安全生产监督管理的部门，则由地方人民政府根据实际情况予以确定。其他有关部门，包括公安消防机构、交通部门（包括铁路主管部门和民用航空主管部门）、建筑行业部门、质量技术监督部门、工商行政管理部门等。

国务院住房城乡建设行政主管部门主管全国建设工程安全生产的行业监督管理工作。其主要职责是：（1）贯彻执行国家有关安全生产的法规和方针、政策，起草或者制定建筑安全生产管理的法规和标准；（2）统一监督管理全国工程建设方面的安全生产工作，完善建筑安全生产的组织保证体系；（3）制定建筑安全生产管理的中、长期规划和近期目标，组织建筑安全生产技术的开发与推广应用；（4）指导和监督检查省、自治区、直辖市人民政府建设行政主管部门开展建筑安全生产的行业监督管理工作；（5）统计全国建筑职工因工伤亡人数，掌握并发布全国建筑安全生产动态；（6）负责对申报资质等级一级企业和国家一、二级企业以及国家和部级先进建筑企业进行安全资格审查或者审批，行使安全生产否决权；（7）组织全国建筑安全生产检查，总结交流建筑安全生产管理经验，并表彰先进；（8）检查和监督工程建设重大事故的调查处理，组织或者参与工程建设特别重大事故的调查。

县级以上地方人民政府住房城乡建设行政主管部门负责本行政区域建筑安全生产的行业监督管理工作。其主要职责是：（1）贯彻执行国家和地方有关安全生产的法规、标准和方针、政策，起草或者制定本行政区域建筑安全生产管理的实施细则或者实施办法；（2）制定本行政区域建筑安全生产管理的中、长期规划和近期目标，组织建筑安全生产技术的开发与推广应用；（3）建立健全安全生产的监督管理体系，制定本行政区域建筑安全生产监督管理工作制度，组织落实各级领导分工负责的建筑安全生产责任制；（4）负责本行政区域建筑职工因工伤亡的统计和上报工作，掌握和发布本行政区域建筑安全生产动态；（5）负责对申报晋升企业资质等级、企业升级和报评先进企业的安全资格进行审查或者审批，行使安全生产否决权；（6）组织或者参与本行政区域工程建设中人身伤亡事故的调查处理工作，并依照有关规定上报重大伤亡事故；（7）组织开展本行政区域建筑安全生产检查，总结交流建筑安全生产管理经验，并表彰先进；（8）监督检查施工现场、构配件生产车间等安全管理和防护措施，纠正违章指挥和违章作业；（9）组织开展本行政区域建筑企业安全生产管理人员、作业人员的安全生产教育、培训、考核及发证工作，监督检查建筑企业对安全技术措施费的提取和使用；（10）领导和管理建筑安全生产监督机构的工作。

（三）负责建筑施工安全生产管理的行政部门及其分工

《建筑法》第 43 条、《安全生产法》第 9 条、《建设工程安全生产管理条例》第 44 条等相关法律法规规定的管理模式是，在各级安全生产监督管理部门"综合管理"的基础上，各级建设行政主管和劳动行政主管部门"主管"，各级政府有关部门如质量技术监督等部门对部分安全生产事项"专项管理"。

按照全国人大九届一次会议和十届一次会议批准的国务院机构改革方案和《国务院关于机构设置的通知》及中央编办发（2003）15 号文第五条第（二）项的规定，国家安全生产监督管理局的"综合管理"是指导、协调和监督国务院各有关主管部门如住房和城乡建设部的安全生产监督管理工作。国务院各有关部门如建设部负责本行业或领域内的安全生产监督管理工作并承担相应的行政监管责任。国家经贸委管理国家安全生产监督管理局。由此可见，国家安全生产监督管理局和地方各级安全生产监督管理局是建筑施工安全生产的"综合管理"部门。各级安全生产监督管理局受各级经贸委管理。建筑施工安全生产的具体"主管"部门是住房城乡建设部和劳动部及地方各级住建厅、委员会、局和地方各级劳动厅、局，"专管"部门主要有国家质量技术监督局及地方各级质量技术监督局、各级消防安全部门等。

建筑施工安全生产管理实际上是对建筑施工四个安全要素的管理，即施工企业的安全资力管理、施工作业人员的安全管理、施工作业机械设备、建筑材料的安全管理、施工作业流程的安全管理四个要素，由各有关行政部门管理。根据《安全生产法》第 54 条、《安全生产许可证条例》第 4 条及《建设工程安全生产管理条例》《工程建设重大事故报告和调查程序的规定》等相关行政法规和部门规章的规定以及建设部颁布的建筑施工安全技术规范规程，各级建设行政主管部门是建筑施工安全生产的主管部门，是工程建设安全事故的归口管理部门，其对建筑施工的以上四要素均有监管权，有权依照有关法律法规的规定，对涉及安全生产的事项需要审查批准（包括批准、核准、许可、注册、认证、颁发证照等）或者验收的，依照有关法律、法规和国家标准或者行业标准规定的安全生产条件和程序进行审查，有权监督查处超越资质等级承揽工程、督促检查施工企业安全生产的具体实施并纠正违反安全规范规程的行为，有权调查处理建筑施工安全事故，有权对违反建筑施工安全管理规定的予以行政处罚。但建设行政主管部门更侧重于施工企业的安全资力管理、施工作业机械设备的安全管理和施工作业流程的安全管理。劳动行政部门主要依据《劳动法》及《建设项目（工程）劳动安全卫生监察规定》等法规，侧重于建筑施工人员的安全保障管理。质量技术监督主管部门依据《产品质量法》《特种设备质量监督与安全监督规定》等法规，建筑材料以及施工用特种设备的安全防范予以管理。消防部门依据消防安全法规，对建筑施工的消防安全予以管理。

（四）建筑施工安全生产行政管理的实施

建筑施工安全生产行政管理主要有四个方面即审批、检查、调查和处罚。建筑施工安全生产的审批主要包括：住房城乡建设行政主管部门依据《安全生产许可证条例》等法规，审查批准颁发安全生产许可证等其他行政许可，劳动行政主管部门依据《建设项目（工程）劳动安全卫生监察规定》等法规，审查批准有关建筑施工劳动安全保障的许可认证，特种设备行政主管部门依据《特种设备安全管理条例》等法规，审查批准有关建筑特种设备的认证等。

建筑施工安全生产的检查主要包括：建设行政主管部门对建筑施工安全制度、规范的贯彻执行的检查及纠正，劳动部门对建设工程"三同时"、施工人员的劳动安全防护措施等的检查和纠正，特种设备管理部门对建筑施工特种机械设备的使用、建筑材料的安全性的检查和纠正等。

各有关行政主管部门的行政处罚应当按照《行政处罚法》及有关部门规章如建设部发布的《建设行政处罚程序暂行规定》、国家安全生产监督管理局发布的《安全生产违法行为行政处罚办法》等法规规定的程序，调查核实有关当事人违反安全生产法规的事实后，作出处罚。施工企业如果不服相关行政处罚，可以依照《行政复议法》（参照有关部门规章如国家经贸委发布的《安全生产行政复议暂行办法》）、《行政诉讼法》等法规的规定，提起行政复议或行政诉讼，依法维护权益。

建筑施工安全生产事故的调查主要指发生建筑施工安全生产事故后，相关主管部门对事故原因、后果、责任等进行调查，形成调查报告，报送有关部门。《建设工程安全生产管理条例》第 50 条规定："施工单位发生生产安全事故，应当按照国家有关伤亡事故报告和调查处理的规定，及时、如实地向负责安全生产监督管理的部门、建设行政主管部门或者其他有关部门报告；特种设备发生事故的，还应当同时向特种设备安全监督管理部门报告。接到报告的部门应当按照国家有关规定，如实上报。实行施工总承包的建设工程，由总承包单位负责上报事故"。有关部门调查后，形成的调查报告一般包括事故的发生原因、人员和财产损失、事故性质和责任、防范措施的建议、对事故责任人的处理建议、应急措施的情况等。调查报告应反映安全生产事故的全面情况。

二、生产经营单位对安全生产的监督管理

生产经营单位在日常的生产经营活动中，必须加强对安全生产的监督管理，对于存在较大危险因素的场地、设备及施工作业，更应依法进行重点检查、管理，以防生产安全事故的发生。《安全生产法》对此作出明确规定：

（1）建筑施工单位应当设置安全生产管理机构或者配备专职安全生产管理人员。

（2）生产经营单位的安全生产管理人员应当根据本单位的生产经营特点，对安全生产状况进行经常性检查。对检查中发现的安全问题，应立即处理；不能处理的，应及时报告本单位的有关负责人，检查及处理情况应记录在案。

（3）生产经营单位应教育和督促从业人员严格执行本单位的安全生产规章制度和安全操作规程；并向从业人员如实告知作业场所和工作岗位存在的危险因素、防范措施以及事故应急措施。

（4）生产经营单位进行爆破、吊装等危险作业，应安排专门人员进行现场安全管理，确保操作规程的遵守和安全措施的落实。

（5）生产经营单位对危险物品大量聚集的重大危险源应当登记建档，进行定期检测、评估、监控，并制定应急预案，告知从业人员和相关人员在紧急情况下应当采取的应急措施。

（6）生产经营单位不得使用国家明令淘汰、禁止使用的危及生产安全的工艺、设备；对使用的安全设备必须进行经常性维护、保养，并定期检测，以保证正常运转。维护、保养、检测应当做好记录，并由有关人员签字。

（7）生产经营单位使用的涉及生命安全、危险性较大的特种设备（如锅炉、压力容器、电梯、起重机械等）以及危险物品（如易燃易爆品、危险化学品等）的容器、运输工具，必须是按照国家有关规定，由专业生产单位生产，并且必须经具有专业资质的检测、检验机构检测，检测合格，取得安全使用证或安全标志后，方可投入使用。

（8）生产经营单位应当在存有较大危险因素的生产经营场所和有关设施、设备上，设置明显的安全警示标志，以引起人们对危险因素的注意，预防生产安全事故的发生。

三、社会对安全生产的监督管理

从根本上说，生产经营单位是生产经营活动的主体，在安全生产工作中居于关键地位，生产经营单位的安全生产管理是作好安全生产工作的内因。但是由于安全生产关系到各类生产经营单位和社会的方方面面，涉及面极广，仅靠政府及其有关部门是不够的，必须走专门机关和群众相结合的道路，充分调动和发挥社会各界的积极性，齐抓共管，群防群治，才能建立起经常性的、有效的监督机制，从根本上保障生产经营单位的安全生产。因此，此处的"监督"是广义上的监督，既包括政府及其有关部门的监督，也包括社会力量的监督。具体而言社会力量的监督主要包括：

（1）工会的监督。工会有权对建设项目的安全设施与主体工程同时设计、同时施工、同时投入生产和使用进行监督，提出意见。工会对生产经营单位违反安全生产法律、法规，侵犯从业人员合法权益的行为，有权要求纠正；发现生产经营单位违章指挥、强令冒险作业或者发现事故隐患时，有权提出解决的建议，生产经营单位应当及时研究答复；发现危及从业人员生命安全的情况时，有权向生产经营单位建议组织从业人员撤离危险场所，生产经营单位必须立即作出处理。工会有权依法参加事故调查，向有关部门提出处理意见，并要求追究有关人员的责任。

（2）基层群众性自治组织的监督。居民委员会、村民委员会发现其所在区域内的生产经营单位存在事故隐患或安全生产违法时，应当向当地人民政府或有关部门报告。

（3）新闻媒体的监督。新闻、出版、广播、电影、电视等单位有进行安全生产教育的义务，同时，对违反安全生产法律、法规的行为有进行舆论监督的权利。

（4）社会中介机构的监督。承担安全评价、认证、检测、检验的中介机构，则通过其服务行为对相关安全生产事项实施监督管理。

（5）社会公众的监督。任何单位和个人对事故隐患和安全违法行为，均有向安全生产监督管理部门报告或举报的权利。安全生产监督管理部门应建立举报制度，公开举报电话、信箱或电子邮件地址。

第三节 建设工程安全生产责任制度

为了加强建设工程安全生产监督管理，保障人民群众生命和财产安全，在中华人民共和国境内从事建设工程的新建、扩建、改建和拆除等有关活动，建设单位、勘察单位、设计单位、施工单位、工程监理单位及其他与建设工程安全生产有关的单位，必须遵守安全生产法律、法规的规定，保证建设工程安全生产，依法承担建设工程安全生产责任。

一、建设单位的安全责任

（一）向施工单位提供资料的责任

《建筑法》第 40 条规定，建设单位应当向建筑施工企业提供与施工现场相关的地下管线资料，建筑施工企业应当采取措施加以保护。《建设工程安全生产管理条例》第 6 条规定，建设单位应当向施工单位提供施工现场及毗邻区域内供水、排水、供电、供气、供热、通信、广播电视等地下管线资料，气象和水文观测资料，相邻建筑物和构筑物、地下工程的有关资料，并保证资料的真实、准确、完整。建设单位因建设工程需要，向有关部门或者单位查询前款规定的资料时，有关部门或者单位应当及时提供。

（二）不得向有关单位提出影响安全生产的违法要求

《建设工程安全生产管理条例》第 7 条规定，建设单位不得对勘察、设计、施工、工程监理等单位提出不符合建设工程安全生产法律、法规和强制性标准规定的要求，不得压缩合同约定的工期。

（三）建设单位应当保证安全生产投入

建设单位应当提供建设工程安全生产作业环境及安全施工措施所需的费用。《安全生产法》第 18 条规定，生产经营单位应当具备的安全生产条件所必需的资金投入，由生产经营单位的决策机构、主要负责人或者个人经营的投资人予以保证，并对由于安全生产所必需的资金投入不足导致的后果承担责任。《建设工程安全生产管理条例》第 8 条规定，建设单位在编制工程概算时，应当确定建设工程安全作业环境及安全施工措施所需费用。

（四）不得明示或暗示施工单位使用不符合安全施工要求的物资

《建设工程安全生产管理条例》第 9 条规定，建设单位不得明示或者暗示施工单位购买、租赁、使用不符合安全施工要求的安全防护用具、机械设备、施工机具及配件、消防设施和器材。

（五）办理施工许可证或开工报告时应当报送安全施工措施

《建设工程安全生产管理条例》第 10 条规定，建设单位在申请领取施工许可证时，应当提供建设工程有关安全施工措施的资料。依法批准开工报告的建设工程，建设单位应当自开工报告批准之日起 15 日内，将保证安全施工的措施报送建设工程所在地的县级以上人民政府建设行政主管部门或者其他有关部门备案。

（六）应当将拆除工程发包给具有相应资质的施工单位

《建设工程安全生产管理条例》第 11 条规定，建设单位应当将拆除工程发包给具有相应资质等级的施工单位。建设单位应当在拆除工程施工 15 日前，将下列资料报送建设工程所在地的县级以上地方人民政府建设行政主管部门或者其他有关部门备案：（1）施工单位资质等级证明；（2）拟拆除建筑物、构筑物及可能危及毗邻建筑的说明；（3）拆除施工组织方案；（4）堆放、清除废弃物的措施。

（七）办理特殊作业申请批准手续的责任

《建筑法》第 42 条规定，有下列情形之一的，建设单位应当按照国家有关规定办理申请批准手续：（1）需要临时占用规划批准范围以外场地的；（2）可能损坏道路、管线、电力、邮电通讯等公共设施的；（3）需要临时停水、停电、中断道路交通的；（4）需要进行爆破作业的；（5）法律、法规规定需要办理报批手续的其他情形。例如实施爆破作业的，还应当遵守国家有关民用爆炸物品管理的规定。根据《中华人民共和国民用爆炸物品管理条例》第 27 条的规定，使用爆破器材的单位，必须经上级主管部门审查同意，并说明使用爆破器材的地点、品名、数量、用途、四邻距离的文件和安全操作规程，向所在地县、市公安局申请领取《爆炸物品使用许可证》，方准使用。根据《中华人民共和国民用爆炸物品管理条例》第 30 条的规定，进行大型爆破作业，或在城镇与其他居民聚居的地方、风景名胜区和重要工程设施附近进行控制爆破作业，施工单位必须事先将爆破作业方案报县、市以上主管部门批准，并征得所在地县、市公安局同意，方准爆破作业。

二、勘察、设计单位及工程监理单位的安全责任

（一）勘察单位的安全责任

勘察单位的安全责任建设工程勘察是工程建设的基础性工作。建设工程勘察文件，是建设工程项目规划、选址和设计的重要依据，其勘察成果是否科学、准确，对建设工科安全生产具有重要影响。

（1）确保勘察文件的质量，以保证后续工作的安全的责任。勘察单位应当按照法律、法规和工程建设强制性标准进行勘察、提供的勘察文件应当真实、准确，满足建设工程安全生产的需要。

（2）科学勘察，以保证周边建筑物安全的责任。勘察单位在勘察作业时，应当严格按照操作规程，采取措施保证各类管线、设施和周边建筑物、构筑物的安全。

（二）设计单位的安全责任

建筑工程设计是建设工程的重要环节，工程设计质量的优劣直接影响建设活动和建筑产品的安全。《建筑法》第 37 条对设计单位的安全责任有明确规定："建筑工程设计应符合按照国家规定制定的建筑安全规程和技术规范，保证工程的安全性能。"根据《建设工程安全生产管理条例》第 13 条规定，设计单位的安全责任包括：

（1）设计单位应当按照法律、法规和工程建设强制性标准进行设计，防止因设计不合理导致生产安全事故的发生。

（2）设计单位应当考虑施工安全操作和防护的需要，对涉及施工安全的重点部位和环节在设计文件中注明，并对防范生产安全事故提出指导意见。

（3）采用新结构、新材料、新工艺的建设工程和特殊结构的建设工程，设计单位应当在设计中提出保障施工作业人员安全和预防生产安全事故的措施建议。

（4）设计单位和注册建筑师等注册执业人员应当对其设计负责。

（三）工程监理单位的安全责任

（1）安全技术措施及专项施工方案审查义务。《建设工程安全生产管理条例》第 14 条第 1 款规定："工程监理单位应当审查施工组织设计中的安全技术措施或者专项施工方案是否符合工程建设强制性标准。"

（2）安全生产事故隐患报告义务。《建设工程安全生产管理条例》第14条第2款规定，工程监理单位在实施监理过程中，发现存在安全事故隐患的，应当要求施工单位整改；情况严重的，应当要求施工单位暂时停止施工，并及时报告建设单位。施工单位拒不整改或者不停止施工的，工程监理单位应当及时向有关主管部门报告。

（3）应当承担监理责任

工程监理单位和监理工程师应当按照法律、法规和工程建设强制性标准实施监理，并对建设工程安全生产承担监理责任。

三、施工单位的安全责任

施工单位是工程建设活动中的重要主体之一，在施工安全中居于核心地位，是绝大部分生产安全事故的直接责任方。《建设工程安全生产管理条例》对施工单位的市场准入、施工单位的安全生产行为规范和安全生产条件以及施工单位主要负责人、项目负责人、安全管理人员和作业人员的安全责任，作出了明确的规定。

（一）施工单位应当具备的安全生产资质条件

《建筑法》第26条规定，承包建筑工程的单位应当持有依法取得的资质证书，并在其资质等级许可的业务范围内承揽工程。禁止建筑施工企业超越本企业资质等级许可的业务范围或者以任何形式用其他施工企业的名义承揽工程。禁止建筑施工企业以任何形式允许其他单位或者个人使用本企业的资质证书、营业执照，以本企业的名义承揽工程。建筑法律的有关规定确立的建筑市场准入制度，为施工单位的安全资质设定了法律规范。

《建设工程安全生产管理条例》根据法律的规定，对施工单位的安全资质作出了进一步的规定。施工单位从事建设工程的新建、扩建、改建和拆除等活动，应当具备国家规定的注册资本、专业技术人员、技术装备和安全生产等条件，依法取得相应的资质等级证书，并在其资质等级许可的范围内承揽工程。施工单位的资质等级是由建设行政主管部门根据企业的建筑业绩、人员素质、管理水平、资金数量、技术装备和安全生产条件等基本条件来确定的，它是反映施工单位承揽工程的综合能力的必要条件。

（二）主要负责人和项目负责人的安全施工责任

施工单位主要负责人和项目负责人的安全素质直接关系到施工安全，必须将其应负的施工安全责任法律化。

1. 施工单位主要负责人的安全责任

《建筑法》第44条规定，建筑施工企业的法定代表人对本企业的安全生产负责。《建设工程安全生产管理条例》第21条第1款规定，施工单位主要负责人依法对本单位的安全生产工作全面负责。施工单位应当建立、健全安全生产责任制和安全教育培训制度，制定安全生产规章制度和操作规程，保证本单位安全生产条件所需资金的投入，对所承担的建设工程进行定期和专项安全检查，并做好安全检查记录。

2. 项目负责人的安全责任

施工单位的项目负责人作为生产经营单位主要负责人，应当对建设工程项目的安全生产负责。项目负责人在施工活动中占有非常重要的地位，代表施工企业法定代表人对项目组织实施中劳动力的调配、资金的使用、建筑材料的购进等行使决策权。因此，施工单位的项目负责人应当对建设工程项目施工安全负全面责任，是本项目安全生产的第一责任人。为了加强对项目负责人安全资格的管理，明确其安全生产职责，《建设工程安全生产管理条例》第 21 条第 2 款规定，施工单位的项目负责人应当由取得相应执业资格的人员担任，对建设工程项目的安全施工负责，落实安全生产责任制、安全生产规章制度和操作规程，确保安全生产费用的有效使用，并根据工程的特点组织制定安全施工措施，消除安全事故隐患，及时、如实报告生产安全事故。

生产经营单位的主要负责人对本单位安全生产工作负有下列职责：（1）建立、健全本单位安全生产责任制；（2）组织制定本单位安全生产规章制度和操作规程；（3）保证本单位安全生产投入的有效实施；（4）督促、检查本单位的安全生产工作，及时消除生产安全事故隐患；（5）组织制定并实施本单位的生产安全事故应急救援预案；（6）及时、如实报告生产安全事故。

（三）总承包单位与分包单位的安全管理

建筑工程实行总承包的，由总承包单位对施工现场的安全生产负总责。总承包单位应当自行完成建设工程主体结构的施工。总承包单位依法将建设工程分包给其他单位的，分包合同中应当明确各自的安全生产方面的权利、义务。总承包单位和分包单位对分包工程的安全生产承担连带责任。分包单位应当服从总承包单位的安全生产管理，分包单位不服从管理导致生产安全事故的，由分包单位承担主要责任。

（四）施工单位安全生产保障措施

1. 安全生产费用应当专款专用

施工单位对列入建设工程概算的安全作业环境及安全施工措施所需费用，应当用于施工安全防护用具及设施的采购和更新、安全施工措施的落实、安全生产条件的改善，不得挪作他用。

2. 安全生产管理机构及人员的设置

施工单位应当设立安全生产管理机构，配备专职安全生产管理人员。专职安全生产管理人员负责对安全生产进行现场监督检查。发现安全事故隐患，应当及时向项目负责人和安全生产管理机构报告；对违章指挥、违章操作的，应当立即制止。

3. 编制安全技术措施及专项施工方案的规定

施工单位应当在施工组织设计中编制安全技术措施和施工现场临时用电方案，对下列达到一定规模的危险性较大的分部分项工程编制专项施工方案，并附具安全验算结果，经施工单位技术负责人、总监理工程师签字后实施，由专职安全生产管理人员进行现场监督：基坑支护与降水工程；土方开挖工程；模板工程；起重吊装工程；脚手架工程；拆除、爆破工程和国务院建设行政主管部门或者其他有关部门规定的其他危险性较大的工程。对上述工程中涉及深基坑、地下暗挖工程、高大模板工程的专项施工方案，施工单位还应当组织专家进行论证、审查。

施工单位还应当根据施工阶段和周围环境及季节、气候的变化，在施工现场采取相应的安全施工措施。施工现场暂时停止施工的，施工单位应当做好现场防护，所需费用由责任方承担，或按照合同约定执行。

4. 对安全施工技术要求的交底

建设工程施工前，施工单位负责项目管理的技术人员应当对有关安全施工的技术要求向施工作业班组、作业人员做出详细说明，并由双方签字确认。

5. 施工现场的安全维护

（1）施工单位应当在施工现场入口、起重机械、临时用电设施、脚手架、出入通道口、楼梯口、电梯井口、孔洞口、桥梁口、隧道口、基坑边沿、爆破物，有害危险气体、液体的存放处等危险部位，设置明显的安全警示标志。安全警示标志必须符合国家标准。施工单位应当根据不同施工阶段和周围环境及季节、气候的变化，在施工现场采取相应的安全施工措施。施工现场暂时停止施工的，施工单位应当做好现场防护，所需费用由责任方承担，或者按照合同约定执行。

（2）施工单位应当对施工现场实行封闭管理。施工现场对毗邻的建筑物、构筑物和特殊作业环境可能造成损害的，建筑施工企业应当采取安全防护措施。施工单位应当将施工现场的办公、生活区与作业区分开设置，并保持安全距离；办公、生活区的选址应当符合安全性要求。职工的膳食、饮水、休息场所等应当符合卫生标准。施工单位不得在尚未竣工的建筑物内设置员工集体宿舍。

6. 施工现场的消防管理

施工单位应当在施工现场建立消防安全责任制度，确定消防安全责任人，制定用火、用电、使用易燃易爆材料等各项消防安全管理制度和操作规程，设置消防通道、消防水源，配备消防设施和灭火器材，并在施工现场入口处设置明显标志。

7. 施工现场的环境保护

《建筑法》第41条规定，施工单位应当遵守有关环境保护法律、法规的规定，在施工现场采取措施，防止或减少粉尘、废气、废水、固体废物、噪声、振动和施工照明对人和环境的危害和污染。《建设工程安全生产管理条例》第30条规定，施工单位应当遵守有关环境保护法律、法规的规定，在施工现场采取措施，防止或者减少粉尘、废气、废水、固体废物、噪声、振动和施工照明对人和环境的危害和污染。

8. 安全设备管理

（1）安全设备的日常管理。生产经营单位应当在有较大危险因素的生产经营场所和有关设施、设备上，设置明显的安全警示标志。安全设备的设计、制造、安装、使用、检测、维修、改造和报废，应当符合国家标准或者行业标准。生产经营单位必须对安全设备进行经常性维护、保养，并定期检测，保证正常运转。维护、保养、检测应当作好记录，并由有关人员签字。

（2）设备的淘汰制度。国家对严重危及生产安全的工艺、设备实行淘汰制度。生产经营单位不得使用国家明令淘汰、禁止使用的危及生产安全的工艺、设备。

（3）起重机械等自升式架设设施的检验、验收、登记备案制度。

9. 劳动安全管理

施工单位应当向作业人员提供安全防护用具和安全防护服装，并书面告知危险岗位的操作规程和违章操作的危害。作业人员有权对施工现场的作业条件、作业程序和作业方式中存在的安全问题提出批评、检举和控告，有权拒绝违章指挥和强令冒险作业。在施工中发生危及人身安全的紧急情况时，作业人员有权立即停止作业或者在采取必要的应急措施后撤离危险区域。作业人员应当遵守安全施工的强制性标准、规章制度和操作规程，正确使用安全防护用具、机械设备等。

施工单位应当为施工现场从事危险作业的人员办理意外伤害保险。意外伤害保险费由施工单位支付。实行施工总承包的，由总承包单位支付意外伤害保险费。意外伤害保险期限自建设工程开工之日起至竣工验收合格止。

10. 安全生产教育培训制度

安全生产教育培训制度是对广大建筑企业职工进行安全教育培训，提高安全意识，增加安全知识和技能的制度。

（1）特种作业人员培训和持证上岗。建设施工特种作业人员直接从事建设施工特种作业，具有较大的危险性。他们的安全素质和安全技能，直接关系到施工安全。垂直运输机械作业人员、安装拆卸工、爆破作业人员、起重信号工、登高架设作业人员等特种作业人员，必须按照国家有关规定经过专门的安全作业培训，并取得特种作业操作资格证书后，方可上岗作业。

（2）安全管理人员和作业人员的安全教育培训和考核。施工单位的主要负责人、项目负责人、专职安全生产管理人员应当经建设行政主管部门或者其他有关部门考核合格后方可任职。施工单位应当对管理人员和作业人员每年至少进行一次安全生产教育培训，其教育培训情况记入个人工作档案。安全生产教育培训考核不合格的人员，不得上岗。

（3）作业人员进入新岗位、新工地或采用新技术时的上岗教育培训。作业人员进入新的岗位或者新的施工现场前，应当接受安全生产教育培训。未经教育培训或者教育培训考核不合格的人员，不得上岗作业。施工单位在采用新技术、新工艺、新设备、新材料时，应当对作业人员进行相应的安全生产教育培训。

四、其他相关单位的安全责任

（一）机械设备和配件供应单位的安全责任

为建设工程提供机械设备和配件的单位，应当按照安全施工的要求配备齐全有效的保险、限位等安全设施和装置。

（二）机械设备和施工机具及配件出租单位的安全责任

出租的机械设备和施工机具及配件，应当具有生产（制造）许可证、产品合格证，并应当对出租的机械设备和施工机具及配件的安全性能进行检测，在签订租赁协议时，应当出具检测合格证明。禁止出租检测不合格的机械设备和施工机具及配件。

（三）施工起重机械和自升式架设设施的安全管理

1. 安装与拆卸

施工起重机械和自升式架设设施等的安装、拆卸属于特殊专业安装，具有高度危险性，容易造成重大伤亡事故。在施工现场安装、拆卸施工起重机械和整体提升脚手架、模板等自升式架设设施，必须由具有相应资质的单位承担。安装、拆卸施工起重机械和整体提升脚手架、模板等自升式架设设施，应当编制拆装方案、制定安全施工措施，并由专业技术人员现场监督。施工起重机械和整体提升脚手架、模板等自升式架设设施安装完毕后，安装单位应当自检，出具自检合格证明，并向施工单位进行安全使用说明，办理验收手续并签字。

2. 检验检测

（1）强制检测。施工起重机械和整体提升脚手架、模板等自升式架设设施的使用达到国家规定的检验检测期限的，必须经具有专业资质的检验检测机构检测。经检测不合格的，不得继续使用。施工起重机械和自升式架设设施在使用过程中，应当按照规定进行定期检测，并及时进行全面检修保养。对于达到国家规定的检验检测期限的，必须经具有专业资质的检验检测机构检测。根据国务院《特种设备安全监察条例》的规定，从事施工起重机械定期检验、监检验的检验检测机构，应当经国务院特种设备安全监督部门核准，取得核准后方可从事检验检测活动。检验检测机构必须具备与所从事的检验检测工作相适应的检验检测人员、检验检测仪器和设备，有健全的检验检测管理制度和检验检测责任制度。同时，检验检测机构进行检测工作是应当符合安全技术规范要求的，经检测不合格的，不得继续使用。

（2）检验检测机构的安全责任。检验检测机构对检测合格的施工起重机械和整体提升脚手架、模板等自升式架设设施，应当出具安全合格证明文件，并对检测结果负责。根据国务院《特种设备安全监察条例》的规定，检验检测机构和检验检测人员进行特种设备检验检测，应当遵循诚信原则和方便企业的原则，为施工单位提供可靠、便捷的检验检测服务。检验检测机构和检验检测人员应当客观、公正、及时地出具检验检测结果、鉴定结论。检测合格的，应当出具安全合格证明文件。检验检测结果、鉴定结论经检验检测人员签字后，由检验检测机构负责人签署。设备检验检测机构和检验检测人员对检验检测结果、鉴定结论负责。设备检验检测机构进行设备检验检测时发现严重事故隐患，应当及时告知施工单位，并立即向特种设备安全监督管理部门报告。

第四节 建设工程安全生产许可制度

根据《安全生产许可证条例》（2014）第 2 条规定，国家对矿山企业、建筑施工企业和危险化学品、烟花爆竹、民用爆破物品生产企业实行安全生产许可制度。企业未取得安全生产许可证的，不得从事生产活动。《建筑施工企业安全生产许可证管理规定》（建设部令第 128 号）第 2 条规定，国家对建筑施工企业实行安全生产许可制度。建筑施工企业未取得安全生产许可证的，不得从事建筑施工活动。

一、安全生产许可证的管理机关

国务院住房城乡建设主管部门负责中央管理的建筑施工企业安全生产许可证的颁发和管理。省、自治区、直辖市人民政府住房城乡建设主管部门负责本行政区域内中央管理的建筑施工企业以外的建筑施工企业安全生产许可证的颁发和管理，并接受国务院住房城乡建设主管部门的指导和监督。市、县人民政府住房城乡建设主管部门负责本行政区域内建筑施工企业安全生产许可证的监督管理，并将监督检查中发现的企业违法行为及时报告安全生产许可证颁发管理机关。

二、安全生产许可证的取得条件

建筑施工企业取得安全生产许可证，应当具备下列安全生产条件：

（1）建立、健全安全生产责任制，制定完备的安全生产规章制度和操作规程；

（2）保证本单位安全生产条件所需资金的投入；

（3）设置安全生产管理机构，按照国家有关规定配备专职安全生产管理人员；

（4）主要负责人、项目负责人、专职安全生产管理人员经建设主管部门或者其他有关部门考核合格；

（5）特种作业人员经有关业务主管部门考核合格，取得特种作业操作资格证书；

（6）管理人员和作业人员每年至少进行一次安全生产教育培训并考核合格；

（7）依法参加工伤保险，依法为施工现场从事危险作业的人员办理意外伤害保险，为从业人员交纳保险费；

（8）施工现场的办公、生活区及作业场所和安全防护用具、机械设备、施工机具及配件符合有关安全生产法律、法规、标准和规程的要求；

（9）有职业危害防治措施，并为作业人员配备符合国家标准或者行业标准的安全防护用具和安全防护服装；

（10）有对危险性较大的分部分项工程及施工现场易发生重大事故的部位、环节的预防、监控措施和应急预案；

（11）有生产安全事故应急救援预案、应急救援组织或者应急救援人员，配备必要的应急救援器材、设备；

（12）法律、法规规定的其他条件。

三、安全生产许可证的申请与颁发

建筑施工企业从事建筑施工活动前，应当依照规定向省级以上住房城乡建设主管部门申请领取安全生产许可证。中央管理的建筑施工企业（集团公司、总公司）应当向国务院住房城乡建设主管部门申请领取安全生产许可证；其他建筑施工企业，包括中央管理的建筑施工企业（集团公司、总公司）下属的建筑施工企业，应当向企业注册所在地省、自治区、直辖市人民政府住房城乡建设主管部门申请领取安全生产许可证。

建筑施工企业申请安全生产许可证时，应当向住房城乡建设主管部门提供下列材料：建筑施工企业安全生产许可证申请表；企业法人营业执照；与申请安全生产许可证应当具备的安全生产条件相关的文件、材料。建筑施工企业申请安全生产许可证，应当对申请材料实质内容的真实性负责，不得隐瞒有关情况或者提供虚假材料。

住房城乡建设主管部门应当自受理建筑施工企业的申请之日起45日内审查完毕；经审查符合安全生产条件的，颁发安全生产许可证；不符合安全生产条件的，不予颁发安全生产许可证，书面通知企业并说明理由。企业自接到通知之日起应当进行整改，整改合格后方可再次提出申请。

四、安全生产许可证的管理

（一）安全生产许可证的有效期

安全生产许可证的有效期为3年。安全生产许可证有效期满需要延期的，企业应当于期满前3个月向原安全生产许可证颁发管理机关办理延期手续。企业在安全生产许可证有效期内，严格遵守有关安全生产的法律法规，未发生死亡事故的，安全生产许可证有效期届满时，经原安全生产许可证颁发管理机关同意，不再审查，安全生产许可证有效期延期3年。

（二）安全许可证的变更、注销及补办

建筑施工企业变更名称、地址、法定代表人等，应当在变更后10日内，到原安全生产许可证颁发管理机关办理安全生产许可证变更手续；建筑施工企业破产、倒闭、撤销的，应当将安全生产许可证交回原安全生产许可证颁发管理机关予以注销；建筑施工企业遗失安全生产许可证，应当立即向原安全生产许可证颁发管理机关报告，并在公众媒体上声明作废后，方可申请补办。

（三）建筑施工企业应当遵守的强制性规定

（1）未取得安全生产许可证的，不得从事建筑施工活动。县级以上人民政府住房城乡建设主管部门应当加强对建筑施工企业安全生产许可证的监督管理。住房城乡建设主管部门在审核发放施工许可证时，应当对已经确定的建筑施工企业是否有安全生产许可证进行审查，对没有取得安全生产许可证的，不得颁发施工许可证。

（2）建筑施工企业不得转让、冒用安全生产许可证或者使用伪造的安全生产许可证。

（3）建筑施工企业取得安全生产许可证后，不得降低安全生产条件，并应当加强日常安全生产管理，接受住房城乡建设主管部门的监督检查。安全生产许可证颁发管理机关发现企业不再具备安全生产条件的，应当暂扣或者吊销安全生产许可证。

第五节　建设工程重大安全事故的处理

一、建设工程安全生产事故应急救援预案的制定

（一）政府相关部门应制定本行政区域内特大生产安全事故应急救援预案

应急救援预案，是指事先制定的关于特大生产安全事故发生时进行紧急救援的组织、程序、措施、责任以及协调等方面的方案和计划。应急救援体系是指保证应急救援预案的具体落实所需要的组织、人力、物力等各种要素及其调配关系的总和，是应急救援预案届时能够落实的保证。因此，应急救援体系应当与应急救援预案相协调。同时，应急救援体系应当是一个统一指挥、分工明确、协调配合，在发生特大生产安全事故时能迅速启动的体系。由于制定应急救援预案和建立应急救援体系涉及多个部门和方面，需要有较大的权威和有力的指挥、协调，单靠任何一个或者几个部门都难以完成。因此《安全生产法》第68条和《建设工程安全生产管理条例》第47条均规定了县级以上地方各级人民政府有组织有关部门制定本行政区域内特大生产安全事故应急救援预案和建立应急救援体系的义务。

特大生产安全事故，是指造成特别重大人身伤亡或者巨大经济损失，以及性质特别严重、产生重大影响的生产安全事故；包括特大火灾事故、特大建筑质量安全事故、民用爆炸物品和危险化学品特大生产安全事故、煤矿和其他矿山特大生产安全事故、锅炉、压力容器、压力管道和特种设备特大生产安全事故，以及其他特大生产安全事故等。特大生产安全事故后果极其严重，影响特别重大，应当采取积极措施，预防为主。但是，特大生产安全事故的发生不可能完全杜绝。实践中，特大生产安全事故多半具有突发性、紧迫性的特点，如果不事先做好充分的应急准备工作，很难在短时间内组织起有效的抢救，防止事故扩大，减少人员伤亡和财产损失。因此，事先制定应急救援预案，建立应急救援体系的工作十分重要。

（二）施工单位生产安全事故应急救援预案的制定和责任的落实

1. 施工单位生产安全事故应急救援预案的制定

《安全生产法》第69条规定，危险物品的生产、经营、储存单位以及矿山、建筑施工单位应当建立应急救援组织；生产经营规模较小，可以不建立应急救援组织的，应当指定兼职的应急救援人员。危险物品的生产、经营、储存单位以及矿山、建筑施工单位应当配备必要的应急救援器材、设备，并进行经常性维护、保养，保证正常运转。《建设工程安全生产管理条例》第48条规定，施工单位应当制定本单位生产安全事故应急救援预案，

建立应急救援组织或者配备应急救援人员，配备必要的应急救援器材、设备，并定期组织演练。为了保证应急救援组织能够适应救援工作需要，应急救援组织应当对应急救援人员进行培训和必要的演练，使其了解本行业安全生产方针、政策、有关法律、法规以及安全救护规程；熟悉应急救援组织的任务和职责，掌握救援行动的方法、技能和注意事项；熟悉本单位安全生产情况；掌握应急救援器材、设备的性能、使用方法、常见故障处理和维护保养的要求。

2. 施工单位在施工现场落实应急预案的责任

施工单位应当根据建设工程施工的特点、范围，对施工现场易发生重大事故的部位、环节进行监控，制定施工现场生产安全事故应急救援预案。实行施工总承包的，由总承包单位统一组织编制建设工程生产安全事故应急救援预案，工程总承包单位和分包单位按照应急救援预案，各自建立应急救援组织或者配备应急救援人员，配备救援器材、设备，并定期组织演练。

二、生产安全事故的等级划分

2007 年 4 月 7 日国务院颁布《生产安全事故报告和调查处理条例》（国务院令第 493 号，自 2007 年 6 月 1 日起施行）中规定，根据生产安全事故（以下简称事故）造成的人员伤亡或者直接经济损失，一般分为以下等级：

（1）特别重大事故，是指造成 30 人以上死亡，或者 100 人以上重伤（包括急性工业中毒，下同），或者 1 亿元以上直接经济损失的事故；

（2）重大事故，是指造成 10 人以上 30 人以下死亡，或者 50 人以上 100 人以下重伤，或者 5000 万元以上 1 亿元以下直接经济损失的事故；

（3）较大事故，是指造成 3 人以上 10 人以下死亡，或者 10 人以上 50 人以下重伤，或者 1000 万元以上 5000 万元以下直接经济损失的事故；

（4）一般事故，是指造成 3 人以下死亡，或者 10 人以下重伤，或者 1000 万元以下直接经济损失的事故。

国务院安全生产监督管理部门可以会同国务院有关部门，制定事故等级划分的补充性规定。上述分类中涉及的"以上"包括本数，所称的"以下"不包括本数。

三、事故报告

施工单位发生生产安全事故，应当按照国家有关伤亡事故报告和调查处理的规定，及时、如实地向负责安全生产监督管理的部门、住房城乡建设行政主管部门或者其他有关部门报告；特种设备发生事故的，还应当同时向特种设备安全监督管理部门报告。接到报告的部门应当按照国家有关规定，如实上报。实行施工总承包的建设工程，由总承包单位负责上报事故。事故报告应当及时、准确、完整，任何单位和个人对事故不得迟报、漏报、谎报或者瞒报。

（一）事故报告的程序

事故发生后，事故现场有关人员应当立即向本单位负责人报告。单位负责人接到报告后，应当于 1 小时内向事故发生地县级以上人民政府安全生产监督管理部门和负有安全生产监督管理职责的有关部门报告。情况紧急时，事故现场有关人员可以直接向事故发生地县级以上人民政府安全生产监督管理部门和负有安全生产监督管理职责的有关部门报告。

安全生产监督管理部门和负有安全生产监督管理职责的有关部门接到事故报告后，应当依照下列规定上报事故情况，并通知公安机关、劳动保障行政部门、工会和人民检察院：

（1）特别重大事故、重大事故逐级上报至国务院安全生产监督管理部门和负有安全生产监督管理职责的有关部门；

（2）较大事故逐级上报至省、自治区、直辖市人民政府安全生产监督管理部门和负有安全生产监督管理职责的有关部门；

（3）一般事故上报至设区的市级人民政府安全生产监督管理部门和负有安全生产监督管理职责的有关部门。

安全生产监督管理部门和负有安全生产监督管理职责的有关部门依照前款规定上报事故情况，应当同时报告本级人民政府。国务院安全生产监督管理部门和负有安全生产监督管理职责的有关部门以及省级人民政府接到发生特别重大事故、重大事故的报告后，应当立即报告国务院。必要时，安全生产监督管理部门和负有安全生产监督管理职责的有关部门可以越级上报事故情况。安全生产监督管理部门和负有安全生产监督管理职责的有关部门逐级上报事故情况，每级上报的时间不得超过 2 小时。

（二）事故报告的内容

报告事故应当包括下列内容：（1）事故发生单位概况；（2）事故发生的时间、地点以及事故现场情况；（3）事故的简要经过；（4）事故已经造成或者可能造成的伤亡人数（包括下落不明的人数）和初步估计的直接经济损失；（5）已经采取的措施；（6）其他应当报告的情况。事故报告后出现新情况的，应当及时补报。自事故发生之日起 30 日内，事故造成的伤亡人数发生变化的，应当及时补报。道路交通事故、火灾事故自发生之日起 7 日内，事故造成的伤亡人数发生变化的，应当及时补报。

（三）事故救援与现场保护

事故发生单位负责人接到事故报告后，应当立即启动事故相应应急预案，或者采取有效措施，组织抢救，防止事故扩大，减少人员伤亡和财产损失。事故发生地有关地方人民政府、安全生产监督管理部门和负有安全生产监督管理职责的有关部门接到事故报告后，其负责人应当立即赶赴事故现场，组织事故救援。

事故发生后，有关单位和人员应当妥善保护事故现场以及相关证据，任何单位和个人不得破坏事故现场、毁灭相关证据。因抢救人员、防止事故扩大以及疏通交通等原因，需要移动事故现场物件的，应当做出标志，绘制现场简图并做出书面记录，妥善保存现场重要痕迹、物证。事故发生地公安机关根据事故的情况，对涉嫌犯罪的，应当依法立案侦查，采取强制措施和侦查措施。犯罪嫌疑人逃匿的，公安机关应当迅速追捕归案。安全生产监督管理部门和负有安全生产监督管理职责的有关部门应当建立值班制度，并向社会公布值班电话，受理事故报告和举报。

四、事故的调查处理

事故调查处理应当按照实事求是、尊重科学的原则，及时、准确地查清事故原因，查明事故性质和责任，总结事故教训，提出整改措施，并对事故责任者提出处理意见。

（一）事故的调查

1.事故调查机关

特别重大事故由国务院或者国务院授权有关部门组织事故调查组进行调查。重大事故、较大事故、一般事故分别由事故发生地省级人民政府、设区的市级人民政府、县级人民政府负责调查。省级人民政府、设区的市级人民政府、县级人民政府可以直接组织事故调查组进行调查，也可以授权或者委托有关部门组织事故调查组进行调查。未造成人员伤亡的一般事故，县级人民政府也可以委托事故发生单位组织事故调查组进行调查。

上级人民政府认为必要时，可以调查由下级人民政府负责调查的事故。自事故发生之日起30日内（道路交通事故、火灾事故自发生之日起7日内），因事故伤亡人数变化导致事故等级发生变化，依照本条例规定应当由上级人民政府负责调查的，上级人民政府可以另行组织事故调查组进行调查。

特别重大事故以下等级事故，事故发生地与事故发生单位不在同一个县级以上行政区域的，由事故发生地人民政府负责调查，事故发生单位所在地人民政府应当派人参加。

2. 事故调查组的构成

事故调查组的组成应当遵循精简、效能的原则。根据事故的具体情况，事故调查组由有关人民政府、安全生产监督管理部门、负有安全生产监督管理职责的有关部门、监察机关、公安机关以及工会派人组成，并应当邀请人民检察院派人参加。事故调查组可以聘请有关专家参与调查。

事故调查组成员应当具有事故调查所需要的知识和专长，并与所调查的事故没有直接利害关系。事故调查组组长由负责事故调查的人民政府指定。事故调查组组长主持事故调查组的工作。

3. 事故调查组的职责

事故调查组履行下列职责：（1）查明事故发生的经过、原因、人员伤亡情况及直接经济损失；（2）认定事故的性质和事故责任；（3）提出对事故责任者的处理建议；（4）总结事故教训，提出防范和整改措施；（5）提交事故调查报告。

事故调查组有权向有关单位和个人了解与事故有关的情况，并要求其提供相关文件、资料，有关单位和个人不得拒绝。事故发生单位的负责人和有关人员在事故调查期间不得擅离职守，并应当随时接受事故调查组的询问，如实提供有关情况。事故调查中发现涉嫌犯罪的，事故调查组应当及时将有关材料或者其复印件移交司法机关处理。事故调查中需要进行技术鉴定的，事故调查组应当委托具有国家规定资质的单位进行技术鉴定。必要时，事故调查组可以直接组织专家进行技术鉴定。技术鉴定所需时间不计入事故调查期限。事故调查组成员在事故调查工作中应当诚信公正、恪尽职守，遵守事故调查组的纪律，保守事故调查的秘密。未经事故调查组组长允许，事故调查组成员不得擅自发布有关事故的信息。

4. 事故调查报告

（1）事故调查报告的内容。

事故调查组应当自事故发生之日起60日内提交事故调查报告；特殊情况下，经负责事故调查的人民政府批准，提交事故调查报告的期限可以适当延长，但延长的期限最长不超过60日。事故调查报告应当包括下列内容：①事故发生单位概况；②事故发生经过和事故救援情况；③事故造成的人员伤亡和直接经济损失；④事故发生的原因和事故性质；⑤事故责任的认定以及对事故责任者的处理建议；⑥事故防范和整改措施。事故调查报告应当附具有关证据材料。事故调查组成员应当在事故调查报告上签名。事故调查报告报送负责事故调查的人民政府后，事故调查工作即告结束。事故调查的有关资料应当归档保存。

（2）对事故调查报告异议的处理

安全事故调查报告全面反映事故情况，特别是对事故性质和责任的判断，直接影响事故有关当事人的权益，是调查报告的关键部分。因此，有关行政部门应在其职责范围内，在事故调查报告中客观真实地反应事故原因和损害后果，准确界定事故性质，明确事故责任方和其行政责任。依照《安全生产事故报告和调查处理条例》的规定，事故调查组应当自事故发生之日起 60 日内提交事故调查报告，有关人民政府应当做出事故处理批复，这是在事故调查阶段和事故处理阶段形成的重要法律文书。安全生产监督管理机关根据同级人民政府对该事故调查报告的批复，作出相应的行政处罚和处分。行政关系相对人对行政处罚、处分有异议的，可以提起行政诉讼。

（二）事故的处理

重大事故、较大事故、一般事故，负责事故调查的人民政府应当自收到事故调查报告之日起 15 日内做出批复；特别重大事故，30 日内做出批复，特殊情况下，批复时间可以适当延长，但延长的时间最长不超过 30 日。有关机关应当按照人民政府的批复，依照法律、行政法规规定的权限和程序，对事故发生单位和有关人员进行行政处罚，对负有事故责任的国家工作人员进行处分。事故发生单位应当按照负责事故调查的人民政府的批复，对本单位负有事故责任的人员进行处理。负有事故责任的人员涉嫌犯罪的，依法追究刑事责任。

事故发生单位应当认真吸取事故教训，落实防范和整改措施，防止事故再次发生。防范和整改措施的落实情况应当接受工会和职工的监督。安全生产监督管理部门和负有安全生产监督管理职责的有关部门应当对事故发生单位落实防范和整改措施的情况进行监督检查。事故处理的情况由负责事故调查的人民政府或者其授权的有关部门、机构向社会公布，依法应当保密的除外。

第六节　建设工程安全生产法律责任

一、国家实行生产安全事故责任追究制度

生产经营活动中发生安全事故，其直接原因是多种多样的，但造成这些事故的间接原因，则大多是因为违反安全生产的法律、法规、标准和有关技术规程、规范等人为因素造成的。如生产经营活动的作业场所不符合保证安全生产的规定；设施、设备、工具、器材不符合安全标准，存在缺陷；未按规定配备安全防护用品；未对职工进行安全教育培训，职工缺乏安全生产知识；劳动组织不合理；管理人员违章指挥；职工违章冒险作业等。

鉴于生产安全事故对国家和人民群众的生命、财产安全造成的损失，对因人为原因造成的责任事故，必须依法追究责任者的法律责任，以示警诫和教育。为此，安全生产法明确规定，对生产安全事故实行责任追究制度。《安全生产法》第 14 条规定："国家实行生产安全事故责任追究制度，依照本法和有关法律、法规的规定，追究生产安全事故责任人员的法律责任。"

二、建设工程安全生产事故中的法律责任类型

依照安全生产法和有关法律、行政法规的规定，对生产安全事故的责任者，由有关主管机关依法追究其行政责任；构成犯罪的，由司法机关依法追究其刑事责任。

（一）民事责任

《安全生产法》第53条规定，"因生产安全事故受到损害的从业人员，除依法享有工伤保险外，依照有关民事法律尚有获得赔偿的权利的，有权向本单位提出赔偿要求。"《生产安全事故报告和调查处理条例》没有关于赔偿的规定。按照《安全生产法》第53条规定，第一，因工死亡人员可以获得工伤社会保险；第二，依照有关民事法律尚有获得赔偿的权利的，有权向本单位提出赔偿要求。

建设工程施工造成的人身或财产损害的民事责任，应当按照民事法律法规予以确定。在建设工程施工中，造成的人身、财产损害主要有两种类型：一是因责任方的过错造成建设工程之外的第三人人身或财产损害；二是因建设工程有关方的原因造成建设工程自身的人身或财产损害，例如，施工人员在施工过程中的伤亡事故、建设工程火灾事故等。

因建设工程施工中的责任方的过错，造成建设工程第三方的人身或财产损害，是一种侵权责任。我国《民法通则》第106条规定："公民、法人由于过错侵害国家的、集体的财产，侵害他人财产、人身的，应当承担民事责任。没有过错，但法律规定应当承担民事责任的，应当承担民事责任。"这是一条总的原则。在建筑施工活动中，如果施工方在挖坑、修缮安装地下设施等活动未尽到安全防护义务，发生第三人损害，应按照《民法通则》第125条的规定处理，施工人应当承担民事责任。如果因建设方或施工方未尽到安全防护义务，造成建筑物上的施工物件或其他搁置物、悬挂物等物体倒塌、脱落、坠落造成第三人损害的，应按照《民法通则》第126条的规定处理，建设方及施工方应承担民事责任。如果因施工用堆放物品倒塌造成第三人损害的，应按照最高法院《关于贯彻执行〈民法通则〉若干问题的意见》第155条的规定处理，施工方应承担民事责任。其他情况造成的第三人损害，应按照《民法通则》规定的过错责任原则处理，由责任方承担民事责任。施工单位为尽可能减少这些损失，应当在施工前投保施工第三者责任险。

因建设工程有关方的原因造成建设工程自身财产损失，损失赔偿的归责原则应当按照《民法通则》规定的过错责任原则，查明事故过错方，由过错方承担赔偿责任，为此，施工有关方应投保工程一切险，避免自身损失。而施工人员在作业中的意外伤亡的责任承担与此有所不同，受害人除可以向致害方索赔外，还应当按照《劳动法》等劳动法规处理。伤亡的施工人员可以获得工伤保险等社会保险的补偿以及意外伤害商业保险的赔偿。如果施工单位没有为其职工投保，施工单位应当按照社会保险补偿的标准向其伤亡职工予以补偿。这是这种情况的一般处理原则。但需要注意的是应当准确判断施工作业人员的劳动关系，明确施工人员劳动合同的用人单位。由于建设工程施工用工的特殊性，大多数的施工单位采取施工劳务分包的形式，较少使用其自有职工进行施工作业。

（二）行政责任

依照《安全生产法》第84条和第85条的规定，在对生产安全事故的调查处理中，必须实事求是地查明事故的性质和责任。对确定为责任事故的，既要查清事故单位责任者的责任，也要查清对安全生产负有监督管理职责的有关部门是否有违法审批或不依法履行监督管理职责的责任。对尚未构成犯罪的事故责任者，按照安全生产法"法律责任"一章中

的有关规定，根据不同情节，分别给予包括降级、撤职、开除等在内的行政处分，或给予罚款等行政处罚。

此外，国务院在 2001 年 4 月发布的《国务院关于特大安全事故行政责任追究的规定》中规定，对市（地、州）、县（市、区）人民政府依照本规定应当履行职责而未履行，或者未按照规定的程序履行，本地区发生特大安全事故的，对政府主要领导人根据情节轻重，给予降级或者撤职的行政处分；负责对安全生产有关事项行政审批的政府部门或者机构、负责安全生产监督管理的政府有关部门，未依照规定履行职责，发生特大安全事故的，对部门或者机构的正职负责人根据情节轻重，给予撤职或者开除公职的行政处分；发生特大安全事故，社会影响特别恶劣或者性质特别严重的，由国务院对负有领导责任的省长、自治区主席、直辖市市长和国务院有关部门正职负责人给予行政处分。

（三）刑事责任

1997 年修订的《刑法》，在"危害公共安全罪"一章中，对包括重大责任事故罪、重大劳动安全事故罪、危险物品肇事罪、建设工程重大安全事故罪等重大责任事故犯罪的犯罪构成及刑事责任作了规定。在安全生产法"法律责任"一章的有关条款中，以及在《国务院关于特大安全事故行政责任追究的规定》中，对造成严重事故后果的违法行为，规定了要依法追究刑事责任，就是指要依照刑法的有关规定追究刑事责任。

建设工程施工安全生产事故，威胁的是不特定对象的人身权或财产权，因此，造成严重后果的建筑施工安全事故构成的犯罪，属于危害公共安全罪。造成建筑施工安全事故的原因很多，主要有作业人员违章操作、违反易爆易燃等危险品安全管理规定、违反消防管理规定或者施工劳动安全设施不当、降低工程质量施工等，针对不同的情况，我国《刑法》分别作了规定。建筑施工中可能构成的罪名主要包括：

1. 重大责任事故罪

《刑法》第 134 条规定了重大责任事故罪。本罪的主体是特殊主体即建筑施工单位、建设单位或其他单位的职工。客观方面的表现为违章进行施工作业，造成了重大责任事故。违章进行施工作业表现为不服从管理、违反施工规章制度、强令工人违章冒险作业。造成重大伤亡事故或其他严重后果的标准，可以参照最高人民检察院《人民检察院直接受理的侵犯公民民主权利人身权利和渎职案件立案标准的规定》（1989 年 11 月 30 日）的规定，致人死亡 1 人以上或者致人重伤 3 人以上、造成直接经济损失 5 万元以上、经济损失虽不足上述数额，但情节严重，使生产受到重大损失的。也可以参照建设部发布的《工程建设重大事故报告和调查程序的规定》第 3 条对重大事故的具体界定。以上两个规定对重大事故的具体标准基本一致。本罪主观方面只能是过失，即应当预见自己不服从管理、违反规章制度作业或强令工人违章冒险作业的行为，可能发生伤亡事故或其他严重后果，因为疏忽大意而没有预见，或者已经预见而轻信能够避免，以致发生严重后果。

2. 重大劳动安全事故罪

《刑法》第 135 条规定了重大劳动安全事故罪。本罪的客观方面表现为在本单位的劳动安全设施不符合国家规定，经有关部门或单位职工提出后，对事故隐患仍不采取措施，因而发生重大伤亡事故或者造成其他严重后果。可见本罪是一种不作为犯罪。本罪的主体也是特殊主体即建筑施工企业、建设单位或其他企事业单位的直接责任人员（负责主管及直接管理劳动安全设施的人员）。本罪的主观方面只能是过失，即应当预见自己不采取措施消除事故隐患的行为可能发生重大伤亡事故或者造成其他严重后果，因疏忽大意而没有预见，或已经预见而轻信能够避免，以致发生严重后果。

3. 危险品肇事罪

《刑法》第 136 条规定了危险品肇事罪。本罪客观方面必须具有违反易燃、易爆、易腐蚀等危险品管理规定的行为；在建筑施工中，行为主要发生在危险品的运输、储存、使用过程中，行为必须造成重大事故，造成严重后果。本罪的主体是一般主体，在建筑施工中主要指运输、储存、使用危险物品的人。主观方面是过失。

4. 工程重大安全事故罪

《刑法》第 137 条规定了工程重大安全事故罪。本罪客观方面表现为，违反国家建设工程质量管理规定，降低建设工程质量标准，造成重大事故的行为。具体情况主要有施工中偷工减料、工程设计存在质量缺陷等。主体必须是建设单位、设计单位、施工单位及工程监理单位，但刑法只处罚直接责任人员。主观上只能是过失，即应当预见违反国家规定、降低工程质量标准的行为，可能发生重大安全事故，因为疏忽大意而没有预见，或已经预见而轻信能够避免。

5. 消防责任事故罪

《刑法》第 139 条规定了消防责任事故罪。本罪也是一种不作为犯罪。客观方面表现为违反消防管理的规定，经消防监督部门通知整改而拒绝整改，造成严重后果。主观方面也只能是过失。主体是有关单位的直接责任人员。

三、建设工程安全生产事故责任者的法律责任

（一）建设单位的法律责任

（1）建设单位未提供建设工程安全生产作业环境及安全施工措施所需费用的，责令限期改正；逾期未改正的，责令该建设工程停止施工。建设单位未将保证安全施工的措施或者拆除工程的有关资料报送有关部门备案的，责令限期改正，给予警告。

（2）建设单位有下列行为之一的，责令限期改正，处 20 万元以上 50 万元以下的罚款；造成重大安全事故，构成犯罪的，对直接责任人员，依照刑法有关规定追究刑事责任；造成损失的，依法承担赔偿责任：①对勘察、设计、施工、工程监理等单位提出不符合安全生产法律、法规和强制性标准规定的要求的；②要求施工单位压缩合同约定的工期的；③将拆除工程发包给不具有相应资质等级的施工单位的。

（二）勘察设计单位的法律责任

勘察单位、设计单位有下列行为之一的，责令限期改正，处 10 万元以上 30 万元以下的罚款；情节严重的，责令停业整顿，降低资质等级，直至吊销资质证书；造成重大安全事故，构成犯罪的，对直接责任人员，依照刑法有关规定追究刑事责任；造成损失的，依法承担赔偿责任：

（1）未按照法律、法规和工程建设强制性标准进行勘察、设计的；

（2）采用新结构、新材料、新工艺的建设工程和特殊结构的建设工程，设计单位未在设计中提出保障施工作业人员安全和预防生产安全事故的措施建议的。

（三）监理单位的法律责任

工程监理单位有下列行为之一的，责令限期改正；逾期未改正的，责令停业整顿，并处 10 万元以上 30 万元以下的罚款；情节严重的，降低资质等级，直至吊销资质证书；造成重大安全事故，构成犯罪的，对直接责任人员，依照刑法有关规定追究刑事责任；造成损失的，依法承担赔偿责任：

（1）未对施工组织设计中的安全技术措施或者专项施工方案进行审查的；

（2）发现安全事故隐患未及时要求施工单位整改或者暂时停止施工的；

（3）施工单位拒不整改或者不停止施工，未及时向有关主管部门报告的；

（4）未依照法律、法规和工程建设强制性标准实施监理的。

（四）施工单位的法律责任

1. 违反安全生产管理的法律责任

（1）未健全安生管理制度的法律责任

施工单位有下列行为之一的，责令限期改正；逾期未改正的，责令停业整顿，依照《中华人民共和国安全生产法》的有关规定处以罚款；造成重大安全事故，构成犯罪的，对直接责任人员，依照刑法有关规定追究刑事责任：未设立安全生产管理机构、配备专职安全生产管理人员或者分部分项工程施工时无专职安全生产管理人员现场监督的；施工单位的主要负责人、项目负责人、专职安全生产管理人员、作业人员或者特种作业人员，未经安全教育培训或者经考核不合格即从事相关工作的；未在施工现场的危险部位设置明显的安全警示标志，或者未按照国家有关规定在施工现场设置消防通道、消防水源、配备消防设施和灭火器材的；未向作业人员提供安全防护用具和安全防护服装的；未按照规定在施工起重机械和整体提升脚手架、模板等自升式架设设施验收合格后登记的；使用国家明令淘汰、禁止使用的危及施工安全的工艺、设备、材料的。

（2）挪用安全生产费用的法律责任

施工单位挪用列入建设工程概算的安全生产作业环境及安全施工措施所需费用的，责令限期改正，处挪用费用 20% 以上 50% 以下的罚款；造成损失的，依法承担赔偿责任。

（3）违反施工现场管理的法律责任

施工单位有下列行为之一的，责令限期改正；逾期未改正的，责令停业整顿，并处 5 万元以上 10 万元以下的罚款；造成重大安全事故，构成犯罪的，对直接责任人员，依照刑法有关规定追究刑事责任：施工前未对有关安全施工的技术要求作出详细说明的；未根据不同施工阶段和周围环境及季节、气候的变化，在施工现场采取相应的安全施工措施，或者在城市市区内的建设工程的施工现场未实行封闭围挡的；在尚未竣工的建筑物内设置员工集体宿舍的；施工现场临时搭建的建筑物不符合安全使用要求的；未对因建设工程施工可能造成损害的毗邻建筑物、构筑物和地下管线等采取专项防护措施的。施工单位的行为，造成损失的，依法承担赔偿责任。

（4）违反安全设施管理的法律责任

施工单位有下列行为之一的，责令限期改正；逾期未改正的，责令停业整顿，并处 10 万元以上 30 万元以下的罚款；情节严重的，降低资质等级，直至吊销资质证书；造成重大安全事故，构成犯罪的，对直接责任人员，依照刑法有关规定追究刑事责任；造成损失的，依法承担赔偿责任：安全防护用具、机械设备、施工机具及配件在进入施工现场前未经查验或者查验不合格即投入使用的；使用未经验收或者验收不合格的施工起重机械和整体提升脚手架、模板等自升式架设设施的；委托不具有相应资质的单位承担施工现场安装、拆卸施工起重机械和整体提升脚手架、模板等自升式架设设施的；在施工组织设计中未编制安全技术措施、施工现场临时用电方案或者专项施工方案的。

（5）管理人员不履行安全生产管理职责的法律责任

施工单位的主要负责人、项目负责人未履行安全生产管理职责的，责令限期改正；逾期未改正的，责令施工单位停业整顿；造成重大安全事故、重大伤亡事故或者其他严重后果，构成犯罪的，依照刑法有关规定追究刑事责任。施工单位的主要负责人、项目负责人有前款违法行为，尚不够刑事处罚的，处 2 万元以上 20 万元以下的罚款或者按照管理权限给予撤职处分；自刑罚执行完毕或者受处分之日起，5 年内不得担任任何施工单位的主要负责人、项目负责人。

（6）降低安全生产条件的法律责任

施工单位取得资质证书后，降低安全生产条件的，责令限期改正；经整改仍未达到与其资质等级相适应的安全生产条件的，责令停业整顿，降低其资质等级直至吊销资质证书。

（7）作业人员违章作业的法律责任

作业人员不服管理、违反规章制度和操作规程冒险作业造成重大伤亡事故或者其他严重后果，构成犯罪的，依照刑法有关规定追究刑事责任。

2. 违反安全生产许可证管理的法律责任

（1）无安全生产许可证生产的法律责任

建筑施工企业未取得安全生产许可证擅自从事建筑施工活动的，责令其在建项目停止施工，没收违法所得，并处 10 万元以上 50 万元以下的罚款；造成重大安全事故或者其他严重后果，构成犯罪的，依法追究刑事责任。

（2）未办理安全生产许可证延期手续的法律责任

安全生产许可证有效期满未办理延期手续，继续从事建筑施工活动的，责令其在建项目停止施工，限期补办延期手续，没收违法所得，并处 5 万元以上 10 万元以下的罚款；逾期仍不办理延期手续，继续从事建筑施工活动的，责令其在建项目停止施工，没收违法所得，并处 10 万元以上 50 万元以下的罚款；造成重大安全事故或者其他严重后果，构成犯罪的，依法追究刑事责任。

（3）转让安全生产许可证的法律责任

建筑施工企业转让安全生产许可证的，没收违法所得，处 10 万元以上 50 万元以下的罚款，并吊销安全生产许可证；构成犯罪的，依法追究刑事责任；接受转让的，责令其在建项目停止施工，没收违法所得，并处 10 万元以上 50 万元以下的罚款；造成重大安全事故或者其他严重后果，构成犯罪的，依法追究刑事责任。

（4）冒用或者使用伪造的安全生产许可证的法律责任

冒用安全生产许可证或者使用伪造的安全生产许可证的，责令其在建项目停止施工，没收违法所得，并处 10 万元以上 50 万元以下的罚款；造成重大安全事故或者其他严重后果，构成犯罪的，依法追究刑事责任。

建筑施工企业隐瞒有关情况或者提供虚假材料申请安全生产许可证的，不予受理或者不予颁发安全生产许可证，并给予警告，1 年内不得申请安全生产许可证。建筑施工企业以欺骗、贿赂等不正当手段取得安全生产许可证的，撤销安全生产许可证，3 年内不得再次申请安全生产许可证；构成犯罪的，依法追究刑事责任。

（五）其他相关单位的法律责任

1. 提供机械设备和配件单位

为建设工程提供机械设备和配件的单位，未按照安全施工的要求配备齐全有效的保险、限位等安全设施和装置的，责令限期改正，处合同价款1倍以上3倍以下的罚款；造成损失的，依法承担赔偿责任。

2. 出租单位

出租单位出租未经安全性能检测或者经检测不合格的机械设备和施工机具及配件的，责令停业整顿，并处5万元以上10万元以下的罚款；造成损失的，依法承担赔偿责任。

3. 自升式架设设施安装、拆卸单位

施工起重机械和整体提升脚手架、模板等自升式架设设施安装、拆卸单位有下列行为之一的，责令限期改正，处5万元以上10万元以下的罚款；情节严重的，责令停业整顿，降低资质等级，直至吊销资质证书；造成损失的，依法承担赔偿责任：（1）未编制拆装方案、制定安全施工措施的；（2）未由专业技术人员现场监督的；（3）未出具自检合格证明或者出具虚假证明的；（4）未向施工单位进行安全使用说明，办理移交手续的。

施工起重机械和整体提升脚手架、模板等自升式架设设施安装、拆卸单位有前款规定的第（1）项、第（3）项行为，经有关部门或者单位职工提出后，对事故隐患仍不采取措施，因而发生重大伤亡事故或者造成其他严重后果，构成犯罪的，对直接责任人员，依照刑法有关规定追究刑事责任。

第八章 建设工程质量管理法律制度

第一节 建设工程质量管理法律制度概述

一、建设工程质量的概念与特点

（一）建设工程质量的概念

建设工程质量分为狭义和广义两种含义。狭义的工程质量是指工程符合业主需要而具备的使用功能。这一概念强调的是工程的实体质量，如基础是否坚固、主体结构是否安全以及通风、采光是否合理等。广义的工程质量不仅包括工程的实体质量，还包括形成实体质量的工作质量。工作质量是指参与工程的建设者，为了保证工程实体质量所从事工作的水平和完善程度，包括社会工作质量，如社会调查、市场预测、质量回访和保修服务等；生产过程工作质量，如管理工作质量、技术工作质量和后勤工作质量等。工作质量直接决定了实体质量，工程实体质量的好坏是决策、建设工程勘察、设计、施工等单位各方面、各环节工作质量的综合反映。

基于质量管理和控制的角度，国内外大多倾向于从广义上理解建设工程质量。本章涉及的建设工程质量即为狭义上的建设工程质量，仅指工程实体质量，即在国家现行的有关法律、法规、技术标准、设计文件和合同中，对于工程的安全、适用、经济和美观等特性的综合要求。

（二）建设工程质量的特点

与一般的产品质量相比较，工程质量具有如下一些特点：

1. 影响因素多，质量变动大

决策、设计、材料、机械、环境、施工工艺、管理制度以及参建人员素质等均直接或间接地影响工程质量。工程项目建设不像一般工业产品的生产那样，在固定的生产流水线，有规范化的生产工艺和完善的检测技术，有成套的生产设备和稳定的生产环境。同时，由于影响建筑产品质量的偶然性因素和系统性因素都较多，因此，很容易产生质量变异。如材料性能微小的差异、机械设备正常的磨损、操作上微小的变化、环境微小的波动等，均会引起偶然性因素的质量变异；使用材料的规格和品种有误、施工方法不妥、操作不按规程、机械故障、仪表失灵、设计计算错误等，则会引起系统性因素的质量变异，造成工程质量事故。

2. 隐蔽性强，终检局限性大

建设工程在生产过程中，由于工序交接多、中间产品多、隐蔽工程多，若不及时检查并发现其存在的质量问题，完工后表面质量可能很好，从而容易产生判断错误，导致不合格的产品被确认为是合格的产品。现其存在的质量问题，事后表面上质量尽管很好，但这时可能混凝土已经失去了强度，钢筋已经被锈蚀得完全失去了作用，诸如此类的工程质量问题在终检时是很难通过肉眼判断出来的，有时即使用上检测工具，也不一定能发现问题。

3. 对社会环境影响大

与工程规划、设计、施工质量的好坏有密切联系的不仅仅是使用者，而是整个社会。工程质量不仅直接影响人民群众的生产生活，而且还影响着社会可持续发展的环境，特别是有关绿化、环保和噪音等方面的问题。

二、建设工程质量的管理体系

建设工程质量的优劣直接关系到国民经济的发展和人民生命的安全，因此，加强建设工程质量的管理，是一个十分重要的问题。建筑工程质量的优劣，直接关系着国家财产和人民生命安全。根据相关法律法规的规定，我国已经建立了对建设工程质量进行管理的体系，具体包括宏观管理和微观管理两个方面。

（一）建设工程质量的纵向管理

纵向管理是国家对建设工程质量所进行的监督管理，它具体由建设行政主管部门及其授权机构实施，这种管理贯穿在工程建设的全过程和各个环节之中。它既对工程建设从计划、规划、土地管理、环保消防等方面进行监督管理，又对工程建设的主体从资质认定和审查、成果质量检测、验证和奖惩等方面进行监督管理，还对工程建设中各种活动如工程招投标、工程施工、验收、维修等进行监督管理。

（二）建设工程质量的横向管理

横向管理包括两个方面。一是工程承包单位，如勘察单位、设计单位、施工单位自己对所承担工作的质量管理。它们要按要求建立专门质检机构，配备相应的质检人员，建立相应的质量保证制度，如审核校对制、培训上岗制、质量抽检制、各级质量责任制和部门领导质量责任制等。二是建设单位对所建工程的管理。它可成立相应的机构和人员，对所建工程的质量进行监督管理。也可委托社会监理单位对工程建设的质量进行监理。现在世界上的大多数国家都推行监理制，我国也正在推行和完善这一制度。

三、建设工程质量立法现状

建筑工程质量管理是国家工程建设管理的重要内容，建筑工程质量立法也是建筑工程立法重点。《建筑法》第六章将"建设工程质量管理"予以专章规定。为了贯彻《建筑法》的规定，2000 年 1 月 30 日国务院制定了与《建筑法》配套实施的《建设工程质量管理条例》。该条例对建设行为主体的有关责任和义务作出了明确的规定并于 2017 年 10 月 7 日根据中华人民共和国国务院令第 687 号《国务院关于修改部分行政法规的决定》进行修订。

除此以外，国务院建设行政主管部门及其相关部门也曾先后颁发一系列调整建设工程质量管理的建设行政规章及一般规范性文件。主要包括：1983 年 5 月 7 日城乡建设环境保护部和国家标准局发布的《建筑工程质量监督条例试行》；1985 年 2 月 5 日原城乡建设环境保护部发布的《建筑工程质量监督站工作暂行规定》；1985 年 10 月 21 日原城乡建设环境保护部发布的《建筑工程质量检验工作规定》；1986 年 4 月 21 日原城乡建设环境保护部发布的《关于确保工程质量的几项措施》；1990 年 4 月 9 日原建设部发布的《建设工程质量监督管理规定》（2001 年废止）；1992 年 8 月 3 日原建设部发布的《关于提高住宅工程质量的规定》；1995 年 12 月 26 日原建设部发布的《关于建筑企业加强质量管理工作的意见》；1997 年 4 月 2 日原建设部《建设工程质量投诉处理暂行规定》，2000 年 4 月 7 日原建设部令第 78 号发布的《房屋建筑工程和市政基础设施工程竣工验收备案管理暂行办法》（2009 年修订），自发布之日起施行；2000 年 6 月 30 日原建设部令第 80 号发布的《房屋建设工程质量保修办法》，自发布之日起施行；2000 年 7 月 25 日原建设部《关于建设工程质量监督机构深化改革的指导意见》；原建设部于 2000 年 6 月 30 日发布实施《房屋建筑工程和市政基础设施工程竣工验收暂行规定》；2001 年原建设部建人教［2001］162 号《建设工程质量监督工程师资格管理暂行规定》；2002 年 10 月 15 日对外贸易经济合作部、建设部外经贸发（2002）500 号发布的《关于对外承包工程质量安全问题处理的有关规定》，自 2002 年 12 月 1 日起实施；2002 年 12 月 4 日原建设部令第 115 号发布发布的《建设工程勘察质量管理办法》，自 2003 年 2 月 1 日起施行；2007 年 11 月 22 日根据《建设部关于修改〈建设工程勘察质量管理办法〉的决定》修正；2003 年 8 月 5 日原建设部发布的《工程质量监督工作导则》；2003 年原建设部建质［2003］113 号《建设工程质量责任主体和有关机构不良记录管理办法（试行）》；2004 年原建设部建质［2004］216 号《关于加强村镇建设工程质量安全管理的若干意见》；2017 年 6 月 20 日，住房城乡建设部、财政部对《建设工程质量保证金管理办法》（建质［2016］295 号）进行了修订。2005 年 8 月 23 日原建设部令第 141 号发布的《建设工程质量检测管理办法》，该规章于 2015 年 5 月 4 日根据住房和城乡建设部令第 24 号进行修订。另，住房和城乡建设部于 2018 年 3 月 21 日就《房屋建筑和市政基础设施工程质量检测管理办法草案（征求意见稿）》发函向各相关单位征求意见；根据该函，《建设工程质量监测管理办法》（建设部令第 141 号）即将废止。2010 年 8 月 1 日住房和城乡建设部发布的 2010 年第 5 号令《房屋建筑和市政基础设施工程质量监督管理规定》，自 2010 年 9 月 1 日起施行等。

第二节　建设工程质量监督制度

一、建筑工程质量监督的体制

根据《建设工程质量管理条例》的规定，国务院住房城乡建设行政主管部门对全国的建设工程质量实施统一监督管理。国务院铁路、交通、水利等有关部门按照国务院规定的职责分工，负责对全国的有关专业建设工程质量实施统一监督管理。国务院住房城乡建设行政主管部门和国务院铁路、交通、水利等有关部门应当加强对有关建设工程质量的法律、法规和强制性标准执行情况的监督检查。国务院发展计划部门按照国务院规定的职责，组织稽查特派员，对国家出资的重大建设项目实施监督检查。国务院经济贸易主管部门按照国务院规定的职责，对国家重大技术改造项目实施监督检查。根据《房屋建筑和市政基础设施工程质量监督管理规定》，国务院住房和城乡建设主管部门负责全国房屋建筑和市政基础设施工程质量监督管理工作。

根据《建设工程质量管理条例》的规定，县级以上地方人民政府住房城乡建设行政主管部门对本行政区域内的建设工程质量实施监督管理。县级以上地方人民政府交通、水利等有关部门在各自的职责范围内，负责对本行政区域内的专业建设工程质量实施监督管理。县级以上地方人民政府建设行政主管部门和其他有关部门应当加强对有关建设工程质量的法律、法规和强制性标准执行情况的监督检查。根据《房屋建筑和市政基础设施工程质量监督管理规定》，县级以上地方人民政府住房城乡建设主管部门负责本行政区域内房屋建筑和市政基础设施工程质量监督管理工作。

二、建筑工程质量监督的内容

参照《房屋建筑和市政基础设施工程质量监督管理规定》，建筑工程质量政府监督内容应当包括下列内容：（1）执行法律法规和工程建设强制性标准的情况；（2）抽查涉及工程主体结构安全和主要使用功能的工程实体质量；（3）抽查工程质量责任主体和质量检测等单位的工程质量行为；（4）抽查主要建筑材料、建筑构配件的质量；（5）对工程竣工验收进行监督；（6）组织或者参与工程质量事故的调查处理；（7）定期对本地区工程质量状况进行统计分析；（8）依法对违法违规行为实施处罚。

三、建筑工程质量监督的程序

参照《房屋建筑和市政基础设施工程质量监督管理规定》，对工程项目实施质量监督，应当依照下列程序进行：（1）受理建设单位办理质量监督手续；（2）制订工作计划并组织实施；（3）对工程实体质量、工程质量责任主体和质量检测等单位的工程质量行为进行抽查、抽测；（4）监督工程竣工验收，重点对验收的组织形式、程序等是否符合有关规定进行监督；（5）形成工程质量监督报告；（6）建立工程质量监督档案。

四、建筑工程质量监督的措施

县级以上人民政府建设行政主管部门和其他有关部门履行监督检查职责时，有权采取下列措施：（1）要求被检查的单位提供有关工程质量的文件和资料；（2）进入被检查单位的施工现场进行检查；（3）发现有影响工程质量的问题时，责令改正。有关单位和个人对县级以上人民政府建设行政主管部门和其他有关部门进行的监督检查应当支持与配合，不得拒绝或者阻碍建设工程质量监督检查人员依法执行职务。

第三节 建设工程质量检测制度

一、建设工程质量检测的概念

建筑工程质量检测工作是建筑工程质量监督管理工作的重要手段。根据《建设工程质量检测管理办法》，建筑工程质量检测工作由工程质量检测机构在住房城乡建设主管部门的领导下开展。建设工程质量检测（简称质量检测）是指工程质量检测机构（简称检测机构）接受委托，依据国家有关法律、法规和工程建设强制性标准，对涉及结构安全项目的抽样检测和对进入施工现场的建筑材料、构配件的见证取样检测。《建设工程质量管理条例》第31条规定："施工人员对涉及结构安全的试块、试件以及有关材料，应当在建设单位或者工程监理单位监督下现场取样，并送具有相应资质等级的质量检测单位进行检测。"

建设工程质量检测属于强制性规定，根据《建设工程质量管理条例》第65条之规定，施工单位未对建筑材料、建筑构配件、设备和商品混凝土进行检验，或者未对涉及结构安全的试块、试件以及有关材料取样检测的，责令改正，处10万元以上20万元以下的罚款；情节严重的，责令停业整顿，降低资质等级或者吊销资质证书；造成损失的，依法承担赔偿责任。

二、建设工程质量检测机构的资质管理

建设工程质量检测机构是具有独立法人资格的中介机构。检测机构不得与行政机关，

法律、法规授权的具有管理公共事务职能的组织以及所检测工程项目相关的设计单位、施工单位、监理单位有隶属关系或者其他利害关系。检测机构从事质量检测业务，应当依法取得相应资质证书。检测机构未取得相应资质证书，不得承担质量检测业务。检测机构资质按照其承担的检测业务内容分为专项检测机构资质和见证取样检测机构资质。

国务院住房城乡建设主管部门负责对全国质量检测活动实施监督管理，并负责制定检测机构资质标准。省、自治区、直辖市人民政府住房城乡建设主管部门负责对本行政区域内的质量检测活动实施监督管理，并负责检测机构的资质审批。市、县人民政府住房城乡建设主管部门负责对本行政区域内的质量检测活动实施监督管理。

（一）资质标准

1. 专项检测机构和见证取样检测机构应满足下列基本条件

（1）专项检测机构的注册资本不少于 100 万元人民币，见证取样检测机构不少于 80 万元人民币；（2）所申请检测资质对应的项目应通过计量认证；（3）有质量检测、施工、监理或设计经历，并接受了相关检测技术培训的专业技术人员不少于 10 人；边远的县（区）的专业技术人员可不少于 6 人；（4）有符合开展检测工作所需的仪器、设备和工作场所；其中，使用属于强制检定的计量器具，要经过计量检定合格后，方可使用；（5）有健全的技术管理和质量保证体系。

2. 专项检测机构除应满足基本条件外，还需满足下列条件

（1）地基基础工程检测类：专业技术人员中从事工程桩检测工作 3 年以上并具有高级或者中级职称的不得少于 4 名，其中 1 人应当具备注册岩土工程师资格。（2）主体结构工程检测类：专业技术人员中从事结构工程检测工作 3 年以上并具有高级或者中级职称的不得少于 4 名，其中 1 人应当具备二级注册结构工程师资格。（3）建筑幕墙工程检测类：专业技术人员中从事建筑幕墙检测工作 3 年以上并具有高级或者中级职称的不得少于 4 名。（4）钢结构工程检测类：专业技术人员中从事钢结构机械连接检测、钢网架结构变形检测工作 3 年以上并具有高级或者中级职称的不得少于 4 名，其中 1 人应当具备二级注册结构工程师资格。

3. 其他条件

见证取样检测机构除应满足基本条件外，专业技术人员中从事检测工作 3 年以上并具有高级或者中级职称的不得少于 3 名；边远的县（区）可不少于 2 人。

（二）资质申请

申请检测资质的机构应当向省、自治区、直辖市人民政府建设主管部门提交下列申请材料：（1）《检测机构资质申请表》一式三份；（2）工商营业执照原件及复印件；（3）与所申请检测资质范围相对应的计量认证证书原件及复印件；（4）主要检测仪器、设备清单；（5）技术人员的职称证书、身份证和社会保险合同的原件及复印件；（6）检测机构管理制度及质量控制措施。《检测机构资质申请表》由国务院建设主管部门制定式样。

省、自治区、直辖市人民政府建设主管部门在收到申请人的申请材料后，应当即时作出是否受理的决定，并向申请人出具书面凭证；申请材料不齐全或者不符合法定形式的，应当在 5 日内一次性告知申请人需要补正的全部内容。逾期不告知的，自收到申请材料之日起即为受理。省、自治区、直辖市建设主管部门受理资质申请后，应当对申报材料进行审查，自受理之日起 20 个工作日内审批完毕并作出书面决定。对符合资质标准的，自作

出决定之日起 10 个工作日内颁发《检测机构资质证书》，并报国务院建设主管部门备案。

（三）资质证书

《检测机构资质证书》应当注明检测业务范围，分为正本和副本，由国务院建设主管部门制定式样，正、副本具有同等法律效力。检测机构取得检测机构资质后，不再符合相应资质标准的，省、自治区、直辖市人民政府建设主管部门根据利害关系人的请求或者依据职权，可以责令其限期改正；逾期不改的，可以撤回相应的资质证书。任何单位和个人不得涂改、倒卖、出租、出借或者以其他形式非法转让资质证书。

检测机构资质证书有效期为 3 年。资质证书有效期满需要延期的，检测机构应当在资质证书有效期满 30 个工作日前申请办理延期手续。检测机构在资质证书有效期内没有下列行为的，资质证书有效期届满时，经原审批机关同意，不再审查，资质证书有效期延期 3 年，由原审批机关在其资质证书副本上加盖延期专用章；检测机构在资质证书有效期内有下列行为之一的，原审批机关不予延期：（1）超出资质范围从事检测活动的；（2）转包检测业务的；（3）涂改、倒卖、出租、出借或者以其他形式非法转让资质证书的；（4）未按照国家有关工程建设强制性标准进行检测，造成质量安全事故或致使事故损失扩大的；（5）伪造检测数据，出具虚假检测报告或者鉴定结论的。检测机构变更名称、地址、法定代表人、技术负责人，应当在 3 个月内到原审批机关办理变更手续。

三、建设工程质量检测的范围及业务内容

根据《建设工程质量检测管理办法》，检测机构从事的质量检测业务有：

（一）专项检测

（1）地基基础工程检测。包括地基及复合地基承载力静载检测；桩的承载力检测；桩身完整性检测以及锚杆锁定力检测。

（2）主体结构工程现场检测。包括混凝土、砂浆、砌体强度现场检测；钢筋保护层厚度检测；混凝土预制构件结构性能检测以及后置埋件的力学性能检测。

（3）建筑幕墙工程检测。包括建筑幕墙的气密性、水密性、风压变形性能、层间变位性能检测以及硅酮结构胶相容性检测。

（4）钢结构工程检测。包括钢结构焊接质量无损检测；钢结构防腐及防火涂装检测；钢结构节点、机械连接用紧固标准件及高强度螺栓力学性能检测；钢网架结构的变形检测。

（二）见证取样检测

（1）水泥物理力学性能检验；

（2）钢筋（含焊接与机械连接）力学性能检验；

（3）砂、石常规检验；

（4）混凝土、砂浆强度检验；

（5）简易土工试验；

（6）混凝土掺加剂检验；

（7）预应力钢绞线、锚夹具检验；

（8）沥青、沥青混合料检验。

建设工程质量检测业务由工程项目建设单位委托具有相应资质的检测机构进行检测。委托方与被委托方应当签订书面合同。检测机构不得转包建设工程质量检测业务。检测机构跨省、自治区、直辖市承担建设工程质量检测业务的，应当向工程所在地的省、自治区、直辖市人民政府建设主管部门备案。

四、建设工程质量检测机构的责任

检测机构完成检测业务后，应当及时出具检测报告。检测报告经检测人员签字、检测机构法定代表人或者其授权的签字人签署，并加盖检测机构公章或者检测专用章后方可生效。检测报告经建设单位或者工程监理单位确认后，由施工单位归档。见证取样检测的检测报告中应当注明见证人单位及姓名。任何单位和个人不得明示或者暗示检测机构出具虚假检测报告，不得篡改或者伪造检测报告。检测机构应当对其检测数据和检测报告的真实性和准确性负责。检测机构违反法律、法规和工程建设强制性标准，给他人造成损失的，应当依法承担相应的赔偿责任。

检测机构伪造检测数据，出具虚假检测报告或者鉴定结论的，县级以上地方人民政府建设主管部门给予警告，并处 3 万元罚款；给他人造成损失的，依法承担赔偿责任；构成犯罪的，依法追究其刑事责任。检测机构应当将检测过程中发现的建设单位、监理单位、施工单位违反有关法律、法规和工程建设强制性标准的情况，以及涉及结构安全检测结果的不合格情况，及时报告工程所在地建设主管部门。检测机构应当建立档案管理制度。检测合同、委托单、原始记录、检测报告应当按年度统一编号，编号应当连续，不得随意抽撤、涂改。检测机构应当单独建立检测结果不合格项目台账。

检测机构违反法律、法规的相关规定，有下列行为之一的，由县级以上地方人民政府建设主管部门责令改正，可并处 1 万元以上 3 万元以下的罚款；构成犯罪的，依法追究刑事责任：（1）超出资质范围从事检测活动的；（2）涂改、倒卖、出租、出借、转让资质证书的；（3）使用不符合条件的检测人员的；（4）未按规定上报发现的违法违规行为和检测不合格事项的；（5）未按规定在检测报告上签字盖章的；（6）未按照国家有关工程建设强制性标准进行检测的；（7）档案资料管理混乱，造成检测数据无法追溯的；（8）转包检测业务的。

第四节　建筑材料使用许可制度

建筑材料适用许可制度是为了保证建设工程使用的建筑材料符合现行的国家标准、设备要求和合同约定，确保建设工程质量而制定的一项制度。建筑材料使用许可制度包括建筑材料生产许可制度、建筑材料产品质量认证制度、建筑材料产品推荐制度和建筑材料进场检验制度。

一、建筑材料生产许可制度

2005 年 6 月 29 日，国务院第 97 次常务会议审议通过了《工业产品生产许可证管理条例》，并于 2005 年 7 月 9 日以国务院第 440 号令予以公布，决定自 2005 年 9 月 1 日起施行。2014 年 4 月 21 日，国家质检总局发布了《工业产品生产许可证管理条例实施办法》（质检总局令第 156 号）对工业产品的生产实行许可证制度。根据《工业产品生产许可证发证产品实施细则》（国家实行生产许可证制度的产品目录）的规定，钢筋混凝土用变形钢筋、预应力混凝土用钢材、建筑钢管脚手架扣件、建筑外窗、建筑幕墙、水泥、建筑防水卷材等建筑材料均实行工业产品生产许可证制度。生产这些建筑材料用品的企业必须具备许可证规定的生产条件、技术装备、技术人员和产品质量保证体系，经政府部门审核批准获得生产许可证后，方可进行建筑材料的生产和销售。其生产和销售的建材产品或者产品包装上除应标有产品检验合格证明外，还应标明生产许可证的编号、批准日期和有效期。未获生产许可证的企业，不得生产和销售这一类建筑材料。

工业产品生产许可证制度的宗旨是为了保证直接关系公共安全、人体健康、生命财产安全的重要工业产品的质量安全，贯彻国家产业政策，促进社会主义市场经济健康、协调发展。该制度是工业产品生产许可证主管部门通过对涉及人体健康的加工食品、危及人身财产安全的产品、关系金融安全和通信质量安全的产品、保障劳动安全的产品、影响生产安全和公共安全的产品，以及法律法规要求实行生产许可证管理的其他产品的生产企业，进行实地核查和产品检验，确认其具备持续稳定生产合格产品的能力，并颁发生产许可证证书，允许其生产的一种行政许可制度。该制度规定，生产企业必须具备保证产品质量安全的基本条件，并按规定程序取得生产许可证，方可从事相关产品的生产活动。任何企业未取得生产许可证，不得生产实行生产许可证制度管理的产品。

工业产品生产许可证制度管理的对象，是指生产列入目录的重要工业产品的企业。根据《行政许可法》、《工业产品生产许可证管理条例》实行工业产品生产许可证制度管理的产品范围包括：（1）乳制品、肉制品、饮料、米、面、食用油、酒类等直接关系人体健康的加工食品；（2）电热毯、压力锅、燃气热水器等可能危及人身、财产安全的产品；（3）税控收款机、防伪验钞仪、卫星电视广播地面接收设备、无线广播电视发射设备等关系金融安全和通信质量安全的产品；（4）安全网、安全帽、建筑扣件等保障劳动安全的产品；（5）电力铁塔、桥梁支座、铁路工业产品、水工金属结构、危险化学品及其包装物、容器等影响生产安全、公共安全的产品；（6）法律、行政法规要求依照《管理条例》的规定实行生产许可证管理的其他产品。

国家实行工业产品生产许可证制度的工业产品目录由国务院工业产品生产许可证主管部门会同国务院有关部门制定，并征求消费者协会和相关产品行业协会的意见，报国务院批准后向社会公布。任何单位和部门都无权增加实行工业产品生产许可证管理的产品类别。通过实施目录管理，可以明确界定工业产品生产许可证制度的管理范围，并告知社会，避免工作中的随意性。目前经国务院行政审批改革领导小组办公室确认，列入目录实行工业产品生产许可证管理的产品共有 86 类。国务院工业产品生产许可证主管部门应当会同国务院有关部门适时对目录进行评价、调整和逐步缩减，并经国务院批准后实施。根据国家经济生活中出现的新情况、新问题，将不需要继续实施工业产品生产许可证制度的产品调整出目录，将需要实施工业产品生产许可证制度的产品纳入发证产品目录中来。

二、建筑材料产品质量认证制度

质量认证，又称合格评定，是国际上通行的管理产品质量的有效方法。质量认证按认证的对象分为产品质量认证和质量体系认证两类；按认证的作用可分为安全认证和合格认证。产品质量认证是指依据产品标准和相应技术要求，经认证机构确认并通过颁发认证证书和认证标志来证明某一产品符合相应标准和相应技术要求的活动。

《产品质量法》第 14 条规定：国家根据国际通用的质量管理标准，推行企业质量体系认证制度。企业根据自愿原则可以向国务院产品质量监督部门认可的或者国务院产品质量监督部门授权的部门认可的认证机构申请企业质量体系认证。经认证合格的，由认证机构颁发企业质量体系认证证书。国家参照国际先进的产品标准和技术要求，推行产品质量认证制度。企业根据自愿原则可以向国务院产品质量监督部门认可的或者国务院产品质量监督部门授权的部门认可的认证机构申请产品质量认证。经认证合格的，由认证机构颁发产品质量认证证书，准许企业在产品或者其包装上使用产品质量认证标志。

（一）产品质量认证制度

根据《认证认可条例》（2003年公布，2016年修订）规定，认证是指由认证机构证明产品、服务、管理体系符合相关技术规范、相关技术规范的强制性要求或者标准的合格评定活动。第2条规定，产品质量认证是依据产品标准和相应技术要求，经认证机构确认并通过颁发认证证书和认证标志来证明某一产品符合相应标准和相应技术要求的活动。产品质量认证的对象是特定产品包括服务。认证的依据或者说获准认证的条件是产品（服务）质量要符合指定的标准的要求，质量体系要满足指定质量保证标准要求，证明获准认证的方式是通过颁发产品认证证书和认证标志。其认证标志可用于获准认证的产品上。产品质量认证又有两种：一种是安全性产品认证，它通过法律、行政法规或规章规定强制执行认证；另一种是合格认证属自愿性认证，是否申请认证，由企业自行决定。安全认证在我国实行强制性监督管理。实行强制性监督管理的认证是法律、行政法规或联合规章规定强制执行的认证。凡属强制性认证范围的产品，企业必须取得认证资格，并在出厂合格的产品上或其包装上使用认证机构发给特定的认证标志。否则，不准生产、销售或进口和使用。

国家对重要的建筑材料和设备，推行产品质量认证制度。经认证合格的产品，由认证机构颁发质量认证证书，准许企业在其产品或者包装上使用质量认证标志。

（二）企业质量体系认证制度

《建筑法》第53条规定：国家对从事建筑活动的单位推行质量体系认证制度。从事建筑活动的单位根据自愿原则可以向国务院产品质量监督管理部门或者国务院产品质量监督管理部门授权的部门认可的认证机构申请质量体系认证。经认证合格的，由认证机构颁发质量体系认证证书。

1. 质量体系认证的内涵

质量体系是指为保证产品、过程或服务质量，满足规定（或潜有）的要求，由组织机构、职责、程序、活动、能力和资源等构成的有机整体。质量体系的核心内容是人、物和管理。质量体系认证，是指依据国际通用的质量管理和质量保证系列标准，经过国家认可的质量体系认证机构对企业的质量体系进行审核，对于符合规定条件和要求的，通过颁发企业质量体系认证证书的形式，证明企业的质量保证能力符合相应要求的活动。质量体系认证的对象是企业的质量体系，或者说是企业的质量保证能力。质量体系认证的过程是对企业质量体系的整体水平进行科学的评价，以证明企业的质量保证能力是否符合相应标准的要求。

质量体系认证的依据是国际通用的质量管理和质量保证系列标准——ISO 9000《质量管理和质量保证》系列标准，该标准已等同采用为中国国家标准GB/T 19000《质量管理和质量保证》系列标准。质量体系认证获准的标识是注册和发给证书。按规定程序申请认证的企业质量体系，当评定结果判为合格后，由质量体系认证机构对认证企业给予注册和发给证书，列入质量体系认证企业名录，并公开发布。获准质量体系认证的企业可在宣传品、展销会和其他促销活动中使用注册标志，但不得将该标志直接用于产品或其包装上，以免与产品认证相混淆。质量体系认证的原则，是企业自愿申请的原则。

2. 建筑产品质量体系认证制度

建筑产品是一种特殊产品，对从事建筑活动的单位推行质量体系认证制度，可提高建筑产品质量，并增强建筑产品的竞争力。依据《建筑法》，从事建筑活动的单位根据自愿原则，可以向国务院产品质量监督管理部门或者国务院产品质量监督管理部门授权的部门认可的认证机构申请质量体系认证。经认证合格的，由认证机构颁发质量体系认证证书。

三、建筑材料产品推荐使用制度

国务院于 2008 年 10 月 1 日颁布施行《民用建筑节能条例》第 11 条规定，国家推广使用民用建筑节能的新技术、新工艺、新材料和新设备，限制使用或者禁止使用能源消耗高的技术、工艺、材料和设备。国务院节能工作主管部门、建设主管部门应当制定、公布并及时更新推广使用、限制使用、禁止使用目录。国家限制进口或者禁止进口能源消耗高的技术、材料和设备。建设单位、设计单位、施工单位不得在建筑活动中使用列入禁止使用目录的技术、工艺、材料和设备。《关于加强建筑节能材料和产品质量监督管理的通知》（建科〔2008〕147 号）规定进一步落实建筑节能材料和产品推广、限制、淘汰公告制度。省级住房和城乡建设主管部门要根据建筑节能标准要求和国家的产业政策，结合当地实际，及时制定并发布建筑节能材料和产品的推广、限制和淘汰目录，指导建筑工程正确选购。建立建筑节能材料和产品备案、登记、公示制度。各地住房和城乡建设主管部门应根据当地气候和资源情况，制定适合本地实际的建筑节能材料和产品的推广目录。对建筑工程使用的建筑节能材料和产品，在质量合格和手续齐全的前提下，由设区市级以上住房和城乡建设主管部门进行备案、登记、公示。鼓励建筑工程使用经过备案、登记、公示的节能材料和产品。

《民用建筑节能管理规定》（中华人民共和国建设部令第 143 号）已于 2005 年 10 月 28 日经第 76 次部常务会议讨论通过，自 2006 年 1 月 1 日起施行。该《规定》第 8 条规定，鼓励发展下列建筑节能技术和产品：（1）新型节能墙体和屋面的保温、隔热技术与材料；（2）节能门窗的保温隔热和密闭技术；（3）集中供热和热、电、冷联产联供技术；（4）供热采暖系统温度调控和分户热量计量技术与装置；（5）太阳能、地热等可再生能源应用技术及设备；（6）建筑照明节能技术与产品；（7）空调制冷节能技术与产品；（8）其他技术成熟、效果显著的节能技术和节能管理技术。鼓励推广应用和淘汰的建筑节能部品及技术的目录，由国务院建设行政主管部门制定；省、自治区、直辖市建设行政主管部门可以结合该目录，制定适合本区域的鼓励推广应用和淘汰的建筑节能产品及技术的目录。

四、建筑材料进场检验制度

《建筑工程质量管理条例》第 29 条规定，施工单位必须按照工程设计要求、施工技术标准和合同约定，对建筑材料、建筑构配件、设备和商品混凝土进行检验，检验应当有书面记录和专人签字；未经检验或者检验不合格的，不得使用。第 31 条规定，施工人员对涉及结构安全的试块、试件以及有关材料，应当在建设单位或者工程监理单位监督下现场取样，并送交具有相应资质等级的质量检测单位进行检测。

为规范房屋建筑工程和市政基础设施工程中涉及结构安全的试块、试件和材料的见证取样和送检工作，保证工程质量，根据《建设工程质量管理条例》，建设部于 2000 年 9 月

26日《房屋建筑工程和市政基础设施工程实行见证取样和送检的规定》（建建〔2000〕211号）。该《规定》规定了见证取样和送检制度，严格遵循建筑材料"先检后用"的原则。房屋建筑和市政基础设施工程土建材料、水电材料、节能材料（特别是幕墙工程和建筑门窗）以及建设主管部门或建设、监理单位确定必须送检的其他建筑材料在使用前必须进行检验，未经检验或者检验不合格的不得使用。按照材料检验的方式不同，分为普通送检、见证取样送检、不合格复检和监督抽检。

1. 普通送检

施工单位必须按照工程设计要求、施工技术标准和合同约定，在使用前对建筑材料、建筑构配件、设备和商品混凝土等进行送检，送检数量和频次必须满足工程验收规范的要求。

2. 见证取样和送检

见证取样和送检是指在建设单位或工程监理单位人员的见证下，由施工单位的现场试验人员对工程中涉及结构安全的试块、试件和材料在现场取样，并送至经过省级以上建设行政主管部门对其资质认可和质量技术监督部门对其计量认证的质量检测单位进行检测。工程监理单位必须严格执行《房屋建筑工程和市政基础设施工程实行见证取样和送检的规定》，对涉及结构安全的试件、试块和材料进行见证取样和送检，见证取样和送检的比例不得低于有关技术标准中规定应取样数量的30%。对于下列试块，试件和材料必须实施见证取样和送检：（1）用于承重结构的混凝土试块；（2）用于承重墙体的砌筑砂浆试块；（3）用于承重结构的钢筋及连接接头试件；（4）用于承重墙的砖和混凝土小型砌块；（5）用于拌制混凝土和砌筑砂浆的水泥；（6）用于承重结构的混凝土中使用的掺加剂；（7）地下、屋面、厕浴间使用的防水材料；（8）国家规定必须实行见证取样和送检的其他试块、试件和材料。

见证人员应由建设单位或该工程的监理单位具备建筑施工试验知识的专业技术人员担任，并应由建设单位或该工程的监理单位书面通知施工单位，检测单位和负责项工程的质量监督机构。在施工过程中，见证人员应按照见证取样和送检计划，对施工现场的取样和送检进行见证，取样人员应在试样或其包装上作出标识、封志。标识和封志应标明工程名称、取样部位、取样日期、样品名称和样品数量，并由见证人员和取样人员签字。见证人员应制作见证记录，并将见证记录归入施工技术档案。见证人员和取样人员应对试样的代表性和真实性负责。见证取样的试块、试件和材料送检时，应由送检单位填写委托单，委托单应有见证人员和送检人员签字。检测单位应检查委托单及试样上的标识和封志，确认无误后方可进行检测。检测单位应严格按照有关管理规定和技术标准进行检测，出具公正、真实、准确的检测报告。见证取样和送检的检测报告必须加盖见证取样检测的专用章。

3. 不合格复检

当材料进场复验出现不合格时，对于规范允许重新取样双倍复检的材料，必须在监理单位的见证下，由施工单位按有关规范标准重新抽取双倍试件进行检测，合格后方可使用。

4. 监督抽检

工程施工过程中，质量监督机构应严格按监督工作方案和工程材料专项抽检计划对工程材料进行监督抽检，监督抽检报告可以作为工程验收资料使用。

第五节　建设行为主体的质量控制义务与责任

工程质量控制是全面的质量控制，涉及工程建设所涉各方的质量控制，例如，建设单位的质量控制、政府的质量控制、勘察设计单位的质量控制以及施工单位的质量控制等。其中，建设单位的质量控制是工程质量控制的关键，这是因为：第一，工程建设是按建设单位的要求来进行的。这就要求建设单位自己对要工程质量进行检验和监督，或者委托监理工程师对工程项目实行有效管理。第二，建设单位的质量控制贯穿于工程建设的全过程。第三，虽然工程竣工后发现质量问题可以根据责任由施工单位进行维修，并赔偿损失，但对于建设单位来说，如果工程迟迟不能按期交付使用，也会造成极大的损失。

一、建设单位的质量控制义务与责任

根据《建设工程质量管理条例》，建设单位负有如下质量控制义务与责任：

（1）建设单位应当将工程发包给具有相应资质等级的单位。建设单位不得将建设工程肢解发包。

（2）建设单位应当依法对工程建设项目的勘察、设计、施工、监理以及与工程建设有关的重要设备、材料等的采购进行招标。

（3）建设单位必须向有关的勘察、设计、施工、工程监理等单位提供与建设工程有关的原始资料。原始资料必须真实、准确、齐全。

（4）建设工程发包单位不得迫使承包方以低于成本的价格竞标，不得任意压缩合理工期。建设单位不得明示或者暗示设计单位或者施工单位违反工程建设强制性标准，降低建设工程质量。

（5）建设单位应当将施工图设计文件报县级以上人民政府建设行政主管部门或者其他有关部门审查。施工图设计文件审查的具体办法，由国务院建设行政主管部门会同国务院其他有关部门制定。施工图设计文件未经审查批准的，不得使用。

（6）建设单位应根据工程特点，配备相应的质量管理人员，或委托工程建设监理单位进行管理。委托监理单位的，建设单位应与工程建设监理单位签订建设工程委托监理合同，明确双方的责任、权利和义务。实行监理的建设工程，建设单位应当委托具有相应资质等级的工程监理单位进行监理，也可以委托具有工程监理相应资质等级并与被监理工程的施工承包单位没有隶属关系或者其他利害关系的该工程的设计单位进行监理。

（7）建设单位在领取施工许可证或者开工报告前，应当按照国家有关规定办理工程质量监督手续；组织设计和施工单位认真进行设计交底和图纸会审；施工中应按照国家现行的有关工程建设法律法规、技术标准及合同规定，对工程质量进行检查；建设单位收到建设工程竣工报告后，应当组织设计、施工、工程监理等有关单位进行竣工验收。

（8）按照合同约定，由建设单位采购建筑材料、建筑构配件和设备的，建设单位应当保证建筑材料、建筑构配件和设备符合设计文件和合同要求。建设单位不得明示或者暗示施工单位使用不合格的建筑材料、建筑构配件和设备。

（9）涉及建筑主体和承重结构变动的装修工程，建设单位应当在施工前委托原设计单位或者具有相应资质等级的设计单位提出设计方案；没有设计方案的，不得施工。房屋建筑使用者在装修过程中，不得擅自变动房屋建筑主体和承重结构。建设单位按照工程承包合同规定供应的设备等产品的质量，必须符合国家现行的有关法律、法规和技术标准的要求。

（10）建设单位应当严格按照国家有关档案管理的规定，及时收集、整理建设项目各环节的文件资料，建立、健全建设项目档案，并在建设工程竣工验收后，及时向建设行政主管部门或者其他有关部门移交建设项目档案。

二、勘察设计单位的质量控制义务与责任

建筑工程勘察担负着为工程建设提供准确的地质资料的任务，建筑工程设计直接为工程施工提供赖以遵循的技术依据。建筑工程勘察、设计的质量是决定整个建筑工程质量的基础，如果建筑工程勘察、设计的质量存在问题，整个建筑工程的质量也就没有保障。因此，建筑工程勘察设计单位必须依法采取各种措施确保建筑工程勘察设计质量。

根据《建设工程质量管理条例》，勘察设计单位承担下列质量义务与责任：

（1）从事建设工程勘察、设计的单位应当依法取得相应等级的资质证书，并在其资质等级许可的范围内承揽工程。禁止勘察、设计单位超越其资质等级许可的范围或者以其他勘察、设计单位的名义承揽工程。禁止勘察、设计单位允许其他单位或者个人以本单位的名义承揽工程。勘察、设计单位不得转包或者违法分包所承揽的工程。

（2）勘察、设计单位必须按照工程建设强制性标准进行勘察、设计，并对其勘察、设计的质量负责。注册建筑师、注册结构工程师等注册执业人员应当在设计文件上签字，对设计文件负责。

（3）勘察单位提供的地质、测量、水文等勘察成果必须真实、准确。

（4）设计单位应当根据勘察成果文件进行建设工程设计。设计文件应当符合国家规定的设计深度要求，注明工程合理使用年限。

（5）设计单位在设计文件中选用的建筑材料、建筑构配件和设备，应当注明规格、型号、性能等技术指标，其质量要求必须符合国家规定的标准。除有特殊要求的建筑材料、专用设备、工艺生产线等外，设计单位不得指定生产厂、供应商。

（6）设计单位应当就审查合格的施工图设计文件向施工单位作出详细说明。

（7）设计单位应当参与建设工程质量事故分析，并对因设计造成的质量事故，提出相应的技术处理方案。

三、施工单位的质量控制义务与责任

建筑施工企业，作为建筑施工任务的最终完成者，对工程建设的质量负有极其重要的责任。根据《建设工程质量管理条例》，施工单位承担下列质量控制义务和责任：

（1）施工单位应当依法取得相应等级的资质证书，并在其资质等级许可的范围内承揽工程。禁止施工单位超越本单位资质等级许可的业务范围或者以其他施工单位的名义承揽工程。禁止施工单位允许其他单位或者个人以本单位的名义承揽工程。施工单位不得转包或者违法分包工程。

（2）施工单位应当对本单位施工的工程质量负责。施工单位应当建立质量责任制，确定工程项目的项目经理、技术负责人和施工管理负责人。建设工程实行总承包的，总承包单位应当对全部建设工程质量负责；建设工程勘察、设计、施工、设备采购的一项或者多项实行总承包的，总承包单位应当对其承包的建设工程或者采购的设备的质量负责。

（3）总承包单位依法将建设工程分包给其他单位的，分包单位应当按照分包合同的约定对其分包工程的质量向总承包单位负责，总承包单位与分包单位对分包工程的质量承担连带责任。

（4）施工单位必须按照工程设计图纸和施工技术标准施工，不得擅自修改工程设计，不得偷工减料。施工单位在施工过程中发现设计文件和图纸有差错的，应当及时提出意见和建议。

（5）施工单位必须按照工程设计要求、施工技术标准和合同约定，对建筑材料、建筑构配件、设备和商品混凝土进行检验，检验应当有书面记录和专人签字；未经检验或者检验不合格的，不得使用。

（6）施工单位必须建立、健全施工质量的检验制度，严格工序管理，作好隐蔽工程的质量检查和记录。隐蔽工程在隐蔽前，施工单位应当通知建设单位和建设工程质量监督机构。

（7）施工人员对涉及结构安全的试块、试件以及有关材料，应当在建设单位或者工程监理单位监督下现场取样，并送具有相应资质等级的质量检测单位进行检测。

（8）施工单位对施工中出现质量问题的建设工程或者竣工验收不合格的建设工程，应当负责返修。

（9）施工单位应当建立、健全教育培训制度，加强对职工的教育培训；未经教育培训或者考核不合格的人员，不得上岗作业。

四、工程监理单位的质量控制义务与责任

（1）工程监理单位应当依法取得相应等级的资质证书，并在其资质等级许可的范围内承担工程监理业务。禁止工程监理单位超越本单位资质等级许可的范围或者以其他工程监理单位的名义承担工程监理业务。禁止工程监理单位允许其他单位或者个人以本单位的名义承担工程监理业务。工程监理单位不得转让工程监理业务。

（2）工程监理单位与被监理工程的施工承包单位以及建筑材料、建筑构配件和设备供应单位有隶属关系或者其他利害关系的，不得承担该项建设工程的监理业务。

（3）工程监理单位应当依照法律、法规以及有关技术标准、设计文件和建设工程承包合同，代表建设单位对施工质量实施监理，并对施工质量承担监理责任。

（4）工程监理单位应当选派具备相应资格的总监理工程师和监理工程师进驻施工现场。未经监理工程师签字，建筑材料、建筑构配件和设备不得在工程上使用或者安装，施工单位不得进行下一道工序的施工。未经总监理工程师签字，建设单位不拨付工程款，不进行竣工验收。

（5）监理工程师应当按照工程监理规范的要求，采取旁站、巡视和平行检验等形式，对建设工程实施监理。

五、建筑材料、构配件生产及设备供应单位的质量控制义务与责任

1. 建筑材料、构配件生产及设备供应单位对其生产或供应的产品质量负责

建筑材料、构配件生产及设备的供需双方均应签订买卖合同，并按合同条款进行质量验收。建筑材料、构配件生产及设备供应单位必须具备相应的生产条件、技术装备和质量保证体系，具备必要的检测人员和设备，把好产品看样、订货、储存、运输和核验的质量关。

2. 建筑材料、构配件及设备质量应当符合下列要求：

（1）符合国家或行业现行有关技术标准规定的合格标准和设计要求；（2）符合在建筑材料、构配件及设备或其包装上注明采用的标准，符合以建筑材料、构配件及设备说明、实物样品等方式表明的质量状况。

3. 建筑材料、构配件及设备或者其包装上的标志应当符合下列要求：

（1）有产品质量检验合格证明；（2）有中文标明的产品名称、生产厂厂名和厂址；（3）产品包装和商标样式符合国家有关规定和标准要求；（4）设备应有产品详细的使用说明书，电气设备还应附有线路图；（5）实施生产许可证或使用产品质量认证标志的产品，应有许可证或质量认证的编号、批准日期和有效期限。

第六节　建设工程竣工验收制度

建筑工程竣工验收，是指建筑工程完工且具备法定条件后，由建设单位组织有关单位依法定程序及相关依据对所有工程项目进行全面检验与测试。建设工程经验收合格的，方可交付使用。工程施工质量验收是工程建设质量控制的一个重要环节，它包括工程施工质量验收和工程的竣工验收两个方面。通过对工程建设中间产出品和最终产品的质量验收，从过程控制和终端把关两个方面进行工程项目的质量控制，以确保达到业主所要求的使用价值，实现建设投资的经济效益和社会效益。

关于建筑工程竣工验收方面的法规主要有《建筑法》《建筑工程质量管理条例》住房城乡建设部于 2013 年 12 月 2 日以建质〔2013〕171 号印发《房屋建筑和市政基础设施工程竣工验收规定》。该《规定》第 14 条决定，废止《房屋建筑工程和市政基础设施工程竣工验收暂行规定》（建建〔2000〕142 号）。2000 年 4 月 4 日建设部令第 78 号发布《房屋建筑和市政基础设施工程竣工验收备案管理办法》（该《办法》根据 2009 年 10 月 19 日《住房和城乡建设部关于修改〈房屋建筑工程和市政基础设施工程竣工验收备案管理暂行办法〉的决定》修正）。

建筑工程施工质量验收统一标准、规范体系由《建筑工程施工质量验收统一标准》（GB 50300—2013）和各专业验收规范共同组成，在使用过程中它们必须配套使用验收规范具体包括：《建筑地基基础工程施工质量验收规范》（GB 50202—2002）；《施工质量验收规范》（GB 50300—2013）；《混凝土结构工程施工质量验收规范》（GB 50204—2015）；《钢结构工程施工质量验收规范》（GB 50205—2001）；《木结构工程施工质量验收规范》（GB 50206—2012）；《屋面工程质量验收规范》（GB 50207—2012）；《地下防水工程质量验收规范》（GB 50208——2011）；《建筑地面工程施工质量验收规范》（GB 50209—2010）；《建筑装饰装修工程质量验收规范》（GB 50210—2018）；《建筑给水排水及采暖工程施工质量验收规范》（GB 50242—2016）等。

一、建设工程竣工验收的条件和依据

凡在中华人民共和国境内新建、扩建、改建的各类房屋和市政基础设施工程的竣工验收，建设单位应当自工程竣工验收合格之日起 15 日内，向工程所在地的县级以上地方人民政府住房城乡建设主管部门备案。国务院住房和城乡建设主管部门负责全国房屋建筑和市政基础设施工程（以下统称工程）的竣工验收备案管理工作。县级以上地方人民政府住房城乡建设主管部门负责本行政区域内工程的竣工验收备案管理工作。

（一）建设工程竣工验收的条件

《建设工程质量管理条例》第 16 条规定，建设单位收到建设工程竣工报告后，应当组织设计、施工、工程监理等有关单位进行竣工验收。建设工程竣工验收应当具备下列条件：（1）完成建设工程设计和合同约定的各项内容；（2）有完整的技术档案和施工管理资料；（3）有工程使用的主要建筑材料、建筑构配件和设备的进场试验报告；（4）有勘察、设计、施工、工程监理等单位分别签署的质量合格文件；（5）有施工单位签署的工程保修书。建设工程经验收合格的，方可交付使用。

根据《房屋建筑和市政基础设施工程竣工验收规定》（2013）第 5 条规定，工程符合下列要求方可进行竣工验收：（1）完成工程设计和合同约定的各项内容。（2）施工单位在工程完工后对工程质量进行了检查，确认工程质量符合有关法律、法规和工程建设强制性标准，符合设计文件及合同要求，并提出工程竣工报告。工程竣工报告应经项目经理和施工单位有关负责人审核签字。（3）对于委托监理的工程项目，监理单位对工程进行了质量评估，具有完整的监理资料，并提出工程质量评估报告。工程质量评估报告应经总监理工程监理单位有关负责人审核签字。（4）勘察、设计单位对勘察、设计文件及施工过程中由设计单位签署的设计变更通知书进行了检查，并提出质量检查报告。质量检查报告应经该项目勘察、设计负责人和勘察、设计单位有关负责人审核签字。（5）有完整的技术档案和施工管理资料。（6）有工程使用的主要建筑材料、建筑构配件和设备的进场试验报告。（7）建设单位已按合同约定支付工程款。（8）有施工单位签署的工程质量保修书。（9）对于住宅工程，进行分户验收并验收合格，建设单位按户出具《住宅工程质量分户验收表》。（10）建设主管部门及工程质量监督机构责令整改的问题全部整改完毕。（11）法律、法规规定的其他条件。

根据《房屋建筑和市政基础设施工程竣工验收备案管理办法》（2000 年 4 月 4 日建设部令第 78 号发布，根据 2009 年 10 月 19 日《住房和城乡建设部关于修改〈房屋建筑工程和市政基础设施工程竣工验收备案管理暂行办法〉的决定》修正）第 5 条规定，建设单位办理工程竣工验收备案应当提交下列文件：（1）工程竣工验收备案表；（2）工程竣工验收报告。竣工验收报告应当包括工程报建日期，施工许可证号，施工图设计文件审查意见，勘察、设计、施工、工程监理等单位分别签署的质量合格文件及验收人员签署的竣工验收原始文件，市政基础设施的有关质量检测和功能性试验资料以及备案机关认为需要提供的有关资料；（3）法律、行政法规规定应当由规划、环保等部门出具的认可文件或者准许使用文件；（4）法律规定应当由公安消防部门出具的对大型的人员密集场所和其他特殊建设工程验收合格的证明文件；（5）施工单位签署的工程质量保修书；（6）法规、规章规定必须提供的其他文件。住宅工程还应当提交《住宅质量保证书》和《住宅使用说明书》。

（二）建设工程竣工验收的依据

建设工程产品的形成，是承包人依据若干技术、经济、管理文件，组织项目实施，最终达成的竣工成果。交付竣工验收，是承包人完成承建工程后办理的交工手续。办理竣工验收手续应依据与该建设工程有关的文件，这些文件具有设计、合同和技术的规定性和约束力。

1. 批准的设计文件、施工图纸及说明书

这是由发包人提供的，主要内容应涵盖：上级批准的设计任务书或可行性研究报告；用地、征地、拆迁文件；地质勘查报告；设计施工图及有关说明等。《建筑法》第58条中规定："建筑施工企业必须按照工程设计图纸和施工技术标准施工，不得偷工减料。"照图施工是承包人的重要责任，这种责任是质量和技术的责任。所以，设计文件、施工图纸是组织施工的第一手技术资料，施工完毕是竣工验收的重要依据。

2. 双方签订的施工合同

建设工程施工合同是发包人和承包人为完成约定的工程，明确相互权利、义务的协议。《合同法》第8条规定："依据成立的合同，对当事人具有法律约束力当事人应当按照约定履行自己的义务，不得擅自变更或者解除合同。依法成立的合同，受法律保护。"工程竣工验收时，对照合同约定的主要内容，可以检查承包人和发包人的履约情况，有无违约责任，是重要的合同文件和法律依据，受法律保护。

3. 设备技术说明书

发包人供应的设备，承包人应按供货清单接收并有设备合格证明和设备的技术说明书，据此按照施工图纸进行设备安装。设备技术说明书是进行设备安装调试、检验、试车、验收和处理设备质量、技术等问题的重要依据。若由承包人采购的设备，应符合设计和有关标准的要求，按规定提供相关的技术说明书，并对采购的设备质量负责。

4. 设计变更通知书

设计变更通知书，是施工图纸补充和修改的记录。《建筑法》第58条中规定："工程设计的修改由原设计单位负责。建筑施工企业不得擅自修改工程设计。"根据这一规定，明确了工程变更设计的程序，以及发包人和承包人的责任。设计变更原则上由设计单位主管技术负责人签发，发包人认可签章后由承包人执行。

5. 施工验收规范及质量验收标准

施工中要遵循的工程建设规范和标准很多，主要有施工及验收规范、工程质量检验评定标准等。在建设工程项目管理中，经常使用的工程建设国家和行业标准与施工有关的就达数十个。对不按强制性标准施工，质量达不到合格标准的，不得进行竣工验收。

6. 外资工程应依据我国有关规定提交竣工验收文件

国家规定，凡有引进技术和引进设备的建设项目，要做好引进技术和引进设备的图纸、文件的收集、整理工作，无论通过何种渠道得到的与引进技术或引进设备有关的档案资料，均应交档案部门统一管理。

（三）建设工程竣工验收的要求

《建设工程施工质量验收统一标准》（GB 50300—2013）规定了建筑工程质量验收的基本要求，主要包括参加建筑工程质量验收各方人员应具备的资格；建筑工程质量验收应在施工单位检验评定合格的基础上进行；检验批质量应按主控项目和一般项目进行验收；隐蔽工程的验收；涉及结构安全的见证取样检测；涉及结构安全和使用功能的重要分部工程的抽样检验以及承担见证试验单位资质的要求；观感质量的现场检查等。具体而言建筑工程施工质量应按下列要求进行验收：

（1）建筑工程质量应符合《建设工程施工质量验收统一标准》和相关专业验收规范的规定。

（2）建筑工程施工应符合工程勘察、设计文件的要求。

（3）参加工程施工质量验收的各方人员应具备规定的资格。

（4）工程质量的验收均应在施工单位自行检查评定的基础上进行。

（5）隐蔽工程在隐蔽前应由施工单位通知有关单位进行验收，并应形成验收文件。

（6）涉及结构安全的试块、试件以及有关材料，应按规定进行见证取样检测。

（7）检验批的质量应按主控项目和一般项目验收。

（8）对涉及结构安全和使用功能的重要分部工程应进行抽样检测。

（9）承担见证取样检测及有关结构安全检测的单位应具有相应资质。

（10）工程的观感质量应由验收人员通过现场检查，并应共同确认。

二、建设工程竣工验收程序

建设工程竣工验收应当按以下程序进行：

（1）工程完工后，施工单位向建设单位提交工程竣工报告，申请工程竣工验收。实行监理的工程，工程竣工报告须经总监理工程师签署意见。

（2）建设单位收到工程竣工报告后，对符合竣工验收要求的工程，组织勘察、设计、施工、监理等单位和其他有关方面的专家组成验收组，制定验收方案。

（3）建设单位应当在工程竣工验收 7 个工作日前将验收的时间、地点及验收组名单书面通知负责监督该工程的工程质量监督机构。

（4）建设单位组织工程竣工验收。

①建设、勘察、设计、施工、监理单位分别汇报工程合同履约情况和在工程建设各个环节执行法律、法规和工程建设强制性标准的情况；②审阅建设、勘察、设计、施工、监理单位的工程档案资料；③实地查验工程质量；④对工程勘察、设计、施工、设备安装质量和各管理环节等方面作出全面评价，形成经验收组人员签署的工程竣工验收意见。

参与工程竣工验收的建设、勘察、设计、施工、监理等各方不能形成一致意见时，应当协商提出解决的方法，待意见一致后，重新组织工程竣工验收。

三、建设工程竣工验收报告

工程竣工验收合格后，建设单位应当及时提出工程竣工验收报告。工程竣工验收报告主要包括工程概况，建设单位执行基本建设程序情况，对工程勘察、设计、施工、监理等方面的评价，工程竣工验收时间、程序、内容和组织形式，工程竣工验收意见等内容。

工程竣工验收报告还应附有下列文件：施工许可证；施工图设计文件审查意见；项目经理和施工单位有关负责人签署的工程竣工报告；总监理工程师和监理单位有关负责人签署的工程质量评估报告；项目勘察、设计负责人和勘察、设计单位有关负责人签署的质量检查报告；城乡规划行政主管部门出具的认可文件；公安消防、环保等部门出具的认可文件或者准许使用文件；验收组人员签署的工程竣工验收意见；市政基础设施工程应附有质量检测和功能性试验资料；施工单位签署的工程质量保修书；法规、规章规定的其他有关文件。

四、建设工程竣工验收备案

竣工验收备案是建设工程质量监督部门在建设单位申请备案并提交有关文件的情况下予以备案，以供查考的行为。根据《建设工程质量管理条例》第 46 条和第 49 条规定，可知竣工验收备案是建设行政主管部门对建设工程质量进行监督管理的制度安排之一。建设单位应当自工程竣工验收合格之日起 15 日内，依照《房屋建筑和市政基础设施工程竣工验收备案管理办法》的规定，向工程所在地的县级以上地方人民政府建设主管部门备案。

《建设工程质量管理条例》第17条规定，建设单位应当严格按照国家有关档案管理的规定，及时收集、整理建设项目各环节的文件资料，建立、健全建设项目档案，并在建设工程竣工验收后，及时向建设行政主管部门或者其他有关部门移交建设项目档案。《建设工程质量管理条例》第49条规定建设单位应当自建设工程竣工验收合格之日起15日内，将建设工程竣工验收报告和规划、公安消防、环保等部门出具的认可文件或者准许使用文件报建设行政主管部门或者其他有关部门备案。建设行政主管部门或者其他有关部门发现建设单位在竣工验收过程中有违反国家有关建设工程质量管理规定行为的，责令停止使用，重新组织竣工验收。

五、专业验收与综合验收

1. 专业验收

专业验收是指规划、公安消防、人防等行政管理部门依照法律、法规的规定，对商品住宅建设项目落实工程报建审批事项情况所作的检验和认可。主要包括：

（1）规划验收。主要是依据《城乡规划法》及国务院有关规定，审核建设工程是否按批准的《建设工程规划许可证》及其附件、附图确定的内容进行建设等。

（2）消防验收。主要是依据《消防法》及《建筑工程消防监督审核管理规定》，检查建设项目消防设施是否符合消防监督意见要求。

（3）人防验收。主要是依据《人防法》，检查防空设施是否实施到位、符合要求。

（4）环保验收（"三同时"验收）。主要是依据《建设项目环境保护管理条例》及《建设项目竣工环境保护验收管理办法》，对建设项目水、气、声、渣等环境保护措施落实情况进行查验，以考核该建设项目是否达到环境保护要求。

（5）用地验收。主要是依据《土地管理法》及国务院有关规定，对建设项目是否按批准的土地位置和面积使用土地、是否改变土地用途、是否擅自增加容积率等进行检查。

（6）房地产开发项目验收。主要是依据《城市房地产开发经营管理条例》，对房地产开发项目涉及公共安全的内容进行检查。

此外，还包括其他涉及工程建设的各类验收。如《气象管理办法》规定，工程竣工验收时，应当由气象主管机构监督防雷装置竣工验收。国务院发布《对确需保留的行政审批项目设定行政许可的决定》，将防雷装置检测予以保留，并决定由国家气象局和省、自治区、直辖市气象主管机构实施。国家气象局《防雷装置设计审核和竣工验收规定》规定防雷装置实行竣工验收制度，申请单位应当向许可机构提出申请，填写《防雷装置竣工验收申请书》。

2. 综合验收

综合验收是指建设行政主管部门组织有关行政管理部门对商品住宅建设项目中涉及公共安全的内容及市政公用设施建设配套情况所作的认定。

《城市房地产开发经营管理条例》（2011年修订）第18条规定，住宅小区等群体房地产开发项目竣工，应当依照本条例第17条的规定和下列要求进行综合验收：（1）城市规划设计条件的落实情况；（2）城市规划要求配套的基础设施和公共设施的建设情况；（3）单项工程的工程质量验收情况；（4）拆迁安置方案的落实情况；（5）物业管理的落实情况。住宅小区等群体房地产开发项目实行分期开发的，可以分期验收。

六、住宅工程质量分户验收

住宅工程涉及千家万户，住宅工程质量的好坏直接关系到广大人民群众的切身利益。为加强住宅工程质量管理，落实住宅工程参建各方主体质量责任，提高住宅工程质量水平，住房与城乡建设部发布《关于做好住宅工程质量分户验收工作的通知》（建质［2009］291号）推进住宅工程质量分户验收。

（一）分户验收的概念

住宅工程质量分户验收（以下简称分户验收），是指建设单位组织施工、监理等单位，在住宅工程各检验批、分项、分部工程验收合格的基础上，在住宅工程竣工验收前，依据国家有关工程质量验收标准，对每户住宅及相关公共部位的观感质量和使用功能等进行检查验收，并出具验收合格证明的活动。

（二）分户验收的内容

分户验收内容主要包括：（1）地面、墙面和顶棚质量；（2）门窗质量；（3）栏杆、护栏质量；（4）防水工程质量；（5）室内主要空间尺寸；（6）给水排水系统安装质量；（7）室内电气工程安装质量；（8）建筑节能和采暖工程质量；（9）有关合同中规定的其他内容。

（三）分户验收的依据

分户验收依据为国家现行有关工程建设标准，主要包括《住宅建筑规范》《混凝土结构工程施工质量验收》《砌体工程施工质量验收》《建筑装饰装修工程施工质量验收》《建筑地面工程施工质量验收》《建筑给水排水及采暖工程施工质量验收》《建筑电气工程施工质量验收》《建筑节能工程施工质量验收》《智能建筑工程质量验收》《屋面工程质量验收》《地下防水工程质量验收等标准规范》以及经审查合格的施工图设计文件。

（四）分户验收的程序

分户验收应当按照以下程序进行：（1）根据分户验收的内容和住宅工程的具体情况确定检查部位、数量；（2）按照国家现行有关标准规定的方法，以及分户验收的内容适时进行检查；（3）每户住宅和规定的公共部位验收完毕，应填写《住宅工程质量分户验收表》，建设单位和施工单位项目负责人、监理单位项目总监理工程师分别签字；（4）分户验收合格后，建设单位必须按户出具《住宅工程质量分户验收表》，并作为《住宅质量保证书》的附件，一同交给住户。分户验收不合格，不能进行住宅工程整体竣工验收。同时，住宅工程整体竣工验收前，施工单位应制作工程标牌，将工程名称、竣工日期和建设、勘察、设计、施工、监理单位全称镶嵌在该建筑工程外墙的显著部位。

（五）分户验收的组织实施

分户验收由施工单位提出申请，建设单位组织实施，施工单位项目负责人、监理单位项目总监理工程师及相关质量、技术人员参加，对所涉及的部位、数量按分户验收内容进行检查验收。已经预选物业公司的项目，物业公司应当派人参加分户验收。建设、施工、监理等单位应严格履行分户验收职责，对分户验收的结论进行签认，不得简化分户验收程序。对于经检查不符合要求的，施工单位应及时进行返修，监理单位负责复查。返修完成后重新组织分户验收。

工程质量监督机构要加强对分户验收工作的监督检查，发现问题及时监督有关方面认真整改，确保分户验收工作质量。对在分户验收中弄虚作假、降低标准或将不合格工程按合格工程验收的，依法对有关单位和责任人进行处罚，并纳入不良行为记录。

七、未经竣工验收，交付使用的工程质量问题

《合同法》第 279 条规定："建设工程竣工后，发包人应当根据施工图纸及说明书、国家颁发的施工验收规范和质量检验标准及时进行验收。验收合格的，发包人应当按照约定支付价款，并接收该建设工程。建设工程竣工经验收合格后，方可交付使用；未经验收或者验收不合格的，不得交付使用"。《房地产管理法》第 26 条规定，"房地产开发项目竣工经验收合格后，方可交付使用"。《建筑法》第 61 条规定："交付竣工验收的建筑工程，必须符合规定的建筑工程质量标准，有完整的工程技术经济资料和经签署的工程保修书，并具备国家规定的其他竣工条件。建筑工程竣工验收合格后，方可交付使用；未经验收或者验收不合格的，不得交付使用"。国务院《城市房地产开发经营管理条例》第 17 条第 1 款规定"房地产开发项目竣工，经验收合格后，方可交付使用；未经验收或者验收不合格的，不得交付使用"。国务院《建设工程质量管理条例》第 16 条第 1 款规定，"建设单位收到建设工程竣工报告后，应当组织设计、施工、工程监理等有关单位进行竣工验收"。同时第 3 款规定"建设工程经验收合格的，方可交付使用"。

尽管现有法律已规定建设工程未经验收不得提前使用，但是提前使用未经验收的建设工程出现质量问题后，不能完全免除承包人的责任，因为建设工程质量问题产生的原因是错综复杂的，并不能单纯地以建设工程是否验收合格或者以发包方是否提前使用作为确定质量责任风险承担的标准，而应综合考虑工程未进行验收的原因以及具体的质量类型、质量产生原因等情况来确定发包方和承包方应承担的责任。2005 年 1 月 1 日开始实施《工程施工合同司法解释》第 13 条规定"建设工程未经竣工验收，发包人擅自使用后，又以使用部分质量不符合约定为由主张权利的，不予支持；但是承包人应当在建设工程的合理使用寿命内对地基基础工程和主体结构质量承担民事责任"。

第七节　建设工程质量保修制度

建设工程实行质量保修制度，是《建筑法》确立的一项基本法律制度。《建设工程质量管理条例》则在建设工程的保修范围、保修期限和保修责任等方面，对该项制度做出了更具体的规定。《建筑法》第 62 条和《建设工程质量管理条例》第 39 条均明确规定，建筑工程实行质量保修制度。所谓建筑工程质量保修，是指建筑工程自办理竣工验收手续后，在规定的保修期内，因勘察、设计、施工、材料等原因造成的质量缺陷，应当由施工单位负责维修。

一、建设工程质量的保修范围和保修期限

（一）建设工程质量保修书

《建设工程质量管理条例》第 39 条第 2 款规定，"建设工程承包单位在向建设单位提交工程竣工验收报告时，应当向建设单位出具质量保修书。质量保修书中应当明确建设工程的保修范围、保修期限和保修责任等"。

根据《建设工程质量管理条例》第 16 条的规定，有施工单位签署的工程保修书，是建设工程竣工验收应具备的条件之一。工程质量保修书也是一种合同，是发包、承包双方就保修范围、保修期限和保修责任等设立权利义务的协议，集中体现了承包单位对发包单

位的工程质量保修承诺。

（二）建设工程质量保修范围

《建筑法》第 62 条以及国务院《建设工程质量管理条例》第六章专章对建设工程质量保修的范围、期限、责任等方面进行了规定。《建筑法》第 62 条规定："建筑工程实行质量保修制度，具体的保修范围和最低保修期限由国务院规定。"《建筑法》第 62 条规定建筑工程的保修范围应当包括地基基础工程、主体结构工程、屋面防水工程和其他土建工程，以及电气管线、上下水管线的安装工程，供热、供冷系统工程等项目。除上述法定保修范围外，发包人与施工企业可以在施工合同或保修书中对保修范围进行约定。

（三）建设工程质量保修期

建设工程质量保修期，是指在建设工程竣工验收合格后，建设工程的施工人对工程进行质量维护、维修、抢修，保证建筑物合理寿命年限内的正常使用。质量保修期内建设工程发生质量问题有施工单位进行维修，质量保修期内发生的保修费用根据《房屋建筑工程质量保修办法》的规定，由质量缺陷的责任方承担，而非一定由施工单位承担。

《建筑法》第 62 条规定，保修的期限应当按照保证建筑物合理寿命年限内正常使用，维护使用者合法权益的原则确定。具体的最低保修期限由国务院规定。国务院《建设工程质量管理条例》第 40 条规定了在正常使用条件下各自对应的最低保修期限：

（1）基础设施工程、房屋建筑的地基基础工程和主体结构工程，为设计文件规定的该工程的合理使用年限；

（2）屋面防水工程、有防水要求的卫生间、房间和外墙面的防渗漏，为 5 年；

（3）供热与供冷系统，为 2 个采暖期、供冷期；

（4）电气管线、给排水管道、设备安装和装修工程，为 2 年。

上述保修范围属于法律强制性规定。超出该范围的其他项目的保修不是强制的，而是属于发包、承包双方意思自治的领域。最低保修期限同样属于法律强制性规定，发包、承包双方约定的保修期限不得低于条例规定的期限，但可以延长。保修期限上规定了各专业工程的"最低保修期"，同时规定当事人双方可以就其他项目的保修期限作出约定。上述规定属于法律、法规强制性规定，合同当事人必须遵守，对保修范围的约定不得少于上述内容，同时保修期限不得低于最低保修期，否则约定无效。

根据《房屋建筑工程质量保修书（示范文本）》规定，质量保修期的自工程竣工验收合格之日起计算。建设工程质量保修期的具体期限在符合《建筑工程质量管理条例》中保修范围和最低保修期限的情况下由承发包当事人在合同中约定具体的保修期限。

二、建设工程质量保修责任和保修程序

（一）建设工程质量保修责任

《建设工程质量管理条例》第 41 条规定："建设工程在保修范围和保修期内发生质量问题的，施工单位应当履行保修义务，并对造成的损失承担赔偿责任"。《最高人民法院关于审理建设工程施工合同纠纷案件适用法律问题的解释》第 27 条规定，因保修人未及时履行保修义务，导致建筑物毁损或者造成人身、财产损害的，保修人应当承担赔偿责任。保修人与建筑物所有人或者发包人对建筑物毁损均有过错的，各自承担相应的责任。以上法规和司法解释明确施工单位的损害赔偿责任仅仅局限于保修期限内的保修范围内的质量问题。

《房屋建筑工程质量保修办法》第 4 条规定："房屋建筑工程在保修范围和保修期限内出现质量缺陷，施工单位应当履行保修义务"。第 13 条规定，保修费用由质量缺陷的责任方承担。第 8 条规定，房屋建筑工程保修期从工程竣工验收合格之日起计算。第 17 条规定了 3 种不属于保修范围的情况：（1）因使用不当造成的质量缺陷；（2）第三方造成的质量缺陷；（3）不可抗力造成的质量缺陷。

（二）建设工程的质量保修程序

《房屋建筑工程质量保修办法》对建设工程质量的保修程序作出了具体规定：

（1）房屋建筑工程在保修期限内出现质量缺陷的，建设单位或者房屋建筑所有人应当向施工单位发出保修通知。

（2）施工单位接到保修通知后，应当到现场核查情况，在保修书约定的时间内予以保修。发生涉及结构安全或者严重影响使用功能的紧急抢修事故，施工单位接到保修通知后，应当立即到达现场抢修。

（3）发生涉及结构安全的质量缺陷，建设单位或者房屋建筑所有人应当立即向当地建设行政主管部门报告，采取安全防范措施；由原设计单位或者具有相应资质等级的设计单位提出保修方案，施工单位实施保修，原工程质量监督机构负责监督。

（4）保修完成后，由建设单位或者房屋建筑所有人组织验收。涉及结构安全的，应当报当地建设行政主管部门备案。

（5）施工单位不按工程质量保修书约定保修的，建设单位可以另行委托其他单位保修，由原施工单位承担相应责任。

三、建设工程质量保证金

根据《建设工程质量保证金管理办法》（2017）的规定，建设工程质量保证金（保修金），是指发包人与承包人在建设工程承包合同中约定，从应付的工程款中预留，用以保证承包人在缺陷责任期内对建设工程出现的缺陷进行维修的资金。缺陷是指建设工程质量不符合工程建设强制性标准、设计文件，以及承包合同的约定。缺陷责任期一般为 1 年，最长不超过 2 年，由发、承包双方在合同中约定。

（一）质量保证金的数额

发包人应当在招标文件中明确保证金预留、返还等内容，并与承包人在合同条款中对涉及保证金的下列事项进行约定：（1）保证金预留、返还方式；（2）保证金预留比例、期限；（3）保证金是否计付利息，如计付利息，利息的计算方式；（4）缺陷责任期的期限及计算方式；（5）保证金预留、返还及工程维修质量、费用等争议的处理程序；（6）缺陷责任期内出现缺陷的索赔方式；（7）逾期返还保证金的违约金支付办法及违约责任。

建设工程竣工结算后，发包人应按照合同约定及时向承包人支付工程结算价款并预留保证金。全部或者部分使用政府投资的建设项目，按工程价款结算总额 3% 左右的比例预留保证金。社会投资项目采用预留保证金方式的，预留保证金的比例可参照执行。采用工程质量保证担保、工程质量保险等其他保证方式的，发包人不得再预留保证金。

（二）质量保证金的使用与启用

缺陷责任期从工程通过竣工验收之日起计。由于承包人原因导致工程无法按规定期限进行竣工验收的，缺陷责任期从实际通过竣工验收之日起计。由于发包人原因导致工程无法按规定期限进行竣工验收的，在承包人提交竣工验收报告 90 天后，工程自动进入缺陷责任期。

缺陷责任期内，由承包人原因造成的缺陷，承包人应负责维修，并承担鉴定及维修费用。如承包人不维修也不承担费用，发包人可按合同约定从保证金或银行保函中扣除，费用超出保证金额的，发包人可按合同约定向承包人进行索赔。承包人维修并承担相应费用后，不免除对工程的损失赔偿责任。

由他人原因造成的缺陷，发包人负责组织维修，承包人不承担费用，且发包人不得从保证金中扣除费用。

（三）质量保证金的返还

发包人在接到承包人返还保证金申请后，应于14天内会同承包人按照合同约定的内容进行核实。如无异议，发包人应当按照约定将保证金返还给承包人。对返还期限没有约定或者约定不明确的，发包人应当在核实后14天内将保证金返还承包人，逾期未返还的，依法承担违约责任。发包人在接到承包人返还保证金申请后14天内不予答复，经催告后14天内仍不予答复，视同认可承包人的返还保证金申请。

四、建设工程质量损害赔偿责任

（一）建设工程质量损害赔偿责任的义务主体

《建筑法》第80条规定："在建筑物的合理使用寿命内，因建筑工程质量不合格受到损害的，有权向责任者要求赔偿"。关于"责任者"的范围，该条并没有明确。《建设工程质量管理条例》第3条对此作了明确规定："建设单位、勘察单位、设计单位、施工单位、工程监理单位依法对建设工程质量负责"。可见，建设工程质量缺陷的损害赔偿责任主体包括了上述五个单位。因这些主体的原因产生的建筑质量问题，造成他人人身、财产损失的，这些单位应当承担相应的赔偿责任。受损害人可以向上述主体中对建筑物缺陷负有责任者要求赔偿，也可以向各方共同提出赔偿要求，在查明原因的基础上由真正责任者承担赔偿责任。

由于我国《城市房地产开发经营管理条例》（2011年修订）第16条规定："房地产开发企业应当对其开发建设的房地产开发项目的质量承担责任。勘察、设计、施工、监理等单位应当依照有关法律、法规的规定或者合同的约定，承担相应的责任"。因此，因建设工程质量缺陷而受到损害的除建设单位以外的受害人，可以直接向建设单位要求损害赔偿，建设单位向受害人承担责任后，在分清责任的基础上，再由勘察、设计、施工、监理等单位对其蒙受的损失进行赔偿的问题，按相应的法律、法规或者合同的约定处理。

1. 建设单位的赔偿责任

根据《建设工程质量管理条例》的规定，建设单位有下列行为之一的，责令改正，处工程合同价款百分之二以上百分之四以下的罚款；造成损失的，依法承担赔偿责任；（1）未组织竣工验收，擅自交付使用的；（2）验收不合格，擅自交付使用的；（3）对不合格的建设工程按照合格工程验收的。

2. 勘察、设计单位的赔偿责任

根据《建筑法》和《建设工程质量管理条例》的规定，勘察、设计单位承担赔偿责任的情形有：（1）勘察单位未按照工程建设强制性标准进行勘察，造成工程质量事故，并造成损失的；（2）建筑设计单位不按照建筑工程质量、安全标准进行设计，造成工程质量事故，并造成损失的；（3）设计单位未根据勘察成果文件进行工程设计，造成工程质量事故，并造成损失的；（4）设计单位指定建筑材料、建筑构配件的生产厂、供应商，造成工程质量事故，并造成损失的。

3. 施工单位的赔偿责任

根据《建筑法》、《建设工程质量管理条例》的规定，施工单位承担赔偿责任的情形有：

（1）施工企业转让、出借资质证书或者以其他方式允许他人以本企业的名义承揽工程，对因该项承揽工程不符合规定的质量标准造成的损失，施工企业与使用本企业名义的单位或者个人承担连带赔偿责任；

（2）承包单位将承包的工程转包的，或者违反建筑法规定进行分包，对因转包工程或者违法分包的工程不符合规定的质量标准造成的损失，与接受转包或者分包的单位承担连带赔偿责任；

（3）施工企业在施工中偷工减料、使用不合格的建筑材料、建筑构配件和设备，或者有其他不按照工程设计图纸或者施工技术标准施工的行为，造成建筑工程质量不符合规定的质量标准的，负责返工、修理，并赔偿因此造成的损失；

（4）施工企业违反建筑法规定，不履行保修义务或者拖延履行保修义务的，对在保修期内因屋顶、墙面渗漏、开裂等质量缺陷造成的损失，承担赔偿责任；

（5）施工企业未对建筑材料、建筑构配件、设备和商品混凝土进行检验，或者未对涉及结构安全的试块、试件以及有关材料取样检测，造成损失的，依法承担赔偿责任。

4. 工程监理单位的赔偿责任

根据《建筑法》《建设工程质量管理条例》的规定，工程监理单位承担赔偿责任的情形有：（1）工程监理单位与建设单位或者建筑施工企业串通，弄虚作假、降低工程质量，造成损失的，承担连带赔偿责任；（2）将不合格的建设工程、建筑材料、建筑构配件和设备按照合格签字，造成损失的，承担连带赔偿责任。

另外，根据《建筑法》第79条规定，负责颁发建筑工程施工许可证的部门及其工作人员对不符合施工条件的建筑工程颁发施工许可证的，负责工程质量监督检查或者竣工验收的部门及其工作人员对不合格的建筑工程出具质量合格文件或者按合格工程验收的，造成的损失，由该部门承担相应的赔偿责任。

最后，对于建筑材料、建筑构配件和设备生产厂商的质量责任追究，适用《中华人民共和国产品质量法》的规定和我国相应的法规、规章的规定。《建筑法》《建设工程质量管理条例》对此没有具体规定，并不说明其无须负质量责任。1993年2月22日通过的《中华人民共和国产品质量法》第2条第3款明确规定："建筑工程不适用本法规定。但是，建设工程使用的建筑材料、建筑构配件和设备，属于前款规定的产品范围的，适用本法规定"。这一规定表明由于建设工程质量缺陷给他人造成损害的，如果能够证明造成损害的原因是建筑材料、建筑构配件和设备存在质量瑕疵，受损害人可以依据《产品质量法》提起民事赔偿诉讼。

（二）建设工程质量损害赔偿责任的主要类型

在缺陷责任期和质量保修期内，如果发生质量问题并造成了损害，则承包人承担保修义务的同时，责任方还应承担损害赔偿责任。在缺陷责任期、质量保修期届满后的建筑物的合理使用寿命内，如果发生质量问题，责任人仍然应当承担赔偿责任。

建设工程质量责任从建设单位与勘察、设计、施工、监理等单位之间的关系来看，是一种合同责任。如果由于质量不合格给建设单位造成损害，则发生侵权责任和违约责任的竞合。《合同法》第 122 条规定："因当事人一方的违约行为，侵害对方人身、财产权益的，受损害方有权选择依照本法要求其承担违约责任或者依照其他法律要求其承担侵权责任"。所以，建设单位可以从保护自身利益的角度出发，对由于不同责任而产生的不同请求权作出选择：如果由于工程质量缺陷仅造成建设单位的财产损失，如修理、重建等，应按合同纠纷处理；如果由于工程质量缺陷造成建设单位的人员伤亡及其精神损害的，应按侵权责任处理。

（1）因施工承包人在质量保修期内未及时履行保修义务，导致建筑物毁损或者造成人身、财产损害的，保修人应当承担赔偿责任。保修人与建筑物所有人或者发包人对建筑物毁损均有过错的，各自承担相应的责任。即使施工承包人履行了保修义务，仍因质量缺陷发生了损害后果，经鉴定若属于勘察、设计、施工、监理等单位的责任，这些单位仍应承担损害赔偿责任。

（2）《房屋建筑工程质量保修办法》第 15 条规定："因保修不及时造成新的人身、财产损害，由造成拖延的责任方承担赔偿责任"。

（3）《工程施工合同司法解释》第 12 条规定，发包人具有下列情形之一，造成建设工程质量缺陷，应当承担过错责任：①提供的设计有缺陷；②提供或者指定购买的建筑材料、建筑构配件、设备不符合强制性标准；③直接指定分包人分包专业工程。承包人有过错的，也应当承担相应的过错责任。

（4）《民法通则》第 126 条规定："建筑物或者其他设施以及建筑物上的搁置物、悬挂物发生倒塌、脱落、坠落造成他人损害的，它的所有人或者管理人应当承担民事责任，但能够证明自己没有过错的除外"。根据这条规定，建筑物或者其他设施倒塌、脱落、坠落造成他人损害的，承担责任的主体是建筑物或者其他设施的所有人或者管理人，而且实行的是过错推定责任原则。由于这一时期的法律、法规未能全面的规定工程质量相关问题的处理方法，使得司法实践中此类侵权行为的受损害者只能诉建筑物或者其他设施的所有人或者管理人。至于与造成损害有关的勘察、设计、施工、监理等单位，则被视为仅与建筑物或者其他设施的所有人或管理人有关的另一法律关系的当事人。这样的规定，对于保护受损害者的合法权益及确定侵权责任人都是不利的。

（5）《工程施工合同司法解释》第 16 条规定，道路、桥梁、隧道等人工建造的构筑物因设计、施工缺陷造成损害的，由所有人、管理人与设计、施工者承担连带责任。

（6）《侵权责任法》第 85 条规定，建筑物、构筑物或者其他设施及其搁置物、悬挂物发生脱落、坠落造成他人损害，所有人、管理人或者使用人不能证明自己没有过错的，应当承担侵权责任。所有人、管理人或者使用人赔偿后，有其他责任人的，有权向其他责任人追偿。

（7）《侵权责任法》第 86 条规定，建筑物、构筑物或者其他设施倒塌造成他人损害的，由建设单位与施工单位承担连带责任。建设单位、施工单位赔偿后，有其他责任人的，有权向其他责任人追偿。因其他责任人的原因，建筑物、构筑物或者其他设施倒塌造成他人损害的，由其他责任人承担侵权责任。该条第一款是针对建筑物存在质量缺陷引起倒塌事故的情形，第二款是针对除建筑物质量缺陷和自然原因之外的人为原因引起倒塌事故的情形。由此我们可以得出，第一款中的"其他责任人"包括勘察设计单位、监理单位和不合格建筑材料供应单位；第二款中的"其他责任人"具有兜底条款的作用，包括所有人或管理人和其他任何致建筑物倒塌的第三人。

（8）《侵权责任法》第87条规定，从建筑物中抛掷物品或者从建筑物上坠落的物品造成他人损害，难以确定具体侵权人的，除能够证明自己不是侵权人的外，由可能加害的建筑物使用人给予补偿。

第九章　建设工程招标投标法律制度

第一节　建设工程招标投标法律制度概述

一、招标投标的立法概况

目前，我国招标投标领域内的法律有《招标投标法》；行政法规有《招标投标法实施条例》（2011年12月20日中华人民共和国国务院令第613号公布，根据2017年3月1日《国务院关于修改和废止部分行政法规的决定》修订）；部委规章主要包括《工程建设项目招标范围和规模标准规定》该规定于2018年6月1日废止，代之以《必须招标的工程项目规定》《工程建设项目施工招标投标办法》（本办法已按国家发改委等九部委第23号令（2013年）修订）；《工程建设项目勘察设计招标投标办法》（已根据2013年3月11日《关于废止和修改部分招标投标规章和规范性文件的决定》2013年第23号令修订）；《工程建设项目货物招标投标办法》（已根据2013年3月11日《关于废止和修改部分招标投标规章和规范性文件的决定》2013年第23号令修订）；《机电产品国际招标投标实施办法（试行）》（经2013年12月9日中华人民共和国商务部2013年第10次部务会议审议通过，2014年2月21日中华人民共和国商务部令2014年第1号公布）；《评标委员会和评标方法暂行规定》（已根据2013年3月11日《关于废止和修改部分招标投标规章和规范性文件的决定》2013年第23号令修订）；《工程建设项目招标投标活动投诉处理办法》（七部委11号令）。《必须招标的工程项目规定》（发改委16号令，2018年6月1日生效）。另外，还包括一些关于招标投标的地方性法规。

二、招标投标活动应遵循的基本原则

各国立法及国际惯例普遍确定招标投标活动必须遵循"公开、公平、公正"的"三公"原则。例如，《世界银行贷款项目国内竞争性招标采购指南》中规定"本指南的原则是充分竞争，程序公开，机会均等，公平一律地对待所有投标人，并根据事先公布的标准将合同授予最低评标价的投标人。"《联合国贸易法委员会货物、工程和服务采购示范法》在立法宗旨中写道："促进供应商和承包商为供应拟采购的货物、工程或服务进行竞争，规定给予所有供应商和承包商以公平和平等的待遇，促使采购过程诚实、公平，提高公众对采购过程的信任"。《招标投标法》第5条规定，招标投标活动应当遵循公开、公平、公正和诚实信用的原则。招标投标行为是市场经济的产物，并随着市场的发展而发展，必须遵循市场经济活动的基本原则。

（一）公开原则

所谓"公开"原则，就是要求招标投标活动具有较高的透明度，实行招标信息、招标程序公开，即发布招标通告，公开开标，公开中标结果，使每一个投标人获得同等的信息，知悉招标的一切条件和要求。招标投标活动的公开原则，首先要求进行招标活动的信

息要公开。采用公开招标方式，应当发布招标公告，依法必须进行招标的项目的招标公告，必须通过国家指定的报刊、信息网络或者其他公共媒介发布。无论是招标公告、资格预审公告，还是招标邀请书，都应当载明能大体满足潜在投标人决定是否参加投标竞争所需要的信息。另外开标的程序、评标的标准和程序、中标的结果等都应当公开。

（二）公平原则

公平原则，就是要求给予所有投标人平等的机会，使其享有同等的权利并履行相应的义务，不歧视任何一方。招标投标活动的公平原则，要求招标人严格按照规定的条件和程序办事，同等地对待每一个投标竞争者，不得对不同的投标竞争者采用不同的标准。招标人不得以任何方式限制或者排斥本地区、本系统以外的法人或者其他组织参加投标。

（三）公正原则

公正原则，就是要求评标按事先公布的标准对待所有的投标人。鉴于三公原则在招标投标活动中的重要性，《招标投标法》始终以其为主线，在总则及分则的各个条款中予以具体体现。

在招标投标活动中招标人行为应当公正。对所有的投标竞争者都应平等对待，不能有特殊。特别是在评标时，评标标准应当明确、严格，对所有在投标截止日期以后送到的投标书都应拒收，与投标人有利害关系的人员都不得作为评标委员会的成员。招标人和投标人双方在招标投标活动中的地位平等，任何一方不得向另一方提出不合理的要求，不得将自己的意志强加给对方。

（四）诚实信用原则

所谓诚实信用原则，也称诚信原则，是民事活动的基本原则之一。《民法通则》第4条规定，"民事活动应当遵循自愿、公平、等价有偿、诚实信用的原则。"这条原则的含义是，招标投标当事人应以诚实、善意的态度行使权利，履行义务，以维持双方利益平衡，以及自身利益与社会利益的平衡。在当事人之间的利益关系中，诚信原则要求尊重他人利益，以对待自己事务的注意对待他人事务，保证彼此都有能得到自己应得的利益。在当事人与社会的利益关系中，诚信原则要求当事人不得通过自己的活动损害第三人和社会的利益，必须在法律范围内以符合其社会经济目的的方式行使自己的权利。从这一原则出发，《招标投标法》规定了不得规避招标、串通投标、泄露标底、骗取中标、转包合同等诸多义务，要求当事人遵守，并规定了相应的罚则。

三、建设工程招标投标的项目范围和规模标准

（一）强制招标的项目范围

《招标投标法》第3条和国家发展计划委员会《工程建设项目招标范围和规模标准规定》规定强制招标的工程项目的范围包括：

在中华人民共和国境内进行下列工程建设项目包括项目的勘察、设计、施工、监理以及与工程建设有关的重要设备、材料等的采购，必须进行招标：

1. 大型基础设施、公用事业等关系社会公共利益、公众安全的项目

关系社会公共利益、公众安全的基础设施项目的范围包括：（1）煤炭、石油、天然气、电力、新能源等能源项目；（2）铁路、公路、管道、水运、航空以及其他交通运输业等交通运输项目；（3）邮政、电信枢纽、通信、信息网络等邮电通讯项目；（4）防洪、灌溉、排涝、引（供）水、滩涂治理、水土保持、水利枢纽等水利项目；（5）道路、桥梁、

地铁和轻轨交通、污水排放及处理、垃圾处理、地下管道、公共停车场等城市设施项目；(6) 生态环境保护项目；(7) 其他基础设施项目。

关系社会公共利益、公众安全的公用事业项目的范围包括：(1) 供水、供电、供气、供热等市政工程项目；(2) 科技、教育、文化等项目；(3) 体育、旅游等项目；(4) 卫生、社会福利等项目；(5) 商品住宅，包括经济适用住房；(6) 其他公用事业项目。

2. 全部或者部分使用国有资金投资或者国家融资的项目

具体范围包括：(1) 使用预算资金 200 万元人民币以上，并且该资金占投资额 10% 以上的项目；(2) 使用国有企业事业单位资金，并且该资金占控股或者主导地位的项目。与已废止的计委 3 号令相比，发改委第 16 号令有两处修改 (1) 设置了使用预算资金项目的金额比例门槛。关于使用预算资金项目，根据 3 号令，不论金额比例，一律应当招标。按照 16 号令，只有当使用预算资金超过 200 万且占比超过 10% 的时，项目才应招标。(2) 关于使用国有企事业单位资金项目应当招标的范围，16 号令将"投资者实际拥有控制权"修改为"资金占控股或者主导地位"，与《招标投标法实施条例》第八条的表述保持一致。根据国务院法制办关于《招标投标法实施条例》的释义，所谓"控股或者主导地位"，是指国有资金占公司股权比例超过 50%，或者虽然不超过 50%，但其所享有的表决权已足以对股东会的决议产生重大影响，或者能够通过投资关系、协议或者其他安排，实际支配公司行为。

关于国家融资项目，发改委第 16 号令虽然仍保留了该称谓，但对比来看，原计委第 3 号令中列举的国家融资项目的范围在发改委第 16 号令中均未体现，有待发改委及其他相关部门作进一步说明。

3. 使用国际组织或者外国政府贷款、援助资金的项目

使用国际组织或者外国政府资金的项目的范围包括 (1) 使用世界银行、亚洲开发银行等国际组织贷款、援助资金的项目；(2) 使用外国政府及其机构贷款、援助资金的项目。关于此类项目的范围，发改委第 16 号令仅是在形式上将计委第三号令中的三项调整为现在的两项，实质内容并无变化。

此外，不属于发改委第 16 号令第二条、第三条规定情形的大型基础设施、公用事业等关系社会公共利益、公众安全的项目，必须招标的具体范围由国务院发改委会同国务院有关部门按照确有必要、严格限定的原则制订，报国务院批准。

《必须招标的工程项目规定》中规定的上述各类工程建设项目，包括项目的勘察、设计、施工、监理以及与工程建设有关的重要设备、材料等的采购，达到下列标准之一的，必须进行招标：

(1) 施工单项合同估算价在 400 万元人民币以上；

(2) 重要设备、材料等货物的采购，单项合同估算价在 200 万元人民币以上；

(3) 勘察、设计、监理等服务的采购，单项合同估算价在 100 万元人民币以上。

同一项目中可以合并进行的勘察、设计、施工、监理以及与工程建设有关的重要设备、材料等的采购，合同估算价合计达到前款规定标准的，必须招标。

与计委第 3 号令相比，发改委第 16 号令作出了两处修改：(1) 提高了单项合同强制招标的金额限定，在计委第 3 号令规定的金额基础上增加了一倍，并删除了项目总投资额超过 3000 万元即强制招标的规定。(2) 明确不得通过拆分采购而规避招投标。实践中，

建设单位存在为规避招投标，降低合同金额，从而将一项采购拆分成多项采购的情形。发改委第16号令明确规定，对于可以合并进行的采购，合同金额合并计算。

关于必须招标的工程项目的范围，还需要强调的是，发改委第16号令收回了地方政府关于扩大必须招标范围的权限。计委3号令允许省、自治区、直辖市人民政府可以根据实际情况，规定本地区必须进行招标的具体范围和规模标准，但不得缩小计委第3号令确定的必须进行招标的范围。在发改委第16号令中则删除了此授权规定。即，自2018年6月1日起，全国关于必须招标的工程项目范围统一适用发改委第16号令的规定，各地方政府不得再另行调整。

（二）可以不进行招标的项目

《招标投标法》第66条规定，涉及国家安全、国家秘密、抢险救灾或者属于利用扶贫资金实行以工代赈、需要使用农民工等特殊情况，不适宜进行招标的项目，按照国家有关规定可以不进行招标。根据《招标投标法实施条例》第9条，除招标投标法第66条规定的可以不进行招标的特殊情况外，有下列情形之一的，可以不进行招标：（1）需要采用不可替代的专利或者专有技术；（2）采购人依法能够自行建设、生产或者提供；（3）已通过招标方式选定的特许经营项目投资人依法能够自行建设、生产或者提供；（4）需要向原中标人采购工程、货物或者服务，否则将影响施工或者功能配套要求；（5）国家规定的其他特殊情形。

《工程建设项目施工招标投标办法》第12条规定，需要审批的工程建设项目，有下列情形之一的，由审批部门批准，可以不进行施工招标：（1）涉及国家安全、国家秘密或者抢险救灾而不适宜招标的；（2）属于利用扶贫资金实行以工代赈需要使用农民工的；（3）施工主要技术采用特定的专利或者专有技术的；（4）施工企业自建自用的工程，且该施工企业资质等级符合工程要求的；（5）在建工程追加的附属小型工程或者主体加层工程，原中标人仍具备承包能力的；（6）法律、行政法规规定的其他情形。不需要审批但依法必须招标的工程建设项目，有上述规定情形之一的，可以不进行施工招标。

四、政府行政主管部门对招标投标的监督

《招标投标法》规定，招标投标活动及其当事人应当接受依法实施的监督。有关行政监督部门依法对招标投标活动实施监督，依法查处招标投标活动中的违法行为。对招标投标活动的行政监督及有关部门的具体职权划分，由国务院规定。政府行政主管部门对招标活动进行如下几方面的监督：

1. 对依照本法必须招标的项目是否进行招标进行监督

凡属《招标投标法》第3条规定的工程建设项目及有关的重要设备、材料的采购，其采购规模达到国务院有关部门依照本法制定的规模标准以上的，必须依照本法规定进行招标投标。对这些法定强制招标的项目是否依法进行了招标投标，有关行政监督部门应依法进行监督。

2. 对强制招标投标项目是否依照本法规定的规则和程序进行招标投标实施监督

凡属强制招标的项目，必须依照《招标投标法》规定的规则、程序进行招标投标，以确保招标投标符合公开、公平、公正的原则，发挥其应有的优越性。有关行政监督部门应对法定强制招标项目是否依照法定规则和程序进行招标投标实施监督。包括对招标人是否采用适当的招标方式进行监督；对招标代理机构的是否具有法定代理资格以及是否依照法律和招标人的委托进行招标代理活动进行监督；对招标人是否依法提供招标信息，依法接受投标人的投标，依法进行开标、评标和定标，直至依法与中标人签订合同进行监督；对投标人是否依法参加投标活动，进行正当竞争进行监督等。

3. 依法查处招标投标活动中的违法行为

《招标投标法》明确提出，国务院规定的有关行政监督部门有权依法对招标投标活动中的违法行为进行查处。视情节和对招标的影响程度，承担后果责任的形式可以为：判定招标无效，责令改正后重新招标；对单位负责人或其他直接责任者给予行政或纪律处分；没收非法所得，并处以罚金；构成犯罪的，依法追究刑事责任。

第二节　招　　标

一、招标人

《招标投标法》第 8 条规定，招标人是依照本法规定提出招标项目、进行招标的法人或者其他组织。该定义包含两个层面的含义：

（一）招标人须是提出招标项目、进行招标的人

所谓"招标项目"，即采用招标方式进行采购的工程、货物或服务项目。工程建设项目招标发包的招标人，通常为该项建设工程的投资人即项目业主；国家投资的工程建设项目，招标人通常为依法设立的项目法人（就经营性的建设项目而言）或者项目的建设单位（就非经营性建设项目而言）。货物招标采购的招标人，通常为货物的买主。服务项目招标采购的招标人，通常为该服务项目的需求方。

（二）招标人须是法人或其他组织，自然人不能成为招标人

我国民法通则规定，法人包括企业法人、事业单位法人、机关法人和社会团体法人。其他组织是指除法人以外的其他实体，包括合伙企业、个人独资企业和外国企业以及企业的分支机构等。这些企业和机构也可以作为招标人参加招标投标活动。鉴于招标采购的项目通常标的大，耗资多，影响范围广，招标人责任较大，为了切实保障招投标各方的权益，法律未赋予自然人成为招标人的权利。但这并不意味着个人投资的项目不能采用招标的方式进行采购。个人投资的项目，可以成立项目公司作为招标人。

确定招标人的主体资格，即规定哪些人可以成为招标人从事招标活动，有利于进一步明确招标人的法律地位，规定其应享有的权利和应承担的义务，使招标人与其他主体之间的区别和联系更加清晰、明确。

二、招标方式

《招标投标法》第 10 条规定，招标分为公开招标和邀请招标。采用公开招标方式的，招标人应当发布招标公告，邀请不特定的法人或者其他组织投标。依法必须进行施工招标项目的招标公告，应当在国家指定的报刊和信息网络上发布。采用邀请招标方式的，招标人应当向三家以上具备承担施工招标项目的能力、资信良好的特定的法人或者其他组织发出投标邀请书。

（一）公开招标

公开招标，是指招标人以招标公告的方式邀请不特定的法人或者其他组织投标。《招标投标法》第 16 条规定："招标人采用公开招标方式的，应当发布招标公告。依法必须进

行招标的项目的招标公告，应当通过国家指定的报刊、信息网络或者其他媒介发布。招标公告应当载明招标人的名称和地址、招标项目的性质、数量、实施地点和时间以及获取招标文件的办法等事项。"

（二）邀请招标

邀请招标，是指招标人以投标邀请书的方式邀请特定的法人或者其他组织投标。《招标投标法》第 17 条规定，招标人采用邀请招标方式的，应当向三个以上具备承担招标项目的能力、资信良好的特定的法人或者其他组织发出投标邀请书。《招标投标法》第 11 条规定："国务院发展计划部门确定的国家重点项目和省、自治区、直辖市人民政府确定的地方重点项目不适宜公开招标的，经国务院发展计划部门或者省、自治区、直辖市人民政府批准，可以进行邀请招标。"

《工程建设项目施工招标投标办法》第 11 条规定，国务院发展计划部门确定的国家重点建设项目和各省、自治区、直辖市人民政府确定的地方重点建设项目，以及全部使用国有资金投资或者国有资金投资占控股或者主导地位的工程建设项目，应当公开招标；有下列情形之一的，经批准可以进行邀请招标：（1）项目技术复杂或有特殊要求，只有少量几家潜在投标人可供选择的；（2）受自然地域环境限制的；（3）涉及国家安全、国家秘密或者抢险救灾，适宜招标但不宜公开招标的；（4）拟公开招标的费用与项目的价值相比，不值得的；（5）法律、法规规定不宜公开招标的。国家重点建设项目的邀请招标，应当经国务院发展计划部门批准；地方重点建设项目的邀请招标，应当经各省、自治区、直辖市人民政府批准。全部使用国有资金投资或者国有资金投资占控股或者主导地位的并需要审批的工程建设项目的邀请招标，应当经项目审批部门批准，但项目审批部门只审批立项的，由有关行政监督部门批准。

《招标投标法实施条例》规定，国有资金占控股或者主导地位的依法必须进行招标的项目，应当公开招标；但有下列情形之一的，可以邀请招标：（1）技术复杂、有特殊要求或者受自然环境限制，只有少量潜在投标人可供选择；（2）采用公开招标方式的费用占项目合同金额的比例过大。有上述所列情形，由项目审批、核准部门在审批、核准项目时作出认定；其他项目由招标人申请有关行政监督部门作出认定。

（三）公开招标与邀请招标的区别

（1）发布信息的方式不同。公开招标采用公告的形式发布；邀请招标采用投标邀请书的形式发布。

（2）选择的范围不同。公开招标方式针对的是一切潜在的对招标项目感兴趣的法人或其他组织，招标人事先不知道投标人的数量；邀请招标针对已经了解的法人或其他组织，而且事先已经知道投标者的数量。

（3）竞争的范围不同。公开招标的竞争范围较广，竞争性体现得也比较充分，容易获得最佳招标效果；邀请招标中投标人的数量有限，竞争的范围有限，有可能将某些在技术上或报价上更有竞争力的承包商漏掉。

（4）公开的程度不同。公开招标中，所有的活动都必须严格按照预先指定并为大家所知的程序和标准公开进行，大大减少了作弊的可能；邀请招标的公开程度要逊色一些，产生不法行为的机会也就多一些。

（5）时间和费用不同。邀请招标不需要发公告，招标文件只送几家，缩短了整个招投标时间，其费用相对减少。公开招标的程序复杂，耗时较长，费用也比较高。

三、招标项目应当满足的条件

《招标投标法》第9条规定，招标项目按照国家有关规定需要履行项目审批手续的，应当先履行审批手续，取得批准。招标人应当有进行招标项目的相应资金或者资金来源已经落实，并应当在招标文件中如实载明。

《工程建设项目施工招标投标办法》第8条规定，依法必须招标的工程建设项目，应当具备下列条件才能进行施工招标：（1）招标人已经依法成立；（2）初步设计及概算应当履行审批手续的，已经批准；（3）招标范围、招标方式和招标组织形式等应当履行核准手续的，已经核准；（4）有相应资金或资金来源已经落实；（5）有招标所需的设计图纸及技术资料。

四、自行招标和代理招标

《招标投标法》第12条规定，招标人有权自行选择招标代理机构，委托其办理招标事宜。任何单位和个人不得以任何方式为招标人指定招标代理机构。招标人具有编制招标文件和组织评标能力的，可以自行办理招标事宜。任何单位和个人不得强制其委托招标代理机构办理招标事宜。依法必须进行招标的项目，招标人自行办理招标事宜的，应当向有关行政监督部门备案。

（一）自行招标

招标人自行办理招标事宜，应当具有编制招标文件和组织评标的能力，具体包括：（1）具有项目法人资格（或者法人资格）；（2）具有与招标项目规模和复杂程度相适应的工程技术、概预算、财务和工程管理等方面专业技术力量；（3）有从事同类工程建设项目招标的经验；（4）设有专门的招标机构或者拥有3名以上专职招标业务人员；（5）熟悉和掌握招标投标法及有关法规规章。

招标人自行招标的，项目法人或者组建中的项目法人应当在上报项目可行性研究报告时，一并报送符合以上规定的书面材料。书面材料应当至少包括：（1）项目法人营业执照、法人证书或者项目法人组建文件；（2）与招标项目相适应的专业技术力量情况；（3）内设的招标机构或者专职招标业务人员的基本情况；（4）拟使用的专家库情况；（5）以往编制的同类工程建设项目招标文件和评标报告，以及招标业绩的证明材料；（6）其他材料。

招标人自行招标的，应当自确定中标人之日起15日内，向发改委提交招标投标情况的书面报告。书面报告至少应包括下列内容：（1）招标方式和发布招标公告的媒介；（2）招标文件中投标人须知、技术规格、评标标准和方法、合同主要条款等内容；（3）评标委员会的组成和评标报告；（4）中标结果。

（二）代理招标

工程建设项目招标代理，是指工程招标代理机构接受招标人的委托，从事工程的勘察、设计、施工、监理以及与工程建设有关的重要设备（进口机电设备除外）、材料采购招标的代理业务。

申请工程招标代理资格的机构应当具备下列条件：（1）是依法设立的中介组织，具有独立法人资格；（2）与行政机关和其他国家机关没有行政隶属关系或者其他利益关系；（3）有固定的营业场所和开展工程招标代理业务所需设施及办公条件；（4）有健全的组织机构和内部管理的规章制度；（5）具备编制招标文件和组织评标的相应专业力量；（6）具有可以作为评标委员会成员人选的技术、经济等方面的专家库；（7）法律、行政法规规定的其他条件。

工程招标代理机构应当与招标人签订书面合同，在合同约定的范围内实施代理，并按照国家有关规定收取费用；超出合同约定实施代理的，依法承担民事责任。工程招标代理机构应当在其资格证书有效期内，妥善保存工程招标代理过程文件以及成果文件。工程招标代理机构不得伪造、隐匿工程招标代理过程文件以及成果文件。

住房城乡建设部于 2018 年 3 月 8 日发布关于废止《工程建设项目招标代理机构资格认定办法》的决定。同时发布《关于取消工程建设项目招标代理机构资格认定加强事中事后监管的通知》（建办市〔2017〕77 号）（以下简称《通知》），内容如下：

1. 停止招标代理机构资格申请受理和审批。自 2017 年 12 月 28 日起，各级住房城乡建设部门不再受理招标代理机构资格认定申请，停止招标代理机构资格审批。

2. 建立信息报送和公开制度。招标代理机构可按照自愿原则向工商注册所在地省级建筑市场监管一体化工作平台报送基本信息。信息内容包括：营业执照相关信息、注册执业人员、具有工程建设类职称的专职人员、近 3 年代表性业绩、联系方式。上述信息统一在我部全国建筑市场监管公共服务平台（以下简称公共服务平台）对外公开，供招标人根据工程项目实际情况选择参考。

招标代理机构对报送信息的真实性和准确性负责，并及时核实其在公共服务平台的信息内容。信息内容发生变化的，应当及时更新。任何单位和个人如发现招标代理机构报送虚假信息，可向招标代理机构工商注册所在地省级住房城乡建设主管部门举报。工商注册所在地省级住房城乡建设主管部门应当及时组织核实，对涉及非本省市工程业绩的，可商请工程所在地省级住房城乡建设主管部门协助核查，工程所在地省级住房城乡建设主管部门应当给予配合。对存在报送虚假信息行为的招标代理机构，工商注册所在地省级住房城乡建设主管部门应当将其弄虚作假行为信息推送至公共服务平台对外公布。

3. 规范工程招标代理行为。招标代理机构应当与招标人签订工程招标代理书面委托合同，并在合同约定的范围内依法开展工程招标代理活动。招标代理机构及其从业人员应当严格按照招标投标法、招标投标法实施条例等相关法律法规开展工程招标代理活动，并对工程招标代理业务承担相应责任。

4. 强化工程招投标活动监管。各级住房城乡建设主管部门要加大房屋建筑和市政基础设施招标投标活动监管力度，推进电子招投标，加强招标代理机构行为监管，严格依法查处招标代理机构违法违规行为，及时归集相关处罚信息并向社会公开，切实维护建筑市场秩序。

5. 加强信用体系建设。加快推进省级建筑市场监管一体化工作平台建设，规范招标代理机构信用信息采集、报送机制，加大信息公开力度，强化信用信息应用，推进部门之间信用信息共享共用。加快建立失信联合惩戒机制，强化信用对招标代理机构的约束作用，构建"一处失信、处处受制"的市场环境。

6. 加大投诉举报查处力度。各级住房城乡建设主管部门要建立健全公平、高效的投诉举报处理机制，严格按照《工程建设项目招标投标活动投诉处理办法》，及时受理并依法处理房屋建筑和市政基础设施领域的招投标投诉举报，保护招标投标活动当事人的合法权益，维护招标投标活动的正常市场秩序。

7. 推进行业自律。充分发挥行业协会对促进工程建设项目招标代理行业规范发展的重要作用。支持行业协会研究制定从业机构和从业人员行为规范，发布行业自律公约，加强对招标代理机构和从业人员行为的约束和管理。鼓励行业协会开展招标代理机构资信评价和从业人员培训工作，提升招标代理服务能力。

五、招标的程序

招标是招标人选择中标人并与其签订合同的过程，按招标人和投标人参与的程度，可将招标过程概括划分成招标准备阶段和招标阶段。

（一）招标准备阶段

1. 工程报建

报建时应交验的文件资料包括：立项批准文件或年度投资计划；固定资产投资许可证；建设工程规划许可证和资金证明文件。

2. 选择投标方式

根据实际情况确定发包范围；由工程情况确定投标次数和内容；由招标的准备情况选择合同的计价方式；综合各方面的因素，最终确定工程的招标方式。

3. 办理招标备案

建设工程招标前，招标人向建设行政主管部门办理申请招标手续。申请招标文件应说明，招标工作范围、招标方式、计划工期、对投标人的资质要求、招标项目的前期准备工作的完成情况、自行招标还是委托招标等内容。

按照国家有关规定需要履行项目审批、核准手续的依法必须进行招标的项目，其招标范围、招标方式、招标组织形式应当报项目审批、核准部门审批、核准。项目审批、核准部门应当及时将审批、核准确定的招标范围、招标方式、招标组织形式通报有关行政监督部门。

4. 编制招标有关文件

招标文件应当包括招标项目的技术要求、对投标人资格审查的标准、投标报价要求和评标标准等所有实质性要求和条件以及拟签订合同的主要条款。国家对招标项目的技术、标准有规定的，招标人应当按照其规定在招标文件中提出相应要求。招标项目需要划分标段、确定工期的，招标人应当合理划分标段、确定工期，并在招标文件中载明。

招标人不得以不合理的条件限制、排斥潜在投标人或者投标人。招标人有下列行为之一的，属于以不合理条件限制、排斥潜在投标人或者投标人：（1）就同一招标项目向潜在投标人或者投标人提供有差别的项目信息；（2）设定的资格、技术、商务条件与招标项目的具体特点和实际需要不相适应或者与合同履行无关；（3）依法必须进行招标的项目以特定行政区域或者特定行业的业绩、奖项作为加分条件或者中标条件；（4）对潜在投标人或者投标人采取不同的资格审查或者评标标准；（5）限定或者指定特定的专利、商标、品牌、原产地或者供应商；（6）依法必须进行招标的项目非法限定潜在投标人或者投标人的所有制形式或者组织形式；（7）以其他不合理条件限制、排斥潜在投标人或者投标人。

招标文件大致包括：招标所用广告；招标文件；资格预审文件；合同协议书；以及资格预审和评标方法。招标人应当根据招标项目的特点和需要编制招标文件。

5. 编制标底

《招标投标法》第 22 条规定，招标人不得向他人透露已获取招标文件的潜在投标人的名称、数量以及可能影响公平竞争的有关招标投标的其他情况。招标人设有标底的，标底必须保密。《工程建设项目施工招标投标办法》第 34 条规定："招标人可根据项目特点决定是否编制标底。编制标底的，标底编制过程和标底必须保密。招标项目编制标底的，应根据批准的初步设计、投资概算，依据有关计价办法，参照有关工程定额，结合市场供求状况，综合考虑投资、工期和质量等方面的因素合理确定。标底由招标人自行编制或委托中介机构编制。一个工程只能编制一个标底。任何单位和个人不得强制招标人编制或报审标底，或干预其确定标底。招标项目可以不设标底，进行无标底招标。"

（二）招标投标阶段

招标人应当确定投标人编制投标文件所需要的合理时间；但是，依法必须进行招标的项目，自招标文件开始发出之日起至投标人提交投标文件截止之日止，最短不得少于 20 日。

1. 发布招标公告

《招标投标法》第 16 条规定，招标人采用公开招标方式的，应当发布招标公告。依法必须进行招标的项目的招标公告，应当通过国家指定的报刊、信息网络或者其他媒介发布。招标公告应当载明招标人的名称和地址，招标项目的性质、数量、实施地点和时间以及获取招标文件的办法等事项。招标人采用邀请招标方式，应当向 3 个以上具备承担招标项目的能力、资信良好的特定的法人或者其他组织发出投标邀请书。

公开招标的项目，应当依照招标投标法和本条例的规定发布招标公告、编制招标文件。招标人采用资格预审办法对潜在投标人进行资格审查的，应当发布资格预审公告、编制资格预审文件。依法必须进行招标的项目的资格预审公告和招标公告，应当在国务院发展改革部门依法指定的媒介发布。在不同媒介发布的同一招标项目的资格预审公告或者招标公告的内容应当一致。指定媒介发布依法必须进行招标的项目的境内资格预审公告、招标公告，不得收取费用。编制依法必须进行招标的项目的资格预审文件和招标文件，应当使用国务院发展改革部门会同有关行政监督部门制定的标准文本。

招标公告内容包括：招标单位名称，建设项目资金来源；工程项目概况和本次招标工作范围的简要介绍；购买资格预审文件的地点、时间和价格等。《工程建设项目施工招标投标办法》第 14 条规定，招标公告或者投标邀请书应当至少载明下列内容：（1）招标人的名称和地址；（2）招标项目的内容、规模、资金来源；（3）招标项目的实施地点和工期；（4）获取招标文件或者资格预审文件的地点和时间；（5）对招标文件或者资格预审文件收取的费用；（6）对招标人的资质等级的要求。《工程建设项目施工招标投标办法》第 24 条规定，招标人根据施工招标项目的特点和需要编制招标文件。招标文件一般包括下列内容：（1）招标公告或投标邀请书；（2）投标人须知；（3）合同主要条款；（4）投标文件格式；（5）采用工程量清单招标的，应当提供工程量清单；（6）技术条款；（7）设计图纸；（8）评标标准和方法；（9）投标辅助材料。招标人应当在招标文件中规定实质性要求和条件，并用醒目的方式标明。

2. 资格预审

资格审查分为资格预审和资格后审。资格预审是指在投标前对潜在投标人进行的资格审查。资格后审是指在开标后对投标人进行资格审查。进行资格预审的一般不进行资格后审，但招标文件另有规定的除外。《招标投标法》第18条规定，招标人可以根据招标项目本身的要求，在招标公告或者投标邀请书中，要求潜在投标人提供有关资质证明文件和业绩情况，并对潜在投标人进行资格审查；国家对投标人的资格条件有规定的，依照其规定。招标人不得以不合理的条件限制或者排斥潜在投标人，不得对潜在投标人实行歧视待遇。

资格审查应主要审查潜在投标人或者投标人是否符合下列条件：（1）具有独立订立合同的权利；（2）具有履行合同的能力，包括专业、技术资格和能力，资金、设备和其他物质设施状况，管理能力，经验、信誉和相应的从业人员；（3）没有处于被责令停业，投标资格被取消，财产被接管、冻结，破产状态；（4）在最近三年内没有骗取中标和严重违约及重大工程质量问题；（5）法律、行政法规规定的其他资格条件。资格审查时，招标人不得以不合理的条件限制、排斥潜在投标人或者投标人，不得对潜在投标人或者投标人实行歧视待遇。任何单位和个人不得以行政手段或者其他不合理方式限制投标人的数量。

招标人应当合理确定提交资格预审申请文件的时间。依法必须进行招标的项目提交资格预审申请文件的时间，自资格预审文件停止发售之日起不得少于5日。资格预审应当按照资格预审文件载明的标准和方法进行。国有资金占控股或者主导地位的依法必须进行招标的项目，招标人应当组建资格审查委员会审查资格预审申请文件。资格审查委员会及其成员应当遵守招标投标法和本条例有关评标委员会及其成员的规定。资格预审结束后，招标人应当及时向资格预审申请人发出资格预审结果通知书。未通过资格预审的申请人不具有投标资格。通过资格预审的申请人少于3个的，应当重新招标。招标人采用资格后审办法对投标人进行资格审查的，应当在开标后由评标委员会按照招标文件规定的标准和方法对投标人的资格进行审查。

招标人可以对已发出的资格预审文件或者招标文件进行必要的澄清或者修改。澄清或者修改的内容可能影响资格预审申请文件或者投标文件编制的，招标人应当在提交资格预审申请文件截止时间至少3日前，或者投标截止时间至少15日前，以书面形式通知所有获取资格预审文件或者招标文件的潜在投标人；不足3日或者15日的，招标人应当顺延提交资格预审申请文件或者投标文件的截止时间。潜在投标人或者其他利害关系人对资格预审文件有异议的，应当在提交资格预审申请文件截止时间2日前提出；对招标文件有异议的，应当在投标截止时间10日前提出。招标人应当自收到异议之日起3日内作出答复；作出答复前，应当暂停招标投标活动。招标人编制的资格预审文件、招标文件的内容违反法律、行政法规的强制性规定，违反公开、公平、公正和诚实信用原则，影响资格预审结果或者潜在投标人投标的，依法必须进行招标的项目的招标人应当在修改资格预审文件或者招标文件后重新招标。

3. 招标文件的发售

招标人发售资格预审文件、招标文件收取的费用应当限于补偿印刷、邮寄的成本支出，不得以营利为目的。招标人应当按照资格预审公告、招标公告或者投标邀请书规定的时间、地点发售资格预审文件或者招标文件。实践中招标人为了排挤外地投标人，故意将招标文件的发售时间缩短，使外地投标者来不及前往购买招标文件。《招标投标法实施条例》将资格预审文件或者招标文件的发售期不得少于5日。

4. 组织投标人踏勘现场，并对招标文件答疑。

《招标投标法》第 21 条规定：招标人根据招标项目的具体情况，可以组织潜在投标人踏勘项目现场。招标人不得组织单个或者部分潜在投标人踏勘项目现场。潜在投标人根据招标人介绍情况做出的判断和决策，由投标人自行负责。对于潜在投标人在阅读招标文件和现场踏勘中提出的疑问，招标人可以书面形式或召开投标预备会的方式解答，但需同时将解答以书面方式通知所有购买招标文件的潜在投标人。该解答内容为招标文件的组成部分。

5. 标前会议

标前会议是投标截止日期以前，按投标须知规定的时间和地点召开的会议，又称交底会议。标前会议上补充的说明作为补充文件和招标文件的组成部分，具有同等的法律效力。

第三节 投 标

一、投标人

《招标投标法》第 25 条规定，投标人是响应招标、参加投标竞争的法人或者其他组织。投标人应当具备承担招标项目的能力，国家有关规定对投标人资格条件或者招标文件对投标人资格条件有规定的，投标人应当具备规定的资格条件。招标人的任何不具独立法人资格的附属机构（单位），或者为招标项目的前期准备或者监理工作提供设计、咨询服务的任何法人及其任何附属机构（单位），都无资格参加该招标项目的投标。依法招标的科研项目允许个人参加投标的，投标的个人适用本法有关投标人的规定。除此之外，自然人原则上不能成为建设工程的投标人。

投标人参加依法必须进行招标的项目的投标，不受地区或者部门的限制，任何单位和个人不得非法干涉。与招标人存在利害关系可能影响招标公正性的法人、其他组织或者个人，不得参加投标。单位负责人为同一人或者存在控股、管理关系的不同单位，不得参加同一标段投标或者未划分标段的同一招标项目投标。上述情况下投标的，相关投标均无效。

二、投标文件

《招标投标法》第 27 条规定，投标人应当按照招标文件的要求编制投标文件。投标文件应当对招标文件提出的实质性要求和条件作出响应。招标项目属于建设施工的，投标文件的内容应当包括拟派出的项目负责人与主要技术人员的简历、业绩和拟用于完成招标项目的机械设备等。

投标文件是投标人根据招标人在招标文件中的要求并结合自身的情况而编制以提供给招标人的一系列文件。通常包括投标书、投标书附录、投标保证金、法定代表人资格证明书、授权委托书、辅助资料表、具有标价的工程量清单与报价表及必要的资格审查表等。同时，《房屋建筑和市政基础设施工程施工招标投标管理办法》第 25 条规定，招标文件允许投标人提供备选标的，投标人可以按照招标文件的要求提交替代方案，并作出相应报价作备选标。此外，根据《建筑工程设计招标投标管理办法》第 15 条的规定，投标人应当按照招标文件的要求编制投标文件。投标文件应当对招标文件提出的实质性要求和条件作出响应。

《工程建设项目施工招标投标办法》第 36 条规定，投标人应当按照招标文件的要求编制投标文件。投标文件应当对招标文件提出的实质性要求和条件作出响应。投标文件一般包括下列内容：（1）投标函；（2）投标报价；（3）施工组织设计；（4）商务和技术偏差表。投标人根据招标文件载明的项目实际情况，拟在中标后将中标项目的部分非主体、非关键性工作进行分包的，应当在投标文件中载明。

《招标投标法》第 29 条规定："投标人在招标文件要求提交投标文件的截止时间前，可以补充、修改或者撤回已提交的投标文件，并书面通知招标人。补充、修改的内容为投标文件的组成部分。"同时，《工程建设项目施工招标投标办法》规定，投标人在招标文件要求提交投标文件的截止时间前，可以补充、修改、替代或者撤回已提交的投标文件，并书面通知招标人。补充、修改的内容为投标文件的组成部分。在提交投标文件截止时间后到招标文件规定的投标有效期终止之前，投标人不得补充、修改、替代或者撤回其投标文件。投标人补充、修改、替代投标文件的，招标人不予接受；投标人撤回投标文件的，其投标保证金将被没收。

三、投标担保

所谓"投标担保"，是为防止投标人不审慎进行投标活动而进行的一种担保方式，招标人不希望投标人在投标的有效期内随意撤回标书和中标后不能提交履约保证金和签署合同。

（一）投标担保的形式和有效期限

《工程建设项目施工招标投标办法》第 37 条规定，招标人可以在招标文件中要求投标人提交投标保证金。投标保证金除现金外，可以是银行出具的银行保函、保兑支票、银行汇票或现金支票。投标保证金不得超过项目估算价的百分之二，投标保证金有效期应当与投标有效期一致。投标人应当按照招标文件要求的方式和金额，将投标保证金随投标文件提交给招标人或其委托的招标代理机构。依法必须进行施工招标的项目的境内投标单位，以现金或者支票形式提交的投标保证金应当从其基本账户转出。投标人应当按照招标文件要求的方式和金额，将投标保证金随投标文件提交给招标人。投标人不按照文件要求提交投标保证金的，该投标文件将被拒绝，做废标处理。

《招标投标法实施条例》第 26 条规定，招标人在招标文件中要求投标人提交投标保证金的，投标保证金不得超过招标项目估算价的 2%。投标保证金有效期应当与投标有效期一致。依法必须进行招标的项目的境内投标单位，以现金或者支票形式提交的投标保证金应当从其基本账户转出。招标人不得挪用投标保证金。

（二）投标保证金被没收的情形：

（1）投标人在投标有效期内撤回其投标文件的。

（2）中标人未能在规定的期限内提交履约保证金或签署合同协议。

四、联合体投标

联合体投标指的是某承包单位为了承揽不适于自己单独承包的工程项目而与其他单位联合，以一个投标人的身份去投标的行为。《招标投标法》第 31 条规定，两个以上法人或者其他组织可以组成一个联合体，以一个投标人的身份共同投标。联合体各方签订共同投标协议后，不得再以自己名义单独投标，也不得组成新的联合体或参加其他联合体在同一项目中投标。

联合体承包的联合各方为法人或者法人之外的其他组织。形式可以是两个以上法人组成的联合体、两个以上非法人组织组成的联合体，或者是法人与其他组织组成的联合体。联合体是一个临时性的组织，不具有法人资格。组成联合体的目的是增强投标竞争能力，减少联合体各方因支付巨额履约保证而产生的资金负担，分散联合体各方的投标风险，弥补有关各方技术力量的相对不足，提高共同承担的项目完工的可靠性。如果属于共同注册并进行长期的经营活动的"合资公司"等法人形式的联合体，则不属于《招标投标法》所称的联合体。联合体虽然不是一个法人组织，但是对外投标应以所有组成联合体各方的共同的名义进行，不能以其中一个主体或者两个主体（多个主体的情况下）的名义进行，即"联合体各方""共同与招标人签订合同"。联合体内部之间权利、义务、责任的承担等问题则需要依据联合体各方订立的合同为依据。联合体共同投标一般适用于大型建设项目和结构复杂的建设项目。对此《建筑法》第 27 条有类似的规定。

联合体各方均应当具备承担招标项目的相应能力；国家有关规定或者招标文件对投标人资格条件有规定的，联合体各方均应当具备规定的相应资格条件。由同一专业的单位组成的联合体，按照资质等级较低的单位确定资质等级。联合体各方应当签订共同投标协议，明确约定各方拟承担的工作和责任，并将共同投标协议连同投标文件一并提交招标人。联合体中标的，联合体各方应当共同与招标人签订合同，就中标项目向招标人承担连带责任。招标人不得强制投标人组成联合体共同投标，不得限制投标人之间的竞争。

《工程建设项目施工招标投标办法》规定，联合体参加资格预审并获通过的，其组成的任何变化都必须在提交投标文件截止之日前征得招标人的同意。如果变化后的联合体削弱了竞争，含有事先未经过资格预审或者资格预审不合格的法人或者其他组织，或者使联合体的资质降到资格预审文件中规定的最低标准以下，招标人有权拒绝。联合体各方必须指定牵头人，授权其代表所有联合体成员负责投标和合同实施阶段的主办、协调工作，并应当向招标人提交由所有联合体成员法定代表人签署的授权书。联合体投标的，应当以联合体各方或者联合体中牵头人的名义提交投标保证金。以联合体中牵头人名义提交的投标保证金，对联合体各成员具有约束力。

五、投标的程序

（1）投标人获得招标信息，购买招标书，交纳招标保证金。

（2）组织投标机构。

（3）编制投标文件。

投标人应当按照招标文件的要求编制投标文件。投标文件应当对招标文件提出的实质性要求和条件作出响应。招标项目属于建设施工的，投标文件的内容应当包括拟派出的项目负责人与主要技术人员的简历、业绩和拟用于完成招标项目的机械设备等。

（4）提交投标文件。

投标人应当在招标文件要求提交投标文件的截止时间前，将投标文件送达投标地点。招标人收到投标文件后，应当签收保存，不得开启。投标人少于三个的，招标人应当依照本法重新招标。在招标文件要求提交投标文件的截止时间后送达的投标文件，招标人应当拒收。投标人在招标文件要求提交投标文件的截止时间前，可以补充、修改或者撤回已提交的投标文件，并书面通知招标人。补充、修改的内容为投标文件的组成部分。投标人根据招标文件载明的项目实际情况，拟在中标后将中标项目的部分非主体、非关键性工作进行分包的，应当在投标文件中载明。

六、招标投标的禁止性规定

（一）投标人之间串通投标

投标人不得相互串通投标报价，不得排挤其他投标人的公平竞争，损害招标人或者其他投标人的合法权益。

根据《工程建设项目施工招标投标办法》第46条的规定，列行为均属投标人串通投标报价：（1）投标人之间相互约定抬高或压低投标报价；（2）投标人之间相互约定，在招标项目中分别以高、中、低价位报价；（3）投标人之间先进行内部竞价，内定中标人，然后再参加投标；（4）投标人之间其他串通投标报价的行为。

《招标投标法》只是对"投标人不得相互串通投标报价"做出原则性的规定，《招标投标法实施条例》较《招标投标法》列举出十一条属于和视为串通投标的行为，在禁止投标人相互串通投标方面作出了更为明确和详细的规定。《招标投标法实施条例》第39条规定，禁止投标人相互串通投标。有下列情形之一的，属于投标人相互串通投标：（1）投标人之间协商投标报价等投标文件的实质性内容；（2）投标人之间约定中标人；（3）投标人之间约定部分投标人放弃投标或者中标；（4）属于同一集团、协会、商会等组织成员的投标人按照该组织要求协同投标；（5）投标人之间为谋取中标或者排斥特定投标人而采取的其他联合行动。《招标投标法实施条例》第40条规定，有下列情形之一的，视为投标人相互串通投标：（1）不同投标人的投标文件由同一单位或者个人编制；（2）不同投标人委托同一单位或者个人办理投标事宜；（3）不同投标人的投标文件载明的项目管理成员为同一人；（4）不同投标人的投标文件异常一致或者投标报价呈规律性差异；（5）不同投标人的投标文件相互混装；（6）不同投标人的投标保证金从同一单位或者个人的账户转出。

（二）投标人与招标人之间串通招标投标

投标人不得与招标人串通投标，损害国家利益、社会公共利益或者他人的合法权益。

《招标投标法实施条例》第41条规定，禁止招标人与投标人串通投标。有下列情形之一的，属于招标人与投标人串通投标：（1）招标人在开标前开启投标文件并将有关信息泄露给其他投标人；（2）招标人直接或者间接向投标人泄露标底、评标委员会成员等信息；（3）招标人明示或者暗示投标人压低或者抬高投标报价；（4）招标人授意投标人撤换、修改投标文件；（5）招标人明示或者暗示投标人为特定投标人中标提供方便；（6）招标人与投标人为谋求特定投标人中标而采取的其他串通行为。

（三）投标人以行贿手段谋取中标

禁止投标人以向招标人或者评标委员会成员行贿的手段谋取中标。

（四）投标人以低于成本的报价竞标

投标人不得以低于成本的报价竞标，也不得以他人名义投标或者以其他方式弄虚作假，骗取中标。

（五）投标人以非法手段骗取中标

《招标投标法实施条例》第42条规定，使用通过受让或者租借等方式获取的资格、资质证书投标的，属于以他人名义投标。投标人有下列情形之一的，属于以其他方式弄虚作假的行为：（1）使用伪造、变造的许可证件；（2）提供虚假的财务状况或者业绩；（3）提供虚假的项目负责人或者主要技术人员简历、劳动关系证明；（4）提供虚假的信用状况；（5）其他弄虚作假的行为。

第四节　开标、评标和定标

一、开标

（一）开标的概念

开标是指招标单位在规定的时间、地点内，在有投标人出席的情况下，当众公开拆开投标资料（包括投标函件），宣布投标人（或单位）的名称、投标价格以及投标价格的修改的过程。

（二）开标的参加人

《招标投标法》规定，开标由招标人主持，邀请所有投标人参加。开标主持人可以是招标人，也可是招标人委托的招标代理机构。开标时，除邀请所有投标人参加外，还可邀请招标监督部门、监察部门的有关人员参加，也可委托公证部门参加。

（三）开标的时间和地点

《招标投标法》规定，开标应当在招标文件确定的提交投标文件截止时间的同一时间公开进行；开标地点应当为招标文件中预先确定的地点。《招标投标法实施条例》规定，招标人应当按照招标文件规定的时间、地点开标。投标人少于 3 个的，不得开标；招标人应当重新招标。投标人对开标有异议的，应当在开标现场提出，招标人应当当场作出答复，并制作记录。

（四）开标的程序

《招标投标法》规定，开标时，由投标人或者其推选的代表检查投标文件的密封情况，也可以由招标人委托的公证机构检查并公证；经确认无误后，由工作人员当众拆封，宣读投标人名称、投标价格和投标文件的其他主要内容。招标人在招标文件要求提交投标文件的截止时间前收到的所有投标文件，开标时都应当当众予以拆封、宣读。开标过程应当记录，并存档备查。

（五）不予受理的投标文件与废标

根据《工程建设项目施工招标投标办法》第 50 条的规定，在开标时，投标文件出现下列情形之一的，招标人不予受理：（1）逾期送达的或者未送达指定地点的；（2）未按招标文件要求密封的。

有下列情形之一的，评标委员会应当否决其投标：（1）投标文件未经投标单位盖章和单位负责人签字；（2）投标联合体没有提交共同投标协议；（3）投标人不符合国家或者招标文件规定的资格条件；（4）同一投标人提交两个以上不同的投标文件或者投标报价，但招标文件要求提交备选投标的除外；（5）投标报价低于成本或者高于招标文件设定的最高投标限价；（6）投标文件没有对招标文件的实质性要求和条件作出响应；（7）投标人有串通投标、弄虚作假、行贿等违法行为。

二、评标

评标就是依据招标文件的要求和规定，对投标文件进行审查、评审和比较。评标由招标人组建的评标委员会负责。

（一）评标委员会

1. 评标委员会的组成

《招标投标法》第37条规定，评标由招标人依法组建的评标委员会负责。依法必须进行招标的项目，其评标委员会由招标人的代表和有关技术、经济等方面的专家组成，成员人数为五人以上单数，其中技术、经济等方面的专家不得少于成员总数的三分之二。上述专家应当从事相关领域工作满八年并具有高级职称或者具有同等专业水平，由招标人从国务院有关部门或者省、自治区、直辖市人民政府有关部门提供的专家名册或者招标代理机构的专家库内的相关专业的专家名单中确定；一般招标项目可以采取随机抽取方式，特殊招标项目可以由招标人直接确定。与投标人有利害关系的人不得进入相关项目的评标委员会；已经进入的应当更换。评标委员会成员的名单在中标结果确定前应当保密。

《招标投标法实施条例》规定，国家实行统一的评标专家专业分类标准和管理办法。具体标准和办法由国务院发展改革部门会同国务院有关部门制定。省级人民政府和国务院有关部门应当组建综合评标专家库。除招标投标法第37条第3款规定的特殊招标项目（特殊招标项目，是指技术复杂、专业性强或者国家有特殊要求，采取随机抽取方式确定的专家难以保证胜任评标工作的项目）外，依法必须进行招标的项目，其评标委员会的专家成员应当从评标专家库内相关专业的专家名单中以随机抽取方式确定。任何单位和个人不得以明示、暗示等任何方式指定或者变相指定参加评标委员会的专家成员。

2. 评标专家的条件

（1）从事相关领域工作满8年并具有高级职称或者具有同等专业水平。

《机电产品国际招标投标实施办法》第12条规定，"具有大学本科或同等以上学历；具有高级技术、经济职称或同等专业水平，并从事相关领域8年以上。从事高新技术领域工作的专家以上条件可适当放宽。"符合基本条件的专家，具备以下条件之一，可推荐入选国家级专家库：①具有教授级职称的；②近5年承担过国家大型项目招标评审工作的；③享受国家津贴的；④获得过国家级科学奖励的。

《政府采购评审专家管理办法》第8条规定，"从事相关领域工作满8年，具有本科（含本科）以上文化程度，高级专业技术职称或者具有同等专业水平，精通专业业务，熟悉产品情况，在其专业领域享有一定声誉。"

（2）熟悉有关招标投标的法律法规。

（3）能够认真、公正、诚实、廉洁地履行职责。

（4）身体健康，能够承担评标工作。

有下列情形之一的，不得担任评标委员会成员：（1）投标人或者投标人主要负责人的近亲属；（2）项目主管部门或者行政监督部门的人员；（3）与投标人有经济利益关系，可能影响对投标公正评审的；（4）曾因在招标、评标以及其他与招标投标有关活动中从事违法行为而受过行政处罚或刑事处罚的。评标委员会成员有上述情形之一的，应当主动提出回避。

（二）评标委员会的权利义务

《招标投标法》第40条规定，评标委员会应当按照招标文件确定的评标标准和方法，对投标文件进行评审和比较；设有标底的，应当参考标底。评标委员会完成评标后，应当向招标人提出书面评标报告，并推荐合格的中标候选人。招标人根据评标委员会提出的书面评标报告和推荐的中标候选人确定中标人。招标人也可以授权评标委员会直接确定中标人。国务院对特定招标项目的评标有特别规定的，从其规定。《招标投标法实施条例》第49条规定，评标委员会成员应当依照招标投标法和本条例的规定，按照招标文件规定的评标标准和方法，客观、公正地对投标文件提出评审意见。招标文件没有规定的评标标准和方法不得作为评标的依据。评标委员会成员不得私下接触投标人，不得收受投标人给予的财物或者其他好处，不得向招标人征询确定中标人的意向，不得接受任何单位或者个人明示或者暗示提出的倾向或者排斥特定投标人的要求，不得有其他不客观、不公正履行职务的行为。

1. 权利

（1）独立的评审权。评标委员会的独立活动不受外界的非法干预与影响。（2）澄清权。评标委员会可以要求投标人对投标文件中含义不明确的内容作必要的澄清或者说明，以确认其正确内容，但不得超出投标文件的范围或改变投标文件的实质性内容。（3）推荐权或确定权。评标委员有推荐中标候选人的权利或根据招标人的授权直接确定中标人。（4）否决权。评标委员会经评审，认为所有投标都不符合招标文件的要求，可以否决所有的投标。

2. 义务

（1）按照《招标投标法》第37条和《评标委员会和评标方法暂行规定》（2013年修订）第12条规定情形之一的，应当主动提出回避；（2）遵守评标工作纪律，不得私下接触投标人，不得收受他人的财物或者其他好处，不得透露对投标文件的评审和比较、中标候选人的推荐情况以及与评标有关的其他情况；（3）客观公正地进行评标；（4）协助、配合有关行政监督部门的监督、检查；（5）法律、行政法规规定的其他义务。

3. 评标委员会否决投标的情形

《招标投标法实施条例》第51条规定，有下列情形之一的，评标委员会应当否决其投标：（1）投标文件未经投标单位盖章和单位负责人签字；（2）投标联合体没有提交共同投标协议；（3）投标人不符合国家或者招标文件规定的资格条件；（4）同一投标人提交两个以上不同的投标文件或者投标报价，但招标文件要求提交备选投标的除外；（5）投标报价低于成本或者高于招标文件设定的最高投标限价；（6）投标文件没有对招标文件的实质性要求和条件作出响应；（7）投标人有串通投标、弄虚作假、行贿等违法行为。

（三）评标的标准

评标委员会应当按照招标文件确定的评标标准和方法，对投标文件进行评审和比较；设有标底的，应当参考标底。评标委员会应当根据招标文件规定的评标标准和方法，对投标文件进行系统的评审和比较。招标文件中没有规定的标准和方法不得作为评标的依据。招标文件中规定的评标标准和评标方法应当合理，不得含有倾向或者排斥潜在投标人的内容，不得妨碍或者限制投标人之间的竞争。

中标人的投标应当符合下列条件之一：（1）能够最大限度地满足招标文件中规定的各项综合评价标准；（2）能够满足招标文件的实质性要求，并且经评审的投标价格最低；但是投标价格低于成本的除外。

（四）评标的程序

1. 评标的准备

评标委员会成员应当编制供评标使用的相应表格，认真研究招标文件，至少应了解和熟悉以下内容：招标的目标；招标项目的范围和性质；招标文件中规定的主要技术要求、标准和商务条款和招标文件规定的评标标准、评标方法和在评标过程中考虑的相关因素。

2. 初步评审

评标委员会应当根据招标文件规定的评标标准和方法，对投标文件进行系统的评审和比较。主要审查各投标文件是否为响应性投标，确定投标的有效性。审查内容包括投标人的资格、投保担保的有效性、报送资料的完整性、投标文件与招标文件的要求有无实质性背离以及报价计算的正确与否等。

评标委员会可以书面方式要求投标人对投标文件中含义不明确、对同类问题表述不一致或者有明显文字和计算错误的内容作必要的澄清、说明或者补正。澄清、说明或者补正应以书面方式进行并不得超出投标文件的范围或者改变投标文件的实质性内容。投标文件中的大写金额和小写金额不一致的，以大写金额为准；总价金额与单价金额不一致的，以单价金额为准，但单价金额小数点有明显错误的除外；对不同文字文本投标文件的解释发生异议的，以中文文本为准。

3. 重大偏差和细微偏差

评标委员会应当根据招标文件，审查并逐项列出投标文件的全部投标偏差。投标偏差分为重大偏差和细微偏差。

下列情况属于重大偏差：（1）没有按照招标文件要求提供投标担保或者所提供的投标担保有瑕疵；（2）投标文件没有投标人授权代表签字和加盖公章；（3）投标文件载明的招标项目完成期限超过招标文件规定的期限；（4）明显不符合技术规格、技术标准的要求；（5）投标文件载明的货物包装方式、检验标准和方法等不符合招标文件的要求；（6）投标文件附有招标人不能接受的条件；（7）不符合招标文件中规定的其他实质性要求。投标文件有上述情形之一的，为未能对招标文件作出实质性响应，并作废标处理。

细微偏差是指投标文件在实质上响应招标文件要求，但在个别地方存在漏项或者提供了不完整的技术信息和数据等情况，并且补正这些遗漏或者不完整不会对其他投标人造成不公平的结果。细微偏差不影响投标文件的有效性。评标委员会应当书面要求存在细微偏差的投标人在评标结束前予以补正。拒不补正的，在详细评审时可以对细微偏差作不利于该投标人的量化，量化标准应当在招标文件中规定。

4. 详细评审

经初步评审合格的投标文件，评标委员会应当根据招标文件确定的评标标准和方法，对其技术部分和商务部分作进一步评审、比较。评标方法包括经评审的最低投标价法、综合评估法或者法律、行政法规允许的其他评标方法。

（1）经评审的最低投标价法

经评审的最低投标价法一般适用于具有通用技术、性能标准或者招标人对其技术、性能没有特殊要求的招标项目。根据经评审的最低投标价法，能够满足招标文件的实质性要求，并且经评审的最低投标价的投标，应当推荐为中标候选人。采用经评审的最低投标价法的，评标委员会应当根据招标文件中规定的评标价格调整方法，对所有投标人的投标报价以及投标文件的商务部分作必要的价格调整。采用经评审的最低投标价法的，中标人的投标应当符合招标文件规定的技术要求和标准，但评标委员会无需对投标文件的技术部分进行价格折算。根据经评审的最低投标价法完成详细评审后，评标委员会应当拟定一份"标价比较表"，连同书面评标报告提交招标人。"标价比较表"应当载明投标人的投标报价、对商务偏差的价格调整和说明以及经评审的最终投标价。

（2）综合评估法

不宜采用经评审的最低投标价法的招标项目，一般应当采取综合评估法进行评审。根据综合评估法，最大限度地满足招标文件中规定的各项综合评价标准的投标，应当推荐为中标候选人。衡量投标文件是否最大限度地满足招标文件中规定的各项评价标准，可以采取折算为货币的方法、打分的方法或者其他方法。需量化的因素及其权重应当在招标文件中明确规定。评标委员会对各个评审因素进行量化时，应当将量化指标建立在同一基础或者同一标准上，使各投标文件具有可比性。对技术部分和商务部分进行量化后，评标委员会应当对这两部分的量化结果进行加权，计算出每一投标的综合评估价或者综合评估分。

根据综合评估法完成评标后，评标委员会应当拟定一份"综合评估比较表"，连同书面评标报告提交招标人。"综合评估比较表"应当载明投标人的投标报价、所作的任何修正、对商务偏差的调整、对技术偏差的调整、对各评审因素的评估以及对每一投标的最终评审结果。

5. 评标报告

评标委员会完成评标后，应当向招标人提出书面评标报告，并抄送有关行政监督部门。评标报告应当如实记载以下内容：（1）基本情况和数据表；（2）评标委员会成员名单；（3）开标记录；（4）符合要求的投标一览表；（5）废标情况说明；（6）评标标准、评标方法或者评标因素一览表；（7）经评审的价格或者评分比较一览表；（8）经评审的投标人排序；（9）推荐的中标候选人名单与签订合同前要处理的事宜；（10）澄清、说明、补正事项纪要。

评标报告由评标委员会全体成员签字。对评标结论持有异议的评标委员会成员可以书面方式阐述其不同意见和理由。评标委员会成员拒绝在评标报告上签字且不陈述其不同意见和理由的，视为同意评标结论。评标委员会应当对此作出书面说明并记录在案。

评标委员会推荐的中标候选人应当限定在一至三人，并标明排列顺序。在确定中标人之前，招标人不得与投标人就投标价格、投标方案等实质性内容进行谈判。招标人应当接受评标委员会推荐的中标候选人，不得在评标委员会推荐的中标候选人之外确定中标人。依法必须进行招标的项目，招标人应当确定排名第一的中标候选人为中标人。排名第一的中标候选人放弃中标、因不可抗力提出不能履行合同，或者招标文件规定应当提交履约保证金而在规定的期限内未能提交的，招标人可以确定排名第二的中标候选人为中标人。排名第二的中标候选人因上述规定的同样原因不能签订合同的，招标人可以确定排名第三的中标候选人为中标人。招标人可以授权评标委员会直接确定中标人。

向招标人提交书面评标报告后，评标委员会即告解散。评标过程中使用的文件、表格以及其他资料应当即时归还招标人。

三、中标

1. 中标通知书的概念

所谓中标通知书，是指招标人在确定中标人后向中标人发出的通知其中标的书面凭证。中标通知书的内容应当简明扼要，只要告知招标项目已经由其中标，并确定签订合同的时间、地点即可。对所有未中标的投标人也应当同时给予通知。投标人提交投标保证金的，招标人还应退还这些投标人的投标保证金。

2. 中标通知书的作用和效力

《招标投标法》第45条规定，中标人确定后，招标人应当向中标人发出中标通知书，并同时将中标结果通知所有未中标的投标人。中标通知书对招标人和中标人具有法律效力。中标通知书发出后，招标人改变中标结果的，或者中标人放弃中标项目的，应当依法承担法律责任。招标文件要求中标人提交履约保证金的，中标人应当提交。

中标通知书具有承诺的法律效力。招标投标是以订立合同为目的的民事活动。从合同法的意义而言，招标人发出的招标公告或投标邀请书，是吸引法人或其他组织向自己投标的意思表示，属于要约邀请。投标人向招标人送达的投标文件，是投标人希望与招标人就招标项目订立合同的意思表示，属于要约。而招标人向中标的投标人发出的中标通知书，属于承诺。

3. 招投标的备案与经备案的中标合同

《招标投标法》第47条规定，依法必须进行招标的项目，招标人应当自确定招标人之日起15日内，向有关行政监督部门提交施工招标投标情况的书面报告。第46条规定，招标人和中标人应当自中标通知书发出之日起30日内，按照招标文件和中标人的投标文件订立书面合同。招标人和中标人不得再行订立背离合同实质性内容的其他协议。《招标投标法实施条例》第57条第1款规定，招标人和中标人应当依照招标投标法和本条例的规定签订书面合同，合同的标的、价款、质量、履行期限等主要条款应当与招标文件和中标人的投标文件的内容一致。招标人和中标人不得再行订立背离合同实质性内容的其他协议。《工程施工合同司法解释》第21条规定，当事人就同一建设工程另行订立的建设工程施工合同与经过备案的中标合同实质性内容不一致的，应当以备案的中标合同作为结算工程价款的根据。

4. 履约保证金

招标文件要求中标人提交履约保证金的，中标人应当按照招标文件的要求提交。履约保证金，是指招标人要求投标人自接到中标通知后，提交的保证履行合同各项义务的担保。履约保证金不得超过中标合同金额的10%。

履行担保一般有三种形式：银行保函、履约担保书和保留金。所谓银行保函是由商业银行开具的担保证明。银行保函分为有条件保函和无条件保函。有条件的银行保函是指在投标人没有实施合同或者未履行合同义务时，由招标人出具证明说明情况，并由担保人对已执行的合同部分和未执行的部分加以鉴定，确认后才能收兑银行保函，由招标人得到保函中的款项。建筑行业通常偏向于这种形式的保函。无条件的保函是指招标人不需要出具任何证明和理由，只要看到承包人违约，就可以对银行保函进行收兑。履约担保书是指当中标人在履行合同中违约时，由开出担保书的担保公司和保险公司用该项担保金去完成施工任务或者向招标人支付该项保证金。工程采购项目保证金金额一般为合同价的30%～50%。保留金是指在合同支付条款中，规定一定百分比的保留金。如果作为中标人的承包商或者提供商没有按照合同规定履行义务，招标人将扣留这部分金额作为损失补偿。

5. 中标后合同的履行

中标人应当按照合同约定履行义务，完成中标项目。中标人不得向他人转让中标项目，也不得将中标项目肢解后分别向他人转让。中标人按照合同约定或者经招标人同意，可以将中标项目的部分非主体、非关键性工作分包给他人完成。接受分包的人应当具备相应的资格条件，并不得再次分包。中标人应当就分包项目向招标人负责，接受分包的人就分包项目承担连带责任。

第五节　招标投标的法律责任

一、招标人的法律责任

根据在《招标投标法》的规定，招标人有下列法律责任：

（1）必须进行招标的项目而不招标的，将必须进行招标的项目化整为零或者以其他任何方式规避招标的，责令限期改正，可以处项目合同金额 0.5％以上 1％以下的罚款；对全部或者部分使用国有资金的项目，可以暂停项目执行或者暂停资金拨付；对单位直接负责的主管人员和其他直接责任人员依法给予处分。

（2）招标人以不合理的条件限制或者排斥潜在投标人的，对潜在投标人实行歧视待遇的，强制要求投标人组成联合体共同投标的，或者限制投标人之间竞争的，责令改正，可以处 1 万元以上 5 万元以下的罚款。

（3）依法必须进行招标的项目的招标人向他人透露已获取招标文件的潜在投标人的名称、数量或者可能影响公平竞争的有关招标投标的其他情况的，或者泄露标底的，给予警告，可以并处 1 万元以上 10 万元以下的罚款；对单位直接负责的主管人员和其他直接责任人员依法给予处分；构成犯罪的，依法追究刑事责任。上述行为影响中标结果的，中标无效。

（4）依法必须进行招标的项目，招标人违反本法规定，与投标人就投标价格、投标方案等实质性内容进行谈判的，给予警告，对单位直接负责的主管人员和其他直接责任人员依法给予处分。上述行为影响中标结果的，中标无效。

（5）招标人在评标委员会依法推荐的中标候选人以外确定中标人的，依法必须进行招标的项目在所有投标被评标委员会否决后自行确定中标人的，中标无效。责令改正，可以处中标项目金额 0.5％以上 1％以下的罚款；对单位直接负责的主管人员和其他直接责任人员依法给予处分。

根据《工程建设项目施工招标投标办法》，招标人有下列法律责任：

（1）招标人以不合理的条件限制或者排斥潜在投标人的，对潜在投标人实行歧视待遇的，强制要求投标人组成联合体共同投标的，或者限制投标人之间竞争的，有关行政监督部门责令改正，可处一万元以上五万元以下罚款。

（2）依法必须进行招标项目的招标人向他人透露已获取招标文件的潜在投标人的名称、数量或者可能影响公平竞争的有关招标投标的其他情况的，或者泄露标底的，有关行政监督部门给予警告，可以并处一万元以上十万元以下的罚款；对单位直接负责的主管人员和其他直接责任人员依法给予处分；构成犯罪的，依法追究刑事责任。前款所列行为影响中标结果的，中标无效。

（3）招标人在发布招标公告、发出投标邀请书或者售出招标文件或资格预审文件后终止招标的，应当及时退还所收取的资格预审文件、招标文件的费用，以及所收取的投标保证金及银行同期存款利息。给潜在投标人或者投标人造成损失的，应当赔偿损失。

（4）招标人有下列情形之一的，由有关行政监督部门责令改正，可以处 10 万元以下的罚款：①依法应当公开招标而采用邀请招标；②招标文件、资格预审文件的发售、澄清、修改的时限，或者确定的提交资格预审申请文件、投标文件的时限不符合招标投标法和招标投标法实施条例规定；③接受未通过资格预审的单位或者个人参加投标；④接受应当拒收的投标文件。

根据《招标投标法实施条例》规定，招标人有下列责任：

（1）招标人有下列限制或者排斥潜在投标人行为之一的，由有关行政监督部门责令改正，可以处一万元以上五万元以下的罚款：①依法应当公开招标的项目不按照规定在指定媒介发布资格预审公告或者招标公告；②在不同媒介发布的同一招标项目的资格预审公告或者招标公告的内容不一致，影响潜在投标人申请资格预审或者投标。

依法必须进行招标的项目的招标人不按照规定发布资格预审公告或者招标公告，构成规避招标的，责令限期改正，可以处项目合同金额 0.5% 以上 1% 以下的罚款；对全部或者部分使用国有资金的项目，可以暂停项目执行或者暂停资金拨付；对单位直接负责的主管人员和其他直接责任人员依法给予处分。

（2）招标人有下列情形之一的，由有关行政监督部门责令改正，可以处 10 万元以下的罚款：①依法应当公开招标而采用邀请招标；②招标文件、资格预审文件的发售、澄清、修改的时限，或者确定的提交资格预审申请文件、投标文件的时限不符合招标投标法和本条例规定；③接受未通过资格预审的单位或者个人参加投标；④接受应当拒收的投标文件。招标人有上述①、③、④所列行为之一的，对单位直接负责的主管人员和其他直接责任人员依法给予处分。

（3）招标代理机构在所代理的招标项目中投标、代理投标或者向该项目投标人提供咨询的，接受委托编制标底的中介机构参加受托编制标底项目的投标或者为该项目的投标人编制投标文件、提供咨询的，处 5 万元以上 25 万元以下的罚款，对单位直接负责的主管人员和其他直接责任人员处单位罚款数额 5% 以上 10% 以下的罚款；有违法所得的，并处没收违法所得；情节严重的，暂停直至取消招标代理资格；构成犯罪的，依法追究刑事责任。给他人造成损失的，依法承担赔偿责任。

（4）招标人超过《招标投标法实施条例》的规定的比例收取投标保证金、履约保证金或者不按照规定退还投标保证金及银行同期存款利息的，由有关行政监督部门责令改正，可以处 5 万元以下的罚款；给他人造成损失的，依法承担赔偿责任。

二、投标人的法律责任

（1）投标人相互串通投标或者与招标人串通投标的，投标人以向招标人或者评标委员会成员行贿的手段谋取中标的，中标无效，处中标项目金额 0.5% 以上 1% 以下的罚款，对单位直接负责的主管人员和其他直接责任人员处单位罚款数额 5% 以上 10% 以下的罚款；有违法所得的，并处没收违法所得；情节严重的，取消其一年至二年内参加依法必须进行招标的项目的投标资格并予以公告，直至由工商行政管理机关吊销营业执照；构成犯罪的，依法追究刑事责任。给他人造成损失的，依法承担赔偿责任。

投标人有下列行为之一的，属于情节严重行为，由有关行政监督部门取消其 1 年至 2 年内参加依法必须进行招标的项目的投标资格：①以行贿谋取中标；②3 年内 2 次以上串通投标；③串通投标行为损害招标人、其他投标人或者国家、集体、公民的合法利益，造成直接经济损失 30 万元以上；④其他串通投标情节严重的行为。投标人自规定的处罚执行期限届满之日起 3 年内又有上述所列违法行为之一的，或者串通投标、以行贿谋取中标情节特别严重的，由工商行政管理机关吊销营业执照。

（2）投标人以他人名义投标或者以其他方式弄虚作假，骗取中标的，中标无效，给招标人造成损失的，依法承担赔偿责任；构成犯罪的，依法追究刑事责任。依法必须进行招标的项目的投标人有前款所列行为尚未构成犯罪的，处中标项目金额 0.5%以上 1%以下的罚款，对单位直接负责的主管人员和其他直接责任人员处单位罚款数额 5%以上 10%以下的罚款；有违法所得的，并处没收违法所得；情节严重的，取消其 1 年至 3 年内参加依法必须进行招标的项目的投标资格并予以公告，直至由工商行政管理机关吊销营业执照。

投标人有下列行为之一的，属于情节严重行为，由有关行政监督部门取消其 1 年至 3 年内参加依法必须进行招标的项目的投标资格：①伪造、变造资格、资质证书或者其他许可证件骗取中标；②3 年内 2 次以上使用他人名义投标；③弄虚作假骗取中标给招标人造成直接经济损失 30 万元以上；④其他弄虚作假骗取中标情节严重的行为。投标人自规定的处罚执行期限届满之日起 3 年内又有上述所列违法行为之一的，或者弄虚作假骗取中标情节特别严重的，由工商行政管理机关吊销营业执照。

三、中标人的法律责任

（1）中标人将中标项目转让给他人的，将中标项目肢解后分别转让给他人的，违反招标投标法和本条例规定将中标项目的部分主体、关键性工作分包给他人的，或者分包人再次分包的，转让、分包无效，处转让、分包项目金额 5‰以上 10‰以下的罚款；有违法所得的，并处没收违法所得；可以责令停业整顿；情节严重的，由工商行政管理机关吊销营业执照。

（2）招标人和中标人不按照招标文件和中标人的投标文件订立合同，合同的主要条款与招标文件、中标人的投标文件的内容不一致，或者招标人、中标人订立背离合同实质性内容的协议的，由有关行政监督部门责令改正，可以处中标项目金额 5‰以上 10‰以下的罚款。

（3）中标人不履行与招标人订立的合同的，履约保证金不予退还，给招标人造成的损失超过履约保证金数额的，还应当对超过部分予以赔偿；没有提交履约保证金的，应当对招标人的损失承担赔偿责任。中标人不按照与招标人订立的合同履行义务，情节严重的，取消其 2 年至 5 年内参加依法必须进行招标的项目的投标资格并予以公告，直至由工商行政管理机关吊销营业执照。因不可抗力不能履行合同的，不适用上述规定。

（4）中标人无正当理由不与招标人订立合同，在签订合同时向招标人提出附加条件，或者不按照招标文件要求提交履约保证金的，取消其中标资格，投标保证金不予退还。对依法必须进行招标的项目的中标人，由有关行政监督部门责令改正，可以处中标项目金额 10‰以下的罚款。

四、招标代理机构的法律责任

（1）招标代理机构违反法律规定，泄露应当保密的与招标投标活动有关的情况和资料的，或者与招标人、投标人串通损害国家利益、社会公共利益或者他人合法权益的，处 5 万元以上 25 万元以下的罚款，对单位直接负责的主管人员和其他直接责任人员处单位罚款数额 5％以上 10％以下的罚款；有违法所得的，并处没收违法所得；情节严重的，暂停直至取消招标代理资格；构成犯罪的，依法追究刑事责任。给他人造成损失的，依法承担赔偿责任。上述所列行为影响中标结果的，中标无效。

（2）招标代理机构在所代理的招标项目中投标、代理投标或者向该项目投标人提供咨询的，接受委托编制标底的中介机构参加受托编制标底项目的投标或者为该项目的投标人编制投标文件、提供咨询的，处 5 万元以上 25 万元以下的罚款，对单位直接负责的主管人员和其他直接责任人员处单位罚款数额 5％以上 10％以下的罚款；有违法所得的，并处没收违法所得；情节严重的，暂停直至取消招标代理资格；构成犯罪的，依法追究刑事责任。给他人造成损失的，依法承担赔偿责任。上述所列行为影响中标结果的，中标无效。

五、评标委员会成员的法律责任

（1）评标委员会成员收受投标人的财物或者其他好处的，评标委员会成员或者参加评标的有关工作人员向他人透露对投标文件的评审和比较、中标候选人的推荐以及与评标有关的其他情况的，给予警告，没收收受的财物，可以并处 3000 元以上 5 万元以下的罚款，对有所列违法行为的评标委员会成员取消担任评标委员会成员的资格，不得再参加任何依法必须进行招标的项目的评标；构成犯罪的，依法追究刑事责任。

（2）评标委员会成员有下列行为之一的，由有关行政监督部门责令改正；情节严重的，禁止其在一定期限内参加依法必须进行招标的项目的评标；情节特别严重的，取消其担任评标委员会成员的资格：①应当回避而不回避；②擅离职守；③不按照招标文件规定的评标标准和方法评标；④私下接触投标人；⑤向招标人征询确定中标人的意向或者接受任何单位或者个人明示或者暗示提出的倾向或者排斥特定投标人的要求；⑥对依法应当否决的投标不提出否决意见；⑦暗示或者诱导投标人作出澄清、说明或者接受投标人主动提出的澄清、说明；⑧其他不客观、不公正履行职务的行为。

（3）评标委员会成员在评标过程中擅离职守，影响评标程序正常进行，或者在评标过程中不能客观公正地履行职责的，有关行政监督部门给予警告；情节严重的，取消担任评标委员会成员的资格，不得再参加任何招标项目的评标，并处 1 万元以下的罚款。

（4）评标过程有下列情况之一的，评标无效，应当依法重新进行评标或者重新进行招标，有关行政监督部门可处 3 万元以下的罚款：①使用招标文件没有确定的评标标准和方法的；②评标标准和方法含有倾向或者排斥投标人的内容，妨碍或者限制投标人之间竞争，且影响评标结果的；③应当回避担任评标委员会成员的人参与评标的；④评标委员会的组建及人员组成不符合法定要求的；⑤评标委员会及其成员在评标过程中有违法行为，且影响评标结果的。

六、国家机关及工作人员的法律责任

任何单位违反本法规定，限制或者排斥本地区、本系统以外的法人或者其他组织参加投标的，为招标人指定招标代理机构的，强制招标人委托招标代理机构办理招标事宜的，或者以其他方式干涉招标投标活动的，责令改正；对单位直接负责的主管人员和其他直接责任人员依法给予警告、记过、记大过的处分，情节较重的，依法给予降级、撤职、开除的处分。个人利用职权进行前款违法行为的，依照上述规定追究责任。对招标投标活动依法负有行政监督职责的国家机关工作人员徇私舞弊、滥用职权或者玩忽职守，构成犯罪的，依法追究刑事责任；不构成犯罪的，依法给予行政处分。

　　项目审批、核准部门不依法审批、核准项目招标范围、招标方式、招标组织形式的，对单位直接负责的主管人员和其他直接责任人员依法给予处分。有关行政监督部门不依法履行职责，对违反法律规定的行为不依法查处，或者不按照规定处理投诉、不依法公告对招标投标当事人违法行为的行政处理决定的，对直接负责的主管人员和其他直接责任人员依法给予处分。项目审批、核准部门和有关行政监督部门的工作人员徇私舞弊、滥用职权、玩忽职守，构成犯罪的，依法追究刑事责任。

　　国家工作人员利用职务便利，以直接或者间接、明示或者暗示等任何方式非法干涉招标投标活动，有下列情形之一的，依法给予记过或者记大过处分；情节严重的，依法给予降级或者撤职处分；情节特别严重的，依法给予开除处分；构成犯罪的，依法追究刑事责任：（1）要求对依法必须进行招标的项目不招标，或者要求对依法应当公开招标的项目不公开招标；（2）要求评标委员会成员或者招标人以其指定的投标人作为中标候选人或者中标人，或者以其他方式非法干涉评标活动，影响中标结果；（3）以其他方式非法干涉招标投标活动。

第十章　建设工程合同法律制度

第一节　合同与合同法概述

一、合同的概念和特征

合同也称为契约，其本质是一种合意或协议。《民法通则》第85条规定："合同是当事人之间设立、变更、终止民事关系的协议，依法成立的合同，受法律保护。"《合同法》第2条规定："合同是平等主体的自然人、法人及其他组织之间设立、变更、终止民事权利义务关系的意思表示一致的协议。"合同具有以下法律特征：

（1）合同是一种民事法律行为。民事法律行为是指民事主体设立、变更、终止民事权利和民事义务关系的行为，它以意思表示为核心要素。合同作为民事法律行为，只有在合同当事人所作出的意思表示是合法的、符合法律要求的情况下，合同才具有法律约束力，并受到国家法律的保护。

（2）合同是平等主体的自然人、法人和其他组织之间的协议。合同关系是民法中最具典型意义的平等关系，合同关系的当事人地位一律平等，自愿协商是订立合同的前提，是合同关系的灵魂。

（3）合同以设立、变更或终止民事权利义务关系为目的。民事主体订立合同，是为了追求预期的目的，即在当事人之间引起民事权利和民事义务关系的产生、变更或消灭。

（4）合同是当事人意思表示一致的协议。由于合同是合意的结果，因此它必须包括以下要素：第一，合同的成立必须要有两个以上的当事人。第二，各方当事人必须互相作出意思表示。第三，各个意思表示是一致的，也就是说当事人达成了一致的协议。

二、合同法概述

（一）合同法

《合同法》共23章428条，分为总则、分则和附则三个部分。其中，总则部分共8章，将各类合同所涉及的共性问题进行了统一规定，包括一般规定、合同的订立、合同的效力、合同的履行、合同的变更和转让、合同的权利义务终止、违约责任和其他规定等内容。分则部分共15章，分别对买卖合同，供用电、水、气、热力合同，赠予合同，借款合同，租赁合同，融资租赁合同，承揽合同，建设工程合同，运输合同，技术合同，保管合同，仓储合同，委托合同，经纪合同和居间合同进行了具体规定。附则部分仅1条，规定了《合同法》的施行日期。

（二）合同法的基本原则

合同法的基本原则是合同法的主旨和根本准则，也是制定、解释、执行和研究合同法的指导思想。合同法的基本原则包括平等原则、自愿原则、诚实信用原则、合法原则和鼓励交易原则。

1. 自愿原则

《合同法》第 4 条规定："当事人依法享有自愿订立合同的权利，任何单位和个人不得非法干预。"自愿原则是指当事人依法享有在缔结合同、选择交易伙伴、决定合同内容以及在变更和解除合同、选择合同补救方式等方面的自由。合同自愿原则是合同法的最基本的原则，是合同法律关系的本质体现。

2. 诚实信用原则

《合同法》第 6 条规定："当事人行使权利、履行义务应当遵循诚实信用原则。"诚实信用原则是指当事人在从事民事活动时，应诚实守信，以善意的方式履行其义务，不得滥用权力及规避法律和合同规定的义务。

合同法中确认诚实信用原则，有利于保持和弘扬恪守信用、一诺千金的传统商业道德，有利于强化当事人的合同意识，维护社会交易秩序，并为司法实践中处理合同纠纷提供准绳。

3. 合法原则

为了保障当事人所订立的合同符合国家的意志和社会公共利益，协调不同的当事人之间的利益冲突，以及当事人的个别利益与整个社会和国家利益的冲突，保护正常的交易秩序，我国合同法也确认了合法原则。《合同法》第 7 条规定："当事人订立、履行合同，应当遵守法律、行政法规，尊重社会公德，不得扰乱社会经济秩序，损害社会公共利益。"合法原则的含义主要是要求当事人在订约和履行中必须遵守全国性的法律和行政法规。合同法主要是任意性规范，但在特殊情况下为维护社会公共利益和交易秩序，合同法也对合同当事人的自由进行了必要的干预。如对标准合同及免责条款生效的限制性规定，旨在对标准合同和免责条款的使用作出合理限制；这对于维护广大消费者利益、实现合同正义是十分必要的。同时，对于国家根据需要下达的指令性任务或者国家订货任务，有关法人和其他组织应当依照有关法律、行政法规规定的权利和义务订立合同，而不得拒绝依据指令性计划和订货任务的要求订立合同（《合同法》第 38 条）。合法原则的含义也包括当事人必须遵守社会公德，不得违背社会公共利益，违背公序良俗。

4. 鼓励交易原则

合同法中所称的交易，是指独立的市场主体就其所有的或管理的财产和利益实行的交换。在市场经济条件下，几乎一切交易活动都是通过缔结和履行合同来进行的，交易活动乃是市场活动的基本内容，无数的交易构成了完整的市场，合同关系是市场经济社会最基本的法律关系。所以，为了促进市场经济的高度发展，就必须使合同法具有鼓励交易的职能和目标。只有鼓励当事人从事更多的合法的交易活动，才能活跃市场，推行竞争，优化资源配置，降低交易成本，加速社会财富积累，市场经济才能真正得到发展。

5. 平等原则

《合同法》第 3 条规定："合同当事人的法律地位平等，一方不得将自己的意志强加给另一方。"所谓当事人法律地位平等，是指在合同法律关系中，当事人之间在合同的订立、履行和承担违约责任等方面都处于平等的法律地位，彼此的权利和义务对等。这是市场经济的内在要求，市场经济的存在和发展要求公平、公正的交易，而市场主体地位平等是实现公平、公正交易的法律前提。这一原则的含义是：合同当事人，无论是法人和其他经济组织，还是自然人，只要他们以合同主体的身份参加到合同关系当中来，他们之间就处于平等的法律地位，法律给予他们一视同仁的保护。

第二节　建设工程合同的概念及种类

一、建设工程合同的概念和法律特征

（一）建设工程合同的概念

《合同法》第 269 条第 1 款规定："建设工程合同是承包人进行工程建设，发包方支付价款的合同。"建设工程合同包括工程勘察、设计、施工合同。建设工程合同的当事人，即从事建设工程合同的主体是发包人和承包人。在建设工程合同中，发包人委托承包人进行建设工程的勘察、设计、施工，承包人接受委托并完成建设工程的勘察、设计、施工任务，发包人向承包人支付工程价款。由此看出，建设工程合同属于承揽合同的一种，德国、日本、法国及我国台湾地区民法均把建设工程合同的规定纳入承揽合同中。

我国《合同法》将承揽合同与建设工程合同作为合同法分论中的两种不同的有名合同，分别为十五章和十六章，予以单独规定，但是基于建设工程合同的本质属性是对不动产的加工承揽，所以在建设工程合同一章的最后一条规定，"本章没有规定的，适用承揽合同的有关规定。"虽然建设工程监理合同与勘察、设计、施工等建设工程合同密切关联，《合同法》也未将其列入建设工程合同，因此建设工程监理合同严格说来不属于建设工程合同。

（二）建设工程合同的特征

建设工程合同具有承揽合同的一般法律特征如诺成合同、双务合同、有偿合同之外，还具有以下特征：

1. 承包人的主体资格具有严格性

作为建设工程合同当事人一方的承包人，一般情况下只能是具有从事勘察、设计、施工资格的法人，而且必须具有由建设行政主管部门核准的资质等级。这是由建设工程合同的复杂性所决定的。由于建设工程合同的标的是完成建设工程的行为，具有投资大、周期长、质量要求高、技术力量全面、影响国计民生等特点，作为自然人是不能够独立完成的，所以，自然人不具有作为承包人的资格，不能签订建设工程合同。

2. 建设工程合同的标的是特定的，仅限于完成建设工程工作的行为

建设工程合同是从承揽合同中分离出来的，也属于一种完成一定工作任务的合同，与承揽合同不同的是，建设工程合同的标的具有特殊性，仅限于完成建设工程工作的行为。这就使得建设工程合同具有了内容复杂、履行期限长、投资规模大、风险较大等特点。

3. 建设工程合同具有严格的计划性和程序性

对于承揽合同，国家一般不予以特殊的监督和管理，而对于建设工程合同，由于其建设周期长，质量要求高、涉及的方面广，因此该合同的订立和履行，必须符合国家基本建设计划的要求，并接受有关政府部门的管理和监督。

4. 建设工程合同的签订及履行，受到国家的监督管理

合同的签订和履行，须接受国家的监督。建设工程合同从订立到履行，从资金的投放到最终的竣工验收，都受到国家严格的管理和监督。根据《建筑法》的规定，建设单位必须在建设工程立项批准后，工程发包前，向建设行政主管部门或其授权的部门办理工程报建登记手续。未办理报建登记手续的工程，不得发包，不得签订工程合同。建筑工程开工

前，除个别工程外，建设单位应当按照国家有关规定向工程所在地县级以上人民政府建设行政主管部门申请领取施工许可证。未领取施工许可证的，不得开工。国家直接投资的工程其工程造价必须根据国家规定的建设资金，通过银行的基本建设贷款进行支付，专款专用，国家有关部门对基本建设投资实行监督。根据《合同法》第 279 规定，建设工程竣工后，发包人应当根据施工图纸及说明书、国家颁发的施工验收规范和质量检验标准及时进行验收。验收合格的，发包人应当按照约定支付价款，并接收该建设工程。建设工程竣工经验收合格后，方可交付使用；未经验收或者验收不合格的，不得交付使用。工程竣工后，必须组织验收，由国家质量监督部门核定工程质量等级。

5. 建设工程合同为要式合同

《合同法》第 270 条规定：建设工程合同应当采用书面形式。某些建设工程合同还必须采取批准形式，如《合同法》第 273 条规定，国家重大建设工程合同，应当按照国家规定的程序和国家批准的投资计划、可行性研究报告等文件订立。

出于保护社会公共利益的目的，同时为了便于建设工程合同当事人，住房城乡建设部、国家工商局相继发布了建筑行业的合同示范文本，由国家行业主管部门制订并向全国推荐使用。如：《建设工程施工合同示范文本》（GF—2017—0201），《建设工程委托监理合同示范文本》（GF—2012—0202）等。实践中，当事人可以根据自己的需要参照有关的合同示范文本订立建设工程合同。

二、建设工程合同的分类

（一）建设工程勘察、建设工程设计合同和建设工程施工合同

按照工程建设阶段分类，建设工程合同可分为建设工程勘察、建设工程设计合同和建设工程施工合同。

1. 建设工程勘察合同

勘察合同，指的是发包人与勘察人就完成建设工程地理、地质等状况的调查研究工作而达成的协议。勘察合同是反映并调整发包人与受托地质工程单位之间权利义务关系的依据。经发包人同意，承包人也可以与勘查人签订勘查合同。

2. 建设工程设计合同

根据我国现行规定，一般建设项目按初步设计和施工图设计两个阶段进行，所以设计合同实际上包括两个合同，一是初步设计合同，即在建设工程立项阶段承包人为项目决策提供可行性资料的设计而与发包人签订的合同。二是施工设计合同，是指国家计划部门批准立项之后，承包人与发包人就具体施工设计达成的协议。

3. 建设工程施工合同

建筑工程施工合同，又称为建筑工程承包合同，指的是建设单位为发包方，施工企业为承包方，依据基本建设程序，为完成特定建筑安装工程，协商订立的明确双方权利义务关系的协议。经发包人同意，承包方也可以与施工企业签订施工分包合同。建设工程施工合同都是在平等自愿的基础上由双方当事人协商签订的，合同成立一般不需要批准。施工合同主要包括建筑和安装两方面内容，这里的建筑是指对工程进行营造的行为，安装是指与工程有关的线路、管道、设备等设施的装配。施工企业要负责整个建筑物的完工，承担着工程项目施工责任（如文物保护、环境保护、地下管线设施保护等）和施工安全责任，因此，在建设工程合同中，施工合同的签订和履行是核心。

（二）总包合同和分包合同

根据合同联系结构不同，建设工程合同可以分为总包合同和分包合同。

1. 总承包合同与分别承包合同

总承包合同，是指发包人将整个建设工程承包给一个总承包人而订立的建设工程合同。总承包人就整个工程对发包人负责。

分别承包合同，是指发包人将建设工程的勘察、设计、施工工作分别承包给勘察人、设计人、施工人而订立的勘察合同、设计合同、施工合同。勘察人、设计人、施工作为承包人，就其各自承包的工程勘察、设计、施工部分，分别对发包人负责。

2. 总包合同与分包合同

总包合同，是指发包人与总承包人或者勘察人、设计人、施工人就整个建设工程或者建设工程的勘察、设计、施工工作所订立的承包合同。总包合同包括总承包合同与分别承包合同，总承包人和承包人都直接对发包人负责。

分包合同，是指总承包人或者勘察人、设计人、施工人经发包人同意，将其承包的部分工作承包给第三人所订立的合同。分包合同与总包合同是不可分离的。分包合同的发包人就是总包合同的总承包人或者承包人（勘察人、设计人、施工人）。分包合同的承包人即分包人，就其承包的部分工作与总承包人或者勘察、设计、施工承包人向总包合同的发包人承担连带责任。

上述几种承包方式，均为我国法律所承认和保护。但对于建设工程的肢解承包、转包以及再分包这几种承包方式，均为我国法律所禁止。

（三）固定价格合同、可调价格合同和成本加酬金合同

按照建设工程不同的计价方式进行划分，建设工程施工合同可以分为固定价格合同、可调价格合同和成本加酬金合同。

根据《建筑工程施工发包与承包计价管理办法》、《建设工程施工合同（示范文本）》以及《建设工程价款结算暂行办法》等文件的规定，施工承包合同的发包人和承包人在签订合同时对合同价款的约定，可选用下列方式：

1. 固定价格合同

固定价格包括固定总价和固定单价两种，合同双方应在示范文本的专用条款中约定合同价款包含的风险范围和风险费用的计算方法，在约定的风险范围内合同价款不再调整，风险范围以外的合同价款调整方法，也应当在专用条款内约定。

固定价格合同适用于规模小、工期短的工程，设计图纸内的工程量价格固定，如施工中发生增加或变更，例如每层增加 N 个门，再例如地下车库一层改为两层等。这部分在设计中没有，但在施工中增加的工程量，就要通过变更签证的方式由建设单位认可，双方按约定结算工程款，没有约定的，可以协商，协商不成，则要据实结算。

2. 可调价格合同

合同价款可根据双方的约定而调整，双方在专用条款内约定合同价款调整方法。可调价格合同，则是按投标和合同签订时的设计图纸和工程量清单，事先确定分部分项工程的综合单价，施工完成时采用综合单价乘以分部分项工程的总工程量，再计算总和。这种情况下，综合单价是固定的，但工程总造价是不固定的，所以称可调价合同。

3. 成本加酬金合同

合同价款包括成本和酬金两部分，双方在专用条款内约定成本构成和酬金的计算方法。采用这种合同，承包商不承担任何价格变化或工程量变化的风险，这些风险主要由业主承担，对业主的投资控制很不利。而承包商则往往缺乏控制成本的积极性，常常不仅不愿意控制成本，甚至还会期望提高成本以提高自己的经济效益，因此这种合同容易被那些不道德、不称职的承包商滥用，从而损害工程的整体效益。所以，应当尽量避免采用这种合同。对于施工企业来讲，固定价合同在设计图纸以内的工程量，风险较大；而变更签证部分一般能够获得"据实结算"的待遇。对可调价合同，因为综合单价是固定的，意味着在计算综合单价时，人工、材料、机械的价格即被固定，取费标准也被固定，不存在据实结算的问题，实际风险更大。

第三节　建设工程合同的订立

一、建设工程合同订立的形式

合同的形式，又称合同的方式，是当事人合意的表现形式。具体说，是指订立合同的当事人各方协商一致而成立合同的外在表现方式。我国现行法对合同形式的态度，主要体现在《民法通则》第56条的规定中，《合同法》对此进行继承并完善，在其第10条规定："当事人订立合同，有书面形式、口头形式和其他形式。法律、行政法规规定采用书面形式的，应当采用书面形式。当事人约定采用书面形式的，应当采用书面形式。"

（一）口头形式

口头形式，是指当事人只用口头语言为意思表示订立合同，而不用文字表达协议内容的形式。凡当事人无约定，法律未规定须采用特定形式的合同，均可采用口头形式。以口头形式订立合同，可以简化手续、方便交易提高效益，但其缺点是发生合同纠纷时难以取证，不易分清责任。所以，对于不能即时清结的合同和标的数额较大的合同，不宜采用这种形式。

（二）书面形式

书面形式，是指以文字表现当事人所订立的合同的形式。合同书以及任何记载当事人要约、承诺和权利义务内容的文件，都是合同的书面形式的具体表现。《合同法》第11条规定，"书面形式是指合同书、信件和数据电文（包括电报、电传、传真、电子数据交换和电子邮件）等可以有形地表现所载内容的形式。"

在我国，除了上述普通书面形式之外，还有特殊书面形式的规定。特殊书面形式是指除文字表述协议内容之外，合同还须经过公证、鉴证、审批、登记等手续。合同的公证是指国家公证机关对合同的真实性和合法性所作的公证证明。合同的鉴证是指合同管理机关对合同真实性和合法性依法作出的证明。合同的审批是指根据法律或主管机关的规定，由主管机关或部门对合同加以审核批准。合同的登记是指由主管机关进行登记。

书面形式的最大优点是合同有据可查，发生纠纷时容易举证，便于分清责任。因此，对于关系复杂的合同、重要的合同，最好采取书面形式。因建设工程合同比较复杂，工期相对较长，因此《合同法》第270条明确规定，建设工程合同应当采用书面形式。

（三）推定形式

推定形式，是指当事人未用语言、文字表达其意思表示，仅用行为向对方发出要约，对方接受该要约，做出一定或指定的行为作为承诺的，合同成立。例如商店安装自动售货机，顾客将规定的货币投入机器内，买卖合同即成立。

二、建设工程合同的订立程序

《合同法》第13条规定："当事人订立合同，采取要约、承诺方式。"要约和承诺是合同订立的必经阶段。建设工程合同作为合同的一种，其成立必然遵循合同成立的一般规则。但就建设工程合同本身而言，它的成立，存在两种具体的方式：直接发包和招标发包。由于招标投标这种程序固有的优势以及建设工程合同自身的特殊性，招标投标发包已经成为建设工程合同成立的主要途径。在建设工程合同的这种订立过程中，其缔约形式与一般合同表现很多不同。

（一）一般的要约和承诺方式

1. 要约

（1）要约的概念和构成要件

要约，指的是希望和他人订立合同的意思表示。根据《合同法》第14条规定，要约的构成要件是：①要约是由具有缔约能力的特定人作出的意思表示。②要约需具有订立合同的意图。要约是具有法律约束力的，要约人在要约有效期间要受自己要约的约束，并负有与作出承诺的受要约人签订合同的义务。要约一经要约人发出，并经受要约人承诺，合同即告成立。③要约须向要约人希望与其缔结合同的受要约人发出。④要约的内容须具体确定。由于要约一经受要约人承诺，合同即为成立，所以要约必须是能够决定合同主要内容的意思表示。要约的内容首先应当确定，不能含糊不清；其次还应当完整和具体，应包含合同得以成立的必要条款。要约不同于要约邀请。根据《合同法》第15条规定，要约邀请是希望他人向自己发出要约的意思表示，也称要约引诱。寄送的价目表、拍卖广告、招标公告、招股说明书、商业广告等为要约邀请。当然，如果商业广告的内容符合要约规定的，则视为要约。

（2）要约的生效

我国采取了到达主义的立法体例，即要约到达受要约人时生效。要约自生效时起对要约人产生约束力，受要约人承诺时，要约人负有与其签订合同的义务，而不得随意撤销要约。

2. 承诺

（1）承诺的概念和构成要件

根据《合同法》第21条规定，承诺是指受要约人同意要约的意思表示。承诺的构成要件包括：①承诺须由受要约人作出。②承诺的内容应当与要约的内容一致。根据《合同法》第30条和第31条的规定，受要约人对要约的内容作出实质性变更的，为新要约。有关合同标的、数量、质量、价款或者报酬、履行期限、履行地点和方式、违约责任和解决争议方法等的变更，是对要约内容的实质性变更。承诺对要约的内容作出非实质性变更的，除要约人及时表示反对或者表明承诺不得对要约的内容作出任何变更的以外，该承诺有效，合同的内容以承诺的内容为准。

（2）承诺的生效

《合同法》第 22 条规定：承诺应当以通知的方式作出，但根据交易习惯或要约表明可通过行为作出承诺的除外。《合同法》第 26 条规定，承诺通知到达要约人时生效。承诺不需要通知的，根据交易习惯或者要约的要求作出承诺的行为时生效。采用数据电文形式订立合同的，承诺到达时间的确定方式与确定要约到达时间的方式相同。

（二）招标投标缔约方式

招标投标缔约方式是由招标人向数个相对人或不特定人发出邀请，并在诸投标人中选择最优者与其订立合同的缔约方式。如在某建设工程施工合同的签订过程中，建设方发出招标公告，希望有承揽意图的施工企业投标，施工企业制作标书投标。招标公告属于要约邀请，投标属于要约。

建设工程与国家利益及社会公共利益的关系密切，基于建设工程本身的这一特殊性，《招标投标法》出于维护国家利益和社会公共利益的需要在第 3 条的规定，关系社会公共利益、公众安全的基础设施项目等建设工程应当依法进行招标。招标投标方式充分体现了市场竞争机制，招标人可以利用投标人之间的竞争，达到优中选优的最佳目标。因此，尽管我国招标投标法并未要求所有的工程项目实行招投标制，但实践中招标人出于自身的利益考虑，也会自愿选择通过招标投标的方式选择承包人。于是招标投标缔约方式便成为建设工程合同成立的重要方式。

在我国，以招标投标方式订立建设工程合同时，要经过招标、投标、开标、评标、定标和签订合同等几个阶段，其基本程序见图 10-1。

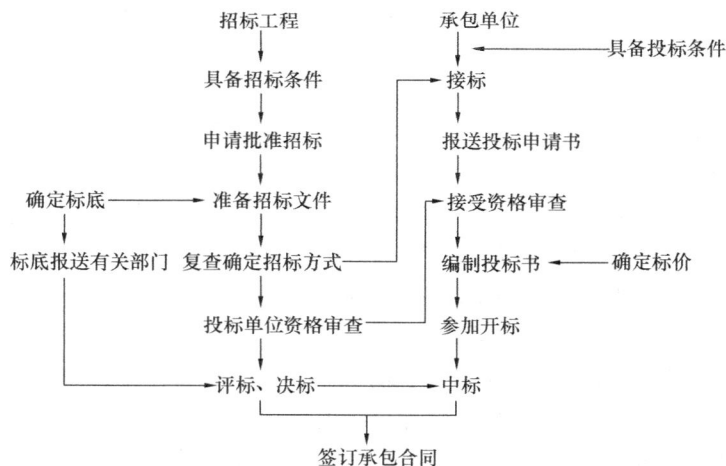

图 10-1　招标投标一般程序

（三）国家重大建设工程合同的订立程序

订立任何建设工程合同都要有一定依据。一般工程项目的确定，首先要立项，即由有关业务主管部门和建设单位提出项目建议书，经批准后进行可行性研究，编制可行性研究报告。选定工程地址。只有在可行性研究报告批准后，才能根据可行性研究报告签订勘察、设计合同。只有在勘察设计合同履行后，才看根据批准的初步设计、技术设计、施工图纸和总概算等签订施工合同。建设工程合同因涉及基本建设规划，其标的物为不动产的工程，承包人所完成的工作成果不仅具有不可移动性，而且须长期在方和发挥效用，事关国计民生。因此，国家要实行严格的监督和管理。合同法第273条规定，国家重大建设工程合同，应当根据国家规定的程序和国家批准的投资计划、可行性研究报告等文件订立。

国家重大建设工程在事先应当进行可行性研究，对工程的投资规模、建设效益进行论证分析，并编制可行性研究报告，然后到申请立项，立项批准后，再根据立项进行投资计划并报有关国家计划部门进行批准，投资计划批准后，有关建设单位根据工程的可行性研究报告和国家批准的投资计划，遵照国家规定的程序进行发包，与承包人订立建设工程合同。国家重大建设工程合同必须实行公开招标发包，发包人应当按照法定的程序和方式，发布招标公告，提供载有招标工程的主要技术要求、主要合同条款、评标的标准和方法以及开标、评标、定标的程序等内容的招标文件。开标应当在招标文件规定的时间、地点公开进行。开标后应当按照招标文件规定的评标标准和程序对标书进行评价、比较，确定中标候选名单，中标候选单位必须具备能够建设该重大工程项目的相应资质。发包人在具有相同资质条件的投标者中，择优选择中标者。发包人应当同中标者订立建设工程承包合同。国家重大工程建设项目一般都属于国家强制监理的建设工程，因此发包人应当委托具有相应资质条件的工程监理单位对工程建设进行监理。发包人应当与其委托的工程监理单位订立书面的委托监理合同。

三、建设工程合同的主要内容

（一）合同的主要条款

《合同法》第12条规定，合同的内容由当事人约定，一般包括以下条款：（1）当事人的名称或者姓名和住所；（2）标的；（3）数量；（4）质量；（5）价款或者报酬；（6）履行期限、地点和方式；（7）违约责任；（8）解决争议的方法。当事人可以参照各类合同的示范文本订立合同。

合同的条款是合同中经双方当事人协商一致、规定双方当事人权利义务的具体条文。合同的条款就是合同的内容。合同的权利义务，除法律规定的以外，主要由合同的条款确定。合同的条款是否齐备、准确，决定了合同能否成立、生效以及能否顺利地履行、实现订立合同的目的。主要条款的规定只具有提示性与示范性。合同的主要条款或者合同的内容要由当事人约定，一般包括这些条款，但不限于这些条款。不同的合同，由其类型与性质决定，其主要条款或者必备条款可能是不同的。

（二）建设工程勘察设计合同的主要条款

《合同法》第274条规定，勘察、设计合同的内容包括提交有关基础资料和文件（包括概预算）的期限、质量要求、费用以及其他协作条件等条款。参照《建设工程勘察合同》（GF—2016—0203），《示范文本》由合同协议书、通用合同条款和专用合同条款三部分组成。

（1）合同协议书

《示范文本》合同协议书共计12条，主要包括工程概况、勘察范围和阶段、技术要求及工作量、合同工期、质量标准、合同价款、合同文件构成、承诺、词语定义、签订时间、签订地点、合同生效和合同份数等内容，集中约定了合同当事人基本的合同权利义务。

（2）通用合同条款

通用合同条款是合同当事人根据《中华人民共和国合同法》、《中华人民共和国建筑法》、《中华人民共和国招标投标法》等相关法律法规的规定，就工程勘察的实施及相关事项对合同当事人的权利义务作出的原则性约定。

通用合同条款具体包括一般约定、发包人、勘察人、工期、成果资料、后期服务、合同价款与支付、变更与调整、知识产权、不可抗力、合同生效与终止、合同解除、责任与保险、违约、索赔、争议解决及补充条款等共计 17 条。上述条款安排既考虑了现行法律法规对工程建设的有关要求，也考虑了工程勘察管理的特殊需要。

（3）专用合同条款

专用合同条款是对通用合同条款原则性约定的细化、完善、补充、修改或另行约定的条款。合同当事人可以根据不同建设工程的特点及具体情况，通过双方的谈判、协商对相应的专用合同条款进行修改补充。

根据《合同法》第 280 条规定，勘察、设计的质量不符合要求或者未按照期限提交勘察、设计文件拖延工期，造成发包人损失的，勘察人、设计人应当继续完善勘察、设计，减收或者免收勘察、设计费并赔偿损失。

（三）建设工程施工合同的主要条款

《合同法》第 275 条规定："施工合同的内容包括工程范围、建设工期、中间交工工程的开工和竣工时间、工程质量、工程造价、技术资料交付时间、材料和设备供应责任、拨款和结算、竣工验收、质量保修范围和质量保证期、双方相互协作等条款。"

第四节　建设工程合同的效力

一、建设工程合同的成立及生效

（一）合同的成立

承诺生效时合同成立。当事人采用合同书形式订立合同的，自双方当事人签字或者盖章时合同成立。当事人采用信件、数据电文等形式订立合同的，可以在合同成立之前要求签订确认书，签订确认书时合同成立。

（二）合同的实际成立

根据《合同法》第 36 条、第 37 条的规定，法律、行政法规规定或者当事人约定采用书面形式订立合同，当事人未采用书面形式但一方已经履行主要义务，对方接受的，该合同成立。采用合同书形式订立合同，在签字或者盖章之前，当事人一方已经履行主要义务，对方接受的，该合同成立。

（三）建设工程施工合同的备案

建设工程施工合同备案是指为达到一定的管理目的，建设行政主管部门对已签订的施工合同进行登记、办理存备的行为。1993 年 1 月 29 日颁发的《建设工程施工合同管理办法》，《财政部、建设部关于印发〈建设工程价款结算暂行办法〉的通知》（财建〔2004〕369 号），《国务院办公厅转发建设部等部门关于进一步解决建设领域拖欠工程款问题意见的通知》（国办发〔2004〕78 号通知）中都明确指出施工合同应当在有关部门办理备案登记。《房屋建筑和市政基础设施施工招标投标管理办法》（建设部令第 89 号）第 47 条对施工合同备案作了强制性要求，但未对备案内容、审查方式、法律后果进行统一规定，从而使得各地方建设行政主管部门在制定建设工程施工合同备案管理办法或细则时，所持态度存在较大差异。建设工程施工合同备案是一种行政管理措施，是建设行政主管部门以"备案"的形式对外实施的行政管理行为。在行政法上，行政管理行为从法律性质上可以划分为行政法律行为、准行政法律行为和行政事实行为三种类型。

二、合同的生效

根据《合同法》第44条的规定："依法成立的合同，自成立时生效。法律、行政法规规定应当办理批准、登记等手续生效的，依照其规定。"从民事法律理论的角度看，对于建设工程合同来说，其成立和生效同样是两个不同性质的问题，是两个有着严格区别的法律概念。合同成立的条件一般就是承诺生效的条件。而合同生效的条件才是判断合同是否具有法律效力的标准。虽然我国现行合同法律没有就合同生效要件作出明确的规定，但《民法通则》和《合同法》相关规定，合同的生效要件可分为实质要件和形式要件。实质要件主要包括《民法通则》第55条之规定，民事法律行为应当具备下列条件，一是行为人具有相应的民事行为能力；二是意思表示真实；三是不违反法律或社会公共利益。这些规定也就是合同生效的一般要件，亦称实质要件。至于形式要件，对于有些合同，合同的生效还须具备特殊要件，也称形式要件。这些合同主要包括两种情形：一是当事人根据《合同法》第45条、第46条的规定所订立的合同，在所附条件成就时或所附生效时间到来时，合同才能生效；二是根据《合同法》第44条第2款规定，依照法律、行政法规规定应当办理批准、登记等手续的，在办理了批准、登记等手续后，合同才能生效。

具体说来，建设工程合同的生效要件应当包括：

1. 合同的当事人即发包人和承包人应当符合法律和行政法规规定的条件，即合同的主体要件

合同当事人必须具有相应的缔约能力，即相应的民事权利和民事行为能力，发包方应当具备开发建设的条件，承包方应当具备承揽工程的相应资质，才能成为适格的合同主体。虽然《合同法》在总则和关于建设工程合同的第16章没有明确规定建设工程合同的承包人的主体资格限制，但在《建筑法》和大量的建设方面的行政法规中均明确规定了建设工程施工合同的承包人必须是"单位"，尤其是最高人民法院公布的《工程施工合同司法解释》明确了建设工程的承包人必须是法人单位，《工程施工合同司法解释》第1条规定，承包人未取得建筑施工企业资质或者超越资质等级的，合同无效。而按照现行法规，符合申领资质的必须是单位。《建筑法》第26条规定，承包建筑工程的单位应当持有依法取得的资质证书，并在其资质等级许可的业务范围内承揽工程。禁止建筑施工企业超越本企业资质等级许可的业务范围或者以任何形式用其他建筑施工企业的名义承揽工程。所以，从《合同法》的角度来看，这里的单位则只能是法人。其次，承包人必须具备建筑经营资格。只有经依法核准拥有从事建筑经营活动资格的企业法人，才有资格进行建设工程承包经营活动。《建筑业企业资质管理规定》将建筑业企业分为工程总承包企业、施工承包企业和专项分包企业三类，并规定了具体的标准和条件。再次，承包人必须在自身拥有的资质等级许可的业务范围内承揽工程。在我国，对于建设工程承包人实行严格的市场准入制度。《建设工程质量管理条例》第25条规定，从事建设工程施工的单位应当依法取得相应等级的资质证书，并在其资质等级许可的范围内承揽工程。

2. 合同当事人意思表示真实

当事人意思表示真实，是指行为人的意思表示应当真实反映其内心的意思，即当事人

是否订立建设工程合同，合同对方当事人的选择，以及合同内容的确定等均出于真实的意愿，非受到欺诈、胁迫或乘人之危，也不属于因产生重大误解而订立或合同内容显失公平，违背对方真实意思订立合同的情况。由于合同成立后，当事人的意思表示是否真实往往难以从其外部判断，法律对此一般不主动干预，是否缺乏意思表示真实，应当由当事人举证证明，因此，意思表示不真实，并不导致合同绝对无效。

3. 合同不违反法律或社会公共利益

（1）合同的内容合法，即合同条款中约定的权利、义务及其指向的对象及标的等，应符合法律的规定和社会公共利益的要求；

（2）合同的目的合法，即当事人缔约的原因和预达目的是合法的，不存在以合法的方式达到非法目的等规避法律的事实。

在《合同法》颁布实施以后，最高人民法院的两个司法解释先后对这个问题进行了进一步的明确界定：最高人民法院《关于适用〈中华人民共和国合同法〉若干问题的解释（一）》第4条明确规定："合同法实施以后，人民法院确认合同无效，应当以全国人大及其常务委员会制定的法律和国务院制定的行政法规为依据，不得以地方性法规、行政规章为依据。"而《工程施工合同司法解释》则将建设工程施工合同认定无效的标准再次严格界定为五种情况（下文将详细论述）。

4. 具备法律、行政法规规定的合同生效必须具备的形式要件

形式要件是法律、行政法规对合同形式上的要求，通常不是合同生效的要件，但如果法律、行政法规规定将其作为合同生效的条件时，便成为合同生效的要件之一，不具备这些要件，合同不能生效。当然法律另有规定的除外。建设工程施工合同的当事人即发包人和承包人在签订合同的过程中应当履行法律和行政法规规定的必须履行的程序这一条件是建设工程合同所特有的条件。建设工程往往涉及国计民生而且一般投资规模较大，所以国家对建设行为予以更多的关注并通过法律、行政法规和部门规章以及地方性法规来进行约束和规范。如依照《招标投标法》规定了强制招标的工程建设项目的范围。《合同法》第270条规定，建设工程合同应当采用书面形式。对有些建设工程合同，国家有关部门制定了统一的示范文本。采用示范文本或其他书面形式订立的建设工程施工合同，在组成上并不是单一的，凡能体现发包人和承包人协商一致内容的文字材料，包括各种文书、电报、图表等，均为建设工程施工合同的组成部分。

建设工程合同同时具备以上四个要件，即为有效的建设工程合同，当事人应当信守合同，不履行合同或者履行合同不符合约定的，要承担相应的违约责任。

三、无效的建设工程合同

（一）无效合同的概念

无效合同，指的是欠缺合法性要件而订立的合同，不能产生当事人订立合同所预期的效果。按照《合同法》第52条规定，无效合同包括：（1）一方欺诈、胁迫的手段订立合同，损害国家利益的；（2）恶意串通，损害国家、集体或者第三人利益的；（3）以合法形式掩盖非法目的的；（4）损害社会公共利益的；（5）违反法律、行政法规的强制性规定的。另外，根据《合同法》第53条规定，合同当事人在合同中预先约定的，旨在限制或免除其未来责任的下列免责条款无效：（1）造成对方人身伤害的；（2）因故意或者重大过失造成对方财产损失的。

（二）无效的建设工程合同

建设工程合同的无效，是指建设合同虽然已经成立，但因违反法律、行政法规的强制性规定或者社会公共利益，自始不能产生法律约束力的合同。建设工程合同的无效主要是因为合同当事人不具备适格的主体资格或者合同内容违法等原因。无效的建设工程合同自始确定不发生任何法律效力。《工程施工合同司法解释》明文规定了无效的建设工程施工合同的种类。根据《工程施工合同司法解释》第1条和第4条规定，有下列情形之一的，应当根据合同法第52条第（5）项的规定，认定建设工程合同无效：

（1）承包人未取得建筑施工企业资质或者超越资质等级的。

（2）没有资质的实际施工人借用有资质的建筑施工企业名义的。

（3）建设工程必须进行招标而未招标或者中标无效的。

（4）承包人非法转包建设工程的。

（5）承包人违法分包建设工程的。

四、可撤销的建设工程合同

可撤销可变更的合同，指的是欠缺当事人真实意思表示而订立的合同，又称为相对无效的合同，一方当事人可以依照自己的意思，请求人民法院或仲裁机构做出变更或者撤销。可撤销可变更的合同包括：

1. 因重大误解订立的

根据《民法通则》第59条规定，行为人对行为内容有重大误解的，可以变更或撤销。《合同法》第54条也规定，因重大误解订立的合同，一方可以请求法院和仲裁机构变更或撤销。所谓重大误解，是指一方因自己的过错而对合同的内容等发生误解，订立了合同。误解直接影响到当事人所应享有的权利和承担的义务。误解既可以是单方面的误解（如出卖人误将某一标的物当作另一标的物），也可以是双方的误解（如买卖双方误将本为复制品的油画当成真品买卖）。误解须符合一定条件才能构成并产生使合同变更或撤销的法律后果。

2. 在订立合同时显失公平的

显失公平的合同是指一方在订立合同时因情况紧迫或缺乏经验而订立的明显对自己有重大不利的合同。我国《合同法》第54条规定，在订立合同时显失公平的，合同应予撤销，这不仅是公平原则的具体体现，而且切实保障了公平原则的实现。

一方以欺诈、胁迫的手段或者乘人之危，使对方在违背真实意思的情况下订立的合同，受害方有权请求人民法院或者仲裁机构变更或者撤销。所谓欺诈是指一方当事人故意实施某种欺诈他人的行为，并使他人陷入错误而订立合同。最高人民法院《民通意见》第68条规定："一方当事人故意告知对方虚假情况，或者故意隐瞒真实情况，诱使对方当事人作出错误意思表示的，可以认定为欺诈行为"。所谓胁迫是以将来要发生的损害或以直接施加损害相威胁，使对方产生恐惧并因此而订立合同。所谓乘人之危，是指行为人利用他人的为难处境或紧迫需要，强迫对方接受某种明显不公平的条件并作出违背其真实意志的意思表示。

根据《合同法》第55条规定，具有撤销权的当事人自知道或者应当知道撤销事由之日起一年内没有行使撤销权的，撤销权消灭；如果具有撤销权的当事人知道撤销事由后明确表示或者以自己的行为放弃撤销权的，撤销权消灭。

五、效力待定的建设工程合同

效力待定的合同，指的是合同当事人欠缺相应的缔约能力而订立的合同，其法律效力能否发生，尚未确定，一般须经有权人表示追认方能生效，有权人拒绝追认，或无权处分人事后未取得处分权的，或与越权行为人订立合同的相对人为恶意的，合同无效。效力待定合同包括：

1. 限制民事行为能力人订立的合同

根据我国法律规定，8 周岁以上不满 18 周岁的未成年人和不能完全辨认自己行为的精神病人，可以实施某些与其年龄、智力和健康状况相适应的民事行为，其他民事活动由其法定代理人代理，或在征得其法定代理人同意后实施。《合同法》第 47 条规定："限制民事行为能力人订立的合同，经法定代理人追认后，该合同有效，但纯获利益的合同或者与其年龄、智力、精神健康状况相适应而订立的合同，不必经法定代理人追认。"限制民事行为能力人依法不能独立实施的行为，可以在征得其法定代理人的同意后实施。限制民事行为能力人依法不能独立实施的而又未经其法定代理人同意的民事行为，只能由其法定代理人代理进行。如果限制民事行为能力人未经其法定代理人的事先同意，独立实施其依法不能独立实施的民事行为，则要区分两种情况处理：

（1）如果限制民事行为能力人实施的是单方民事行为，如抛弃财产，则行为当然无效。

（2）如果限制民事行为能力人实施的是双方民事行为，如与他人订立合同，则与其发生关系的相对人可以在规定的期限内，催告其法定代理人是否承认这些行为。

《合同法》第 47 条规定："相对人可以催告法定代理人在一个月内予以追认。法定代理人未作表示的，视为拒绝追认。合同被追认之前，善意相对人有撤销的权利。撤销应当以通知的方式作出。"

2. 无权代理人订立的合同

无权代理，是指无权代理人代理他人从事民事行为，简言之，是指欠缺代理权的代理。无权代理主要有四种情况：（1）根本无权代理；（2）授权行为无效的代理；（3）超越代理权范围进行的代理；（4）代理权消灭以后的代理。这些无权代理行为虽然具有代理行为的表面特征，但由于行为人缺乏代理权，因而并不符合有权代理的要件。

《合同法》第 48 条规定，行为人没有代理权、超越代理权或者代理权终止后以被代理人名义订立的合同，未经被代理人追认，对被代理人不发生效力，由行为人承担责任。

无权代理行为只有经过本人追认才能使本人承担民事责任。所谓追认，是指本人对无权代理行为在事后予以承认的一种单方意思表示。承认的意思表示应当以明示方式向相对人作出，如果仅向无权代理人作出这种表示，则必须使相对人知晓才能产生承认效果。一旦作出承认，在性质上视为补授代理权，从而使无权代理具有与有权代理一样的法律效果。承认具有溯及既往的效力，也就是说，一旦承认，因无权代理所订立的合同从成立之时开始即产生法律效力。如果本人明确表示拒绝承认，则无权代理行为自始无效，因无权代理所订立的合同不能对本人产生法律效力。

对因无权代理而订立的合同，相对人享有催告权。所谓催告，是指相对人催促本人在合理的一定期限内明确答复是否承认无权代理行为。相对人可以催告被代理人在一个月内予以追认。被代理人未作表示的，视为拒绝追认。相对人有权要求本人必须在一个月内予以以追认，催告的意思必须向本人或其法定代理人作出。如果本人在一个月内拒不作出答复，则应视为承认。在此情况下，可认为本人明知他人以自己名义从事代理行为而不作否认的意思表示，根据《民法通则》的规定，视为同意。

因无权代理而订立的合同在本人没有作出承认之前，其效力处于待定状态。法律为保护相对人的利益，除规定相对人享有催告权以外，还应允许其享有撤销权。所谓撤销权，指相对人在本人未承认无权代理行为之前，可撤销其对无权代理人作出的意思表示。《合同法》第48条规定："合同被追认之前，善意相对人有撤销的权利。撤销应当以通知的方式作出。"可见撤销必须是在本人没有作出追认以前作出，且必须通知本人。

3. 无处分权人处分他人财产的合同

我国《合同法》第51条规定："无处分权的人处分他人财产，经权利人追认或者无处分权的人订立合同后取得处分权的，该合同有效。"为保护交易秩序和买受人的利益，2012年《最高人民法院关于审理买卖合同纠纷案件适用法律问题的解释》第3条规定，当事人一方以出卖人在缔约时对标的物没有所有权或者处分权为由主张合同无效的，人民法院不予支持。出卖人因未取得所有权或者处分权致使标的物所有权不能转移，买受人要求出卖人承担违约责任或者要求解除合同并主张损害赔偿的，人民法院应予支持。该规定遵循严格规制对合同的无效认定的司法立场，进一步肯定无权处分合同的效力。

建设领域里，效力待定的合同主要是因为无权代理订立的建设工程合同。无权代理行为，是指行为人没有代理权、超越代理权限范围或者代理权终止后仍以被代理人的名义订立的合同。无权代理订立的建设工程合同，如果无权代理行为具有"外表授权"的假象，即客观上使第三人有理由相信该无权代理人有代理权，而与之订立建设工程合同，则该无权代理行为属于表见代理，对被代理人发生有权代理的法律效果。如建筑公司借用其他具有较高资质的建筑公司承揽工程所订立的合同，由于被借用单位出具合同专用章、印鉴等，足以使第三人信赖借用单位有代理权，此时订立的建设工程合同，虽属于无权代理，但发生与有权代理相同的法律后果。不具备"外表授权"假象的无权代理合同属于效力待定的合同。未经被代理人追认，对被代理人不发生效力，由无权代理的行为人自己承担责任。

六、无效或者可撤销的建设工程合同的法律后果

建设工程合同被确认无效或者撤销后，虽不能使当事人双方依据合同产生预期的结果，但是仍会产生一定的法律后果，应根据《合同法》及其他相关法律的规定，进行处理。

（一）无效的合同或被撤销的合同，丧失法律效力

1. 合同部分或全部丧失法律效力

《合同法》第56条规定："无效的合同或者被撤销的合同自始没有法律约束力。合同部分无效，不影响其他部分效力的，其他部分仍然有效。"《合同法》第58条规定："合同无效或者被撤销后，因该合同取得的财产，应当予以返还；不能返还或者没有必要返还的，应当折价补偿。"据此，建设工程合同被确认无效后，产生溯及力，使合同从订立时起即不具有法律约束力，尚未履行的合同不再履行，一方从对方取得的财产，如工程预付款等，应当作为不当得利返还；正在履行的，应立即终止履行。

2. 解决争议的条款不因合同无效而无效

《合同法》第57条规定："合同无效、被撤销或者终止时，不影响合同中独立存在的

有关解决争议的条款的效力。"据此，建设工程合同中关于解决争议的方法条款的效力具有相对的独立性，合同无效后，当事人可能会产生谁是合同无效的责任人，以及经济责任如何承担等争议，对善后事宜的处理应当依据原合同中的争议解决条款。如，建设工程施工合同的当事人约定采用仲裁方式解决争议的，合同无效后，仍应依据当事人关于仲裁的约定，通过仲裁途径解纷止争。

（二）建设工程施工合同无效但建设工程质量合格的，也可参照合同约定结算工程价款。

施工合同被确认无效后，原则上不应依据合同约定确定工程价款。但建设工程施工合同具有特殊性，合同履行的过程，就是将劳动和建筑材料物化在建筑产品的过程，施工方付出了劳动，投入了资金，在施工过程中，上述财产只是从一种形态转化为另一种形态，其价值并未改变，并已全部转移到新的建筑工程之中，因此，合同被确认无效后，已经履行的内容不能适用返还的方式使合同恢复到签约前的状态，而只能按照折价补偿的方式处理。

从建设工程施工合同的实际履行情况看，合同无效后的折价补偿方式主要有两种：

（1）以工程定额为标准，通过鉴定确定建设工程价值。由于我国目前建筑市场上，有的发包人签订合同时往往把工程价款压得很低，并不按照定额取费，如果合同被确认无效还按照工程定额折价补偿，将会造成无效合同比有效合同的工程价款还高，超出了当事人签订合同的预期。

（2）参照合同约定结算工程价款。这种折价补偿的方式不仅符合双方当事人在订立合同时的真实意思，而且还可以节省鉴定费用，提高诉讼效率。

根据我国建筑行业的现状，平衡合同各方当事人的利益，《工程施工合同司法解释》第2条和第3条规定，建设工程施工合同被确认无效以后，建设工程质量合格的，可以参照合同约定结算工程价款。也就是说，此种情况下，如果双方在合同中对工程结算的计价标准和方法有明确约定，且不违反法律规定的，可以按合同约定结算工程价款。当然，参照合同约定结算工程价款的折价补偿原则，仅适用于建设工程质量合格的无效合同，不包括质量不合格的建设工程。也就是说，虽然建设工程合同因某种原因而被认定无效，但建设工程经竣工验收合格，或者经竣工验收不合格，但是经过承包人修复后，再验收合格，可以按照合同约定结算工程价款，当然修复费用应当根据发包人的要求，或者在工程款中抵扣或者另行支付。

（三）建设工程施工合同无效，且建设工程经竣工验收不合格的，承包人请求支付工程价款的，不予支持。

（1）根据《工程施工合同司法解释》第3条的规定，建设工程经竣工验收不合格的，修复后也未经竣工验收合格的，承包人请求支付工程价款的，不予支持。

建设工程施工合同属于特殊形式的承揽合同，法律规定承包人的主要合同义务就是按照合同约定向发包人交付合格的建设工程，如果承包人交付的建设工程质量不合格，发包人订立合同的目的就无法实现，发包人不仅可以拒绝受领该工程，而且也可以不支付工程价款。这是民事法律调整加工承揽关系的原则。另外，根据《工程施工合同司法解释》规定，承包人对经验收不合格的建设工程可以进行修复，经过修复建设工程质量合格的，发包人应当按照约定支付工程价款；如果经修复建设工程仍不合格的，该工程就没有利用价值，在这样的情况下让发包人支付工程价款是不公平的。

（2）因建设工程不合格造成的损失，发包人有过错的，也应承担相应的民事责任。

不能按照合同约定支付工程价款，会给承包人造成损失，但承包人是建设工程的建设者，对工程质量不合格应当承担主要责任，因此，一般说来，造成的损失也应当由承包人承担。但是，如果发包人对造成工程质量不合格也有过错的，也应当承担与过错相适应的责任。也就是说，在发包人有过错的情况下，发包人虽然可以不承担按照合同约定支付工程价款的给付义务，但是应当对承包人不能得到工程价款的损失按照过错承担赔偿责任。

《合同法》第58条规定，合同无效后，有过错的一方应当赔偿对方因此受到的损失，双方都有过错的，应当各自承担相应的责任。承、发包双方当事人按照过错分别承担相应的责任，这样规定不仅符合建筑市场的实际情况和民法原则，同时也有利于承包人重视建设工程质量，加强对工程质量的监督和管理。对于建设工程施工合同的无效，发包方和承包方应当根据当事人的过错大小各自承担相应的法律责任。由于承包人未取得建筑施工企业资质或者超越资质等级，或者承包人未取得建筑施工企业资质或者超越资质等级等原因，导致合同无效的，承包人对合同无效在主观上应负主要过错，承担主要责任，建设方因未尽到必要的审查义务，也负有相应的过错责任。由于建设工程必须进行招标而发包方未招标或者中标依法无效的，以及其他严重违反国家基本建设程序导致合同无效的，对建设工程不合格造成的损失，发包方承担主要过错责任，承包方承担次要过错责任。

（四）一方或双方故意违法损害社会公共利益的，应对其非法所得予以收缴。

根据《工程施工合同司法解释》第4条的规定，"承包人非法转包、违法分包建设工程或者没有资质的实际施工人借用有资质的建筑施工企业名义与他人签订建设工程施工合同的行为无效。人民法院可以根据民法通则第134条规定，收缴当事人已经取得的非法所得。"施工合同无效，而且工程质量经竣工验收不合格的，不能参照合同约定结算工程价款。至于合同约定的工程价款与实际给付价款的差价部分如何处理，我们认为，该部分差额如果由建设方取得则无法律依据，可考虑依据《民法通则》第134条规定，以"非法活动的财物和非法所得"予以收缴。这样做，既不会使承包人因无效的施工合同而获得有效合同的利润和效果，也不会使建设方因合同的无效而获得不当得利。

第五节　建设工程合同的履行

一、合同履行概述

（一）合同履行的概念

合同的履行，是指债务人全面地、适当地完成其合同义务，债权人的合同债权得到完全实现。如交付约定的标的物，完成约定的工作并交付工作成果，提供约定的服务等。

从合同效力方面观察，合同的履行是依法成立的合同所必然发生的法律效果，并且是构成合同法律效力的主要内容。因此，许多立法把合同的履行规定在债的效力或合同的效力标题下。但从合同关系消灭的角度观察，债务人全面而适当地履行合同，导致了合同关系的消灭；合同履行是合同关系消灭的原因，并且是正常消灭的原因。因此，合同的履行又称作债的清偿。合同的履行不仅是合同的法律效力的主要内容，而且是整个合同法的核心。

（二）合同履行的原则

合同履行的原则，是当事人在履行合同债务时所应遵循的基本准则。在这些基本准则中，有的是基本原则，例如诚实信用原则、公平原则、平等原则等；有的是专属合同履行的原则，例如适当履行原则、协作履行原则、经济合理原则、情事变更原则等。

1. 实际履行原则

实际履行原则是指合同当事人按照合同规定的标的履行。除非由于不可抗力，否则合同当事人应交付和接受标的，不得任意降低标的物的标准、变更标的物或以货币代替实物。建设工程合同的实际履行就是建设工程合同当事人必须依据建设工程合同规定的标的不折不扣地实现其内容的行为。当然，实际履行不是绝对的，在某些特殊情况下可不加以适用。如以特定物为标的的合同，当该标的灭失时，实际履行已不可能。

2. 诚实信用原则

合同履行中的诚实信用原则具体来说，包括了适当履行原则和协作履行原则。适当履行原则，又称正确履行原则或全面履行原则，是指当事人按照合同规定的标的及其质量、数量，由适当的主体在适当的履行期限、履行地点以适当的履行方式，全面完成合同义务的履行原则。适当履行原则所要求的履行主体适当、履行标的适当、履行期限适当、履行方式适当等（将在后面予以详述）。协作履行原则，是指当事人不仅适当履行自己的合同债务，而且应协助对方当事人履行债务的履行原则。

3. 经济合理原则

经济合理原则要求在履行合同时，讲求经济效益，付出最小的成本，取得最佳的合同利益。在履行合同中贯彻经济合理原则，表现在许多方面：债务人选择最经济合理的运输方式，选择履行期限履行合同义务，选择设备体现经济合理原则，变更合同，对违约进行补救也体现经济合理原则。如《民法通则》第 114 条规定："当事人一方因另一方违反合同受到损失的，应当及时采取措施防止损失的扩大；没有及时采取措施致使损失扩大的，无权就扩大的损失要求赔偿。"

4. 情势变更原则

情势变更原则，是指合同依法成立后，因不可归责于双方当事人的原因发生了不可预见的情事变更，致使合同的基础丧失或动摇，若继续维护合同原有效力则显失公平，从而允许变更或解除合同的原则。

情势变更原则有其存在的合理性。合同依法成立之时，有其信赖的客观环境，当事人在合同中约定的权利义务是与这种客观环境相适应的。权利义务的对等，也是就该环境而言的。在合同成立之后，该客观环境发生改变或不复存在，原来约定的权利义务如与新形成的客观环境不适应，也就不再公平合理了。只有将合同加以改变乃至解除，才符合公平，符合诚实信用原则的要求。

《合同法》在制定过程中由于对情势变更原则争议较大，最后颁布的《合同法》未规定情势变更原则，从而使得《合同法》奉行严格责任，法定免责事由均为不可抗力，除此之外均需承担违约责任。2009 年 2 月 9 日最高人民法院颁布了《关于适用〈中华人民共和国合同法〉若干问题的解释（二）》（下称《合同法司法解释（二）》）。该解释第 26 条规定："合同成立以后客观情况发生了当事人在订立合同时无法预见的、非不可抗力造成的不属于商业风险的重大变化，继续履行合同对于一方当事人明显不公平或者不能实现合同目的，当事人请求人民法院变更或者解除合同的，人民法院应当根据公平原则，并结合案件的实际情况确定是否变更或者解除"。这一规定等于重新确认了情势变更，弥补了《合同法》之不足。

（三）合同履行的规则

合同履行的规则主要是指当事人就某些事项没有约定时的处理方法。我国《合同法》第 61 条规定："合同生效后，当事人就质量、价款或者报酬、履行地点等内容没有约定或者约定不明确的，可以协议补充；不能达成补充协议的，按照合同有关条款或者交易习惯确定。"有时，当事人依照《合同法》第 61 条仍然无法确定，此时，《合同法》第 62 条规定了一些具体的规则：

（1）关于质量条款约定不明。合同中质量要求不明确的，按照国家标准、行业标准履行；没有国家标准、行业标准的，按照通常标准或者符合合同目的的特定标准履行。

（2）关于价款、报酬条款约定不明。价款或者报酬不明确的，按照订立合同时履行地的市场价格履行；依法应当执行政府定价或者政府指导价的，按照规定履行。

（3）关于履行地点约定不明。履行地点不明确，给付货币的，在接受货币一方所在地履行；交付不动产的，在不动产所在地履行；其他标的，在履行义务一方所在地履行。

（4）关于履行期限约定不明。履行期限不明确，债务人可以随时履行，债权人也可以随时要求履行，但应当给对方必要的准备时间。《合同法》第 71 条规定，债权人可以拒绝债务人提前履行债务，但提前履行不损害债权人利益的除外。债务人提前履行给债权人增加的费用，由债务人负担。

（5）关于履行方式约定不明。履行方式不明确的，按照有利于实现合同目的的方式履行。

（6）关于履行费用的负担约定不明。履行费用的负担不明确的，由履行义务一方负担。

（四）合同履行中的第三人

1. 向第三人履行的合同

向第三人履行的合同 是指债务人不向债权人履行合同的义务，而向债权人指定的第三人进行履行。向第三人履行的合同，债权人须通知债务人。债务人未向第三人履行债务或者履行债务不符合约定，应当向债权人，而不是第三人承担违约责任。同时，债权人要求债务人向第三人履行时，不得增加债务人的履行费用，否则，该费用应由债权人承担。

2. 由第三人履行的合同

由第三人履行的合同 是指双方当事人约定由债务人指定的第三人代替债务人向债权人履行合同的义务。由第三人履行的合同必须经债权人同意。第三人并不是合同的当事人，因此，因为第三人不履行债务或者履行债务不符合约定，应当由债务人，而不是第三人承担违约责任。

二、建设工程合同履行中的抗辩权

抗辩权是指当事人一方依法对抗对方要求和否认对方的权利主张的权利。合同履行中的抗辩权仅仅存在于双务合同中，是指以符合法定条件时，当事人一方对抗对方当事人的履行请求权，暂时拒绝履行其债务的权利。它包括同时履行抗辩权、先履行抗辩权和不安履行抗辩权。双务合同履行中的抗辩权，是合同效力的表现。建设工程合同是承包人进行工程建设，发包人支付相应价款的合同，是典型的双务合同，因此在建设工程合同的履行过程中也存在同时履行抗辩权、先履行抗辩权与不安抗辩权三种。

（一）同时履行抗辩权

同时履行抗辩权，是指在建设工程合同中未约定履行的先后顺序的，承发包当事人应当同时履行，一方当事人在对方当事人未为对待给付以前，有权拒绝其履行请求。如在建设工程合同中，承包人没有交付工作成果，发包人可以同时履行抗辩权为由，拒绝支付报酬或价款。《合同法》规定："当事人互负债务，没有先后履行顺序的应当同时履行。一方在对方未履行之前有权拒绝其履行要求。一方在对方履行债务不符合约定时，有权拒绝其相应的履行要求"。

双务合同履行上的牵连性是同时履行抗辩权存在的法理基础，在具体的建设工程合同中，要注意区分和适用同时履行抗辩权。如在建设施工合同中，双方主要给付义务中并不都具有牵连性，仅在建设方的工程款和材料、设备给付义务与施工方按设计、质量要求和约定工期施工义务之间互为前提。建设方提供场地和技术资料的义务是施工的条件，属于先履行义务，而非同时履行义务。违反主给付义务可行使同时履行抗辩。一般情况下，主给付义务对附随义务或从给付义务的履行不得作同时履行抗辩。但如果附随义务或从给付义务的履行与合同目的的实现以及对方利益密切相关，依照诚实信用原则，当事人可以援引同时履行抗辩。一个建设工程合同中，建设方应履行诸多从给付义务或附随义务，但需注意其中许多义务属于先履行义务，不发生同时履行抗辩。发生施工方行使同时履行抗辩的主要指建设方违反协助义务的情形。施工方违反从给付义务或附随义务的，一般不发生建设方同时履行抗辩。

（二）先履行抗辩权

先履行抗辩权，是指依照建设工程合同约定或法律规定负有先履行义务的一方当事人，届期未履行义务、履行义务有重大瑕疵或预期违约时，相对方为保护自己的期待利益、顺序利益或为保证自己履行合同的条件而中止履行建设工程合同的权利。

《合同法》规定："当事人互负债务，有先后履行顺序，先履行一方未履行的，后履行一方有权拒绝其履行要求。先履行一方履行债务不符合约定的，后履行一方有权拒绝其相应的履行要求。"

在建设工程合同履行中，只要一方的履行是另一方履行的先决条件，后履行者就可以行使先履行抗辩权；先履行抗辩权不可能永久存续，当先期违约人纠正违约，使建设工程合同的履行趋于正常时，先履行抗辩权消灭，行使先履行抗辩权的一方应当及时恢复履行。例如：在建设工程施工合同中，如合同双方约定了发包人支付工程预付款义务的，在发包人未能按约定支付工程预付款时，承包人就可以主张暂不开工、开工期顺延和损失赔偿的权利。同理，在发包人没有按合同约定支付工程进度款时，承包人也可以主张停工、工期顺延和停工损失赔偿的权利。因为，在此时发包人支付工程预付款和支付工程进度款是合同约定的先履行义务，而承包人实施施工是后履行的义务。在发包人没有履行先行义务的情况下，承包人就有权主张"先履行抗辩权"。

（三）不安抗辩权

不安抗辩权是指在建设工程合同履行中，负有先给付义务的一方当事人，在对方财产明显减少，不能保证对待给付时，拒绝给付的权利。

《合同法》规定："应当先履行债务的当事人，有确切证据证明对方有下列情形之一的，可以中止履行：经营状况严重恶化；转移财产、抽逃资金，以逃避债务；丧失商业信誉；有丧失或者可能丧失履行债务能力的其他情形。"在建设工程合同履行中，成立不安抗辩权须具备一定的条件：第一，双方债务因同一建设工程合同而发生；第二，负有先履行义务的一方当事人才能享有不安抗辩权；第三，对方有不能为对待给付的现实危险。为保护对方当事人的合法权益，维护正常的经济秩序，《合同法》对不安抗辩权的行使做了限制。这种限制主要表现在以下三方面：一是要有确切证据，当事人没有确切证据就中止履行的，应认定为违约，并应承担相应责任；二是依法中止履行时，必须及时通知对方当事人，否则仍应承担相应责任；三是中止履行后，一旦对方当事人提供了适当担保，就应当恢复履行，否则将被认定为违约。当然，在中止履行后，对方当事人如在合理期限内未恢复履行能力并且未提供适当担保，先履行的一方可解除合同。

三、建设工程合同履行的担保

建设工程合同履行的担保，是保证建设工程合同履行的一项法律制度，是建设工程合同当事人为全面履行建设工程合同及避免因对方违约遭受损失而设定的保证措施。建设工程合同履行的担保是通过签订担保合同或是在建设工程合同中设立担保条款来实现的。担保合同是从合同，被担保合同是主合同。担保合同将随着被担保合同的履行而消失。而当被担保人不履行其义务且不承担相应责任时，担保人则应承担其担保责任。就合同的担保方式而言，主要有保证、抵押、质押、留置、定金。由于设定质押的标的主要为动产或权利，物权法规定作为法定担保物权的留置权仅存在于动产之上，因此建设工程合同的担保形式主要有保证、抵押和定金三种。

（一）保证

保证是指保证人与债权人约定，当债务人不履行债务时，由保证人按照约定代为履行或代为承担责任的担保方式。《担保法》主要从以下几方面对保证进行了规定：

1. 保证人

具有代为清偿债务能力的法人、其他组织或者公民，可以作保证人。国家机关不得为保证人，但经国务院批准为使用外国政府或者国际经济组织贷款进行转贷的除外。学校、幼儿园、医院等以公益为目的的事业单位、社会团体不得为保证人。企业法人的分支机构、职能部门不得为保证人。企业法人的分支机构有法人书面授权的，可以在授权范围内提供保证。任何单位和个人不得强令银行等金融机构或者企业为他人提供保证；银行等金融机构或者企业对强令其为他人提供保证的行为，有权拒绝。同一债务有两个以上保证人的，保证人应当按照保证合同约定的保证份额，承担保证责任。没有约定保证份额的，保证人承担连带责任，债权人可以要求任何一个保证人承担全部保证责任，保证人都负有担保全部债权实现的义务。已经承担保证责任的保证人，有权向债务人追偿，或者要求承担连带责任的其他保证人清偿其应当承担的份额。

2. 保证合同

保证人与债权人应当以书面形式订立保证合同。保证人与债权人可以就单个主合同分别订立保证合同，也可以协议在最高债权额限度内就一定期间连续发生的借款合同或者某项商品交易合同订立一个保证合同。保证合同应当包括以下内容：（1）被保证的主债权种类、数额；（2）债务人履行债务的期限；（3）保证的方式；（4）保证担保的范围；（5）保证的期间；（6）双方认为需要约定的其他事项。保证合同不完全具备前述规定内容的，可以补正。

3. 保证方式

保证方式有一般保证与连带责任保证。当事人在保证合同中约定，债务人不能履行债务时，由保证人承担保证责任的，为一般保证。一般保证的保证人在主合同纠纷未经审判或者仲裁，并就债务人财产依法强制执行仍不能履行债务前，对债权人可以拒绝承担保证责任。当事人在保证合同中约定保证人与债务人对债务承担连带责任的，为连带责任保证。连带责任保证的债务人在主合同规定的债务履行期届满没有履行债务的，债权人可以要求债务人履行债务，也可以要求保证人在其保证范围内承担保证责任。当事人对保证方式没有约定或者约定不明确的，按照连带责任保证承担保证责任。一般保证和连带责任保证的保证人享有债务人的抗辩权。债务人放弃对债务的抗辩权的，保证人仍有权抗辩。抗辩权是指债权人行使债权时，债务人根据法定事由，对抗债权人行使请求权的权利。

4. 保证责任

保证合同生效后，保证人就应当在合同约定的保证范围和保证期间承担保证责任。保证担保的范围包括主债权及利息、违约金、损害赔偿金和实现债权的费用。保证合同另有约定的，按照约定。当事人对保证担保的范围没有约定或者约定不明确的，保证人应当对全部债务承担责任。保证期间，债权人依法将主债权转让给第三人的，保证人在原保证担保的范围内继续承担保证责任。保证合同另有约定的，按照约定。保证期间，债权人许可债务人转让债务的，应当取得保证人书面同意，保证人对未经其同意转让的债务，不再承担保证责任。债权人与债务人协议变更主合同的，应当取得保证人书面同意，未经保证人书面同意的，保证人不再承担保证责任。保证合同另有约定的，按照约定。一般保证的保证人与债权人未约定保证期间的，保证期间为主债务履行期届满之日起六个月。连带责任保证的保证人与债权人未约定保证期间的，债权人有权自主债务履行期届满之日起六个月内要求保证人承担保证责任。

保证是建设工程活动中最为常用的一种担保方式。由于建设工程活动中担保的标的额较大，保证人往往是银行，也有信用较高的其他担保人（如担保公司）。银行出具的书面保证通常称为保函，其他保证人出具的书面保证一般称为保证书。

（二）抵押

抵押是指债务人或者第三人不转移对财产的占有，将该财产作为债权的担保。债务人不履行债务时，债权人有权依照法律规定以该财产折价或者以拍卖、变卖该财产的价款优先受偿。其中，债务人或者第三人为抵押人，债权人为抵押权人，提供担保的财产为抵押物。在国际上抵押是一种非常受欢迎的担保方式，因为它能比较充分地保障债权人的利益。采用抵押担保时，抵押人和抵押权人应以书面形式订立抵押合同。

《物权法》规定，可以设定抵押的财产包括：（1）建筑物和其他土地附着物；（2）建设用地使用权；（3）以招标、拍卖、公开协商等方式取得的荒地等土地承包经营权；（4）生产设备、原材料、半成品、产品；（5）正在建造的建筑物、船舶、航空器；（6）交通运输工具；（7）法律、行政法规未禁止抵押的其他财产。

（三）定金

定金是合同签订后，但还没有履行前，当事人一方向另一方支付一定数额的金钱或其他有价代替物，以保证合同履行的担保方式。当事人可以约定一方向对方给付定金作为债权的担保。债务人履行债务后，定金应当抵作价款或者收回。给付定金的一方不履行约定的债务的，无权要求返还定金；收受定金的一方不履行约定的债务的，应当双倍返还定金。当事人违约时，定金起着制裁违约方、补偿被违约方的作用。

定金应当以书面形式约定。当事人在定金合同中应当约定交付定金的期限。定金合同从实际交付定金之日起生效。定金的数额由当事人约定，但不得超过主合同标的额的20%，超过主合同标的额20%的部分，人民法院不予支持。在建设工程勘察和设计合同中，通常都采用定金这种担保方式。

（四）留置权不适用于工程担保

《担保法》第82条规定："本法所称留置，是指依照本法第84条的规定按照合向约定占有债务人的动产，债务人不按照合同约定的期限的，债权人有权依照本法规定留置该财产，以该财产折价或者以拍卖该财产的价款优先受偿"。第84条规定："因保管合同、运输合同、合同发生的债权，债务人不履行债务的，债权人有留置权。法律规定的其他合同，适用前款规定。"《物权法》第230条规定："债务人不履行债务，债权人可以留置已经合法占有的债务人的动产，并有权就该动产优先受偿。前款规定的债权人为留置权人，占有的动产为留置财产"。依据我国《担保法》和《物权法》的规定，留置只成立于债务人的动产，针对建设工程不动产实施留置存在着法律上的障碍。况且留置权行使的前提是债权人必须依法占有对方的动产，即该动产在合同订立之时就已经存在了，但建设工程并不是在建设合同订立之时就存在的，它是根据合同的履行程度而逐渐形成的。所以从这个角度而言，建设工程是不能被留置的。

（五）我国的工程履约担保制度

1. 投标保证金

我国《施工招标投标管理办法》中明确了投标保函和投标保证金两种投标担保方式，并说明投标保证金可以使用支票、银行汇票等，而且根据该法规所编制的《房屋建筑和市政基础设施工程施工招标文件范本》中，投标人可以提交的投标担保包括现金方式的投标保证金。在实务操作中，包括提交现金在内的投标保证金是我国建设工程领域认可的担保方式，并且被广泛采用。

2. 履约保证金

履约保证金是履约担保形式之一。而履约担保是工程发包人为防止承包人在合同执行过程中违反合同规定或违约，并弥补给发包人造成的经济损失。其形式有履约保证金、履约银行保函和履约担保书三种。

《招标投标法》第46条规定："招标文件要求中标人提交履约保证金的，中标人应当提交。"该法没有明确交纳标准、方式及退还时间。《工程建设项目施工招标投标办法》第62条规定："招标人要求中标人提交履约保证金或其他形式的履约担保的，招标人应当同时向中标人提供工程款支付担保。"该文件同样也没有明确履约保证金的测算依据和缴纳办法。同时，该办法第85条规定："招标人不履行与中标人订立的合同的，应当双倍返还中标人的履约保证金。"明显与担保法及其司法解释规定冲突。当履约保证金的约定具备定金性质时，发生纠纷则应适用《最高人民法院关于适用〈中华人民共和国担保法〉若干问题的解释》第 115 条规定"当事人约定以交付定金作为订立主合同担保的，给付定金的一方拒绝订立主合同的，无权要求返还定金；收受定金的一方拒绝订立合同的，应当双倍返还定金。"否则，应适用该解释第 118 条规定"当事人交付留置金、担保金、保证金、定约金、押金或订金等，但没有约定定金性质，当事人主张定金权利的，人民法院不予支持。"

3. 质量保修金与质量保证金

根据《建设工程质量保证金管理办法》（2017）的规定，建设工程质量保证金（以下简称保证金）是指发包人与承包人在建设工程承包合同中约定，从应付的工程款中预留，用以保证承包人在缺陷责任期内对建设工程出现的缺陷进行维修的资金。缺陷是指建设工程质量不符合工程建设强制性标准、设计文件，以及承包合同的约定。缺陷责任期一般为1 年，最长不超过 2 年，由发、承包双方在合同中约定。

质量保修金对应的是质量保修期，而质量保证金对应的是缺陷责任期。想要明确质量保修金与质量保证金，首先厘清质量保修期与缺陷责任期。质量保修期是《建设工程质量管理条例》中的概念，是工程承包人对完成工程在保修范围内的保修期限，超过该期限承包人则无义务事实保修。建设工程的最低保修期限规定如下：基础设施工程、房屋建筑的地基基础工程和主体工程，为设计文件规定的该工程的合理使用年限；屋面防水工程、有防水要求的卫生间、房面和外墙面的防渗漏工程为 5 年；供热与供暖系统，为 2 个采暖期或供冷期；电器管线、给水排水管道、设备安装和装修工程为 2 年；其他项目的保修期限由合同当事人约定。质量保证期的起算时间为工程竣工验收合格之日。

（六）建设工程价款优先受偿权

1. 建设工程价款优先受偿权的概念和确立

《合同法》第 286 条规定："发包人未按照约定支付价款的，承包人可以催告发包人在合理期限内支付价款。发包人逾期不支付的，除按照建设工程的性质不宜折价、拍卖的以外，承包人可以与发包人协议将该工程折价，也可以申请人民法院将该工程依法拍卖。建设工程的价款就该工程折价或者拍卖的价款优先受偿。"该条确立了建设工程承包人的优先受偿权。建设工程承包人价款的优先受偿权，是指建筑工程竣工后，建设工程承包人在发包人未按照合同约定给付工程价款时，工程价款的债权与抵押权或其他债权同时并存时，承包人就该工程折价或者拍卖所得的价款，享有优先于抵押权和其他债权受偿的权利。

2002 年 6 月 20 日公布《最高人民法院关于建设工程价款优先受偿权问题的批复》（法释〔2002〕16 号），对于上海市高级人民法院《关于合同法第 286 条理解与适用问题的请示》，进行了答复，主要内容如下：（1）人民法院在审理房地产纠纷案件和办理执行案件中，应当依照《中华人民共和国合同法》第 286 条的规定，认定建筑工程的承包人的优先受偿权优于抵押权和其他债权。（2）消费者交付购买商品房的全部或者大部分款项后，承包人就该商品房享有的工程价款优先受偿权不得对抗买受人。（3）建筑工程价款包括承包人为建设工程应当支付的工作人员报酬、材料款等实际支出的费用，不包括承包人因发包人违约所造成的损失。（4）建设工程承包人行使优先权的期限为六个月，自建设工程竣工之日或者建设工程合同约定的竣工之日起计算。

在《批复》中，最高人民法院一方面强化了对建筑工程款债权的保护，明确指出建筑工程的承包人的优先受偿权不仅优先于一般债权还优先于抵押权；另一方面，也对建筑工程优先受偿权的行使进行了限制，即在消费者交付购买商品房的全部或者大部分款项后，承包人就该商品房享有的工程价款优先受偿权不得对抗买受人；同时，对享有优先受偿权的工程价款的范围和行使优先受偿权的期限进行了规定。这一司法解释的出台，在司法层面上有针对性地解决了建设工程优先受偿权在实务中的部分问题。

2. 建设工程价款优先受偿权行使的条件

根据《合同法》第286条的规定，建设工程价款优先受偿权的成立应符合下列条件：

（1）必须是建设工程合同中的施工合同所产生的建设工程价款。

（2）必须是已经竣工验收合格的建设工程。

（3）必须是为建设工程实际支出的劳务报酬、材料款等费用。

（4）必须是经承包人催告后仍不支付的建设工程价款。

（5）必须是允许折价、拍卖的建设工程。

（6）承包人履行了催告义务。

3. 建设工程价款优先受偿权行使的方式

根据《合同法》第286条的规定，行使建设工程价款优先受偿权的方式有两种：（1）由承包人与发包人协议将该建设工程折价；（2）由承包人申请法院依法拍卖。

四、建设工程合同的保全

合同的保全是指法律为防止合同债务人的财产不当减少，维护其财产状况，允许合同的债权人向债务人行使一定权利的制度。合同的保全也可理解为法律强制实施的一般担保，它可弥补保证、抵押、定金、留置等特殊担保及民事强制执行的不足。《合同法》所设立的合同保全有两种：代位权和撤销权。

（一）代位权

代位权是指因债务人怠于行使其到期债权，对债权人造成损害的，债权人可以向人民法院请求以自己的名义代位行使债务人的债权的权利。但是，按照《合同法》的规定，该债权专属于债务人自身的除外。代位权的行使范围以债权人的债权为限。债权人行使代位权的必要费用，由债务人负担。根据《合同法》司法解释（一），提起代位权诉讼，应当符合下列条件：（1）债权人对债务人的债权合法；（2）债务人怠于行使其到期债权，对债权人造成损害；（3）债务人的债权已到期；（4）债务人的债权不是专属于债务人自身的债权。

1. 建设工程领域代位权的主体

（1）分包商对发包人的代位权

在工程项目实施过程中，总承包商不能从建设单位获得工程款，进而不能支付分包商合同价款的情况非常普遍。在这种情况下，分包商可以考虑行使代位权维护自身利益，以自己的名义向发包人提起代位权之诉。

（2）劳务工人、供应商对总承包商的代位权

在由分包商选择劳务施工队伍或材料设备供应商的项目管理模式之下，当分包商不能给付工人工资或材料款时，劳务工人（劳务公司）及供应商得以向拖欠分包商款项的总承包商提起代位权之诉。在工程实践中，一个工程项目中往往涉及多个施工队和供应商，在这种情况下需注意，根据合同法的司法解释，两个或者两个以上债权人以同一次债务人为

被告提起代位权诉讼的，人民法院可以合并审理。当然，部分劳务工人作为债权人依法向次债务人（总承包商）提起代位权诉讼，法院判决对未成为原告的其他债权人同样发生法律拘束力。

2. 实际施工人的法律地位

《工程施工合同司法解释》第 26 条规定："实际施工人以发包人为被告主张权利的，发包人只在欠付工程价款范围内对实际施工人承担责任。"该《工程施工合同司法解释》允许实际施工人以发包人被告主张权利，但是发包人只在欠付工程款的范围内对实际施工人承担责任。如果发包人与承包人（其上家）已完成工程价款结算，实际施工人则无权要求重新结算，只能要求发包人在欠付工程款的范围内支付工程款。因此有学者认为《工程施工合同司法解释》第 26 条其实是代位权的延伸，如果发包人与承包人已结清工程款，则实际施工人就丧失了要求发包人支付工程款的权利。

（二）撤销权

撤销权是指因债务人放弃其到期债权或者无偿转让财产，对债权人造成损害的，债权人可以请求人民法院撤销债务人的行为。债务人以明显不合理的低价转让财产，对债权人造成损害，并且受让人知道该情形的，债权人也可请求人民法院撤销债务人的行为。撤销权的行使范围以债权人的债权为限。债权人行使撤销权的必要费用，由债务人负担。撤销权自债权人知道或者应当知道撤销事由之日起一年内行使。自债务人的行为发生之日起五年内没有行使撤销权的，该撤销权消灭。

第六节　建设工程合同的变更与终止

一、建设工程合同的变更

（一）建设工程合同变更的概念

建设工程合同变更的概念有广义和狭义之分。广义的建设工程合同变更不仅包括合同内容的变更，而且还包括合同主体的变更。狭义的建设工程合同的变更仅指合同内容的变更。由于合同主体的变更实际上是合同权利义务的转让，而且我国《合同法》将合同变更与合同转让进行了区分，因此这里的建设工程合同的变更是指狭义上的变更，即建设工程合同内容的变更，不包括主体的变更，即不包括合同的转让。建筑工程项目具有规模大、结构复杂、建设周期长的特点，因此建设工程合同在履行的过程中不可避免地会因为工程施工条件和环境的变化对建设工程合同进行内容变更。建设工程合同的变更一般指的是，建设工程合同依法成立后，在尚未履行或未完全履行时，当事人依法经过协商，或直接依据法律规定，对建设工程合同的内容进行修订或调整。

（二）建设工程合同变更的情形

根据我国《合同法》的规定，建设工程合同的变更，包括法定变更与协议变更两种情形。法定变更即依据法律规定而变更合同内容。协议变更，即合同当事人在合意的基础上，以协议的方式对合同的内容进行变更。

1. 法定原因的变更

《合同法》第 283 条规定："发包人未按照约定的时间和要求提供原材料、设备、场地、资金、技术资料的，承包人可以顺延工程日期，并有权要求赔偿停工、窝工等损失。"

这是在一方当事人违约的情形下，法律直接赋予另一方当事人变更合同的权利。

另外，根据《合同法》第 54 条的规定，当事人因重大误解、显失公平、欺诈、胁迫或者乘人之危而订立的合同，受损害一方有权请求人民法院或者仲裁机构变更或者撤销。根据《合同法》第 114 条的规定，约定的违约金低于造成的损失的，当事人可以请求人民法院或者仲裁机构予以增加；约定的违约金过分高于造成的损失的，当事人可以请求人民法院或者仲裁机构予以适当减少。

《合同法》司法解释（二）第 26 条规定，合同成立以后客观情况发生了当事人在订立合同时无法预见的、非不可抗力造成的不属于商业风险的重大变化，继续履行合同对于一方当事人明显不公平或者不能实现合同目的，当事人请求人民法院变更或者解除合同的，人民法院应当根据公平原则，并结合案件的实际情况确定是否变更或者解除。

2. 协议变更

《合同法》第 77 条规定："当事人协商一致，可以变更合同。法律、行政法规规定变更合同应当办理批准、登记手续的，依照其规定。"这种变更必须取得当事人意思一致，当事人对合同变更的内容约定不明确的，推定为未变更。

建设工程的变更是通过工程签证来加以确认的。在中国建设工程造价管理协会于 2002 年发布的《工程造价咨询业务操作指导规程》中，工程签证被解释和定义为："按承发包合同约定，一般由承发包双方代表就施工过程中涉及合同价款之外的责任事件所作的签认证明"。建设工程施工合同所出现的工程签证，从法律定性上看，属于建设工程施工合同履行过程中的有关合同权利义务的增加或变更之性质。《工程施工合同司法解释》的明确了工程签证的法律意义，《工程施工合同司法解释》第 19 条规定，当事人对工程量有争议的，按照施工过程中形成的签证等书面文件确认。承包人能够证明发包人同意其施工，但未能提供签证文件证明工程量发生的，可以按照当事人提供的其他证据确认实际发生的工程量。从该司法解释规定可以看到工程签证不是工程事实的简单记载，而是工程量争议确定的极其重要依据。

（三）建设工程合同变更的处理

1. 除了法定情形外，一般应由当事人协商一致

通常情况下，工程量的增减，均有建设单位或施工方的工程变更单，经双方确认（签证）后施工。根据《建设工程施工合同（示范文本）》31.1 条的规定，承包人在工程变更确定后 14 天内，提出变更工程价款的报告，经工程师确认后调整合同价款。

2. 必须遵循法定程序和方式

根据《合同法》第 77 条第 2 款规定："法律、行政法规规定变更合同应当办理批准、登记手续的，依照其规定。"依据《建设工程质量管理条例》等相关规定，建设单位应当将施工图设计文件报县级以上人民政府建设行政主管部门或者其他有关部门审查，施工图设计文件未经审查批准的，不得使用。依据《建设工程勘察设计管理条例》等相关规定，建设工程勘察、设计文件内容需要作重大修改的，建设单位应当报经原审批机关批准后，方可修改。由此可见，施工图设计文件和勘察设计文件作为当事人之间合同权利义务的主要内容，如发生变更，应当经有关部门批准后才可以变更，否则应为无效。

根据《合同法》第 273 条的规定："国家重大建设工程合同，应当按照国家规定的程序和国家批准的投资计划、可行性研究报告等文件订立。"国家重大建设工程合同的变更，

若涉及内容的重大变化，如规模扩大、工期变化、质量标准改变等，都应当按照合同订立审批的程序进行合同变更的审批。

3. 建设工程合同的变更不具有溯及力

建设工程合同变更的效力，由于建设工程合同的变更是在原合同的基础上将合同内容发生变化，因此建设工程合同依法变更后，发包人与承包人应按变更后的合同履行义务，任何一方违反变更后的合同内容都将违约。同时，由于建设工程合同的变更只是原合同内容的局部变更而非全部变更，因此对原合同中未变更的内容，仍然继续有效，双方应继续按原合同约定的内容履行义务。

建设工程合同的变更不具有溯及既往的效力，已经履行的债务不因合同的变更而失去法律依据。也就是说，无论是发包人还是承包人，均不得以变更后的合同条款来作为重新调整双方在变更前的权利义务关系的依据。此外，根据《民法通则》第115条之规定，建设工程合同的变更，不影响当事人要求赔偿损失的权利。

二、建设工程合同的转让

（一）建设工程合同转让的概念

建设工程合同的转让，指的是合同的一方当事人依法将合同的权利义务全部或部分地转让给第三人，而合同内容并未发生变化的行为。其实质是建设工程合同主体的变更。

（二）建设工程合同的转让的种类

1. 建设工程合同权利的转让

建设工程合同权利的转让指的是建设工程合同的权利人与第三人订立合同，将自己的合同权利全部或部分转移给第三人。根据《合同法》第78条规定，债权人可以将合同的权利全部或者部分转让给第三人，如承包人按照施工合同完工后，发包人拖欠工程款，承包人将索要工程款的权利转让给第三人。

因为当事人将合同权利转让给第三人对于债务人来说，基本不会增加债务人的负担，所以《合同法》79条的规定，债权人转让权利的，应当通知债务人。未经通知，该转让对债务人不发生效力。

2. 建设工程合同义务的转让

建设工程合同义务的转让指的是建设工程合同中负有义务的一方当事人，将自己的合同义务全部或部分转让给第三人的行为。如发包人将支付拖欠工程款的义务协议转让给第三人。

因为合同义务的转让关系到债权人的权利能否实现和在多大程度上实现，所以根据《合同法》第84条规定，债务人将合同的义务全部或者部分转移给第三人的，应当经债权人同意。

3. 建设工程合同权利义务的概括转让

建设工程合同权利义务的概括转让指的是建设工程合同的当事人将其在合同中的权利义务一并转移给第三人的行为，包括：合同转让和企业合并或分立引起的概括转让。如发包方与承包人签订施工合同后，因故将合同转让给第三人，由第三人取代原发包方在施工合同中的地位，承受其权利义务。

因为权利义务的概括转让，涉及受让人的履行能力和债权人的权利实现，所以根据《合同法》第88条的规定，当事人一方经对方同意，可以将自己在合同中的权利和义务一并转让给第三人。

为了保证工程的质量，防止某些承包单位在拿到工程项目后以分包的名义倒手转包，损害发包人的利益，破坏建设市场秩序，现行法律对建设项目的分包作了严格的限制：

（1）以承包合同施工总承包分包的，建筑工程主体结构的施工必须由总承包单位自行完成。

（2）建筑工程总承包单位按照总承包合同的约定对建设单位负责；分包单位按照分包合同的约定对总承包单位负责。总承包单位和分包单位就分包工程对建设单位承担连带责任。

（3）禁止总承包单位将工程分包给不具备相应资质条件的单位。承包人将工程分包给不具备相应资质条件的分包人，该分包合同无效。

（4）禁止分包单位将其承包的工程再分包。以避免因层层分包造成责任不清以及因中间环节过多造成实际用于工程费用减少的问题。

（5）禁止承包单位将其承包的全部建筑工程肢解以后以分包的名义分别转包给他人。

三、建设工程合同权利义务的终止

（一）建设工程合同终止的概念

建设工程合同的终止，指的是建设工程合同因某种原因而引起当事人权利义务的消灭。建设工程合同终止的原因大致有三类：一是基于当事人的意思。二是基于合同目的的消灭，三是基于法律直接规定。建设工程合同终止主要包括合同履行完毕的自然终止，和履行过程中某种原因导致的合同终止。

根据《合同法》第91条的规定，导致合同终止的原因主要有：1. 债务已经按照约定履行；2. 合同解除；3. 债务相互抵销；4. 债务人依法将标的物提存；5. 债权人免除债务；6. 债权债务同归于一人（即混同）；7. 法律规定或者当事人约定终止的其他情形。如具有人身性质的合同之债，因当事人死亡而解除。

上述情形同样适用于建设工程合同的终止。建设工程实践中，除承包发包合同双方当事人按照合同约定履行义务而导致合同的自然终止以外，最常见的就是因为合同解除而导致的建设工程合同的终止。

（二）建设工程合同的解除

1. 建设工程合同解除的概念

建设工程合同的解除，指合同成立之后，尚未履行或未全部履行之前，合同当事人依法行使解除权或者双方协商决定，提前解除合同效力，使基于合同而发生的债权债务关系归于消灭的行为。

2. 建设工程合同解除的种类

根据合同解除是由单方面行使解除权解除合同，还是由双方当事人协商解除合同，合同解除可以分为：单方解除和双方解除。单方解除指的是具备当事人约定的或法律规定的解除条件时，享有解除权的一方行使解除权，单方通知对方解除合同，解除合同的通知到达对方时合同解除。双方解除，又称为协议解除，指的是当事人协商一致解除合同。

根据合同解除的依据是法律规定还是当事人约定，可分为：约定解除和法定解除。

（1）约定解除

根据《合同法》第93条规定，"当事人协商一致，可以解除合同。当事人可以约定一方解除合同的条件。解除合同的条件成就时，解除权人可以解除合同。"约定解除包括：

① 当事人协商一致解除合同。由于建设工程周期较长，在履行过程中，出现了某种情况，当事人认为没有必要继续履行合同，双方协商一致，解除原合同。

② 约定一方解除合同条件的解除。当事人在合同中约定了解除合同的条件，在履行过程中，约定解除条件出现时，当事人一方单方行使解除权，从而终止合同关系。

《建设工程施工合同（示范文本）》（GF—2017—0201）"通用条款"第 16.1.3 和 16.2.3 分别规定了因发包人违约解除合同、因承包人违约解除合同。16.1.3 因发包人违约解除合同：除专用合同条款另有约定外，承包人按第 16.1.1 项〔发包人违约的情形〕约定暂停施工满 28 天后，发包人仍不纠正其违约行为并致使合同目的不能实现的，或出现第 16.1.1 项〔发包人违约的情形〕第（7）目约定的违约情况，承包人有权解除合同，发包人应承担由此增加的费用，并支付承包人合理的利润。16.2.3 因承包人违约解除合同：除专用合同条款另有约定外，出现第 16.2.1 项〔承包人违约的情形〕第（7）目约定的违约情况时，或监理人发出整改通知后，承包人在指定的合理期限内仍不纠正违约行为并致使合同目的不能实现的，发包人有权解除合同。合同解除后，因继续完成工程的需要，发包人有权使用承包人在施工现场的材料、设备、临时工程、承包人文件和由承包人或以其名义编制的其他文件，合同当事人应在专用合同条款约定相应费用的承担方式。发包人继续使用的行为不免除或减轻承包人应承担的违约责任。

（2）法定解除

法定解除主要是适用于当事人不履行合同的主要义务，致使合同的目的无法实现的情形，《合同法》第 94 条规定：有下列情形之一的，当事人可以解除合同：①因不可抗力致使不能实现合同目的；②在履行期限届满之前，当事人一方明确表示或者以自己的行为表明不履行主要债务；③当事人一方迟延履行主要债务，经催告后在合理期内仍未履行；④当事人一方迟延履行债务或者有其他违约行为致使不能实现合同目的；⑤法律规定的其他情形。

《建设工程施工合同（示范文本）》（GF—2017—0201）"通用条款"第 17.4 因不可抗力解除合同。因不可抗力导致合同无法履行连续超过 84 天或累计超过 140 天的，发包人和承包人均有权解除合同。合同解除后，由双方当事人按照第 4.4 款〔商定或确定〕商定或确定发包人应支付的款项，该款项包括：①合同解除前承包人已完成工作的价款；②承包人为工程订购的并已交付给承包人，或承包人有责任接受交付的材料、工程设备和其他物品的价款；③发包人要求承包人退货或解除订货合同而产生的费用，或因不能退货或解除合同而产生的损失；④承包人撤离施工现场以及遣散承包人人员的费用；⑤按照合同约定在合同解除前应支付给承包人的其他款项；⑥扣减承包人按照合同约定应向发包人支付的款项；⑦双方商定或确定的其他款项。除专用合同条款另有约定外，合同解除后，发包人应在商定或确定上述款项后 28 天内完成上述款项的支付。

3. 解除权的行使

《合同法》第 95 条规定，法律规定或者当事人约定解除权行使期限，期限届满当事人不行使的，该权利消灭。法律没有规定或者当事人没有约定解除权行使期限，经对方催告后在合理期限内不行使的，该权利消灭。解除权的行使期限一般只存在于约定解除期限的解除和法定解除中，而协商解除是当事人双方协商解除合同，一般不会发生解除期限问题。

《合同法》第 96 条规定，当事人一方依照《合同法》第 93 条第 2 款、第 94 条的规定主张解除合同的，应当通知对方。合同自通知到达对方时解除。对方有异议的，可以请求人民法院或者仲裁机构确认解除合同的效力。法律、行政法规规定解除合同应当办理批准、登记手续的，依照其规定。

4. 合同解除的法律后果

根据《合同法》第 97 条和第 98 条的规定，建设工程合同解除后的法律后果有：

（1）合同解除后，尚未履行的，终止履行。无论何种情形的解除，都是因为合同没有履行的必要或合同不能继续履行下去，因此，建设工程合同解除后，原合同失去法律效力，不应继续履行。

（2）已经履行的，根据履行情况和合同性质，当事人可以要求恢复原状、采取其他补救措施，并有权要求赔偿损失。因为施工人已完成的工程存在严重的质量瑕疵，必须拆除重建，发包人会因承包人的严重违约解除合同，同时有权要求承包人拆除已建工程，恢复原状。当然，如果承包人已建部分工程符合质量安全等法律和合同约定的标准，发包人因其他原因解除合同的，就不能要求承包人拆除。另外，建设工程因一方违约导致合同解除的，违约方应当赔偿因此而给对方造成的损失。

（3）合同的权利义务终止，不影响合同中结算和清理条款的效力。

建设工程合同终止后，往往还涉及施工人已完成了部分工程，发包人也已支付部分工程款，已履行部分如何结算等，合同当事人进行经济结算以及处理合同善后事宜，仍需要有依据，因此结算和清理条款具有相对的独立性，不因合同的解除而失效。

5. 建设工程施工合同解除的特殊规定

《工程施工合同司法解释》第 8 条和第 9 条，分别规定了发包人和承包人的解除权，对合同法第 94 条关于合同解除权规定适用于建设工程施工合同进行了具体规定，其目的是通过明确解除合同的条件，防止合同随意被解除，从而保证建设工程施工合同全面实际履行。

（1）发包人的合同解除权

根据《工程施工合同司法解释》第 8 条规定，承包人具有下列情形之一，发包人请求解除建设工程施工合同的，应予支持：

① 明确表示或者以行为表明不履行合同主要义务的；该规定基本上套用了《合同法》第 94 条第（2）项的相关规定，对于发包人而言，承包人在合同中的主要债务即是承包人完成建设工程，如果承包人明示或者以自己的行为表示不履行合同的主要债务，也即不履行合同约定的主要义务，发包人有权解除合同。这一条是《合同法》本身赋予守约方解除权的情形。一般情况下，承包人是不愿意解除合同的，所以承包人明确表示其不履行合同主要义务即明示毁约的情形较少，但以行为表示不再履行合同即默示毁约在实务中普遍存在，如擅自停工。

② 合同约定的期限内没有完工，且在发包人催告的合理期限内仍未完工的；承包人在合同约定的期限内按时完工，是承包人的主要合同义务。没有完工即没有履行合同约定的主要义务。该条基本上是源于《合同法》第 94 条第（3）项的规定。

③ 已经完成的建设工程质量不合格，并拒绝修复的；该项规定来源于《合同法》第

94 条第（4）项的规定。合同订立以后，当事人一方不按照合同的约定，履行合同义务，或者当事人一方履行合同义务不符合约定的，即是该当事人违约。当事人一方有违约行为并不导致另一方享有解除权，只有在一方违约致使不能实现合同目的时，另一方才享有解除权。

④ 将承包的建设工程非法转包、违法分包的。国务院的行政法规《建设工程质量管理条例》第 78 条第 2 款将违法分包列为下列行为：a. 总承包单位将建设工程分包给不具备相应资质条件的单位的；b. 建设工程总承包合同中未有约定，又未经建设单位认可，承包单位将其承包的部分建设工程交由其他单位完成的；c. 施工总承包单位将建设工程主体结构的施工分包给其他单位的；d. 分包单位将其承包的工程再分包的。因《工程施工合同司法解释》第 4 条已明确了承包人非法转包、违法分包因违反《建筑法》的强制性规定无效。《合同法》分则关于建设工程施工合同一章最后一条即第 287 条规定："本章没有规定的，适用承揽合同的有关规定。"而承揽合同一章中则有定作人解除合同的规定，建设工程施工合同作为承揽合同的一种特殊形式，发包人也即定作人。故在承包人未经发包人同意或者说转包合同、违法分包合同无效的前提下，依照定作人解除合同的规定，发包人可以行使合同解除权，旨在对发包人利益的保护。

（2）承包人的合同解除权

根据《工程施工合同司法解释》第 9 条规定，发包人具有下列情形之一，致使承包人无法施工，且在催告的合理期限内仍未履行相应义务，承包人请求解除建设工程施工合同的，应予支持：

① 未按约定支付工程价款的；在建设工程施工合同中，除合同约定需由施工单位带款垫资的情形外，按约定金额及期限支付工程款是发包人的主要合同义务，如果发包人未按约定支付工程款项，导致施工单位无法继续施工，施工单位可向发包人发出通知付款的催告，给对方以合理期限，只有在合理期限届满后发包人仍不履行支付义务的，承包人（施工单位）方可行使合同解除权。

根据国际惯例及建设工程施工合同的特点，建设工程施工中一般履行通知、确认义务的期限为 28 天，故催告的合理期限一般也可定为 28 天，这样也与建设部《建设工程施工合同（范本）》通用条款中的表述基本统一。但需注意的是，在示范文本通用条款 26.4 及44.2 中规定发包人未按约支付进度款并经承包人催告后未能达成延期付款协议，从而导致施工无法进行的，施工单位可停止施工，停止施工超过 56 天发包人仍不支付进度款的，施工单位方可解除合同。

② 提供的主要建筑材料、建筑构配件和设备不符合强制性标准的；建筑材料、建筑构配件及设备直接关系到建筑工程质量，为此，国务院《建设工程质量管理条件》第 14条规定，由发包方提供的建筑材料、建筑构配件和设备应当符合设计文件及合同要求，同时施工单位必须按照工程设计要求、施工技术标准及合同约定，对建筑材料、建筑构配件等进行检验，未经检验或检验不合格的，不得在工程中使用，否则，除需承担赔偿责任外，还会受到较重的行政处罚。《中华人民共和国标准化法》第 14 条规定："强制性标准，必须执行。不符合强制性标准的产品，禁止生产、销售和进口。"《标准化法实施条例》第18 条第 3 项规定："工程建设的质量、安全、卫生标准及国家需要控制的其他工程建设标准属于强制性标准。"第 23 条规定："从事科研、生产、经营的单位和个人，必须严格执

行强制性标准。不符合强制性标准的产品，禁止生产、销售和进口。"由此看出，国家强制性标准是必须执行的最低质量标准，在发包人提供的建筑材料、建筑构配件或设备不符合该标准时，施工单位应当要求发包人在合理期限内进行更换修理，发包人拒绝履行的，施工单位有权行使合同解除权，解除施工合同。

③ 不履行合同约定的协助义务的。建设工程施工合同是承揽合同的特殊形式，因此，《合同法》第15章中有关承揽合同的一些规定，在建设工程合同中同样可以适用，依照《合同法》第259条的规定：承揽工作需要定作人协助的，定作人有协助的义务；定作人不履行协助义务致使承揽工作不能完成的，承揽人可催告其在合理期限内履行义务；定作人逾期不履行的，承揽人可以解除合同。一般而言，发包人必须履行的协助义务包括按约定的时间和要求提供原材料、设备、场地、资金及技术资料，办理施工所需的相关手续以及隐蔽工程检查等，如果发包人未能履行有关协助义务，使施工单位无法继续施工，施工单位有权要求发包人在合理期限内提供，发包人仍不提供的，施工单位有权行使合同解除权，解除施工合同。

（3）建设工程施工合同解除的法律后果

根据《合同法》97、98条和《工程施工合同司法解释》第10条第1款规定，建设工程施工合同解除后，已经完成的建设工程质量合格的，发包人应当按照约定支付相应的工程价款；已经完成的建设工程质量不合格的，参照本解释第3条规定处理。而《建设工程施工合同纠纷案件司法解释》第3条规定的处理原则是：经修复后的建设工程经竣工验收合格的，发包人应支付工程价款，但承包人应承担相应修复费用；如修复后的建设工程经竣工验收不合格，承包人请求支付工程价款的，不予支持。从这些规定中可以看出，合同解除后施工单位工程款能否得到结算的关键在于已完成工程的质量状况，如工程质量验收合格或虽不合格但经修复验收合格的，其工程款的结算要求仍可得到支持，但如果经修复后仍无法验收合格，其工程款的结算要求将不被支持。

依照《合同法》第97条及《工程施工合同司法解释》第10条第2款的规定，因发包方违约导致合同解除的，发包人应赔偿因此而给施工单位造成的损失。一般而言，合同解除给施工方造成的损失应包括实际损失及可得利益的损失。其中实际损失包括因发包人违约导致停工的人工损失、工地管理费用增加的损失、机械设备租赁费用增加的损失以及因合同解除后撤场引起的费用损失等；而可得利益损失主要指由于未能完成施工使施工单位蒙受的预期可得利润的损失；因一方违约导致合同解除的，违约方应赔偿因此给对方造成的损失。因建设工程不合格造成的损失，发包人有过错的，也应承担相应的民事责任。

6. 建设工程设计合同解除的法律后果

《建设工程设计合同示范文本（房屋建筑工程）》（GF—2015—0209）第16条规定，发包人与设计人协商一致，可以解除合同。有下列情形之一的，合同当事人一方或双方可以解除合同：（1）设计人工程设计文件存在重大质量问题，经发包人催告后，在合理期限内修改后仍不能满足国家现行深度要求或不能达到合同约定的设计质量要求的，发包人可以解除合同；（2）发包人未按合同约定支付设计费用，经设计人催告后，在30天内仍未支付的，设计人可以解除合同；（3）暂停设计期限已连续超过180天，专用合同条款另有约定的除外；（4）因不可抗力致使合同无法履行；（5）因一方违约致使合同无法实际履行或实际履行已无必要；（6）因本工程项目条件发生重大变化，使合同无法继续履行。任何一方因故需解除合同时，应提前 30 天书面通知对方，对合同中的遗留问题应取得一致意见并形成书面协议。合同解除后，发包人除应按第 14.1.1 项的约定及专用合同条款约定期限内向设计人支付已完工作的设计费外，应当向设计人支付由于非设计人原因合同解除导致设计人增加的设计费用，违约一方应当承担相应的违约责任。

7. 建设工程勘察合同解除的法律后果

《建设工程勘察合同（示范文本）》（GF—2016—0203）第 12 条的规定，有下列情形之一的，发包人、勘察人可以解除合同：（1）因不可抗力致使合同无法履行；（2）发生未按第 7.2 款〔定金或预付款〕或第 7.3 款〔进度款支付〕约定按时支付合同价款的情况，停止作业超过 28 天，勘察人有权解除合同，由发包人承担违约责任；（3）勘察人将其承包的全部工程转包给他人或者肢解以后以分包的名义分别转包给他人，发包人有权解除合同，由勘察人承担违约责任；（4）发包人和勘察人协商一致可以解除合同的其他情形。

一方依据第 12.1 款约定要求解除合同的，应以书面形式向对方发出解除合同的通知，并在发出通知前不少于 14 天告知对方，通知到达对方时合同解除。对解除合同有争议的，按第 16 条〔争议解决〕的约定处理。因不可抗力致使合同无法履行时，发包人应按合同约定向勘察人支付已完工作量相对应比例的合同价款后解除合同。合同解除后，勘察人应按发包人要求将自有设备和人员撤出作业场地，发包人应为勘察人撤出提供必要条件。

第七节　建设工程合同的违约责任

一、违约责任的概念

违约责任，是指合同当事人一方不履行合同义务或履行合同义务不符合合同约定所应承担的民事责任。民法通则第 111 条、合同法第 107 条分别对违约责任均做了概括性规定。

违约责任作为一种民事责任，具有相对性。合同关系的相对性决定了违约责任的相对性，即违约责任是合同当事人之间的民事责任，合同当事人以外的第三人对当事人之间的合同不承担违约责任。

二、违约责任的构成要件和免责事由

（一）违约责任的构成要件

由于我国《合同法》实行严格的违约责任归责原则，因此采用的学说应为四要件说，也即违约责任的构成要件包括：有违约行为；有损害事实；违约行为与损害事实之间存在因果关系；无免责事由。

1. 违约行为

违约行为，是指当事人一方不履行合同义务或者履行合同义务不符合约定条件的行为。

2. 违约行为的主要形态

（1）不能履行。又叫给付不能，是指债务人在客观上已经没有履行能力，或者法律禁止债务的履行。不能履行以订立合同时为标准，可分为自始不能履行和嗣后不能履行。前者可构成合同无效；后者是违约的类型。不能履行还可分为永久不能履行和一时不能履行。前者是指在合同履行期限或者可以为履行期限届满时不能履行；后者指在履行期限届满时因暂时的障碍而不能履行。

（2）延迟履行。又称债务人延迟或者逾期履行，指债务人能够履行，但在履行期限届满时却未履行债务的现象。

（3）不完全履行。是指债务人虽然履行了债务，但其履行不符合债务的本旨，包括标的物的品种、规格、型号、数量、质量、运输的方法、包装方法等不符合合同约定等。

（4）拒绝履行。是债务人对债权人表示不履行合同。这种表示一般为明示的，也可以是默示的。

（5）债权人延迟。或者称受领延迟，是指债权人对于已提供的给付，未为受领或未为其他给付完成所必需的协助的事实。

（6）预期违约。预期违约也称先期违约，是指在合同履行期限到来之前，一方无正当理由但明确表示其在履行期到来后将不履行合同，或者其行为表明其在履行期到来后将不可能履行合同。预期违约包括两种形态，即明示预期违约（明示毁约）和默示预期违约（默示毁约）。

（二）违约责任的免责事由

免责事由也称免责条件，是指当事人对其违约行为免于承担违约责任的事由。合同法上的免责事由可分为两大类，即法定免责事由和约定免责事由。法定免责事由是指由法律直接规定、不需要当事人约定即可援用的免责事由，主要指不可抗力；约定免责事由是指当事人约定的免责条款。

1. 不可抗力

根据我国法律的规定，所谓不可抗力，是指不能预见、不能避免并不能克服的客观情况。不可抗力主要包括以下几种情形：（1）自然灾害，如台风、洪水、冰雹；（2）政府行为，如征收、征用；（3）社会异常事件，如罢工、骚乱。不可抗力的免责效力。因不可抗力不能履行合同的，根据不可抗力的影响，违约方可部分或全部免除责任。

2. 免责条款

免责条款是指当事人在合同中约定免除将来可能发生的违约责任的条款，其所规定的免责事由即约定免责事由。免责条款必须在合同中明示做出，并且其构成合同的组成部分是合同有效的前提之一。免责条款不能排除当事人的基本义务，也不能排除故意或重大过失的责任，免责条款必须不得违背法律规定和社会公益，也就是不能违背公序良俗，以免造成对相对人的不利。

三、违约责任的承担方式

违约责任的形式，即承担违约责任的具体方式。对此，民法通则第 111 条和合同法第 107 条做了明文规定。合同法第 107 条规定，当事人一方不履行合同义务或者履行合同义务不符合约定的，应当承担继续履行、采取补救措施或者赔偿损失等违约责任。据此，违约责任有三种基本形式，即继续履行、采取补救措施和赔偿损失。当然，除此之外，违约责任还有其他形式，如违约金和定金责任。

（一）继续履行

当事人一方未支付价款或者报酬的，对方可以要求其支付价款或者报酬。当事人一方不履行非金钱债务或者履行非金钱债务不符合约定的，对方可以要求履行，但有下列情形之一的除外：（1）法律上或者事实上不能履行；（2）债务的标的不适于强制履行或者履行费用过高；（3）债权人在合理期限内未要求履行。

（二）采取补救措施

质量不符合约定的，应当按照当事人的约定承担违约责任。对违约责任没有约定或者约定不明确，依照合同法的规定仍不能确定的，受损害方根据标的的性质以及损失的大小，可以合理选择要求对方承担修理、更换、重作、退货、减少价款或者报酬等违约责任。

（三）赔偿损失

当事人一方不履行合同义务或者履行合同义务不符合约定的，在履行义务或者采取补救措施后，对方还有其他损失的，应当赔偿损失。当事人一方不履行合同义务或者履行合同义务不符合约定，给对方造成损失的，损失赔偿额应当相当于因违约所造成的损失，包括合同履行后可以获得的利益，但不得超过违反合同一方订立合同时预见到或者应当预见到的因违反合同可能造成的损失。经营者对消费者提供商品或者服务有欺诈行为的，依照《消费者权益保护法》的规定承担损害赔偿责任。

当事人一方违约后，对方应当采取适当措施防止损失的扩大；没有采取适当措施致使损失扩大的，不得就扩大的损失要求赔偿。当事人因防止损失扩大而支出的合理费用，由违约方承担。

（四）违约金

当事人可以约定一方违约时应当根据违约情况向对方支付一定数额的违约金，也可以约定因违约产生的损失赔偿额的计算方法。约定的违约金低于造成的损失的，当事人可以请求人民法院或者仲裁机构予以增加；约定的违约金过分高于造成的损失的，当事人可以请求人民法院或者仲裁机构予以适当减少。当事人就迟延履行约定违约金的，违约方支付违约金后，还应当履行债务。

（五）定金

当事人可以依照《担保法》约定一方向对方给付定金作为债权的担保。债务人履行债务后，定金应当抵作价款或者收回。给付定金的一方不履行约定的债务的，无权要求返还定金；收受定金的一方不履行约定的债务的，应当双倍返还定金。当事人既约定违约金，又约定定金的，一方违约时，对方可以选择适用违约金或者定金条款。

第八节　建设工程合同的示范文本与主要内容

一、建设工程合同的示范文本

由于建设工程合同的特殊性，国家对其合同文本的使用有较强的指导性，建设部等行政主管部门定期发布建设工程合同的示范文本，作为指导各建设工程发包人与承包人明确双方权利义务的主要参照。

（一）建设工程勘察设计合同示范文本

2000 年，建设部、国家工商行政管理总局修订《建设工程勘察设计合同管理办法》，制定了《建设工程勘察合同（示范文本）》和《建设工程设计合同（示范文本）》。之后经过修订，分别形成《建设工程勘察合同（示范文本）》GF—2016—0203《建设工程设计合同示范文本（房屋建筑工程）》GF—2015—0209《建设工程设计合同示范文本（专业建设工程)》GF—2015—0210。上述三项合同示范文本均由协议书、通用条件和专用条件组成。

（二）建设工程施工合同示范文本

在建设工程施工合同方面，目前适用的示范文本主要为住房城乡建设部和国家工商行政管理局于 2017 年颁布的《建设工程施工合同示范文本》GF—2017—0201。《示范文本》由合同协议书、通用合同条款和专用合同条款三部分组成。

第一部分"合同协议书"。《示范文本》合同协议书共计 13 条，主要包括：工程概况、合同工期、质量标准、签约合同价和合同价格形式、项目经理、合同文件构成、承诺以及合同生效条件等重要内容，集中约定了合同当事人基本的合同权利义务。

第二部分"通用合同条款"。通用合同条款是合同当事人根据《建筑法》、《合同法》等法律法规的规定，就工程建设的实施及相关事项，对合同当事人的权利义务作出的原则性约定。通用合同条款共计 20 条，具体条款分别为：一般约定、发包人、承包人、监理人、工程质量、安全文明施工与环境保护、工期和进度、材料与设备、试验与检验、变更、价格调整、合同价格、计量与支付、验收和工程试车、竣工结算、缺陷责任与保修、违约、不可抗力、保险、索赔和争议解决。前述条款安排既考虑了现行法律法规对工程建设的有关要求，也考虑了建设工程施工管理的特殊需要。

第三部分"专用合同条款"。专用合同条款是对通用合同条款原则性约定的细化、完善、补充、修改或另行约定的条款。合同当事人可以根据不同建设工程的特点及具体情况，通过双方的谈判、协商对相应的专用合同条款进行修改补充。在使用专用合同条款时，应注意以下事项：①专用合同条款的编号应与相应的通用合同条款的编号一致；②合同当事人可以通过对专用合同条款的修改，满足具体建设工程的特殊要求，避免直接修改通用合同条款；③在专用合同条款中有横道线的地方，合同当事人可针对相应的通用合同条款进行细化、完善、补充、修改或另行约定；如无细化、完善、补充、修改或另行约定，则填写"无"或划"/"。

《示范文本》为非强制性使用文本。《示范文本》适用于房屋建筑工程、土木工程、线路管道和设备安装工程、装修工程等建设工程的施工承发包活动，合同当事人可结合建设工程具体情况，根据《示范文本》订立合同，并按照法律法规规定和合同约定承担相应的法律责任及合同权利义务。

（三）FIDIC 合同条件

FIDIC 即是国际咨询工程师联合会，它于 1913 年在英国成立。第二次世界大战结束后 FIDIC 发展迅速起来。至今已有 60 多个国家和地区成为其会员。中国于 1996 年正式加入。FIDIC 是世界上多数独立的咨询工程师的代表，是最具权威的咨询工程师组织，它推动着全球范围内高质量、高水平的工程咨询服务业的发展。FIDIC 专业委员会编制了一系列规范性合同条件，构成了 FIDIC 合同条件体系。它们不仅被 FIDIC 会员国在世界范围内广泛使用，也被世界银行、亚洲开发银行、非洲开发银行等世界金融组织在招标文件中使用。在 FIDIC 合同条件体系中，最著名的有：《土木工程施工合同条件》（Conditions of Contract for Work Of Civil Engineering Construction，通称 FIDIC "红皮书"）、《电气和机械工程合同条件》（Conditions of Contract for Electrical and Mechanical Works，通称 FIDIC "黄皮书"）、《业主/咨询工程师标准服务协议书》（Client/Consulat Model Services

Agreement，通称 FIDIC "白皮书"）、《设计—建造与交钥匙工程合同条件》（Conditions of Contract for Design-Build and Turnkey，通称 FIDIC "橘皮书"）等。

为了适应国际工程业和国际经济的不断发展，FIDIC 对其合同条件要进行修改和调整，以令其更能反映国际工程实践，更具有代表性和普遍意义，更加严谨、完善，更具权威性和可操作性。尤其是近十几年，修改调整的频率明显增大。如被誉为土木工程合同的圣经的 "红皮书"，第一版制定于 1957 年，随后于 1963、1977、1987 年分别出了第二、三、四版。1988、1992 年又 2 次对第四版进行修改，1996 年又作了增补。1999 年，FIDIC 在原合同条件基础上又出版了 2 份新的合同条件。这是迄今为止 FIDIC 合同条件的最新版本。施工合同条件（Condition of Contract for Construction，简称 "新红皮书"）。新红皮书与原红皮书相对应，但其名称改变后合同的适用范围更大。该合同主要用于由业主设计的或由咨询工程师设计的房屋建筑工程（Building Works）和土木工程（Engineering Works）。永久设备和设计—建造合同条件（Conditions of Contract for Plant and Design—Build，简称 "新黄皮书"）。新黄皮书与原黄皮书相对应，其名称的改变便于与新红皮书相区别。在新黄皮书条件下，承包商的基本义务是完成永久设备的设计、制造和安装。EPC 交钥匙项目合同条件（Conditions of Contract for EPC Turnkey Projects，简称 "银皮书"）。银皮书又可译为 "设计—采购—施工交钥匙项目合同条件"，它与橘皮书相似但不完全相同。它适于工厂建设之类的开发项目。是包含了项目策划、可行性研究、具体设计、采购、建造、安装、试运行等在内的全过程承包方式。承包商 "交钥匙" 时，提供的是一套配套完整的可以运行的设施。合同的简短格式（Short Form of Contract），该合同条件主要适于价值较低的或形式简单或重复性的或工期短的房屋建筑和土木工程。以上几个合同文本目前正由中国工程咨询协会 FIDIC 文献编译委员会翻译和组织出版。

1. FIDIC 出版的各类合同条件

（1）《土木工程施工合同条件》（1987 年第 4 版，1992 年修订版）（红皮书）；

（2）《电气与机械工程合同条件》（1988 年第 2 版）（黄皮书）；

（3）《土木工程施工分包合同条件》（1994 年第 1 版）（与红皮书配套使用）；

（4）《设计—建造与交钥匙工程合同条件》（1995 年版）（橘皮书）；

（5）《施工合同条件》（1999 年第一版）；

（6）《生产设备和设计——施工合同条件》（1999 年第一版）；

（7）《设计采购施工（EPC）/交钥匙工程合同条件》（1999 年第一版）；

（8）《简明合同格式》（1999 年第一版）；

（9）多边开发银行统一版《施工合同条件》（2005 年版）等。

FIDIC 于 1999 年出版的四种新版的合同条件，是在继承了以往合同条件的优点的基础上，在内容、结构和措辞等方面作了较大修改，进行了重大的调整。称为第一版可为今后改进留有余地。2002 年，中国工程咨询协会经 FIDIC 授权将新版合同条件译成中文本。

2. 四种新版的合同条件及其适用范围

（1）《施工合同条件》。《施工合同条件》（Conditions of Contract for Construction），简称 "新红皮书"。该文件推荐用于有雇主或其代表——工程师设计的建筑或工程项目，主要用于单价合同。在这种合同形式下，通常由工程师负责监理，由承包商按照雇主提供的设计施工，但也可以包含由承包商设计的土木、机械、电气和构筑物的某些部分。

（2）《生产设备和设计——施工合同条件》。《生产设备和设计——工合同条件》（Conditions of Contract for Plant and Design-Build），简称"新黄皮书"。该文件推荐用于电气和（或）机械设备供货和建筑或工程的设计与施工，通常采用总价合同。由承包商按照雇主的要求，设计和提供生产设备和（或）其他工程，可以包括土木、机械、电气和建筑物的任何组合，进行工程总承包。但也可以对部分工程采用单价合同。

（3）《设计采购施工（EPC）/交钥匙工程合同条件》。《设计采购施工（EPC）/交钥匙工程合同条件》（Conditions of Contract for EPC/Turnkey Projects），简称"银皮书"该文件可适用于以交钥匙方式提供工厂或类似设施的加工或动力设备、基础设施项目或其他类型的开发项目，采用总价合同。这种合同条件下，项目的最终价格和要求的工期具有更大程度的确定性；由承包商承担项目实施的全部责任，雇主很少介入。即由承包商进行所有的设计、采购和施工，最后提供一个设施配备完整、可以投产运行的项目。

（4）《简明合同格式》。《简明合同格式》（Short Form of Contract），简称"绿皮书"。该文件适用于投资金额较小的建筑或工程项目。根据工程的类型和具体情况，这种合同格式也可用于投资金额较大的工程，特别是较简单的、重复性的、工期短的工程。在此合同格式下，一般都由承包商按照雇主或其代表——工程师提供的设计实施工程，但对于部分或完全由承包商设计的土木、机械、电气和（或）构筑物的工程，此合同也同样适用。

FIDIC 合同条件是在总结了各个国家、各个地区的业主、咨询工程师和承包商各方经验基础上编制出来的，也是在长期的国际工程实践中形成并逐渐发展成熟起来的，是目前国际上广泛采用的高水平的、规范的合同条件。这些条件具有国际性、通用性和权威性。其合同条款公正合理，职责分明，程序严谨，易于操作。考虑到工程项目的一次性、唯一性等特点，FIDIC 合同条件分成了"通用条件"（General Conditions）和"专用条件"（Conditions of Particular Application）两部分。通用条件适于某一类工程。如红皮书适于整个土木工程（包括工业厂房、公路、桥梁、水利、港口、铁路、房屋建筑等）。专用条件则针对一个具体的工程项目，是在考虑项目所在国法律法规不同、项目特点和业主要求不同的基础上，对通用条件进行的具体化的修改和补充。

每一种 FIDIC 合同条件文本主要包括两个部分，即通用条件和专用条件，在使用中可利用专用条件对通用条件的内容进行修改和补充，以满足各类项目和不同需要。FIDIC 系列合同条件的优点是，具有国际性、通用性、公正性和严密性；合同各方职责分明，各方的合法权益可以得到保障；处理与解决问题程序严谨，易于操作。FIDIC 合同条件把与工程管理相关的技术、经济、法律三者有机地结合在一起，构成了一个较为完善的合同体系。

二、建设工程勘察、设计合同主要内容

（一）建设工程勘察、设计合同的主要内容

根据《合同法》的规定，建筑工程勘察设计合同应包括以下内容：（1）工程概况，工程名称、地点、规模；（2）发包方提供资料的内容、技术要求和期限；（3）承包方勘察的范围、进度和质量，设计的阶段、进度、质量和设计文件的份数及交付日期；（4）勘察设计收费的依据、收费标准及拨付办法；（5）双方当事人的权利与义务；（6）违约责任；（7）争议的解决方式等。

（二）建设工程勘察、设计合同当事人的权利和义务

一般来说，建设工程勘察。设计合同双方当事人的权利、义务是相互对应的，即发包方的权利往往是承包方的义务，而承包方的权利又往往是发包方的义务。因此，以下只阐述双方当事人的义务。

1. 建设工程勘察、设计合同发包方的主要义务

（1）发包方应向工程勘察项目承包方提供勘察范围图和建筑平面布置图，提交勘察技术要求及附图；向工程设计项目承包方提供设计任务书、选址报告、满足初步设计要求的勘察资料及经过批准的资源、燃料、水电、运输等方面的协议文件。

（2）向勘察设计项目的承包方提供必要的生活和工作条件。

（3）负责勘查现场的通水、通电、通路和场地平整工作。

（4）及时向有关部门申请取得各设计阶段的批准文件，明确设计的范围和深度。

（5）尊重勘察设计方的勘察设计成果，不得私自修改，不得转借他人，如双方约定了保密义务，则委托方不得泄露文件内容。

2. 建设工程勘察、设计合同承包方的主要义务

（1）按照勘察设计合同的要求向委托方按时提交勘察成果和设计文件。

（2）初步设计经上级主管部门审查后，在原定任务书范围内的必要修改由承包方负责，承包方对于勘察工作中的遗漏项目应及时进行补充勘察并自行承担补充勘察的有关费用。

（3）对勘察设计成果负瑕疵担保责任。勘察人、设计人应对其提交给委托人的勘察、设计成果的质量进行担保。工程即使进入施工安装阶段，如发现属勘察人、设计人的勘察设计成果有质量瑕疵从而引起工程返工、窝工、建设费用增加的，应由勘察设计人负担造成的损失。

（4）承包方对所承担设计任务的建设项目应配合施工，进行施工前设计技术交底，解决施工过程中的有关设计问题，负责设计变更和修改预算，参加试车考核和隐蔽工程及工程竣工验收，必要时应派员现场设计。

（三）建设工程勘察、设计合同当事人的违约责任

1. 发包方的违约责任

发包方因所提供勘察设计的资料不准或未按合同约定支付勘察设计费等应承担相应的违约责任。主要表现在以下几个方面：

（1）发包方未按期提供勘察设计所需的原材料、设备、场地、资金、技术资料，致使工程未能按期进行的，承包方可以顺延工期，承包人由此造成的损失，应由发包人承担；

（2）发包方提供的资料不准确，或中途改变建设计划造成勘察设计工作的返工、窝工、停工或修改计划的，发包方应按承包人的实际消耗工作量增付费用；

（3）发包方未能按期接收承包方的工作成果的，应偿付逾期违约金；

（4）发包方如不履行合同，无权请求返还定金。

2. 承包方的违约责任

承包方的责任主要是承包方未能按合同的约定提交勘察设计文件以及由于勘察设计错误而应承担的有关违约责任。主要表现在以下几个方面：

（1）因勘察、设计质量低劣而引起工程返工，勘察、设计单位应当承担返工所支出的

各种费用；

（2）勘察设计单位未能按期提交勘察设计文件，致使拖延工期造成损失的，由勘察、设计单位继续完善勘察、设计，承担相应部分的勘察、设计费，并赔偿因拖延工期造成的损失；

（3）由于勘察、设计错误而造成工程重大质量事故的，承包方除免收损失部分的勘察设计费用外，还应承担一定数额的赔偿金；

（4）承包方如不能履行合同，应双倍返还定金。

三、建设工程施工合同的主要内容

建设工程施工合同是发包方（建设单位或总包单位）和承包方（施工单位）为完成特定的建筑安装工程任务，明确相互权利义务关系的协议。建设工程施工合同是建筑、安装合同的合称。

（一）建设工程施工合同应具备的条款

根据《合同法》的规定，建筑工程施工合同应包括以下条款：（1）工程名称和地点；（2）建设工期，中间交工工程开、竣工时间；（3）工程质量；（4）工程造价；（5）承包工程的预付金、工程进度款及工程决算的支付时间与方式；（6）材料和设备的供应责任；（7）当一方提出迟延开工日期或中止工程的全部或一部分时，有关工期变更、承包金额变更或损失的承担及估算方法；（8）由于价格变动而变更承包金额或工程内容的规定和估算方法；（9）竣工验收；（10）违约责任；（11）合同争议的解决方式；（12）其他约定条款。

（二）在建设工程施工合同的履行过程中，发包方的主要义务：

（1）办理土地征收，青苗树木赔偿，房屋拆迁，清除地面、架空和地下障碍等工作，使施工场地具备施工条件，并在开工后继续负责解决以上事项遗留问题。

（2）将施工所需水、电、电讯线路从施工场地外部接至协议条款约定地点，并保证施工期间的需要。

（3）开通施工场地与城乡公共道路的通道，以及协议条款约定的施工场地内的主要交通干道，保证其畅通，满足施工运输的需要。

（4）向承包方提供施工场地的工程地质和地下管网线路资料，保证数据真实准确。

（5）办理施工所需各种证件、批件和临时用地、占道及铁路专用线的审报批准手续（证明承包商自身资质的证件除外）。

（6）将水准点与坐标控制点以书面形式交给承包方，并进行现场交验。

（7）组织承包方和设计单位进行图纸会审，向承包商进行设计交底。

（8）协调处理对施工现场周围地下管线和邻近建筑物、构筑物的保护，并承担有关费用。发包方不按合同约定完成以上工作而造成工程的延误，应承担由此造成的经济支出，赔偿承包方有关损失，工期也应相应顺延。

（三）在建设工程施工合同履行过程中，承包方的主要义务

（1）在设计资格证书允许的范围内，按发包方的要求完成施工组织设计或与工程配套的设计，经发包方批准后使用。

（2）向发包方提供年、季、月工程进度计划及相应进度统计报表和工程事故报告。

（3）按工程需要提供和维修非夜间施工使用的照明、看守、围栏和警卫等，如承包方未履行上述义务造成工程、财产和人身伤害，由承包方承担责任及所需的费用。

（4）按协议条款约定的数量和要求，向发包方提供在施工现场办公和生活的房屋及设施，发生的费用由发包方承担。

（5）遵守地方政府和有关部门对施工场地交通和施工噪声等管理规定，经发包方同意后办理有关手续．发包方承担由此发生的费用，因承包方责任造成的罚款除外。

（6）已竣工工程未交付发包方之前，承包方按协议条款约定负责已完工程的成品保护工作，保护期间发生损坏的，承包方自费予以修复。要求承包方采取特殊措施保护的单位工程部位和相应经济支出，在协议条款内约定。发包方提前使用后发生损坏的修理费用，由发包方承担。

（7）按合同的要求做好施工现场地下管线和邻近建筑物、构筑物的保护工作。

（8）保证施工现场清洁符合有关规定，交工前清理现场达到合同文件的要求，承担因违反有关规定造成的损失和罚款（合同签订后颁发的规定和非承包方原因造成的损失和罚款除外）。承包方不履行上述各项义务，从而造成工期延误和工程损失的，应对发包方的损失给予赔偿。

（四）建设工程施工合同发包方的违约责任

（1）未能按照合同的规定履行应负的责任。除竣工日期得以顺延处，还应赔偿承包方因此发生的实际损失。

（2）工程中途停建、缓建或由于设计变更以及设计错误造成的返工，应采取措施弥补或减少损失，同时，赔偿承包方由此而造成的停工、窝工、返工、倒运、人员和机械设备调迁、材料和构件积压的实际损失。

（3）工程未经验收，发包方提前使用或擅自动用，由此而发生的质量或其他问题由发包方承担责任。

（4）超过合同规定日期验收，按合同违约责任条款的规定偿付逾期违约金。

（5）不按合同规定拨付工程款，按银行有关延期付款办法或工程价款结算办法的有关规定处理。

（五）建设工程合同承包方的违约责任

（1）工程质量不符合合同规定的，负责无偿修理或返工。由于修理或返工造成逾期交付的，偿付逾期违约金。

（2）工程交付时间不符合合同规定，按合同中违约责任条款的规定偿付逾期违约金。

（3）由于承包方的责任，造成发包方提供的材料、设备等丢失或损坏，应负赔偿责任。

第十一章 建设工程争议的处理

第一节 建设工程争议概述

一、建设工程争议的种类

建设工程争议，是指建设工程当事人之间对建设过程中因行使权利和履行义务发生分歧而引起的争议。建设工程争议处理的基本形式有和解、调解、仲裁、诉讼四种。建设工程争议的种类区分如下：

1. 按照争议的性质不同，可以把建设工程争议划分为民事争议和行政争议

民事争议是指发生在平等建设主体之间因建设主体对于自己与他人之间的权利行使、义务履行以及利益分配有不同的主张、意见、要求的法律事实。民事争议发生在平等的建设主体之间，争议的主体的法律地位是平等的。建设工程民事争议最常见的主要为发包人和承包人之间有关工期、质量、造价等问题产生的争议，这种争议主要有合同争议和侵权损害赔偿争议两类。合同争议主要是指当事人之间对合同是否成立、有效、合同的履行情况以及不履行的后果等产生的争议，如建设工程勘察设计合同争议、建设工程施工合同争议、建设工程委托监理合同争议、建材及设备采购合同争议等。侵权损害赔偿争议是指由于一方当事人对另一方当事人的侵权行为而产生的争议，如工程施工中由于施工单位未采取安全措施而对他人造成损害而产生的争议。其中，合同争议时建设活动中最常见的争议。

行政争议是指发生在建设主体与其主管机关之间的争议，主要是指建设行政相对人对建设工程行政管理主体作出的具体行政行为不服或者不予作出具体行政行为而发生的纠纷。如在建设单位在申请办理施工许可证时，符合办证条件不予办理产生的纠纷，又如施工单位认为建设行政管理机关行政处罚行为不合法而引起的争议等。

2. 按照建设工程争议的具体内容，可划分若干类

按照建设工程争议的具体内容划分，主要包括建设工程施工合同争议、勘察设计合同争议、监理合同争议、物资采购合同争议、相邻关系争议、建设项目施工队环境影响的争议等。建设工程施工合同的争议主要有以下类型：主体争议、工程款争议、工程质量争议、工程分包与转包争议、合同变更与接触的争议、工程竣工验收争议、合同审计争议等。

二、建设工程争议的处理方式

根据《建筑法》、《行政诉讼法》、《行政复议法》、《民事诉讼法》、《仲裁法》、《合同法》等相关法律的规定，建设争议当事人可以通过五种途径解决建设争议：协商和解；调解；提起行政复议或者行政诉讼；提起民事诉讼；提请仲裁机构仲裁。横向建设争议的当事人不愿和解、调解或者和解、调解不成的，可以根据仲裁协议提请仲裁机构申请仲裁或

者向人民法院提起民事诉讼。当事人没有订立仲裁协议或者仲裁协议无效的,可以向人民法院起诉。纵向建设争议的行政相对人不服行政主体的具体行政行为或者对其作出的具体行政行为有异议的,可以提起行政复议或者行政诉讼。

建设行政复议与行政诉讼、建设民事诉讼与建设仲裁中涉及的问题较多,内容也比较复杂,故本章第二节、第三节、第四节将专门对建设民事诉讼、建设仲裁和建设行政复议与行政诉讼作出详细阐述。

(一)和解

1. 和解的概念

和解,是指建设工程纠纷当事人在自愿友好的基础上,互相沟通、互相谅解,从而解决纠纷的一种方式。和解不受程序约束,也不具有程序法上的效力,当事人仍具有申请调解、仲裁和诉讼的权利,和解在建设工程民事争议处理的任何阶段都可以进行。

建设工程发生纠纷时,当事人应首先考虑通过和解解决纠纷。通过和解解决争议,当事人可以积极寻求双方利益的平衡点,以最大限度的满足自己的需求,并化解矛盾争议,并有效防止矛盾激化和事态扩大。事实上,在工程建设过程中,绝大多数纠纷都可以通过和解解决。

2. 和解的适用

和解的应用非常广泛,发生争议后,当事人便可自行和解,即使在申请仲裁或者诉讼后也可进行和解。当事人申请仲裁后,自行和解,达成和解协议的,可以申请仲裁庭根据和解协议作出裁决书,也可以撤回仲裁申请。当事人达成和解协议,撤回仲裁申请后反悔的,可以根据仲裁协议申请仲裁。和解可以发生在民事诉讼的任何阶段。当事人在诉讼中和解的,应由原告申请撤诉,经法院裁定撤诉后结束诉讼。当事人可以通过和解处理争议,但是审判阶段的和解没有法律效力。当事人和解后,可以申请法院调解,制作调解书,产生法律效力。在执行中,双方当事人在自愿协商的基础上达成和解协议,产生结束执行程序的效力,如果一方当事人不履行和解协议或者反悔的,对方当事人可以申请人民法院按照原生效的法律文书强制执行。

(二)调解

调解,是指建设工程当事人对法律规定或者合同约定的权利、义务发生纠纷,第三人依据一定的道德和法律规范,通过摆事实、讲道理,促使双方互相作出适当的让步,平息争端,自愿达成协议,以求解决建设工程纠纷的方法。调解可以从广义和狭义两个方面加以理解:广义的调解包括了各种形式的调解,有社会调解、法院调解和仲裁调解等;狭义的调解是指诉讼和仲裁外的调解。这里讲的调解是狭义的调解,不包括诉讼和仲裁程序中在审判庭和仲裁庭主持下的调解。

(三)仲裁和诉讼

仲裁,亦称"公断",是当事人双方在纠纷发生前或纠纷发生后达成协议,自愿将纠纷交给第三者,由第三者在事实上作出判断、在权利义务上作出裁决的一种解决纠纷的方式。这种纠纷解决方式必须是自愿的,因此必须有仲裁协议。如果当事人之间有仲裁协议,纠纷发生后又无法通过和解和调解解决,则应及时将纠纷提交仲裁机构仲裁。

诉讼,是指建设工程当事人依法请求人民法院行使审判权,审理双方之间发生的纠纷,作出有国家强制保证实现其合法权益、从而解决纠纷的审判活动。合同双方当事人如果未达成仲裁协议，则只能以诉讼作为解决纠纷的最终方式。

第二节 民 事 诉 讼

一、民事案件的主管和管辖

（一）民事案件主管

根据《民事诉讼法》第3条的规定，人民法院受理建设民事诉讼的范围是公民之间、法人之间、其他组织之间以及他们相互之间因财产关系和人身关系提起的建设民事诉讼。

（二）建设民事案件管辖

建设民事案件的管辖，是指确定各级人民法院之间和同级人民法院之间受理第一审建设民事案件的分工和权限。

1. 级别管辖

级别管辖，是指上、下级人民法院之间受理第一审建设民事案件的分工和权限。我国法院有四级，分别是基层人民法院、中级人民法院、高级人民法院和最高人民法院，每一级均受理一审民事案件。主要根据案件的性质、复杂程度和案件影响来确定级别管辖。在实践中，争议标的金额的大小，往往是确定级别管辖的重要依据，但各地人民法院确定的级别管辖的争议标的数额标准不尽相同。

各级人民法院管辖的第一审建设民事案件：（1）基层人民法院管辖的第一审建设民事案件。《民事诉讼法》第18条规定："基层人民法院管辖第一审民事案件，但本法另有规定的除外。"所以，第一审建设民事案件原则上由基层人民法院管辖。（2）中级人民法院管辖的第一审建设民事案件。根据《民事诉讼法》第19条的规定，中级人民法院管辖下列第一审民事案件：重大涉外案件；在本辖区有重大影响的案件；最高人民法院确定由中级人民法院管辖的案件。（3）高级人民法院管辖的第一审建设民事案件。《民事诉讼法》第20条规定，高级人民法院管辖在本辖区有重大影响的第一审民事案件。（4）最高人民法院管辖的第一审建设民事案件。按照《民事诉讼法》第21条的规定，最高人民法院只受理以下第一审建设民事案件：在全国有重大影响的案件；认为应当由本院审理的案件。

2. 地域管辖

地域管辖，是指同级人民法院之间受理第一审建设民事案件的分工和权限。地域管辖与级别管辖不同。地域管辖实际上是以法院与当事人、诉讼标的以及法律事实之间的隶属关系和关联关系来确定的。根据《民事诉讼法》的规定，地域管辖分为一般地域管辖、特殊地域管辖、专属管辖、共同管辖和协议管辖。

（1）一般地域管辖。其原则是"原告就被告"，即民事诉讼由被告所在地人民法院管辖。《民事诉讼法》第22条第1款规定，对公民提起的民事诉讼，由被告住所人民法院管辖；被告住所地与经常居住地不一致的，由经常居住地人民法院管辖。《民事诉讼法》第22条第2款规定，对法人或者其他组织提起的民事诉讼，由被告住所地人民法院管辖。（2）特殊地域管辖。《民事诉讼法》第24条至第33条，规定了特殊地域管辖的九种情形，这些特殊地域管辖的情形并不排斥一般地域管辖的适用。例如，因合同纠纷提起的诉讼的管辖，既可以适用一般地域管辖的规定，也可以适用特殊地域管辖的规定。（3）专属管辖。根据《民事诉讼法》的规定，因不动产纠纷提起的诉讼，由不动产所在地人民法院管辖就是专属管辖。（4）共同管辖，是指依照法律规定两个或两个以上的人民法院对同一诉讼案件都有管辖权。（5）协议管辖。《民事诉讼法》第 25 条规定："合同的双方当事人可以在书面合同中协议选择被告住所地、合同履行地、合同签订地、原告住所地、标的物所在地人民法院管辖，但不得违反本法对级别管辖和专属管辖的规定。"

3. 裁定管辖

人民法院以裁定的方式确定案件的管辖，称为裁定管辖。具体有：（1）移送管辖，是指已经受理案件的人民法院，因发现本法院对该案件没有管辖权，而将案件移送给有管辖权的人民法院审理。（2）指定管辖，是指上级人民法院根据法律规定，以裁定的方式，指定其辖区内的下级人民法院对某一建设民事案件行使管辖权。（3）管辖权的转移，是指经上级人民法院的决定或者同意，将某一案件的诉讼管辖权由下级人民法院转移给上级人民法院，或者由上级人民法院转移给下级人民法院。

4. 管辖权异议

管辖权异议，是指法院受理民事案件以后，当事人向受诉法院提出的不服该法院对本案行使管辖权的意见或者主张。根据我国民事诉讼法的规定，受诉人民法院对当事人提出的异议应当进行审查。经过审查，作出如下处理：认为当事人对管辖权的异议成立的，裁定将案件移送有管辖权的法院；异议不成立的，裁定驳回当事人的异议。

二、回避制度

回避制度，是指为了保证案件的公正审判，而要求与案件有一定的利害关系的审判人员或其他有关人员，不得参与本案的审理活动或诉讼活动的审判制度。

（一）回避的对象与情形

根据我国《民事诉讼法》第 45 条的规定，回避适用的对象，包括审判人员、书记员、翻译人员、鉴定人、勘验人，其中审判人员既包括审判员，也包括人民陪审员。上述人员遇有下列情形时，应予回避：（1）是本案当事人或者当事人、诉讼代理人的近亲属；（2）与本案有利害关系；（3）与本案当事人有其他关系，可能影响对案件公正审理的。

（二）回避的方式与决定权

回避的提出，可以是当事人提出申请，也可以是审判人员或其他人员主动自行提出。回避应当在案件开始审理时提出，回避事由在案件开始审理后知道的，可以在法庭辩论终结前提出。提出回避申请应当说明理由。回避申请提出后，是否准许申请，由法院决定。具体程序为：审判人员的回避，由法院院长决定，其他人员的回避，由审判长决定。法院对当事人提出的回避申请，应当在申请提出 3 日内，以口头或书面形式作出决定，申请人对决定不服的，可以在接到决定时申请复议一次。

三、诉讼参加人

（一）当事人

民事诉讼中的当事人，是指因民事权利和义务发生争议，以自己的名义进行诉讼，请求人民法院进行裁判的公民、法人或其他组织。民事诉讼当事人主要包括原告和被告。公民、法人和其他组织可以作为民事诉讼的当事人。法人由其法定代表人进行诉讼，其他组织由其主要负责人进行诉讼。

（二）诉讼代理人

诉讼代理人，是指根据法律规定或当事人的委托，代理当事人进行民事诉讼活动的人。与代理分为法定代理、委托代理和指定代理相一致，诉讼代理人通常也可分为法定诉讼代理人、委托诉讼代理人和指定诉讼代理人。在工程建设领域，最常见的是委托诉讼代理人。

当事人、法定代理人可以委托一至二人作为诉讼代理人。委托诉讼代理人既可以是律师，也可以是当事人的近亲属、有关的社会团体或者所在单位推荐的人，以及经人民法院许可的其他公民。委托他人代为诉讼的，必须向人民法院提交由委托人签名或盖章的授权委托书，授权委托书必须记明委托事项和权限。诉讼代理人代为承认、放弃、变更诉讼请求，进行和解，提起反诉或者上诉，必须有委托人的特别授权。针对实践中经常出现的授权委托书仅写"全权代理"而无具体授权的情形，最高人民法院还特别规定，在这种情况下不能认定为诉讼代理人已获得特别授权，即诉讼代理人无权代为承认、放弃、变更诉讼请求，进行和解，提起反诉或者上诉。

四、财产保全及先予执行

（一）财产保全

1. 财产保全的概念

所谓财产保全，是指当可能因发生有关财产被一方当事人转移、隐匿、毁损等情形，导致法院将来的判决不能执行或难以执行，进而另一方当事人（或利害关系人）的合法利益受到损害的，根据当事人或者利害关系人的申请或人民法院的裁定，由人民法院对有关财产采取保全措施的诉讼法律制度。

2. 财产保全的种类

（1）诉讼财产保全

诉讼财产保全，是指在诉讼过程中，为了保证人民法院的判决能够执行，人民法院根据当事人的申请，或在必要时依职权裁定对有关财产采取保全措施的制度。人民法院采取诉讼财产保全措施的，可以责令申请人提供担保。申请人不提供担保的，驳回申请。人民法院接受申请后，对情况紧急的，必须在 48 小时内作出裁定。裁定采取诉讼财产保全措施的，应当立即开始执行。

（2）诉前财产保全

诉前财产保全，是指在诉讼发生前，利害关系人因情况紧急，不立即申请财产保全将会使其合法权益受到难以弥补的损害的情况下，人民法院根据利害关系人的申请，对有关的财产采取保全措施的制度。利害关系人请求人民法院采取诉前财产保全措施，应当提供担保，不提供担保的，驳回申请。人民法院接受申请后，必须在 48 小时内作出裁定。裁定采取诉前财产保全措施的，应当立即开始执行。申请人应当在人民法院采取诉前财产保全措施后 30 日内起诉。未在该期限内起诉的，人民法院应当解除诉前财产保全。

3. 财产保全的对象及范围

财产保全限于请求的范围，或者与本案有关的财物。其中，"请求的范围"一般指保全的财产其价值与诉讼请求相当或与利害关系人的请求相当；"与本案有关的财物"一般指本案的标的物。财产保全的措施包括"查封、扣押、冻结或者法律规定的其他方法"。被申请人提供担保的，人民法院应当解除财产保全。申请有错误的，申请人应当赔偿被申请人因财产保全所遭受的损失。

（二）先予执行

所谓先予执行，是指人民法院在做出终审判决以前，为解决权利人生活或生产经营的急需，根据当事人申请，依法裁定义务人预先履行义务的诉讼法律制度。

1. 先予执行的适用范围

先予执行适用于下列案件：追索赡养费、抚养费、抚育费、抚恤金、医疗费用的；追索劳动报酬的；因情况紧急需要先予执行的。

2. 先予执行的适用条件

（1）当事人之间权利义务关系明确，不先予执行将严重影响申请人的生活或者生产经营的。（2）被申请人有履行能力的。人民法院可以责令申请人提供担保，申请人不提供担保的，驳回申请。申请人败诉的，应当赔偿被申请人因先予执行遭受的财产损失。

五、公开审判制度

公开审判制度是指人民法院审理民事案件，除法律规定的情况外，审判过程及结果应当向群众、社会公开。所谓向群众公开，是指允许群众旁听案件审判过程（主要是庭审过程和宣判过程）；所谓向社会公开，是指允许新闻记者对庭审过程作采访，允许其对案件审理过程作报道，将案件向社会披露。

根据法律规定，公开审判也有例外，下列案件不公开审判：一是涉及国家秘密的案件，包括党的秘密、政府的秘密和军队的秘密；二是涉及个人隐私的案件；三是离婚案件、涉及商业秘密的案件，当事人申请不公开审理的，可以不公开审理。

六、两审终审制度

两审终审制度是指一个民事案件经过两级人民法院审判后即告终结的制度。依两审终审制度，一般的民事诉讼案件，当事人不服一审人民法院的判决、允许上诉的裁定，可上诉至二审人民法院；二审人民法院对案件所做的判决、裁定为生效判决、裁定，当事人不得再上诉。最高人民法院所做的一审判决、裁定，为终审判决、裁定，当事人不得上诉。根据民事诉讼法的规定，适用特别程序、督促程序、公示催告程序审理的案件，实行一审终审。基层人民法院和它派出的法庭审理事实清楚、权利义务关系明确、争议不大的简单的民事案件，标的额为各省、自治区、直辖市上年度就业人员年平均工资百分之三十以下的，实行一审终审。

七、合议制度

合议制是指由若干名审判人员组成合议庭对民事案件进行审理的制度。实行合议制，是为了发挥集体的智慧，弥补个人能力上的不足，以保证案件的审判质量。按合议制组成的审判组织，称为合议庭。根据民事诉讼法的规定，在不同的审判程序中，合议庭的组成人员有所不同。总的来说，合议庭由 3 个以上的单数的审判人员组成。在普通程序中，合议庭的组成有两种形式：一种是由审判员和人民陪审员共同组成，人民陪审员在人民法院参加审判期间，与审判员有同等的权利。另一种是由审判员组成合议庭。例如，在第二审程序中，合议庭由审判员组成；在再审程序中，再审案件原来是二审的，按第二审程序另行组成合议庭；在特别程序中，只要是要求对案件的审理实行合议制的，合议庭都由审判员组成。合议庭的审判工作，由审判长负责主持。审判长由院长或庭长担任，院长或庭长未参加合议庭的，由庭长指定合议庭中的审判员 1 人担任。合议庭评议，实行少数服从多数的原则。评议中的不同意见，必须如实记入评议笔录。

八、民事诉讼程序

（一）第一审程序

1. 起诉和受理

（1）起诉的条件

如果当事人没有在合同中约定通过仲裁解决纠纷，则只能以诉讼作为解决纠纷的最终方式。纠纷发生后，如需要通过诉讼解决纠纷，则首先应当向人民法院起诉。起诉必须符合下列条件：原告是与本案有直接利害关系的公民、法人和其他组织；有明确的被告；有具体的诉讼请求、事实和理由；属于人民法院受理民事诉讼的范围和受诉人民法院管辖。

（2）人民法院受理案件

人民法院对符合规定的起诉，必须受理；认为不符合起诉条件的，应当在 7 日内裁定不予受理；原告对裁定不服的，可以提起上诉。人民法院受理起诉后，首先需要确定在第一审中适用普通程序还是简易程序。基层人民法院和它派出的法庭审理事实清楚、权利义务关系明确、争议不大的简单的民事案件，可以适用简易程序。建设工程中发生的纠纷一般都适用普通程序，因此第一审程序只介绍普通程序。

（3）被告答辩

人民法院应当在立案之日起 5 日内将起诉状副本发送被告，被告在收到之日起 15 日内提出答辩状。被告提出答辩状的，人民法院应当在收到之日起 5 日内将答辩状副本发送原告。被告不提出答辩状的，不影响人民法院审理。

2. 第一审开庭审理

开庭审理的过程分为几个阶段：庭审准备；法庭调查；法庭辩论；合议庭评议和宣告判决。人民法院审理民事案件，除涉及国家秘密、个人隐私或者法律另有规定的以外，应当公开进行。离婚案件，涉及商业秘密的案件，当事人申请不公开审理的，可以不公开审理。

（1）法庭调查

法庭调查按照下列顺序进行：当事人陈述；告知证人的权利义务，证人作证，宣读未到庭的证人证言；出示书证、物证和视听资料；宣读鉴定意见；宣读勘验笔录。当事人在法庭上可以提出新的证据。当事人经法庭许可，可以向证人、鉴定人、勘验人发问。当事人要求重新进行调查、鉴定或者勘验的，是否准许，由人民法院决定。

（2）法庭辩论

法庭辩论按照下列顺序进行：原告及其诉讼代理人发言；被告及其诉讼代理人答辩；第三人及其诉讼代理人发言或者答辩；互相辩论。法庭辩论终结，由审判长按照原告、被告、第三人的先后顺序征询各方最后意见。法庭辩论终结，应当依法作出判决。判决前能够调解的，还可以进行调解；调解不成的，应当及时判决。

3. 当事人拒不到庭或者未经许可中途退庭的处理

原告经传票传唤，无正当理由拒不到庭的，或者未经法庭许可中途退庭的，可以按撤诉处理；被告反诉的，可以缺席判决。被告经传票传唤，无正当理由拒不到庭的，或者未经法庭许可中途退庭的，可以缺席判决。

4. 审限要求

人民法院适用普通程序审理的案件，应当在立案之日起 6 个月内审结。有特殊情况需要延长的，由本院院长批准，可以延长 6 个月；还需要延长的，报请上级人民法院批准。

（二）第二审程序

1. 当事人提起上诉

当事人不服地方人民法院第一审判决的，有权在判决书送达之日起 15 日内向上一级人民法院提起上诉。第二审人民法院应当对上诉请求的有关事实和适用法律进行审查。

2. 第二审审理要求

第二审人民法院对上诉案件，应当组成合议庭，开庭审理。经过阅卷和调查，询问当事人，在事实核对清楚后，合议庭认为不需要开庭审理的，也可以进行判决、裁定。第二审人民法院审理上诉案件，可以在本院进行，也可以到案件发生地或者原审人民法院所在地进行。

3. 第二审的处理

第二审人民法院对上诉案件，经过审理，按照下列情形，分别处理：（1）判决认定事实清楚，适用法律正确的，判决驳回上诉，维持原判决；（2）判决适用法律错误的，依法改判；（3）原判决认定事实错误，或者原判决认定事实不清，证据不足，裁定撤销原判决，发回原审人民法院重审，或者查清事实后改判；（4）原判决违反法定程序，可能影响案件正确判决的，裁定撤销原判决，发回原审人民法院重审。当事人对重审案件的判决、裁定，可以上诉。人民法院审理对原审判决的上诉案件，应当在第二审立案之日起 3 个月内审结。第二审人民法院的判决、裁定，是终审的判决、裁定。

（三）审判监督程序

审判监督程序，是指为了保障法院裁判的公正，使已经发生法律效力但有错误的判决书、裁定书、调解书得以改正而特设的一种程序。它不是案件的必经程序。

各级人民法院院长对本院已经发生法律效力的判决、裁定、调解书，发现确有错误，认为需要再审的，应当提交审判委员会讨论决定。最高人民法院对地方各级人民法院已经发生法律效力的判决、裁定、调解书，上级人民法院对下级人民法院已经发生法律效力的判决、裁定、调解书，发现确有错误的，有权提审或者指令下级人民法院再审。当事人对已经发生法律效力的判决、裁定，认为有错误的，可以向上一级人民法院申请再审；当事人一方人数众多或者当事人双方为公民的案件，也可以向原审人民法院申请再审。当事人申请再审的，不停止判决、裁定的执行。

九、执行程序

（一）一般规定

发生法律效力的民事判决、裁定，以及刑事判决、裁定中的财产部分，由第一审人民法院或者与第一审人民法院同级的被执行的财产所在地人民法院执行。法律规定由人民法院执行的其他法律文书，由被执行人住所地或者被执行的财产所在地人民法院执行。

执行过程中，案外人对执行标的提出书面异议的，人民法院应当自收到书面异议之日起 15 日内审查，理由成立的，裁定中止对该标的的执行；理由不成立的，裁定驳回。案外人、当事人对裁定不服，认为原判决、裁定错误的，依照审判监督程序办理；与原判决、裁定无关的，可以自裁定送达之日起 15 日内向人民法院提起诉讼。

（二）执行的申请和移送

1. 执行的申请

发生法律效力的民事判决、裁定，当事人必须履行。一方拒绝履行的，对方当事人可以向人民法院申请执行，也可以由审判员移送执行员执行。调解书和其他应当由人民法院执行的法律文书，当事人必须履行。一方拒绝履行的，对方当事人可以向人民法院申请执行。对依法设立的仲裁机构的裁决，一方当事人不履行的，对方当事人可以向有管辖权的人民法院申请执行，受申请的人民法院应当执行。对公证机关依法赋予强制执行效力的债权文书，一方当事人不履行的，对方当事人可以向有管辖权的人民法院申请执行，受申请的人民法院应当执行。公证债权文书确有错误的，人民法院裁定不予执行，并将裁定书送达双方当事人和公证机关。

2. 不予执行

被申请人提出证据证明仲裁裁决有下列情形之一的，经人民法院组成合议庭审查核实，裁定不予执行：（1）当事人在合同中没有订有仲裁条款或者事后没有达成书面仲裁协议的；（2）裁决的事项不属于仲裁协议的范围或者仲裁机构无权仲裁的；（3）仲裁庭的组成或者仲裁的程序违反法定程序的；（4）裁决所根据的证据是伪造的；（5）对方当事人向仲裁机构隐瞒了足以影响公正裁决的证据的；（6）仲裁员在仲裁该案时有贪污受贿，徇私舞弊，枉法裁决行为的。人民法院认定执行该裁决违背社会公共利益的，裁定不予执行。裁定书应当送达双方当事人和仲裁机构。仲裁裁决被人民法院裁定不予执行的，当事人可以根据双方达成的书面仲裁协议重新申请仲裁，也可以向人民法院起诉。

（三）执行措施

被执行人未按执行通知履行法律文书确定的义务，应当报告当前以及收到执行通知之日前一年的财产情况。被执行人拒绝报告或者虚假报告的，人民法院可以根据情节轻重对被执行人或者其法定代理人、有关单位的主要负责人或者直接责任人员予以罚款、拘留。

被执行人未按执行通知履行法律文书确定的义务，人民法院有权向有关单位查询被执行人的存款、债券、股票、基金份额等财产情况。人民法院有权根据不同情形扣押、冻结、划拨、变价被执行人的财产。人民法院查询、扣押、冻结、划拨、变价的财产不得超出被执行人应当履行义务的范围。被执行人未按执行通知履行法律文书确定的义务，人民法院有权扣留、提取被执行人应当履行义务部分的收入，但应当保留被执行人及其所扶养家属的生活必需费用。被执行人未按执行通知履行法律文书确定的义务，人民法院有权查封、扣押、冻结、拍卖、变卖被执行人应当履行义务部分的财产，但应当保留被执行人及其所扶养家属的生活必需品。

被执行人未按判决、裁定和其他法律文书指定的期间履行给付金钱义务的，应当加倍支付迟延履行期间的债务利息。被执行人未按判决、裁定和其他法律文书指定的期间履行其他义务的，应当支付迟延履行金。人民法院采取《民事诉讼法》规定的执行措施后，被执行人仍不能偿还债务的，应当继续履行义务。债权人发现被执行人有其他财产的，可以随时请求人民法院执行。

被执行人不履行法律文书确定的义务的，人民法院可以对其采取或者通知有关单位协助采取限制出境，在征信系统记录、通过媒体公布不履行义务信息以及法律规定的其他措施。

（四）执行中止和终结

1. 执行中止

有下列情形之一的，人民法院应当裁定中止执行：（1）申请人表示可以延期执行的；（2）案外人对执行标的提出确有理由的异议的；（3）作为一方当事人的公民死亡，需要等待继承人继承权利或者承担义务的；（4）作为一方当事人的法人或者其他组织终止，尚未确定权利义务承受人的；（5）人民法院认为应当中止执行的其他情形。中止的情形消失后，恢复执行。

2. 执行终结

有下列情形之一的，人民法院裁定终结执行：（1）申请人撤销申请的；（2）据以执行的法律文书被撤销的；（3）作为被执行人的公民死亡，无遗产可供执行，又无义务承担人的；（4）追索赡养费、扶养费、抚育费案件的权利人死亡的；（5）作为被执行人的公民因生活困难无力偿还借款，无收入来源，又丧失劳动能力的；（6）人民法院认为应当终结执行的其他情形。

中止和终结执行的裁定，送达当事人后立即生效。

第三节　　仲　　裁

仲裁作为一个法律概念有其特定的含义，即指发生争议的当事人（申请人与被申请人），根据其达成的仲裁协议，自愿将该争议提交中立的第三者（仲裁机构）进行裁决的争议解决制度。《仲裁法》由中华人民共和国第八届全国人民代表大会常务委员会第九次会议于 1994 年 8 月 31 日通过，自 1995 年 9 月 1 日起施行。

一、仲裁概述

（一）仲裁的适用范围

在我国，《仲裁法》是调整和规范仲裁制度的基本法律，但《仲裁法》的调整范围仅限于民商事仲裁，即"平等主体的公民、法人和其他组织之间发生的合同纠纷和其他财产权纠纷"仲裁，劳动争议仲裁和农业承包合同纠纷仲裁不受《仲裁法》的调整。此外，根据《仲裁法》第 3 条的规定："下列纠纷不能仲裁：（1）婚姻、收养、监护、扶养、继承纠纷；（2）依法应当由行政机关处理的行政争议。"

（二）仲裁的基本特点

1. 自愿性

当事人的自愿性是仲裁最突出的特点。仲裁以当事人的意思自治为前提，即是否将纠纷提交仲裁，向哪个仲裁委员会申请仲裁，仲裁庭如何组成，仲裁员的选择，以及仲裁的审理方式等都是在当事人自愿的基础上，由当事人协商确定的。仲裁的自愿性也决定了仲裁与诉讼相比，前者更加灵活和方便。

2. 专业性

专家裁案，是民商事仲裁的重要特点之一。民商事仲裁往往涉及不同行业的专业知识，例如，建设工程的纠纷处理不仅涉及有工程建设有关的法律法规，还常常需要运用大量的工程造价、工程质量方面的专业知识和属于建筑业自身特有的交易习惯和行业惯例。因此，仲裁由具有一定专业水平的专家担任仲裁员，是确保仲裁结果准确、公正的重要保障。

3. 独立性

根据《仲裁法》第 14 条的规定："仲裁委员会独立于行政机关，与行政机关没有隶属关系。仲裁委员会之间也没有隶属关系。"在仲裁过程中，仲裁庭独立进行仲裁，不受任何行政机关、社会团体和个人的干涉，也不受其他仲裁机构的干涉，具有独立性。

4. 保密性

仲裁以不公开审理为原则。同时，按照各仲裁规则的规定，当事人及其代理人、证人、翻译、仲裁员、仲裁庭咨询的专家和指定的鉴定人、仲裁委员会有关工作人员亦要遵守保密义务，不得对外界透露案件实体和程序的有关情况。因此，当事人之间的纠纷及有关的商业秘密，不会因仲裁活动而泄露。

5. 快捷性

仲裁实行一裁终局制度，仲裁裁决一经作出即发生法律效力。这使得当事人之间的纠纷能够迅速得以解决。

（三）仲裁的基本制度

1. 协议仲裁制度

仲裁协议是当事人仲裁自愿的体现，当事人申请仲裁、仲裁委员会受理仲裁、仲裁庭对仲裁案件的审理和裁决，都必须以当事人依法订立的仲裁协议为前提。可以说，没有有效的仲裁协议，就不会有仲裁。《仲裁法》第 4 条规定，没有仲裁协议，一方申请仲裁的，仲裁委员会不予受理。

2. 或裁或诉制度

仲裁和诉讼是两种不同的争议解决方式，当事人只能选择其中一种加以采用。《仲裁法》第 5 条明确规定："当事人达成仲裁协议，一方向人民法院起诉的，人民法院不予受理，但仲裁协议无效的除外。"因此，有效的仲裁协议即排除法院对案件的司法管辖权，只有在没有仲裁协议或者仲裁协议无效的情况下，法院才可以对当事人的纠纷予以受理。

3. 一裁终局制度

《仲裁法》第 9 条规定第 1 款规定："仲裁实行一裁终局的制度。裁决作出后，当事人就同一纠纷再申请仲裁或者向人民法院起诉的，仲裁委员会或者人民法院不予受理。"当事人应当履行仲裁裁决。一方当事人不履行的，另一方当事人可以依照民事诉讼法的有关规定向人民法院申请强制执行。

（四）仲裁协议

仲裁协议是指当事人自愿将已经发生或者可能发生的争议通过仲裁解决的书面协议。在民商事仲裁中，仲裁协议是仲裁的前提，没有仲裁协议，就不存在有效的仲裁。

1. 仲裁协议的类型

根据《仲裁法》第 16 条第 1 款的规定："仲裁协议包括合同中订立的仲裁条款和其他以书面形式在纠纷发生前或者纠纷发生后达成的请求仲裁的协议。"据此，仲裁协议应当采用书面形式，口头方式达成的仲裁意思表示无效。仲裁协议既可以表现为合同中的仲裁条款，也可以表现为独立于合同而存在的仲裁协议书。在实践中，仲裁条款是最常见的仲裁协议形式。

2. 仲裁协议的内容

根据《仲裁法》第 16 条的规定，仲裁协议应当具有下列内容：（1）请求仲裁的意思表示；（2）仲裁事项；（3）选定的仲裁委员会。这三项内容必须同时具备，仲裁协议才能有效。其中，由于仲裁没有法定管辖的规定，因此当事人选择仲裁委员会可以不受地点的限制，但必须明确、具体。如果仲裁协议对仲裁事项或者仲裁委员会没有约定或约定不明确，且当事人达不成补充协议的，仲裁协议无效。例如，中国国际经济贸易仲裁委员会的示范仲裁条款："凡因本合同引起的或与本合同有关的任何争议，均应提交中国国际经济贸易仲裁委员会，按照申请仲裁时该会现行有效的仲裁规则进行仲裁。仲裁裁决是终局的，对双方具有约束力。"

3. 仲裁协议的效力

（1）对当事人的法律效力。仲裁协议一经有效成立，即对当事人产生法律约束力。发生纠纷后，当事人只能通过向仲裁协议中所约定的仲裁机构申请仲裁的方式解决该纠纷，而丧失了就该纠纷向法院提起诉讼的权利。

（2）对法院的约束力。有效的仲裁协议将排除法院的司法管辖权。根据《仲裁法》第26条的规定，当事人达成仲裁协议，一方向人民法院起诉未声明有仲裁协议，人民法院受理后，另一方在首次开庭前提交仲裁协议的，人民法院应当驳回起诉，但仲裁协议无效的除外。

（3）对仲裁机构的法律效力。仲裁协议是仲裁委员会受理仲裁案件的基础，是仲裁庭审理和裁决仲裁案件的依据。没有有效的仲裁协议，仲裁委员会将不能获得仲裁案件的管辖权。同时，仲裁委员会还只能对当事人在仲裁协议中约定的争议事项进行仲裁，对超出仲裁协议约定范围的其他争议无权仲裁。

（4）仲裁协议的独立性。《仲裁法》第19条规定，仲裁协议独立存在，合同的变更、解除、终止或者无效，不影响仲裁协议的效力。

二、仲裁程序

（一）申请和受理

1. 申请仲裁的条件

根据《仲裁法》第21条的规定，当事人申请仲裁，应当符合下列条件：（1）有仲裁协议；（2）有具体的仲裁请求和事实、理由；（3）属于仲裁委员会的受理范围。

2. 申请仲裁的方式

根据《仲裁法》第22条、第23条的规定，当事人申请仲裁，应当向仲裁委员会递交仲裁协议、仲裁申请书及副本。其中，仲裁申请书应当载明下列事项：（1）当事人的姓名、性别、年龄、职业、工作单位和住所，法人或者其他组织的名称、住所和法定代表人或者主要负责人的姓名、职务；（2）仲裁请求和所根据的事实、理由；（3）证据和证据来源、证人姓名和住所。

3. 审查与受理

根据《仲裁法》的有关规定，仲裁委员会收到仲裁申请书之日起5日内，认为符合受理条件的应当受理，并通知当事人；认为不符合受理条件的，应当书面通知当事人不予受理，并说明理由。仲裁委员会受理仲裁申请后，应当在仲裁规则规定的期限内将仲裁规则和仲裁员名册送达申请人，并将仲裁申请书副本和仲裁规则、仲裁员名册送达被申请人。被申请人收到仲裁申请书副本后，应当在仲裁规则规定的期限内向仲裁委员会提交答辩书。仲裁委员会收到答辩书后，应当在仲裁规则规定的期限内将答辩书副本送达申请人。

被申请人未提交答辩书的，不影响仲裁程序的进行。被申请人有权提出反请求。

当事人申请财产保全的，仲裁委员会应当将当事人的申请依照民事诉讼法的有关规定提交人民法院。

（二）仲裁庭的组成

1. 仲裁庭的组成形式和程序

根据《仲裁法》第 30 条的规定，仲裁庭可以由三名仲裁员或者一名仲裁员组成。由三名仲裁员组成的，设首席仲裁员。根据该规定，仲裁庭的组成形式包括合议仲裁庭和独任仲裁庭两种。

（1）合议仲裁庭组成程序。根据《仲裁法》第 31 条的规定，当事人约定由三名仲裁员组成仲裁庭的，应当各自选定或者各自委托仲裁委员会主任指定一名仲裁员，第三名仲裁员由当事人共同选定或者共同委托仲裁委员会主任指定。第三名仲裁员是首席仲裁员。

（2）独任仲裁庭组成程序。根据《仲裁法》第 31 条的规定，当事人约定一名仲裁员成立仲裁庭的，应当由当事人共同选定或者共同委托仲裁委员会主任指定仲裁员。

《仲裁法》第 32 条还规定，当事人没有在仲裁规定的期限内约定仲裁庭的组成方式或者选定仲裁员的，由仲裁委员会主任指定。

2. 仲裁员的回避

《仲裁法》第 34 条规定，仲裁员有下列情形之一的，必须回避，当事人也有权提出回避申请：（1）是本案当事人或者当事人、代理人的近亲属；（2）与本案有利害关系；（3）与本案当事人、代理人有其他关系，可能影响公正仲裁的；（4）私自会见当事人、代理人，或者接受当事人、代理人的请客送礼的。

（三）开庭和裁决

1. 开庭与否的决定

仲裁应当开庭进行，当事人协议不开庭的，仲裁庭可以根据仲裁申请书、答辩书以及其他材料作出裁决。仲裁不公开进行；当事人协议公开的，可以公开进行，但涉及国家秘密的除外。

2. 不到庭或者未经许可中途退庭的处理

申请人经书面通知，无正当理由不到庭或者未经仲裁庭许可中途退庭的，可以视为撤回仲裁申请。被申请人经书面通知，无正当理由不到庭或者未经仲裁庭许可中途退庭的，可以缺席裁决。

3. 证据的提供

当事人应当对自己的主张提供证据。仲裁庭认为有必要收集的证据，可以自行收集。仲裁庭对专门性问题认为需要鉴定的，可以交由当事人约定的鉴定部门鉴定，也可以由仲裁庭指定的鉴定部门鉴定。根据当事人的请求或者仲裁庭的要求，鉴定部门应当派鉴定人参加开庭。当事人经仲裁庭许可，可以向鉴定人提问。

4. 开庭中的辩论

当事人在仲裁过程中有权进行辩论。辩论终结时，首席仲裁员或者独任仲裁员应当征询当事人的最后意见。

5. 当事人自行和解

当事人申请仲裁后，可以自行和解。达成和解协议的，可以请求仲裁庭根据和解协议作出裁决书，也可以撤回仲裁申请。当事人达成和解协议，撤回仲裁申请后反悔的，可以根据仲裁协议申请仲裁。

6. 仲裁庭主持下的调解

仲裁庭在作出裁决前，可以先行调解。调解达成协议的，仲裁庭应当制作调解书或者根据协议的结果制作裁决书。调解书与裁决书具有同等法律效力。调解书经双方当事人签收后，即发生法律效力。在调解书签收前当事人反悔的，仲裁庭应当及时作出裁决。

7. 仲裁裁决的作出

裁决应当按照多数仲裁员的意见作出，少数仲裁员的不同意见可以记入笔录。仲裁庭不能形成多数意见时，裁决应当按照首席仲裁员的意见作出。裁决书自作出之日起发生法律效力。

三、仲裁裁决的撤销

仲裁裁决的撤销，是指对于符合法定撤销情形的仲裁裁决，经当事人申请，人民法院裁定撤销仲裁裁决的行为。仲裁实行一裁终局制，仲裁没有内部监督机制，只能由法院进行外部监督。

（一）撤销仲裁裁决的条件：

（1）提出撤销仲裁裁决申请的主体必须是仲裁当事人。

（2）必须向有管辖权的人民法院提出撤销的申请。根据规定，当事人申请撤销仲裁裁决，必须向仲裁委员会所在地的中级人民法院提出。

（3）必须在法定的期限内提出撤销申请。我国仲裁法规定，当事人申请撤销仲裁裁决的，应当自收到裁决书之日起6个月内提出。

（4）必须有证据证明仲裁裁决有法律规定的应予撤销的情形。

（二）法律规定应当撤销仲裁裁决的情形

我国《仲裁法》第58条规定，当事人提出证据证明裁决有下列情形之一的，可以向仲裁委员会所在地的中级人民法院申请撤销裁决：（1）没有仲裁协议的；（2）裁决的事项不属于仲裁协议的范围或者仲裁委员会无权仲裁的；（3）仲裁庭的组成或者仲裁的程序违反法定程序的；（4）仲裁裁决所依据的证据是伪造的；（5）对方当事人隐瞒了足以影响公正裁决的证据的；（6）仲裁员在仲裁该案时有索贿，徇私舞弊，枉法裁决行为的。人民法院经组成合议庭审查核实裁决有上述规定情形之一的，应当裁定撤销。人民法院认定该裁决违背社会公共利益的，应当裁定撤销。

此外，《仲裁法》还对涉外仲裁裁决的撤销作出了特别规定："当事人提出证据证明涉外仲裁的裁决有《民事诉讼法》第260条第1款规定的情形之一的，经人民法院组成合议庭审查核实，裁定撤销。"《民事诉讼法》规定的情形有：（1）当事人在合同中没有订立仲裁条款或者事后没有达成书面仲裁协议的；（2）当事人没有得到指定仲裁员或进行仲裁程序的通知，或者由于其他不属于当事人负责的原因而未能陈述意见的；（3）仲裁庭的组成或者仲裁的程序与仲裁规则不符的；（4）裁决的事项不属于仲裁协议的范围或者仲裁机构无权仲裁的。

（三）当事人申请撤销的时间和法律后果

当事人申请撤销裁决的，应当自收到裁决书之日起6个月内提出。人民法院应当在受理撤销裁决申请之日起2个月内作出撤销裁决或者驳回申请的裁定。人民法院受理撤销裁决的申请后，认为可以由仲裁庭重新仲裁的，通知仲裁庭在一定期限内重新仲裁，并裁定中止撤销程序。仲裁庭拒绝重新仲裁的，人民法院应当裁定恢复撤销程序。

四、仲裁裁决的执行与不予执行

（一）强制执行

当事人应当履行裁决。一方当事人不履行的，另一方当事人可以依照《民事诉讼法》的有关规定向人民法院申请执行。受理申请的人民法院应当执行。

（二）不予执行

根据《仲裁法》和《民事诉讼法》的规定，对于国内仲裁而言，不予执行仲裁裁决的情形包括：（1）当事人在合同中没有仲裁条款或者事后没有达成书面仲裁协议的；（2）裁决的事项不属于仲裁协议的范围或者仲裁机构无权仲裁的；（3）仲裁庭的组成或者仲裁的程序违反法定程序的；（4）认定事实的主要证据不足的；（5）适用法律确有错误的；（6）仲裁员在仲裁该案时有索贿受贿、徇私舞弊、枉法裁决行为的。人民法院经组成合议庭审查核实仲裁裁决，确认有以上情形之一的，应当作出不予执行的裁定，并将此裁定送达双方当事人和仲裁委员会。

仲裁裁决被人民法院依法裁定不予执行的，当事人不能申请人民法院再审。就该纠纷双方当事人可以重新达成仲裁协议，并依据该仲裁协议申请仲裁，也可以向人民法院提起诉讼。一方当事人申请执行裁决，另一方当事人申请撤销裁决的，人民法院应当裁定中止执行。人民法院裁定撤销裁决的，应当裁定终结执行。撤销裁决的申请被裁定驳回的，人民法院应当裁定恢复执行。

第四节　行政复议与行政诉讼

一、行政复议

（一）行政复议的概念

行政复议是指公民、法人或者其他组织不服行政主体作出的具体行政行为，认为行政主体的具体行政行为侵犯了其合法权益，依法向法定的行政复议机关提出复议申请，行政复议机关依法对该具体行政行为进行合法性、适当性审查，并作出行政复议决定的行政行为。是公民、法人或其他组织通过行政救济途径解决行政争议的一种方法。

为了防止和纠正违法的或者不当的具体行政行为，保护公民、法人和其他组织的合法权益，保障和监督行政机关依法行使职权，1999 年 4 月 29 日第九届全国人民代表大会常务委员会第九次会议通过了《行政复议法》，该法自 1999 年 10 月 1 日起施行。

（二）行政复议的范围

根据《行政复议法》的规定，有下列情形之一的，公民、法人或者其他组织可以依照本法申请行政复议：（1）对行政机关作出的警告、罚款、没收违法所得、没收非法财物、责令停产停业、暂扣或者吊销许可证、暂扣或者吊销执照、行政拘留等行政处罚决定不服的；（2）对行政机关作出的限制人身自由或者查封、扣押、冻结财产等行政强制措施决定不服的；（3）对行政机关作出的有关许可证、执照、资质证、资格证等证书变更、中止、撤销的决定不服的；（4）对行政机关作出的关于确认土地、矿藏、水流、森林、山岭、草原、荒地、滩涂、海域等自然资源的所有权或者使用权的决定不服的；（5）认为行政机关侵犯合法的经营自主权的；（6）认为行政机关变更或者废止农业承包合同，侵犯其合法权益的；（7）认为行政机关违法集资、征收财物、摊派费用或者违法要求履行其他义务的；（8）认为符合法定条件，申请行政机关颁发许可证、执照、资质证、资格证等证书，或者申请行政机关审批、登记有关事项，行政机关没有依法办理的；（9）申请行政机关履行保护人身权利、财产权利、受教育权利的法定职责，行政机关没有依法履行的；（10）申请行政机关依法发放抚恤金、社会保险金或者最低生活保障费，行政机关没有依法发放的；（11）认为行政机关的其他具体行政行为侵犯其合法权益的。

根据《行政复议法》的规定，公民、法人或者其他组织认为行政机关的具体行政行为所依据的下列规定不合法，在对具体行政行为申请行政复议时，可以一并向行政复议机关提出对该规定的审查申请：（1）国务院部门的规定；（2）县级以上地方各级人民政府及其工作部门的规定；（3）乡、镇人民政府的规定。上述所列规定不含国务院部、委员会规章和地方人民政府规章。规章的审查依照法律、行政法规办理。

不服行政机关作出的行政处分或者其他人事处理决定的，依照有关法律、行政法规的规定提出申诉。不服行政机关对民事纠纷作出的调解或者其他处理，依法申请仲裁或者向人民法院提起诉讼。

（三）行政复议参加人

行政复议参加人是指为维护自己合法权益而以自己的名义参加行政复议活动的当事人以及与当事人地位相似的人。根据《行政复议法》的规定，行政复议参加人包括申请人、申请人（公民）的法定代理人、被申请人、第三人和共同申请人、共同被申请人以及申请人、第三人的委托代理人。此外，参与行政复议活动的还有证人、鉴定人，但他们参加行政复议，只是协助行政复议机关查清事实，与案件本身没有直接利害关系，可以称之为其他行政复议参与人。

1. 行政复议的申请人

行政复议申请人的范围是相当广泛的。根据《行政复议法》第41条的规定，申请人甚至可以是外国人、无国籍人或外国组织。此外，《行政复议法》第10条规定：（1）有权申请复议的公民死亡的，其近亲属可以申请复议。近亲属包括配偶、父母、子女、兄弟姐妹、祖父母、外祖父母、孙子女、外孙子女和其他具有扶养、赡养关系的亲属。（2）有权申请复议的法人或者其他组织终止的，承受其权利的法人或者其他组织可以申请复议。

2. 行政复议的被申请人

被申请人是指申请人的对方当事人，即因申请人提起行政复议而由复议机关通知其参加复议的当事人。在行政复议中，被申请人的特点在于，它一概是行政主体。但是，由于行政活动的复杂性，被申请人在实践中也相当复杂。一般有以下几种情形：（1）相对人对行政机关的具体行政行为不服申请复议的，该行政机关是被申请人。（2）两个或者两个以上行政机关以共同名义作出具体行政行为的，共同作出具体行政行为的行政机关是共同被申请人。（3）对法律、法规授权的组织作出的具体行政行为不服的，该组织是被申请人。对政府工作部门设立的派出机构依据法律、法规和规章的规定以自己名义作出的具体行政行为不服的，该派出机构是被申请人。（4）作出具体行政行为的机关被撤销的，继续行使其职权的行政机关是被申请人。

3. 第三人

行政复议中的第三人是指同申请复议的具体行政行为有利害关系，经复议机关批准而参加复议的公民、法人或者其他组织。根据《行政复议法》第10条第3款的规定，第三人参加复议的条件主要有：（1）同申请复议的具体行政行为有利害关系。（2）必须在行政复议过程中参加行政复议。（3）必须经复议机关批准。

4. 行政复议机关

对县级以上地方各级人民政府工作部门的具体行政行为不服的，由申请人选择，可以向该部门的本级人民政府申请行政复议，也可以向上一级主管部门申请行政复议。对海关、金融、国税、外汇管理等实行垂直领导的行政机关和国家安全机关的具体行政行为不服的，向上一级主管部门申请行政复议。

对地方各级人民政府的具体行政行为不服的，向上一级地方人民政府申请行政复议。对省、自治区人民政府依法设立的派出机关所属的县级地方人民政府的具体行政行为不服的，向该派出机关申请行政复议。

对国务院部门或者省、自治区、直辖市人民政府的具体行政行为不服的，向作出该具体行政行为的国务院部门或者省、自治区、直辖市人民政府申请行政复议。对行政复议决定不服的，可以向人民法院提起行政诉讼；也可以向国务院申请裁决。

（四）行政复议的程序

1. 申请与受理

（1）申请。行政复议是依申请行为。它以行政相对人主动提起为前提，即相对人不提出申请，行政复议机关不能主动管辖。根据《行政复议法》的规定，申请复议应当符合下列条件：申请人是认为具体行政行为直接侵犯其合法权益的公民、法人或者其他组织；有明确的被申请人；有具体的复议请求和事实根据；属于申请复议范围；属于受理复议机关管辖；法律、法规规定的其他条件，例如，根据《行政复议法》第9条和第16条的规定，申请复议还须符合下列程序条件：在法定期限内申请复议；申请人向人民法院起诉，人民法院已经依法受理的，不得申请复议。

（2）受理。申请人提出复议申请后，行政复议机关对复议申请进行审查。审查的内容主要有以下四项：申请是否符合法律、法规规定的条件；申请是否属于重复申请；案件是否已由人民法院受理；申请手续是否完备。复议机关对复议申请进行审查后，应当在收到申请书之日起5日内，对复议申请分别作以下处理：①复议申请符合法定条件的，应予受理。②复议申请符合其他法定条件，但不属于本行政机关受理的，应告知申请人向有关行政机关提出。③复议申请不符合法定条件的，决定不予受理，并告知理由和相应的处理方式。

2. 行政复议的审查

（1）复议审查。审查前的准备包括向被申请人送达申请书副本、调查收集证据和更换或者追加当事人。调查收集证据有两种方式：一是要求当事人提供或者补充证据；二是向有关行政机关及其他组织和公民调取证据。

（2）审查的内容。根据《行政复议法》的规定，复议机关既有权审查具体行政行为是否合法，也有权审查具体行政行为是否适当。

（3）审查的方式。《行政复议法》第22条规定："行政复议原则上采取书面审查的办法，但是申请人提出要求或者行政复议机关负责法制工作的机构认为有必要时，可以向有关组织和人员调查情况，听取申请人、被申请人和第三人的意见。"由此可见，书面审查是复议机关审查复议案件的基本形式。

（4）审查的依据。复议机关审查复议案件只能依据法律、行政法规、地方性法规、行政规章、自治条例、单行条例及上级行政机关依法制定的具有普遍约束力的非立法性的规范性文件。

（5）审查中具体行政行为的效力。《行政复议法》第21条规定："行政复议期间具体行政行为不停止执行"，从而确立了复议不停止执行的制度。然而，如果毫无例外地规定复议不停止执行，将可能使违法、不当的具体行政行为得到执行而损害相对人的合法权益。因此，《行政复议法》在确立复议不停止执行原则的同时，也规定了该原则的例外。例外情形具体包括：被申请人认为需要停止执行的，可以依职权决定停止具体行政行为的执行；复议机关认为需要停止执行的；申请人申请停止执行，复议机关认为其要求合理决定停止执行的；法律规定停止执行的。

（6）审查的期限。《行政复议法》第31条第1款规定："行政复议机关应当自受理申请之日起60日内作出行政复议决定；但是法律规定的行政复议期限少于60日的除外。情况复杂，不能在规定期限内作出行政复议决定的，经行政复议机关的负责人批准，可以适当延长，并告知申请人和被申请人；但是，延长期限最多不超过30日。"

3. 复议决定

复议机关通过对复议案件的审理，最后要作出决定。根据《行政复议法》的规定，复议决定有以下四种：（1）维持决定。（2）履行决定。履行决定是指复议机关责令被申请人履行某种法定职责的决定。（3）撤销、变更或确认违法决定。撤销、变更或确认具体行政行为违法决定是指复议机关作出的撤销或者变更具体行政行为，或者确认具体行政行为违法的决定。具体行政行为有下列情形之一的，复议机关可以决定撤销、变更或确认具体行政行为违法：主要事实不清，证据不足；适用依据错误的；违反法定程序的；超越或滥用职权的；具体行政行为明显不当的。（4）赔偿决定。被申请人作出的具体行政行为如果侵犯了申请人的合法权益造成损害，申请人请求赔偿，复议机关应当依照《国家赔偿法》的有关规定，在作出撤销、变更或确认具体行政行为违法的决定的同时，作出被申请人依法赔偿的决定。

4. 送达与执行

送达的方式及期限的计算，依照《中华人民共和国民事诉讼法》的规定执行。

（1）被申请人不履行复议决定的。根据《行政复议法》第32条和37条的规定，当被申请人不执行或者无正当理由拖延执行行政复议决定的，作出复议决定的机关或者有关上级行政机关应当责令其限期履行。并对被申请方直接负责的主管人员和其他直接责任人员依法给予警告、记过、记大过的行政处分；经责令履行仍拒不履行的，依法给予降级、撤职、开除的行政处分。

（2）申请人不履行复议决定的。当申请人不履行终局的复议决定，或者逾期不起诉又不履行复议决定的，则根据复议决定内容的不同而采用不同的措施：如果复议机关作出的是维持具体行政行为的复议决定的，则由原做出具体行政行为的行政机关依法强制执行，或者申请人民法院强制执行。如果复议机关作出的是变更具体行政行为的复议决定的，则由复议机关依法强制执行，或者申请人民法院强制执行。

二、行政诉讼

（一）行政诉讼的概念

行政诉讼是个人、法人或其他组织认为国家机关作出的行政行为侵犯其合法权益而向法院提起的诉讼。为保证人民法院正确、及时审理行政案件，保护公民、法人和其他组织的合法权益，维护和监督行政机关依法行使行政职权，1989 年 4 月 4 日第七届全国人民代表大会第二次会议通过了《行政诉讼法》，该法自 1990 年 10 月 1 日起施行。

（二）行政诉讼的受案范围

1. 人民法院受理的案件

《行政诉讼法》第 11 条规定，人民法院受理公民、法人和其他组织对下列具体行政行为不服提起的诉讼：（1）对拘留、罚款、吊销许可证和执照、责令停产停业、没收财物等行政处罚不服的；（2）对限制人身自由或者对财产的查封、扣押、冻结等行政强制措施不服的；（3）认为行政机关侵犯法律规定的经营自主权的；（4）认为符合法定条件申请行政机关颁发许可证和执照，行政机关拒绝颁发或者不予答复的；（5）申请行政机关履行保护人身权、财产权的法定职责，行政机关拒绝履行或者不予答复的；（6）认为行政机关没有依法发给抚恤金的；（7）认为行政机关违法要求履行义务的；（8）认为行政机关侵犯其他人身权、财产权的。除上述规定外，人民法院受理法律、法规规定可以提起诉讼的其他行政案件。

2. 人民法院不受理的案件

《行政诉讼法》第 12 条规定，人民法院不受理公民、法人或者其他组织对下列事项提起的诉讼：（1）国防、外交等国家行为；（2）行政法规、规章或者行政机关制定、发布的具有普遍约束力的决定、命令；（3）行政机关对行政机关工作人员的奖惩、任免等决定；（4）法律规定由行政机关最终裁决的具体行政行为。

（三）行政诉讼的第一审程序

民事诉讼的举证原则是"谁主张，谁举证"，而在行政诉讼中，被告对其作出的行政行为负有举证责任，并应当提供该具体行政行为的证据和所依据的规范性文件。

1. 起诉

提起行政诉讼应符合以下条件：原告是认为具体行政行为侵犯其合法权益的公民、法人或者其他组织；有明确的被告；有具体的诉讼请求和事实根据；属于人民法院受案范围和受诉人民法院管辖。申请人不服行政复议决定的，可以在收到行政复议决定书之日起15 日内向人民法院提起诉讼。复议机关逾期不做决定的，申请人可以在复议期满之日起15 日内起诉，法律另有规定的从其规定。公民、法人或者其他组织直接向人民法院起诉的，应当在知道作出具体行政行为之日起 3 个月内提出，法律另有规定的除外。起诉应以书面形式进行。

2. 受理

人民法院接到起诉状后应当在 7 日内审查立案或者裁定不予受理。原告对裁定不服的可以提起上诉。

3. 审理前的准备

人民法院审理行政案件，由审判员组成合议庭，或者由审判员、陪审员组成合议庭。

合议庭成员，应当是 3 人以上的单数。人民法院应当在立案之日起 5 日内，将起诉状副本发送被告，被告应当在收到起诉状副本之日起 10 日内向人民法院提交作出具体行为的有关材料，并提交答辩状。人民法院应当在收到答辩状之日起 5 日内，将答辩状副本发送原告，被告不提出答辩状的，不影响人民法院审理。

4. 开庭审理

人民法院审理行政案件，不适用调解。人民法院对行政案件宣告判决或者裁定前，原告申请撤诉的，或者被告改变其所作的具体行政行为，原告同意并申请撤诉的，是否准许，由人民法院裁定。人民法院审理行政案件，以法律和行政法规、地方性法规为依据。地方性法规适用于本行政区域内发生的行政案件。

行政案件的一审判决共有六种形式：维持判决、撤销判决、履行判决、变更判决、驳回原告诉讼请求判决和确认判决。(1) 维持判决。维持判决适用于以下条件：一是具体行政行为证据确凿；二是适用法律、法规正确；三是符合法定程序。三个条件应同时具备。(2) 撤销判决。撤销判决的适用条件是：一是主要证据不足；二是适用法律、法规错误；三是违反法定程序；四是超越职权；五是滥用职权。(3) 履行判决。履行判决应满足以下两个条件：一是被告负有法定职责，应当履行一定的义务；二是行政机关不履行或拖延履行法定职责。(4) 变更判决。人民法院在行政诉讼中享有有限的变更权，这种有限表现在变更判决的适用条件：一是变更判决只适用于行政处罚行为，对于其他具体行政行为，人民法院无权变更；二是变更判决只适用于显失公平的行政处罚行为。(5) 驳回原告诉讼请求判决。(6) 确认判决。有下列情形之一时，应当作出确认具体行政行为违法或者无效的判决：一是被告不履行法定职责，但判决责令其履行法定职责已无实际意义的；二是被诉具体行政行为违法，但不具有可撤销内容的；三是被诉具体行政行为依法不成立或者无效的；四是被诉具体行政行为违法，但撤销该具体行政行为将会给国家利益或者公共利益造成损失的，人民法院应当作出确认被诉具体行政行为违法的判决，并责令被诉行政机关采取相应的补救措施，造成伤害的，依法判决承担赔偿责任。

（四）行政诉讼的第二审程序

当事人不服人民法院第一审判决的，有权在判决书送达之日起 15 日内向上一级人民法院提起上诉。当事人不服人民法院第一审裁定的，有权在裁定书送达之日起 10 日内向上一级人民法院提起上诉。逾期不提起上诉的，人民法院的第一审判决或者裁定发生法律效力。

人民法院审理上诉案件，按照下列情形，分别处理：(1) 原判决认定事实清楚，适用法律、法规正确的，判决驳回上诉，维持原判；(2) 原判决认定事实清楚，但是适用法律、法规错误的，依法改判；(3) 原判决认定事实不清，证据不足，或者由于违反法定程序可能影响案件正确判决的，裁定撤销原判，发回原审人民法院重审，也可以查清事实后改判。当事人对重审案件的判决、裁定，可以上诉。

（五）行政诉讼的审判监督程序

当事人对已经发生法律效力的判决、裁定，认为确有错误的，可以向原审人民法院或者上一级人民法院提出申诉，但判决、裁定不停止执行。人民法院院长对本院已经发生法律效力的判决、裁定，发现违反法律、法规规定认为需要再审的，应当提交审判委员会决定是否再审。上级人民法院对下级人民法院已经发生法律效力的判决、裁定，发现违反法律、法规规定的，有权提审或者指令下级人民法院再审。人民检察院对人民法院已经发生法律效力的判决、裁定，发现违反法律、法规规定的，有权按照审判监督程序提出抗诉。

（六）执行

当事人必须履行人民法院发生法律效力的判决、裁定。公民、法人或者其他组织拒绝履行判决、裁定的，行政机关可以向第一审人民法院申请强制执行，或者依法强制执行。

行政机关拒绝履行判决、裁定的，第一审人民法院可以采取以下措施：（1）对应当归还的罚款或者应当给付的赔偿金，通知银行从该行政机关的账户内划拨；（2）在规定期限内不执行的，从期满之日起，对该行政机关按日处五十元至一百元的罚款；（3）向该行政机关的上一级行政机关或者监察、人事机关提出司法建议。接受司法建议的机关，根据有关规定进行处理，并将处理情况告知人民法院；（4）拒不执行判决、裁定，情节严重构成犯罪的，依法追究主管人员和直接责任人员的刑事责任。公民、法人或者其他组织对具体行政行为在法定期间不提起诉讼又不履行的，行政机关可以申请人民法院强制执行，或者依法强制执行。

（七）侵权赔偿责任

公民、法人或者其他组织的合法权益受到行政机关或者行政机关工作人员作出的具体行政行为侵犯造成损害的，有权请求赔偿。公民、法人或者其他组织单独就损害赔偿提出请求，应当先由行政机关解决。对行政机关的处理不服，可以向人民法院提起诉讼。赔偿诉讼可以适用调解。

行政机关或者行政机关工作人员作出的具体行政行为侵犯公民、法人或者其他组织的合法权益造成损害的，由该行政机关或者该行政机关工作人员所在的行政机关负责赔偿。行政机关赔偿损失后，应当责令有故意或者重大过失的行政机关工作人员承担部分或者全部赔偿费用。赔偿费用，从各级财政列支。各级人民政府可以责令有责任的行政机关支付部分或者全部赔偿费用。

参 考 文 献

[1] 马凤玲，李敏，刘岩. 工程建设法规. 北京：中国农业大学出版社，2013.

[2] 李恒，马凤玲. 建设工程法——法律制度与实务技能. 北京：法律出版社，2013.

[3] 马凤玲. 建设法规. 北京：中国建筑工业出版社，2014.

[4] 马凤玲. 经济法概论. 北京：中国建筑工业出版社，2014.

[5] 张培忠，隋卫东. 建筑与招标投标法教程(第二版). 山东：山东人民出版社，2009.

[6] 隋卫东，王淑华. 房地产法. 山东：山东人民出版社，2006.

[7] 隋卫东，王淑华，李军. 城乡规划法. 山东：山东大学出版社，2009.

[8] 许崇德. 宪法(第四版). 北京：中国人民大学出版社，2009.

[9] 王利明. 民法(第五版). 北京：中国人民大学出版社，2010.

[10] 高铭暄，马克昌. 刑法学(第五版). 北京：北京大学出版社，2011.

[11] 姜明安. 行政法与行政诉讼法(第二版). 北京：法律出版社，2006.

[12] 刘文华. 经济法(第四版). 北京：中国人民大学出版社，2012.

[13] 刘春田. 知识产权法(第二版). 北京：北京大学出版社、高等教育出版社，2003.

[14] 何佰洲. 工程建设法规教程. 北京：中国建筑工业出版社，2009.

[15] 徐占发. 建设法规与案例分析. 北京：机械工业出版社，2011.

[16] 马楠. 建设法规与典型案例分析. 北京：机械工业出版社，2011.

[17] 刘仁辉. 建设法规. 北京：科学出版社，2011.

[18] 张爱云，王建华，陈明军. 建设法规. 河南：黄河水利出版社，2011.

[19] 郑润梅. 建设法规概论(第二版). 北京：中国建材工业出版社，2010.

[20] 高玉兰. 建设工程法规. 北京：北京大学出版社，2010.

[21] 臧炜彤，韩丽红. 建设法规概论. 北京：中国电力出版社，2010.

[22] 顾永才，杨雪梅. 建设法规. 北京：科学出版社，2009.

[23] 朱宏亮. 建设法规教程. 北京：中国建筑工业出版社，2009.

[24] 徐雷. 建设法规. 北京：科学出版社，2009.

[25] 金国辉. 新编建设法规教程与案例. 北京：机械工业出版社，2009.

[26] 胡成建. 建设工程法规教程. 北京：中国建筑工业出版社，2008.

[27] 邹祖绪，陈金洪. 建设法规. 北京：中国电力出版社，2008.

[28] 叶胜川，刘平. 工程建设法规(第三版). 湖北：武汉理工大学出版社，2009.

[29] 朱宏亮. 建设法规(第三版). 湖北：武汉理工大学出版社，2011.

[30] 朱宏亮，成虎. 工程合同管理. 北京：中国建筑工业出版社，2006.

[31] 郑惠虹，胡红霞. 建设工程监理概论. 北京：中国电力出版社，2009.

[32] 巩天真，张泽平. 建设工程监理概论(第二版). 北京：北京大学出版社，2009.

[33] 李峻. 建筑法概论. 北京：中国建筑工业出版社，2008.

[34] 刘亚臣，李闫岩. 工程建设法学. 辽宁：大连理工大学出版社，2009.

[35] 朱树英. 工程合同实务问答. 北京：法律出版社，2007.

[36] 朱树英. 建设工程法律实务. 北京：法律出版社，2001.

[37] 赵力军. 建设工程合同法律适用与探索. 北京：中国人民公安大学出版社，2012.